大数据时代的人力资源管理

黄闽英　陈训波　主编

中国农业出版社
北　京

图书在版编目（CIP）数据

大数据时代的人力资源管理/黄闽英，陈训波主编
. —北京：中国农业出版社，2024.5
ISBN 978-7-109-30962-3

Ⅰ.①大… Ⅱ.①黄… ②陈… Ⅲ.①人力资源管理
-研究 Ⅳ.①F243

中国国家版本馆 CIP 数据核字（2023）第 141127 号

中国农业出版社出版
地址：北京市朝阳区麦子店街 18 号楼
邮编：100125
责任编辑：肖 杨
版式设计：杜 然 责任校对：周丽芳
印刷：北京印刷集团有限责任公司
版次：2024 年 5 月第 1 版
印次：2024 年 5 月北京第 1 次印刷
发行：新华书店北京发行所
开本：700mm×1000mm 1/16
印张：27
字数：514 千字
定价：158.00 元

编　委　会

PREFACE 前 言

　　大数据时代的企业环境发生了巨大变化，企业传统的人力资源（HR）管理模式越来越多地面临如下问题：人力资源管理节点过多，业务流程冗长；事务性管理工作复杂烦琐，严重影响了管理效率；人力管理细致程度不足，缺少动态的流程管控；员工管理和设定的经营目标不协调，以及团队抵抗风险能力差等。因此迫切需要结合大数据技术，推动人力资源管理数字化变革，以达到人力资源管理团队的技术赋能、智能协同。并能利用大数据技术，在员工招聘、员工测评、员工学习和薪酬福利等方面提高管理水平、优化员工体验，最终提升企业可持续发展能力。人力资源管理人员必须了解人工智能在 HR 领域的应用场景，掌握大数据知识，以及具备复杂环境下经营管理的复合能力。

　　本书分三大板块：概论篇通过人力资源管理发展进程推出人力资源管理的数字化发展方向已成为必然趋势，然后对大数据理论与应用、基于大数据的人力资源管理以及数据在人力资源成功应用的关键进行了详尽阐述；原理篇主要介绍了大数据的数据仓库、数据挖掘方法和数据可视化技术；实践篇通过基于金蝶 s-HR 系统和基于 Python＋Matplotlib＋Pyecharts 的实践，直观全面地介绍实际企业经营模式，根据企业中各业务流程的具体操作，深入理解企业在交流、决策、计划、分析和 HR 管理等方面整合能力。

　　本书能顺利完成撰写工作，得到了西南民族大学商学院、计算机科学与工程学院以及金蝶软件（中国）有限公司多位优秀专家和老师的支持。本书第一章由罗霞老师编写，第二章由刘帆老师编写，第三章由陈训波老师编写，第四章由刘芳老师编写，第五章由陈小艳老师编写，第六章由李英玲老师编写，第七章由燕宇飞老师编写，第八、九章由黄闻英、马晓玲老师编写，罗丽萍老师提供金蝶 s-HR 系统技术指导，在此表示由衷的感谢。

在本书编写过程中参考和借鉴了大量资料，引用了相关领域的最新研究成果部分案例，在此谨向资料的作者和提供者表示诚挚的感谢。

由于编者水平有限，书中存在的疏漏之处，敬请广大读者批评指正。

编　者

2022 年 8 月 26 日

CONTENTS 目 录

原 理 篇

实　践　篇

概 论 篇

第一章　大数据理论与应用

本章首先介绍了大数据的概念及特点，然后对大数据在国内外的发展历程进行了归纳并对其发展趋势进行了分析，接下来对大数据技术特点和大数据技术体系进行了介绍，最后讨论了目前大数据应用的主要场景和大数据在这些场景中发挥的重要作用。

通过本章学习，应该达到如下目标：

【知识目标】

(1) 掌握大数据的概念。

(2) 理解大数据和大数据技术的特点。

(3) 了解大数据技术体系。

【能力目标】

理解大数据的应用价值。

1　大数据概述

1.1　大数据的由来

1.1.1　大数据的前世今生

在十年前，大数据的概念刚被提出的时候，很少有人意识到这一波新的科技浪潮将奏响新时代的序章。十年来，大数据的发展和创新迅如雷霆，大数据的应用影响着各个产业。

要弄清楚大数据的来龙去脉，必先了解 IT 行业的发展史。要谈 IT 行业发展史，就不能不说摩尔定律。戈登·摩尔（Gordon Moore）在 1965 年提出了摩尔定律：在价格不变的条件下，每隔 18～24 个月，集成电路可容纳的元件数量可增加 1 倍，即集成电路的性能增加 1 倍，因此计算机的性能也将增加 1 倍。摩尔定律揭示了 IT 行业发展的速度：计算机的性能相对于时间呈指数增长。对大众来说最直观的感受就是计算机体积越来越小了，但是计算能力却越来越强大。20 世纪 90 年代，计算机在中国逐渐开始普及，其间经历了从台式机到笔记本电脑，再到智能手机的过程。在台式机的时代我们很难想象有一天能够把计算机放进衣服口袋，如今计算机不仅能够小到装进口袋，而且能和手表甚至眼镜融为一体（其实计算机还可以变得更小，只是更小的显示装置就不方便人类使用了），更重要的是今天的智能手机不仅仅是体积变小了，而且性能已经远远超过了当年的台式机。

计算机性能的增强带来的是数据分析、处理、存储和传播速度的加快。与此同时，计算机产品的价格在不断下降，使越来越多的人能够使用计算机，计算机使用者数量的增加引发了数据量的不断增加。简单来说，更强的计算能力意味着更快的数据处理能力；更便宜的计算机带来的是更快的数据生成速度，因此摩尔定律本质上阐明了数据处理能力和数据产生速度同步增长的必然性。

摩尔定律从本质上说明了随着时间的推移，计算机的计算能力作为一种资源成本将越来越低，与此同时，计算需求变得越来越大，直到达到当时计算能力的上限。这样的一个正反馈回路推动了从系统软件到应用软件，再到互联网，然后到移动互联的每一次飞跃。互联网特别是移动互联普及之后，数据的产生呈爆发式的增长，实现了由量变到质变的飞跃，最终大数据时代到来了。

1.1.2 新时代的大数据

数据量的爆发也带来了数据存储、数据传输和数据分析等方面的问题，IT 行业有句话对此进行描述：Computers have promised us a fountain of wisdom but delivered a flood of data（计算机承诺带给我们智慧的清泉，但事实上送来的是数据的洪流）。在 2012 年，每天产生的数据就已经达到 2.5 Exabytes。当前个人电脑的硬盘容量通常在 Gigabyte 和 Terabyte 之间，如果把这些电脑的硬盘容量都算作 1 Terabyte，2.5 Exabytes 的数据会装满 250 万台电脑的硬盘。而且数据产生的速度还在不断加快，大约每两年数据量会翻番。

在大数据时代的今天，我们每人每天、每时每刻都被数据包围，新闻、社交媒体、移动应用等让人应接不暇。每个人的生活已经因此产生了深刻的变化。如何面对这样的数据洪流，不同的人有不同的态度。有的人拥抱，有的人激动，有的人质疑，有的人排斥，可谓众生百态。面对洪流般的大数据，我们需要去研究和发现大数据中隐藏的规律与逻辑，将大数据用来造福人类。

1.2 什么是大数据

大数据先驱们认为大数据（Big Data）是指在可承受的时间范围内，无法用传统数据库系统和常规软件工具对内容进行获取、存储、管理和分析的大量而复杂的数据集合。

2015 年 8 月 31 日国务院印发的《促进大数据发展行动纲要》将大数据定义为：大数据是以容量大、类型多、存取速度快、应用价值高为主要特征的数据集合，正快速发展为对数量巨大、来源分散、格式多样的数据进行采集、存储和关联分析，从中发现新知识、创造新价值、提升新能力的新一代信息技术和服务业态。

对大数据概念的定义包含了两个方面：一方面是技术，主要是从大数据获取、储存和应用的过程进行分析；另一方面是价值，主要是从大数据所蕴含的潜在价值以及能够被挖掘出的可能性出发进行分析。

从数据产生角度，现阶段大数据的数据源包括四类：

第一类是内容数据。其主要来自网络和社交数据，泛社交网络生成的文本、音频和视频等数据。

第二类是观测数据。其主要来自探测器和机器生成的数据，由传感器记录的各种数据，包括科学实验的数据、工程测量的数据，甚至包括生活中使用的智能穿戴设备记录的数据。以天气预报为例，分布在各处的气象站有大量的传感器在采集各种气象数据，包括温度、湿度、风向和风速等。

第三类是用户数据。其指以用户为中心集成的数据，包括用户个体识别和用户行为数据，如人脸识别、指纹识别、用户浏览记录、用户消费记录和用户信息记录等。

第四类是业务数据。其主要来自各种信息系统，包括股票交易数据、物流数据和商品销售数据等，最典型的例子是电商平台产生的交易数据。

1.3　大数据的特征

从大数据诞生以来，随着人们对大数据的认识不断加深，大数据的内涵和外延一直在发生着变化。大数据技术具有"5V"特征，分别是数据量巨大（Volume）、数据类型复杂多样（Variety）、处理速度快（Velocity）、真实性（Veracity）、价值密度低（Value）。

1.3.1　数据量巨大

大数据的数据量巨大，这是大数据区别于传统数据的首要特征。世界上现有的 90％ 的数据是在过去两年中产生的。大数据的"大"首先是数据规模大。

1.3.2　数据类型复杂多样

大数据包含的数据种类包括结构化数据、半结构化数据和非结构化数据，这三类数据处于一个并存的状态。在大数据时代，各种社交软件、智慧城市系统、电子商务活动等在源源不断地制造出新的数据，科学研究方面的基因序列探讨、海底能源的挖掘、太空奥秘的追寻等都在夜以继日地发现和创造新的数据。这些数据包罗万象，种类繁多，与过去的数据结构相比，它有更多的自发而成的半结构化和非结构化数据，这些数据的形成过程中不含有人类意志的参与，它是无规律可言的，是纷繁复杂、包罗万象的，这些都构成了大数据的多样性特征。

1.3.3　处理速度快

大数据不等于大量的数据，大数据不仅仅是数量大，它还包括数据储存和计算任务巨大，因此，这就要求相关信息技术具备高速运转的能力，高速应对源源不断涌出的大量数据。移动手机用户端软件会在最短的时间内推送当下最新的新闻，这是职业媒体人追求的新闻的时效性，也体现出当下大数据处理的高速性。在我国，犯罪分子若使用了身份证，警察通过联网的数据系统，可以在几分钟的时间内定位身份证使用者的位置。现如今，出门在外的游子可以无时差地向家人朋友转播自己所处的环境、身边正在发生的事情等，大数据使我们告别了"烽火连三月，家书抵万金"的慢速信息传播时代。而这无不依赖于高速的数据处理技术。2003 年，人类第一次破译人类基因密码耗费了近十年才完成 30 亿碱基对的排序，而到 2018 年，利用大数据技术仅用 15 分钟就可以完成同样的工作量。

1.3.4 真实性

由于大数据中单位数据量的价值密度低，因此无法直接基于元数据进行判断和决策，需要融合各个维度的数据才能得出结论。不同来源的元数据在此过程中互相印证和筛选，最终得出的结论更趋近于事物和规律的真实面貌，避免了决策受到虚假元数据影响的可能。真实性也由此成为大数据技术的一个珍贵的附加价值。

1.3.5 价值密度低

上文提到由于数据的多样性，大量数据中存在很多半结构化或非结构化的数据，这些半结构化和非结构化的数据往往是自发形成的，它们的存在往往不像精心设计后得到的数据那样具有较高的价值密度。

以上五个特征被统称为"5V"，它们不仅描述了大数据所具有的独特性质，而且界定了大数据的范畴。"5V"特征使人们能够对大数据技术与其他数据处理技术进行区分，同时是运用大数据技术进行分析决策的牢固基石。

前四个"V"（Volume，Variety，Velocity，Veracity）描述的是大数据的客观属性，而最后一个"V"（Value）是我们利用大数据的目的和意义所在。可以看到，大数据的前四个属性和其变化的趋势都给我们从大数据中获得价值增加难度，在浩如烟海和形态多样的数据中获得价值的确是困难重重，因此利用和研究大数据需要科学的方法和工具。

1.4 基于大数据的知识发现

从大数据中发现价值就如同炼金术，是一个除去杂质并且层层提纯的过程，这个过程通常被称为知识发现（KDD，Knowledge Discovery in Databases）。具体来说，这一过程的产物从数据到信息，再到知识，最后到智慧。

数据分析的产出过程呈现出金字塔结构。这一结构被称为 DIKW（Data-Information-Knowledge-Wisdom），由 Jeniffer Rowly 在 2007 年提出（图 1-1）。

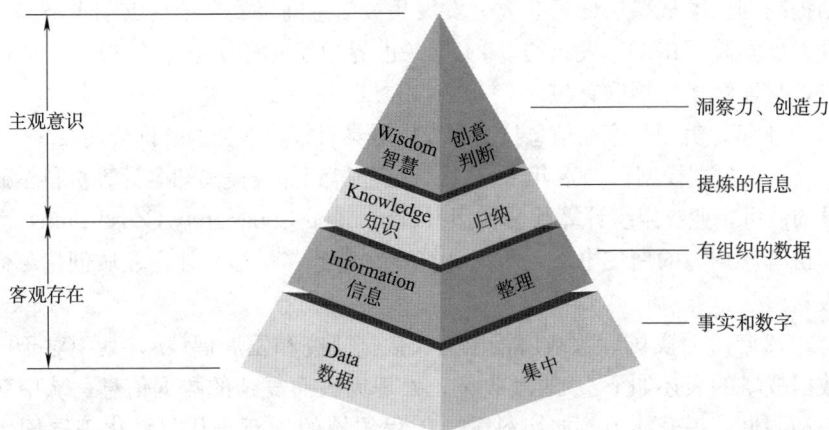

图 1-1　DIKW 金字塔

　　金字塔的底座最大，这一层是数据。数据（Data）在拉丁文中的原意是事实和已知。数据是一种原始的记录，没有经过加工和解释，反映了事物的客观状态。数据之间是分散和孤立的，没有建立相互的联系。这些数据就包括我们朋友圈的数据、公共交通的数据、网上电商的数据等。

　　对数据进行系统组织、整理和分析之后得到信息，信息具有明确的目的性和使用性，能够回答"谁"（Who）、"什么"（What）、"地点"（Where）和"时间"（When）等问题。信息是数据上面一层，来源于数据并高于数据，信息把特定的孤立的数据联系起来，数据和信息都是客观存在的。

　　数据和信息上面是知识层。知识体现了信息的本质、原则和经验，能够积极地指导任务的执行与管理，进行决策和解决问题。从数据到信息，再到知识的过程，是一个数据不断变得有序、不断得到验证，并最终揭示所存在的固有规律的过程。

　　智慧是金字塔的最高一层。智慧是在知识的基础上，形成的对事物的深刻认识和远见，体现为一种卓越的判断力，并由此采取策略和行动。

2　大数据的发展历程

2.1　国际发展历程

　　早在 1980 年，未来学家托夫勒在其所著的《第三次浪潮》中就提到"大数据"一词，他将大数据比作"第三次浪潮的华彩乐章"。此后世界各个国家都逐步开始将大数据纳入本国的发展战略，部分国家和地区发展历程如下：

2.1.1　美国

　　美国将大数据视为强化美国竞争力的关键因素之一，把大数据研究和生产计划提高到国家战略层面，并大力发展相关信息网络安全项目。瑞士洛桑国际管理发展学院（IMD）发布的 2021 年《世界数字竞争力排名》中，美国位居榜首，且连续多年蝉联首位。

2001 年，美国一家在信息技术研究领域具有权威地位的咨询公司 Gartner 首次开发了大数据模型。2008 年末，"大数据"得到部分美国知名计算机科学研究人员的认可，业界组织计算社区联盟（Computing Community Consortium）发表了一份有影响力的白皮书《大数据计算：在商务、科学和社会领域创建革命性突破》。

2012 年 3 月美国联邦政府推出《大数据研究和发展倡议》，其中对于国家大数据战略的表述如下："通过收集、处理庞大而复杂的数据信息，从中获得知识和洞见，提升能力，加快科学、工程领域的创新步伐，强化美国国土安全，转变教育和学习模式。"作为响应，同年 5 月，奥巴马政府发布了"构建21 世纪数字政府"战略，通过 Data. gov 平台的建设吸引更多参与者加入，同时以行政管理和预算局牵头推进政府自身的公共数据开放。2014 年 5 月美国发布《大数据：把握机遇，守护价值》白皮书，对美国大数据应用与管理的现状、政策框架和改进建议进行了集中阐述。2015 年 3 月，联邦总务管理局公民服务与科技创新办公室旗下的 18F 创新小组，会同联邦数字服务中心、白宫科技政策办公室联名发布了关于政府网站的数字化分析仪表盘，协助公众实时、便捷地了解美国联邦政府网站提供的社会公共服务。

2.1.2 欧盟

作为一个政治共同体，欧盟制定大数据战略的出发点与一般实体国家存在区别，其更强调技术导向的数据共享，消除成员国家间的信息屏障。2010 年11 月欧盟通信委员会向欧洲议会提交了题为《开放数据：创新、增长和透明治理的引擎》的研究报告，围绕开放数据制定大数据相关战略，于 2011 年11 月被欧盟数字议程采纳，作为"欧盟开放数据战略"部署实施。其核心在于提高成员国政府拥有的公共数据的开放度与透明度，通过数据处理、共享平台与科研数据基础设施建设，向全社会开放欧盟公共管理部门的所有信息，实现"泛欧门户"的成员国无障碍信息共享。

2.1.3 日本

2010 年 5 月，日本发达信息通信网络社会推进战略本部发布了以实现国民本位的电子政府、加强地区间的互助关系等为目标的《信息通信技术新略》。在其基础上，总务省于 2012 年 7 月发布"活跃 ICT 日本"新综合战略，侧重于以技术革新发展大数据战略，进而实现国民本位的电子政府、加强地区间的互助关系。在应用当中，日本的大数据战略已经发挥了重要作用，ICT 技术与大数据信息能力的结合对协助解决抗灾救灾和核电事故等公共问题贡献明显，实现社会公共价值促生。

2.2 国内发展历程

我国紧跟全球大数据技术发展的浪潮，对大数据予以高度的关注。

2012 年中国计算机学会（CCF）发起组织了 CCF 大数据专家委员会，CCF 专家委员会还特别成立了一个"大数据技术发展战略报告"撰写组，并于 2013 年 12 月发布了《中国大数据技术与产业发展白皮书（2013）》。

2013 年是我国大数据元年，大数据治理在这一年处于"萌芽阶段"，此后以大数据为核心的产业形态在我国逐渐展开，并尝试社会的各个领域探索与落地实践。2013 年以来，国家自然科学基金、973 计划、核高基、863 计划等重大研究计划都已经把大数据研究列为重大的研究课题。

2014 年，大数据首次被写入《政府工作报告》，报告中指出，设立新兴产业创业创新平台，在新一代移动通信、集成电路、大数据、先进制造、新能源、新材料等方面赶超先进，引领未来产业发展。"大数据"成为国内热议词汇。

2015 年 8 月，国务院正式印发《促进大数据发展行动纲要》，该纲要明确要推动大数据的发展与应用。2015 年 10 月 26—29 日，党的十八届五中全会召开，提出"国家大数据战略"，标志着大数据战略正式上升为国家战略。在这次会议上，确立了大数据建设不能仅是商业驱动，更应当在党的领导之下服务人民；政府也要起到带头作用，积极构建政府体系的大数据，打通数据壁垒，其次是需要建立大数据发展的标准体系，从而指导大数据产业的健康发展；明确了大数据战略要立法规范。

2017 年 1 月，工信部印发了《大数据产业发展规划（2016—2020 年）》，其中提出到 2020 年，技术先进、应用繁荣、保障有力的大数据产业体系基本形成。大数据相关产品服务业务收入突破 1 万亿元，年均复合增长率保持30％左右，加快建设数据强国，为实现制造强国和网络强国提供强大的产业支撑。

2021 年 11 月 30 日，围绕"打造数字经济新优势"，国务院特制定出台《"十四五"大数据产业发展规划》。该规划要求，到 2025 年，大数据产业测算规模突破 3 万亿元，年均复合增长率保持在 25％左右，创新力强、附加值高、自主可控的现代化大数据产业体系基本形成。

由此可见，大数据的发展已经得到了我国以及世界范围的广泛关注，发展势不可挡（图 1-2）。如何对海量的原始数据进行有效利用和分析，使之转变成可以被利用的知识和价值，解决日常生活和工作中的难题，成为国内外共同关注的重要课题，同时也是大数据最重要的研发意义所在。

| 2014年中国《政府工作报告》，大数据首次被写入《政府工作报告》 | 2015年《促进大数据发展行动纲要》，大数据上升为国家战略 | 2017年《大数据产业发展规划（2016—2020年）》，正式对大数据产业作出专门规划 | 2021年《"十四五"大数据产业发展规划》，完善大数据标准体系建设 |

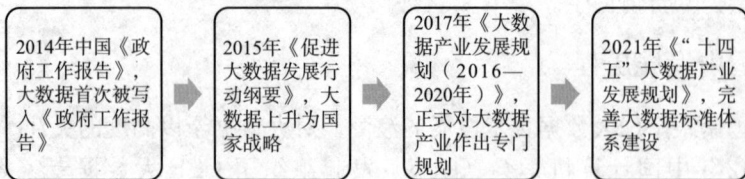

图 1-2　中国大数据重点政策的演变

2.3　大数据的发展趋势

2.3.1　物联网

物联网即把所有物品通过信息传感设备与互联网连接起来，进行信息交换，即物物相息，以实现智能化识别和管理。物联网是新一代信息技术的重要组成部分，也是"信息化"时代的重要发展阶段。其英文名称是"Internet of Things（IoT）"。顾名思义，物联网就是物物相连的互联网。

这有两层意思：其一，物联网的核心和基础仍然是互联网，是在互联网基础上延伸和扩展的网络；其二，其用户端延伸和扩展到了任何物品与物品之间，进行信息交换和通信，也就是物物相息。

2.3.2　智慧城市

智慧城市就是运用信息和通信技术手段感测、分析、整合城市运行核心系统的各项关键信息，从而对包括民生、环保、公共安全、城市服务、工商业活动在内的各种需求做出智能响应。其实质是利用先进的信息技术，实现城市智慧式管理和运行，进而为城市中的人创造更美好的生活，促进城市的和谐、可持续发展。

随着人类社会的不断发展，未来城市将承载越来越多的人口。目前，我国正处于城镇化加速发展的时期，部分地区"城市病"问题日益严峻。为解决城市发展难题，实现城市可持续发展，建设智慧城市已成为当今世界城市发展不可逆转的历史潮流。

2.3.3　区块链技术

区块链是分布式数据存储、点对点传输、共识机制、加密算法等计算机技术的新型应用模式。区块链技术具备去中心化、不可篡改、透明性等特征，在改善大数据安全服务方面具有巨大的潜力。

2.3.4　人工智能

人工智能（Artificial Intelligence，AI）是研究、开发用于模拟、延伸和扩展人的智能的理论、方法、技术及应用系统的一门新的技术科学。人工智能需要被教育，汇入很多信息才能进化，进而产生一些意想不到的结果。人工智能需要数据来建立其智能，特别是机器学习。例如，机器学习图像识别应用程序可以查看数以万计的飞机图像，以了解飞机的构成，以便将来能够识别出它们。人工智能应用的数据越多，其获得的结果就越准确。在过去，人工智能由于处理器速度慢、数据量小而不能很好地工作。今天，大数据为人工智能提供了海量的数据，使得人工智能技术有了长足的发展，甚至可以说，没有大数据就没有人工智能。

大数据技术为人工智能提供了强大的存储能力和计算能力。在过去，人工智能算法都是依赖于单机的存储和单机的算法，而在大数据时代，面对海量的数据，传统的单机存储和单机算法都已经无能为力，建立在集群技术之上的大数据技术（主要是分布式存储和分布式计算），可以为人工智能提供强大的存储能力和计算能力。

3 大数据技术

大数据技术，从本质来讲就是从类型各异、内容庞大的数据中迅速获得有价值信息的技术。目前，随着大数据领域被广泛关注，大量新的技术已开始涌现出来。而这些技术将成为或者已经成为大数据采集、存储、分析、表现的重要工具。

3.1 大数据技术特点

大数据技术具有下述显著的特征：

3.1.1 分析全面的数据而非随机抽样

在大数据出现之前，由于缺乏获取全体样本的手段，所以提出了随机调研数据的方法。在理论上，越是随机抽取样本，就越能代表整体样本，但是获取随机样本的代价极高，而且费时。出现数据仓库和云计算之后，获取足够大的样本数据，乃至获取全体数据变得容易了，完全不必要以抽样的方式调查这些数据，这是因为所有的数据都在数据仓库中。数据无处不在，但许多数据是重复的或者没有价值，未来的任务主要不是获取越来越多的数据，而是数据的去冗分类、去粗取精，从数据中挖掘知识。

3.1.2 重视数据的复杂性，弱化精确性

对小数据而言，最基本和最重要的要求就是减少错误、保证质量。由于收集的数据少，所以必须保证记录下来的数据尽量准确。例如，使用抽样的方法，就需要在具体的运算上非常精确，在一个 1 亿人口的总样本中随机抽取 1 000 人，如果在 1 000 人上的运算出现错误，那么放大到 1 亿人中将会变大偏差，但在全体样本上，产生多少偏差就为多少偏差，不会被放大。精确的计

算是以时间消耗为代价的，但针对小数据，追求精确是为了避免放大的偏差，不得已而为之。但在样本等于总体大数据的情况，快速获得一个大概的轮廓和发展趋势比严格的精确性更重要。

3.1.3　关注数据的相关性，而非因果关系

相关性表明变量 A 与变量 B 有关，或者说变量 A 的变化与变量 B 的变化之间存在一定的正比关系，但在这里的相关性并不一定是因果关系。

大数据技术只知道是什么，而不需知道为什么，就像亚马逊的推荐算法指出的那样，知道喜欢 A 的人很可能喜欢 B，但不知道其中的原因。在大数据背景下，通过相互关系就可以比以前更容易、更快捷、更清楚地进行分析，找到一个现象的关系物。系统相互依赖的是相互关系，而不是因果关系，相互关系可以告诉的是会发生什么，而不是为什么发生，这正是这个系统的价值。大数据的相互关系分析更准确、更快，而且不易受到偏见的影响。建立相互关系分析法的预测是大数据的核心。当完成了相互关系分析之后，可以再继续研究因果关系，找出为什么。

3.1.4　学习算法复杂度

一般 NlogN、N2 级的学习算法复杂度是可以接受的。面对 PB 级以上的海量数据，NlogN、N2 级的学习算法难以接受，处理大数据需要更简单的人工智能算法和新的问题求解方法。大数据研究不应该只是上述几种方法的集成，应该有不同于统计学和人工智能的本质内涵。大数据研究是一种交叉科学研究，如何体现其交叉学科的特点需要认真思考。

3.2　大数据技术体系

根据大数据处理的生命周期，大数据技术体系主要包括大数据采集、大数据预处理、大数据存储、大数据分析与挖掘、大数据呈现与应用几个方面（图 1-3）。

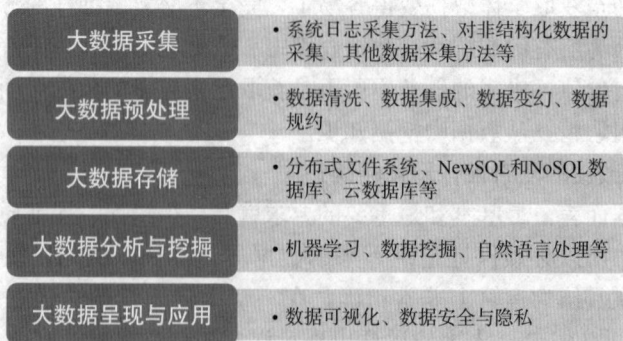

大数据采集	• 系统日志采集方法、对非结构化数据的采集、其他数据采集方法等
大数据预处理	• 数据清洗、数据集成、数据变幻、数据规约
大数据存储	• 分布式文件系统、NewSQL和NoSQL数据库、云数据库等
大数据分析与挖掘	• 机器学习、数据挖掘、自然语言处理等
大数据呈现与应用	• 数据可视化、数据安全与隐私

图 1-3　大数据技术体系

3.2.1 大数据采集技术

大数据的一个重要特点就是数据源多样化，包括数据库、文本、图片、视频、网页等各类结构化、非结构化及半结构化数据。因此，大数据处理的第一步是从数据源采集数据并进行预处理和集成操作，为后续流程提供统一的高质量的数据集。

数据采集，又称"数据获取"，是数据分析的入口，也是数据分析过程中相当重要的一个环节，它通过各种技术手段把外部各种数据源产生的数据实时或非实时地采集并加以利用。获取的大数据按照结构的不同，可分为结构化数据、非结构化数据以及半结构化数据。其中结构化数据可用二维表结构来逻辑表达实现，一般采用数据记录存储，而非结构化数据一般采用文件系统存储。据统计，目前大数据的构成中非结构化数据与半结构化数据占据主体地位，且非结构化数据以及半结构化数据规模呈膨胀式增长，半结构化数据以及非结构化数据的模式多样，为大数据的存储、分析、呈现带来巨大挑战。

大数据采集技术主要包含以下几个方面：

（1）系统日志采集方法。很多互联网企业都有自己的海量数据采集工具，多用于系统日志采集，如 Hadoop 的 Chukwa，Cloudera 的 Flume，以及 Facebook 的 Scribe 等。这些系统采用分布式架构，能满足每秒数百兆字节（MB）的日志数据采集和传输需求。例如，Scribe 是 Facebook 开源的日志收集系统，能够从各种日志源上收集日志，存储到一个中央存储系统上，以便于进行集中统计分析处理。

（2）对非结构化数据的采集。非结构化数据的采集就是针对所有非结构化的数据的采集，包括企业内部数据的采集和网络数据采集等。

企业内部数据的采集是对企业内部各种文档、视频、音频、邮件、图片等数据格式之间互不兼容的数据采集。

网络数据采集是指通过网络爬虫或网站公开 API 等方式从网站上获取互联网中相关网页内容的过程，并从中抽取出用户所需要的属性内容。

（3）其他数据采集方法。对于企业个别经营数据或学科研究数据等保密性要求较高的数据，可以通过子数据技术服务商合作，使用特定系统接口等相关方式采集数据。

3.2.2 大数据预处理技术

大数据的多样性，决定了经过多种渠道获取的数据种类和数据结构都非常复杂，这就给之后的数据分析和处理带来了极大的困难。通过大数据的预处理这一步骤，将这些结构复杂的数据转换为单一的或便于处理的结构，为以后的数据分析打下良好的基础。由于所采集的数据里并不是所有的信息都是必需的，而是掺杂了很多噪声和干扰项，因此还需要对这些数据进行去噪和清洗，以保证数据的质量和可靠性。

常用的方法是在数据处理的过程中设计一些数据过滤器，通过聚类或关联分析的规则方法将无用或错误的离群数据挑出来过滤掉，防止其对最终数据结果产生不利影响，然后将这些整理好的数据进行集成和存储。现在一般的解决方法是针对特定种类的数据信息分门别类地放置，可以有效地减少数据查询和访问的时间，提高数据提取速度。大数据预处理方法主要包括：数据清洗、数据集成、数据变换、数据规约。大数据预处理流程如图 1-4 所示。

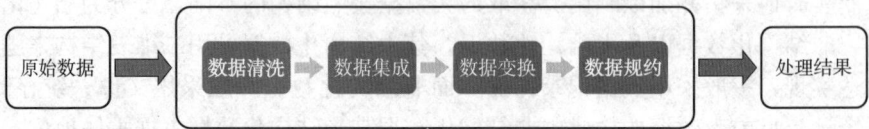

图 1-4　大数据预处理流程

3.2.3　大数据存储技术

改进的轻型数据库可用于完成大数据的存储并响应用户的简单查询与处理请求。而当数据量超过轻型数据库的存储能力时，采用传统的统一技术来存储和处理所有数据的方法将不再适用，需要借助于大型分布式数据库或存储集群平台，且随着互联网技术和云计算技术的发展，建立在分布式存储基础上的云存储已经成为大数据存储的主要趋势。大数据存储的主要挑战是数据异构、结构多样、规模大。大数据时代的数据存储技术主要包含了以下几方面：

（1）分布式文件系统。分布式文件系统（Distributed File System）是一种通过网络实现文件在多台主机上进行分布式存储的文件系统，是基于分布式集群的大型分布式处理系统（图 1-5）。

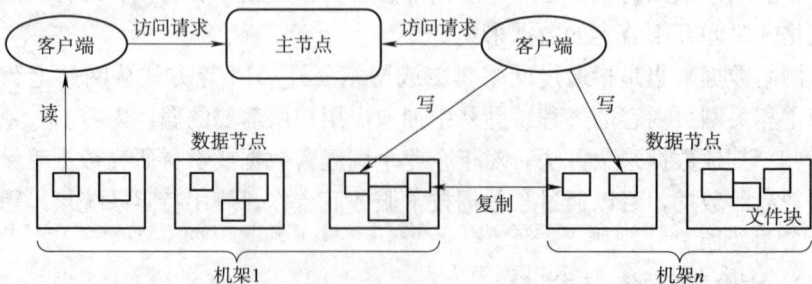

图 1-5　分布式文件系统的整体结构

（2）NewSQL 和 NoSQL 数据库。NewSQL 是对各种新的可扩展、高性能数据库的简称，这类数据库不仅具有对海量数据的存储管理能力，还保持了传统数据库支持 ACID 和 SQL 等。特性不同的 NewSQL 数据库有两个显著的共同特点：都支持关系数据模型，都使用 SQL 作为其主要的接口。在众多 NewSQL 数据库中，Spanner 备受瞩目，它是一个可扩展、多版本、全球分布式并且支持同步复制的数据库，是 Google 的第一个可以全球扩展并且支持外部一致性的数据库。

NoSQL 是一种不同于关系数据库的数据库管理系统设计方式，是对非关系型数据库的统称，它所采用的数据模型并非传统关系数据库的关系模型，而是类似键/值、列族、文档等非关系模型。与关系数据库相比，NoSQL 具有灵活的水平可扩展性，可以支持海量数据存储，与云计算紧密融合。

（3）云数据库。云数据库是部署和虚拟化在云计算环境中的数据库。云数据库是在云计算的大背景下发展起来的一种新兴的共享基础架构的方法，它极大地增强了数据库的存储能力，消除了人员、硬件、软件的重复配置，让软、硬件升级变得更加容易，同时，也虚拟化了许多后端功能。云数据库具有高可扩展性、高可用性、采用多租形式和支持资源有效分发等特点。在云数据库中，所有数据库功能都是在云端提供的，客户端可以通过网络远程使用云数据库提供的服务。客户端不需要了解云数据库的底层细节，所有的底层硬件都已经被虚拟化，对客户端而言是透明的，就像使用一个运行在单一服务器上的数据库一样，非常方便容易，同时又可以获得理论上近乎无限的存储和处理能力。在大数据时代，每个企业几乎每天都在不断产生大量数据，企业的类型不同，对于存储的需求也千差万别，而云数据库可以很好地满足不同企业的个性化储存需求。

3.2.4　大数据分析与挖掘技术

大数据环境下的数据呈现多样化、动态异构，而且比小样本数据更有价值等特点，需要通过大数据分析与挖掘技术来提高数据质量和可信度，帮助理解数据的语义，提供智能的查询功能。数据分析是大数据技术领域中最核心、产生直接价值的部分。通过数据分析的结果，可以揭示不为人知的有价值的规律和结果，并可以辅助人们进行更为科学和智能化的决策。在大数据分析方面，除了传统的 BI 技术，人工智能技术领域的很多技术方法为大数据分析提供了丰富多样的分析方法，包括统计分析、机器学习、数据挖掘、自然语言处理、知识与推理等。该领域主要的技术方向包含以下几个方面：

（1）机器学习。机器学习是一门多领域交叉学科，涉及概率论、统计学、逼近论、凸分析、算法复杂度理论等多门学科，专门研究计算机怎样模拟或实现人类的学习行为，以获取新的知识或技能，重新组织已有的知识结构，使之不断改善自身的性能，它是人工智能的核心，是使计算机具有智能的根本途径，其应用遍及人工智能的各个领域。

大数据环境下，机器学习的主要应用领域可以总结为三方面：搜索、迭代优化和图计算。该领域目前的研究热点在于采用新的机器学习算法实现深度机器学习。深度学习是对人工神经网络的发展，其本质就是通过构建具有很多隐层的机器学习模型和海量的训练数据来学习更有用的特征，从而提升最终分类或者预测的准确性。在深度学习领域，谷歌、微软、IBM、百度等企业走在最前沿。以 Google Brain 项目最为出名，该项目搭建了有 16 000 个 CPU 核的并行计算平台，用于训练深度神经网络（DNN，Deep Neural Network）的机器学习模型，该模型在语音识别和图像识别领域取得了巨大成功。

（2）数据挖掘。数据挖掘是指从庞大的数据库当中，利用各种技术和统计方法，将大量的历史数据进行分析、归纳与整合等工作。数据挖掘可以视为机器学习与数据库的交叉，它主要利用机器学习界提供的算法来分析海量数据，利用数据库界提供的存储技术来管理海量数据。其主要的功能有数据分类、数据估计、数据预测、数据关联分组、数据聚类以及数据循序样式采矿等。

常见的主要数据挖掘技术方法包括关联规则学习、聚类分析、分类分析、序列分析、偏差检测、预测分析、模式相似性挖掘和回归分析等。现代企业经常搜集大量数据，包括市场、客户、供货商、竞争对手以及未来趋势等重要信息，如果能通过数据挖掘技术，从巨量的数据库中，挖掘出不同的信息与知识，作为决策支持之用，必能增强企业的竞争优势。

（3）自然语言处理。自然语言处理（NLP，Natural Language Processing）是基于计算机科学和语言学，利用计算机算法对人类自然语言进行分析的技术，即把计算机作为语言研究的强大工具，在计算机的支持下对语言信息进行定量化的研究，并提供可供人与计算机共同使用的语言描写，属于人工智能领域的一个重要方法。

科学家研究自然语言处理技术的目的是让机器能够理解人类语言，用自然语言的方式与人类交流，最终拥有"智能"。AI 时代下希望计算机拥有视觉、听觉、语言和行动的能力，其中语言是人类区别于动物的重要特征之一，语言是人类思维的载体，也是知识凝练和传承的载体。在人工智能领域，研究自然语言处理技术的目的就是让机器理解并生成人类的语言，从而和人类平等流畅地沟通交流。

目前自然语言处理关键技术涉及词法分析、句法分析、语义分析、语音识别、文本生成等。很多自然语言处理算法是基于机器学习的方法。该技术领域典型的应用就是基于社交媒体对语言的情感进行分析、法律领域的电子侦查，其他应用还包括欺诈检测、文本分类、信息检索和过滤、文字转换系统、机器翻译等。

3.2.5 大数据呈现与运用

大数据时代数据的数量和复杂度的提高带来了对数据探索、分析和理解的巨大挑战。数据分析是大数据处理的核心，但是用户往往更关心结果的展示。如果分析的结果正确但是没有采用适当的解释方法，则所得到的结果很可能让用户难以理解，极端情况下甚至会误导用户。由于大数据分析结果具有海量、关联关系极其复杂等特点，采用传统的解释方法基本不可行。目前常用的大数据呈现方法是可视化技术。

（1）数据可视化。数据可视化是指将大型数据集中的数据以图形图像形式表示，并利用数据分析和开发工具发现其中未知信息的处理过程。数据可视化技术的基本思想是将数据库中每一个数据项作为单个图元素表示，大量的数据集构成数据图像，同时将数据的各个属性值以多维数据的形式表示，可以从不同的维度观察数据，从而对数据进行更深入的观察和分析。由于图形化的方式比文字更容易被用户理解和接受，数据可视化就是借助人脑的视觉思维能力，将抽象的数据表现为可见的图形或图像，帮助人们发现数据中隐藏的内在规律。

数据可视化旨在借助图形化手段，清晰有效地传达与沟通信息。数据可视化利用图形及图像处理、计算机视觉以及用户界面，通过表达、建模、对立体、Nia 表面、属性以及动画的显示，对数据加以可视化解释。数据可视化依赖于相关工具。传统的数据可视化工具包括 Excel、水晶报表、Report 等报表工具，Cognos（在 BI 核心平台之上，以服务为导向进行架构的一种数据模型）等多维数据分析工具，也包括 SAS（统计分析软件）等图形展示工具。目前常见的可视化技术有原位分析（In Situ Analysis）、标签云（Tag Cloud）、历史流（History Flow）、空间信息流（Spatial Information Flow）、不确定性分析等。可以根据具体的应用需要选择合适的可视化技术。

（2）数据安全与隐私。当前大数据的发展仍然面临着许多问题，安全和隐私问题是人们公认的关键问题之一。其中，隐私问题由来已久，计算机的出现使得越来越多的数据以数字化的形式存储在电脑中，互联网的发展则使数据更加容易产生和传播，数据隐私问题越来越严重。大数据在存储、处理、传输等过程中面临安全风险，具有数据安全和隐私保护需求。而实现大数据安全与隐私保护，较其他安全问题（如云安全中数据安全等）更为棘手。目前针对大数据隐私与安全主要研究解决方法有：文件访问控制技术、基础设备加密、匿名化保护技术、加密保护技术、数据水印技术、数据溯源技术、基于数据失真的技术、基于可逆的置换算法等。

4 大数据应用

大数据作为继云计算、物联网之后 IT 行业又一颠覆性的技术，备受人们关注。大数据无处不在，包括金融、汽车、零售、餐饮、电信、能源、政务、医疗、体育、娱乐等在内的社会各行各业，都融入了大数据的印迹。大数据对人类的社会生产和生活必将产生重大而深远的影响。大数据被誉为未来的新石油、21世纪最珍贵的财产；大数据产业的发展，关系着国家的安全和经济繁荣。云计算、移动互联网、泛在感知、人工智能等新一代信息技术深入应用，无一不以数据为基础，反过来又带动了海量数据的爆炸式增长。尤其是2020年世界各国抗击新冠疫情，无论是利用大数据进行联防联控，还是采用健康码的方式促进复工复产，处处凸现出大数据的魅力。正是基于大数据对民生服务、城市管理、工业转型、未来生活等产生的重大影响，促使全球各大经济体都把推进各行各业数字化作为实现创新发展的重要驱动力，并在大数据技术、数据处理、数据共享、数据安全等方面进行政策支持和前瞻性布局。大数据时代扑面而来，影响我们每一个人的工作和生活，这已经是全社会的共识。大数据应用的领域举例如下。

4.1 金融行业大数据应用

金融行业与社会以及人们的日常生活关联密切，渗透到生活的方方面面，是国民经济的重要支撑之一。作为世界人口大国的我国，每个人的需求都不一样且人民需求复杂多样，长期以来，金融行业要想在这样的复杂背景下寻求生存与发展，难度系数很大。在传统的金融市场中，存在着如何获取新用户、如何进行风险控制、如何留住客户以及如何触发客户的消费等众多问题。而金融大数据的出现，有效解决了过去存在的数据来源单一、片面化、局限化及深度浅等问题。借助互联网大数据库，能够有效、全面地进行数据收集以及汇总分析，从而得出更加全面精确、更加符合客户需求的方案及决策。

金融行业是典型的数据驱动行业，每天都会产生大量的数据，包括交易、报价、业绩报告、消费者研究报告、各类统计数据、各种指数等。所以，金融行业拥有丰富的数据，数据维度比较广泛，数据质量也很高，利用自身的数据就可以开发出很多应用场景。如果能够引入外部数据，还可以进一步加快数据价值的变现。外部数据中比较好的有社交数据、电商交易数据、移动大数据、运营商数据、工商司法数据、公安数据、教育数据和银联交易数据等。

4.1.1 银行数据应用场景

比较典型的银行的大数据应用场景集中在数据库营销、用户经营、数据风控、产品设计和决策支持等。目前来讲，大数据在银行的商业应用还是以其自身的交易数据和客户数据为主，外部数据为辅，以描述性数据分析为主，预测性数据建模为辅，以经营客户为主，经营产品为辅。

例如，"利用数据库营销，挖掘高端财富客户"，银行为物业公司提供物业费代缴服务，其中包含了部分高档楼盘的代扣代缴，银行可以依据物业费的多少来识别出高档住宅的业主，为这些用户提供理财服务和资产管理服务。

银行的数据按类型可以分为交易数据、客户数据、信用数据、资产数据四大类。银行数据大部分是结构化数据，具有很强的金融属性，都存储在传统关系型数据库和数据仓库中，通过数据挖掘可分析出其中一些具有商业价值的隐藏在交易数据之中的知识。

4.1.2 证券行业数据应用场景

证券行业的主要收入来源于经纪业务、资产管理、投融资服务和自有资金投资等。外部数据的分析，特别是行业数据的分析有助于其投融资服务和投资业务。

证券行业拥有的数据类型有个人属性数据（含姓名、联系方式、家庭地址等）、资产数据、交易数据、收益数据等，证券公司可以利用这些数据建立业务场景，筛选目标客户，为用户提供适合的产品，提高单个客户收入。例如，借助于数据分析，如果客户平均年收益低于5％，交易频率很低，可建议其购买公司提供的理财产品；如果客户交易频繁，收益又较高，可以主动推送融资服务；如果客户交易不频繁，但是资金量较大，可以为客户提供投资咨询等。对客户交易习惯和行为的分析可以帮助证券公司获得更多的收益。

除了利用企业财务数据来判断企业经营情况以外，证券公司还可以利用外部数据来分析企业的经营情况，为投融资以及自身投资业务提供有力支持。例如，利用移动 App 的活跃和覆盖率来判断移动互联网企业的经营情况。

4.1.3 保险行业数据应用场景

保险行业的数据业务场景是围绕保险产品和保险客户进行的，典型的数据应用有：利用用户行为数据来制定车险价格，利用客户外部行为数据来了解客户需求，向目标用户推荐产品等。例如，依据个人属性和外部养车 App 的活跃情况，为保险公司找到车险客户；依据个人属性和移动设备位置信息，为保险企业找到商旅人群，推销意外险和保障险等；依据家人数据和人生阶段信息，为用户推荐理财保险、寿险、保障保险、养老险、教育险等；依据自身数据和外部数据，为高端人士提供财产险和寿险等；利用外部数据，提升保险产品的精算水平，提高利润水平和投资收益。

4.2 零售行业大数据应用

零售业是伴随着人类文明产生的，在人们知道以物换物时，零售业就已经存在了。在零售业历史研究中，西方经济学家总结的三次革命分别是百货商店、连锁店以及超级购物中心的出现。近年来，建立在互联网电商基础上的第四次零售革命的概念逐渐兴起。大数据在零售行业的应用已经成为行业发展变革的基础与必然。大数据在零售业的应用场景如下：

4.2.1 零售业的顾客行为数据分析

提升客户转化率，以个性化的广告增加营收，预测并避免顾客流失，降低获取客户所需要的成本，要应对这类挑战，深层次的数据驱动型洞察至关重要。但如今，顾客通过多个交互点与企业互动，如移动设备、社交媒体、门店、电子商务网站等。因此，需要汇总与分析的数据的复杂性陡然上升，涉及的数据类型也骤然增加。一旦这些数据得到汇总与分析，你将收获前所未有的洞见，比如：最有价值的顾客是哪些？促进他们消费更多商品的动力是什么？他们的行为模式是怎样的？与他们互动的最佳方式与时机是什么？有了这些洞见，你不仅能收获更多客户，还能提升客户忠诚度。

4.2.2 利用大数据，将店内体验个性化

过去，销售被视为一种艺术形式，人们认为，商品销售中，决策的具体影响是无法确切衡量的。而随着在线销售的增长，一种新的趋势开始显现：顾客会先去实体店对商品作一番了解，继而回家网购。行为追踪技术的出现，为分析店内行为及衡量销售策略提供了新的途径。零售商必须吃透这些数据，以优化销售策略，同时，通过忠诚度应用程序，对店内体验进行个性化定制，并及时采取行动，促使顾客完成购置——最终目标就是提升所有渠道的销售额。

通过分析 POS 机系统和店内传感器等数据来源，全渠道零售商可以：就不同营销与销售策略对客户行为和销售产生的影响，进行相应的测试与量化。依据顾客的购买和浏览记录，确定顾客的需求与兴趣，然后为顾客量身定制店内体验。监测店内顾客习惯，并及时采取行动，促使顾客当场完成购物，或是之后上网购置，由此保住交易。

4.2.3 通过预测型分析和定向宣传，提升顾客转化率

要在提升客户获取率的同时降低成本，零售企业需要有效地进行定向促销。为此，商家需要全方位地了解顾客，并掌握尽可能准确的预期。历来，顾客信息都仅限于交易发生时的地理数据。但如今，顾客的互动行为多于交易行为，而这些互动发生在社交媒体等多种渠道上。考虑到这些趋势，对零售商最有利的做法，就是将顾客在互动过程中生成的数据加以利用，将其转变为顾客信息与洞见的宝库。

将顾客的购物记录和个人资料，以及其在社交媒体网站上的行为结合起来，通常能有意料之外的发现。例如，一家零售商的多名高价值顾客都"喜欢"在电视上观看美食频道，而且经常在有机食品店购物。这种情况下，零售商就可以利用这些洞察，在烹饪相关的电视节目中，以及有机食品店内，投放有针对性的广告。结果会如何呢？这家零售商的顾客转化率有可能大幅提升，获取客户所需的成本也有望显著降低。

4.2.4 运营分析与供应链分析

由于产品生命周期的加快以及运营的日益复杂化，零售商开始利用大数据分析来理解供应链和产品分销，以期缩减成本。优化资产利用、预算、绩效与服务质量的压力不可小觑，对此，很多零售商都深有体会。因此，取得竞争优势、提升业务表现就显得格外关键。

在一个加速扩张的市场中，零售企业要维持竞争优势，就有必要寻求创新手段，主动利用新的大范围的数据来源，这一点正变得愈加重要。在数据的帮助下，零售商可以深入理解顾客数据，进而获取宝贵的商业洞见。

4.3 教育行业大数据应用

在教育行业中，每时每刻都在产生着不同的数据，这些数据就是教育行业的大数据，通过对这些数据全面准确地收集，并加以合理分析，就会产生对我们有用的价值。例如，学校可以通过门禁系统的刷卡记录分析判断师生的生活习惯，通过分析日常消费记录判断学生的家庭经济情况及个人喜好，通过学生评教系统数据分析判断教师的受喜爱程度，通过科研成果统计数据分析了解教师的科研能力等。学校可以通过这些数据分析对教师进行个性化管理，对学生进行个性化教育，促进学校健康发展。

大数据给教育行业带来了重要影响。基于大数据的精确学情诊断、个性化学习分析和智能决策支持，大大提高教育品质，对促进教育公平、提升教育质量、优化教育治理都具有重大作用，已成为实现教育现代化不可或缺的重要支撑。教育大数据的主要作用体现在以下四个方面：

4.3.1 有利于促进个性化学习

基于大数据，可以精细刻画学生特点、洞察学生学习需求、引导学生学习过程、诊断学生学习结果。通过对学习者学习背景和过程相关的各种数据测量、收集、分析，从海量学生相关的数据中归纳分析各自的学习风格和学习行为，进而提供个性化的学习支持。

4.3.2 有利于实现差异化教学

大数据可以在保障教育规模的情况下实现差异化，一方面可以因材施教，教师可以根据学生的不同需求推荐合适的学习资源，另一方面可以形成更大的教育规模。例如，MOOC（慕课）平台突破了传统教育中实体教室的限制，课程受众面极广，能同时满足数十万学习者的学习需求。在教学过程中，MOOC平台可依托大数据构建学习者体验模型，对其线上课程进行评估、进行线上课程的再设计、改变课程学习顺序、优化教学策略，为每一个学习者提供不同的教学服务，从而实现规模化下的多样化、个性化教学。

4.3.3 有利于实施精细化管理

传统教育环境下，教育管理部门或决策制定者依据的数据是受限的，一般是静态的、局部的、零散的、滞后的数据，或是逐级申报、过滤加工后的数据，很多时候只能凭经验进行管理和决策。大数据根据社会各方面的综合数据来源，可实现实时精确观察和分析，对于推进教育管理从经验型、粗放型、封闭型向精细化、智能化、可视化转变具有重要意义。

4.3.4 有利于提供智能化服务

大数据可以采集、记录和分析管理者、家长、教师、学生的各方面行为，全面提升服务质量。对教育大数据的全面收集、准确分析、合理利用，已成为学校提升服务能力，形成用数据说话、用数据决策、用数据管理，利用数据开展精准服务的驱动力。

习题：

（1）大数据具有什么特点？

（2）大数据技术体系包括哪些内容？

（3）结合某个具体场景，描述大数据在这个场景中的应用。

（4）举例说明大数据的价值体现。

第二章　大数据人力资源管理概述

本章首先介绍在新环境下人力资源管理未来的几个主要发展趋势，然后分析了大数据与人力资源管理间的关系，最后，从人力资源战略规划、人员招聘和甄选、员工培训和发展、绩效管理、薪酬管理、劳动关系六个方面介绍了大数据技术对人力资源管理的促进作用。

通过本章学习，应该达到如下目标：

【知识目标】

（1）掌握人力资源管理各个主要模块的概念和作用。

（2）了解当前人力资源管理发展的主要趋势。

【能力目标】

（1）理解大数据技术和大数据思维的特点。

（2）理解大数据对人力资源管理的促进意义。

1　新时代下人力资源管理发展趋势

互联网时代下，信息科技得到快速发展，各种新技术层出不穷，如大数据、云计算、区块链、人工智能等各类技术使得共享经济、数字经济、平台经济等新的商业模式风靡全球。而善于利用新技术是组织人力资源管理未来取胜的关键，互联网时代是个人与社会、经济与组织、有形世界与虚拟世界都彼此交融的时代。未来的人力资源管理将是建立在大数据分析的基础上，大数据技术能够进一步完善人力资源管理的各项职能，并且产生诸多新的人力资源管理模式。

1.1　人工智能和大数据人力资源管理的出现

人工智能已经广泛运用到社会经济生活中，数字化趋势已在社会生产生活各个层面呈现，大数据的算量、算法改变了管理决策的过程和效率，人力资源管理的实践在技术的推动下出现了很多变化，人力资源数字化发展方向成为业界共识。

1.1.1　人力资源管理决策的优化

在传统的管理决策中，管理者首先要收集信息和情报，再根据自身经验和认知，在有限理性范围内，提出多种备选方案并选择最合适的方案，然后指导员工执行。数字化升级为管理决策带来了全新的变化。

（1）充分的基础数据。人力资源数字化逐步走到舞台中央，大数据技术为人力资源的决策与计量管理提供充分的基础数据支撑，首先是信息的"编码—传递—解码"速率大大提升，其次信息收集的范围也愈加广泛，从显现的信息到隐藏的信息，从组织的信息到人才的信息，这些信息以数据的形式存在于组织中，收集起来就是大数据，数据能带来巨大价值。

因此，互联网使得人力资源管理基于数据，用数据说话和决策成为可能。利用互联网和大数据系统对组织的价值创造过程及经营绩效进行客观公正的定量化评价，使人力资源的价值计量化管理。

（2）智能决策。大数据人力资源管理下的决策是深度学习后的智能决策，数据本身没有价值，数据背后的人工智能才是真正的价值。有了数字影像技术，管理者对员工的心理状态、情绪感知、生理状态、能力级别和绩效潜力会有更多了解，还可以根据员工的能力特点，分配相应的工作任务，尽量做到任务与工作能力的有效匹配，减少无法胜任的情况。

人工智能则从海量的数据中直接寻找最佳路径，指导员工在当下的数字场景中如何一步一步地开展工作，而负责执行的员工在人工智能的辅助下能更加有效地完成任务。有工作留痕的地方，都会产生数据，如薪酬管理、绩效管理、人才发展等，有了数据，就可以进行数字化改造和升级。所有的行业，都会被数字化重构，人力资源管理也不例外。

（3）优化人力资源管理职能工作。数字化人力资源管理体现在人力资源管理的各个职能上，例如，在人力资源规划上，大数据为人力资源管理提供前瞻性的分析与洞察，可对人力资源的动态变化、未来趋势进行预测。在劳动关系上，从大数据中分析劳资关系与冲突的临界点，减少企业内部的矛盾与冲突，降低管控与交易成本，减少内耗。在人员配置上，从大数据分析中寻求职位系统与能力系统的最佳效能匹配关系，剔除人力浪费，从而提升人才匹配决策的科学性。

基于大数据建立人力资源共享服务平台，进行人力资源职能优化与产品服务的设计和交付，打造高效率并能满足员工个性化需求的员工服务链，使人力资源平台聚合人才并满足员工个性化人力资源产品与服务需求成为可能，有效提升人力资源管理效能。

1.1.2 人力资源管理大数据的类型

大数据时代的到来，给现代化企业经营管理带来了颠覆式的改变。人力资源管理工作作为现代化企业经营管理的重要组成部分，须充分顺应时代发展趋势，加强大数据思维和技术的应用，推动人力资源管理活动由经验导向转为数据导向，促进人力资源管理的决策更科学，工作更高效。在人力资源管理中可以被有效利用的数据类型主要有以下三种：

（1）事实性数据。事实性数据是记录人力资源对象和主体基本信息的数据，通常用来描述客观事实或情况。一方面是企业员工个人层面的基本信息，包括企业中在职员工的总体数量、人员资源结构、企业组织工作形式、性别结构、学历、工作管理经验、技术技能特长、家族传统文化背景等，可以作为组织招募人才的基本依据；另一方面是人力资源管理主体层面的数据，包括考核的指标、时间、业绩、周期，薪酬的总额、增幅、构成比例。数据主要通过人力资源规划、人员招聘、培训开发、绩效管理、薪酬管理等不同环节汇聚而来。这类数据的优势是信息搜索收集简便、信息量充足，可以进行科学有效的分析和处理。

（2）动态性数据。动态性数据是指人力资源管理活动的过程性数据，通常会根据工作的开展不断发生变化。例如，企业的人员流动比率、招聘规划的制定和执行率、核心技术人才的流失比率、晋级比率等。动态特征型数据获取的方法较为简便，但是此类数据在实时变化，需要追溯记录和核算分析。动态型数据覆盖了人才的选、育、用、留四个动态的过程，对于分析核心人才流失情况、员工的满意度和在企业内部的轮岗、调动、晋升、任免情况都具有较高的价值。

（3）整合性数据。整合性数据是指对多种来源的数据进行整理获得的数据。例如在对人才素质特征、人才投资和产出比等进行了综合评估后所获得的结果，其中包括个性化考核、管理技巧测试、情商、智慧、员工满意度、企业员工敬业心等。

1.1.3 大数据给人力资源管理带来的影响

大数据时代的到来，为企业管理带来创新理念，给企业人力资源管理带来全新的思考视角，一方面有效提升了企业管理效率，另一方面最大限度激发了员工积极性。

（1）角色定位发生转变。大数据给企业人力资源管理带来的角色转变主要体现在三个方面：一是从"经验＋感觉"到"事实＋依据"。过去企业人力资源管理在员工评估及配置上主要凭借个人经验、文化水平甚至是关系亲疏来进行决策，在大数据时代，将摒弃"经验＋感觉"的主观判断，而是基于数据反映的"事实＋依据"做出人力资源管理决策，减少决策偏差，实现科学管理。二是人力资源管理人员从数据采集者转变为管理决策者。传统的人力资源管理模式下，从业者的工作内容主要包括对于员工的考勤、人事报表、工作情况等数据采集分析，在大数据条件下可以利用综合性管理平台高效开展数据的汇总、统计，将传统的人力资源管理从业者们从烦琐的信息收集整理中解放出来，把更多精力投入管理、分析和决策上。三是人力资源管理从幕后走向前台。外部环境的快速变化使得企业环境和组织目标的不确定性变得更为突出，在互联网和大数据的支撑下，人力资源部门将拥有更多机会，成为其他业务部门必不可少的合作伙伴，从而加深对组织战略目标所起到的支持和推动作用。

（2）有效提升管理效率。过去在缺乏大数据技术支持下，人力资源管理往往是经验导向的，根据前人经验制定企业制度和做出企业决策。而在大数据支撑下，人力资源管理是数据导向的，注重管理的科学性、准确性。依据客观数据开展人力资源管理，既能提高管理的效率效能，又能提升决策工作的科学化、精准化水平。例如，在招聘过程中，整合分析个人在网络中留下的各种非结构化信息，发掘得到一些能够真正体现和反映兴趣爱好、个人特征、素质与技术能力的信息，从而可以实现高效准确的人才岗位匹配，实现资源配置的精准化；在日常工作中，通过持续记录个体学习行为数据，企业可以对员工能力及效率进行数据化分析，更加准确地发现员工培训需求，使得培训能够有的放矢。

（3）充分调动员工积极性。随着社会发展水平的不断提升，作为社会个体的企业员工物质和精神需求也在持续提升中，因此对人力资源管理也提出了新的要求。过去，人力资源管理重点是关注群体行为的管理，强调标准化。但是随着企业员工个性化需求的不断增长，人力资源管理也从注重标准向注重个性转变。数据化的管理为这种转变提供了重要的途径。例如，在有效掌握员工基础信息的条件下，通过互联网或其他合规的渠道，搜集掌握企业员工有关个人成长发展经验、知识专业背景、工作实践行为、兴趣爱好等非结构化的相关数据并对其进行深入分析，可以发现员工的个体需求。在此基础上，可以更为精确、有针对性地为员工提供教育培训、社会保障、家庭关怀、团队建设等方面的福利和服务，实现员工激励的个性化、精准化，充分地调动员工积极性，更好发挥其个人优势。

1.2 大数据思维下人力资源管理的发展趋势

新技术和新商业模式大量涌现，生产智能化和数据化将成新特征，传统以模块专业划分为基础的人力资源管理模式正在发生各种变化，未来人力资源管理将在大数据和人工智能的助力下呈现出的发展趋势，主要包括以下四大方面：人力资本价值管理、共享用工的劳动力模式、人力资源组织形式的敏捷化和人力资源效能提升。

1.2.1 人力资本价值管理

人力资源管理经过人事行政管理阶段、人力资源专业职能管理阶段、战略人力资源管理阶段，现在正迈入人力资本价值管理阶段。该理论认为人力资本是体现在劳动者身上的资本，包括劳动者的知识技能、文化技术水平与健康状况等，其主要特点在于它与人联系在一起，不随产品的出卖而转移。

人力资本理论的形成与发展经过了一个较为漫长的过程，早在 1960 年，西奥多·W. 舒尔茨在美国经济学年会上第一次系统提出了人力资本理论，他在演说中阐述了人力资本的概念和基本理论。舒尔茨还进一步研究了人力资本形成方式与途径，并对教育投资的收益率以及教育对经济增长的贡献做了定量研究。因此，舒尔茨被称为"人力资本之父"。

后来的研究者如贝克尔，在舒尔茨对经济增长的宏观分析之外，还系统地进行了微观分析，研究了人力资本与个人收入分配的关系。雅各布明赛尔首次将人力资本投资与收入分配联系起来，并给出了完整的人力资本收益模型，从而开创了人力资本研究的另一个分支，同时他还研究了在职培训对人力资本形成的贡献。

总之，人力资本理论作为经济学的一个分支已经形成并发展起来，在大数据技术的推动下把它进一步运用到企业的人力资源管理中是未来人力资源管理的趋势。

（1）人力资本理论的内容和意义。

①人力资本理论的主要内容。从内容上来看，人力资本理论强调人力资源是一切资源中最主要的资源，超过自然资源和各种有形的物质资源，在经济增长中，人力资本的作用大于物质资本的作用。人力资本理论认为人力资本投资与国民收入成正比，比物质资源增长速度快。

当论及提升人力资本的途径时，人力资本的核心是提高人口质量，教育投资是人力投资的主要部分。不应当把人力资本的再生产仅仅视为一种消费，而应视同为一种投资，这种投资的经济效益远大于物质投资的经济效益。教育是提高人力资本最基本的手段，所以也可以把人力投资视为教育投资问题。高技术知识程度的人力带来的产出明显高于技术程度低的人力。教育投资应以市场供求关系为依据，以人力价格的浮动为衡量标准。

人力资本理论突破了传统理论中的资本只是物质资本的束缚，将资本划分为人力资本和物质资本。这样就可以从全新的视角来研究经济理论和实践。除了物质上的厂房、机器、设备、原材料、土地、货币和其他有价证券等是资本，储存于人身上的能够带来经济价值的要素也是资本，即人力资本，它表现在蕴含于人身中的各种生产知识、劳动与管理技能和健康素质的存量总和。

②人力资本理论的意义。人力资本理论带来的启发是，人类在经济活动过程中，一方面不间断地把大量的资源投入生产，制造各种适合市场需求的商品；另一方面以各种形式来发展和提高人的智力、体力与道德素质等，以期形成更高的生产能力。人力资本理论提倡将人力视为一种储存着各种生产知识与技能总和的关键性资源。

人力资本的积累和增加对经济增长与社会发展的贡献远比物质资本、劳动力数量增加重要。经济增长的这种模式转变，对人力资本积累提出了巨大需求。人力资源要转化为人力资本，关键在于提高人力素质，其重要途径在于形成全民学习、终身学习的学习型社会。

全面建设学习型社会，全面提高人力资源的素质和能力，全面强化人力资本投资，就有可能使得人力资源总量更加充足、结构更加合理、质量不断提高、体系更加完善，人力资源的学习能力和就业能力不断发展。

在人力资本价值管理时代，人力资源管理的核心目标是关注人的价值创造，使每个员工成为价值创造者，使每个员工有价值地工作，实现人力资本价值的增值。从机制体制上讲，要建立共创、共享、共治机制，使得人力资本和货币资本共同创造价值、共享剩余价值、共同治理企业。从管理技术方法上看，信息的对称与互联互通，使人力资本的价值衡量与人力资本计量管理成为可能。如引入会计核算体系计量团队与个人的价值贡献，以及用业务结果衡量人力资源的价值。

（2）人力资源效能管理。与人力资本价值管理相适应的是，人力资源效能管理成为人力资源管理的核心任务。人力资源效能管理包含效率、效益和价值增值等内容。

①提高人力资源效率。提高人均劳动生产率，提高人力资本单位产出。主要举措包括：量化人力资源价值创造，驱动员工自主经营与自主管理；回归科学管理与职业化，剔除人力资源浪费，让员工有价值地工作；建立标准职位与胜任力管理系统，实现职位管理与能力管理系统的动态精准配置；构建基于信息化的知识共享与协同系统，放大人力资源效能；构建人力资源效能对标管理体系，加速人力资源效能提升；建立人力资源共享服务平台，完善外包服务体系；建立人力资源效能评价指标体系，提升人力资源效能管理绩效。

②提升人力资源价值创造能力。提升人力资源价值创造能量与人力资本增加值。主要举措包括：对碎片时间进行有效集成管理，挖掘其人力资源价值创造能量；建立全面认可激励体系，激发员工内在价值创造潜能；构建全面人才发展系统，打造人才供应链与能力发展链，为组织提供源源不断的价值创造源泉。

（3）以价值创造者为本。企业是营利性组织，一个根本的问题是：企业究竟以什么为基本价值？大多数企业应该是以为客户创造价值为本，而客户价值来源于全体企业员工的价值创造，因而在人力资本价值管理中，企业同时也要以价值创造者为本。

以人为本，并不是简单地以人性为本、以人权为本，不能养懒人、庸人、不创造价值的人，这是企业生存的基本法则。以人为本，必须是以价值创造者为本、以持续奋斗者为本。以价值创造者为本就是要尊重人的价值创造，让价值创造者、持续贡献者获得回报；通过竞争淘汰机制让价值创造者有尊严、有成就感，让懒人、不创造价值的人有羞耻感，甚至被淘汰；机会和资源要向价值创造者倾斜，激发价值创造活力，提升价值创造能力。

1.2.2 共享用工的劳动力模式

传统的用工是"组织＋雇员"模式，后来出现了相对灵活的用工模式，如劳务派遣的方式，这是一种"用人不管人，管人不用人"的用工形式，派遣单位招聘和管理职工而不使用职工，用人单位使用职工但不招聘和管理职工。

随着社会经济发展，近年来用工形式愈发呈现出多种多样，特别是共享经济和平台经济的出现，灵活用工模式在种类和数量上都快速增长。国家对于灵活用工模式持积极肯定的态度，《国务院办公厅关于支持多渠道灵活就业的意见》（国办发〔2020〕27号）中就提出要拓宽灵活就业发展渠道，支持发展新就业形态。

新的环境下，为促进数字经济、平台经济健康发展，应加快推动网络零售、移动出行、线上教育培训、互联网医疗、在线娱乐等行业发展，为劳动者居家就业、远程办公、兼职就业创造条件，创造更多灵活就业岗位，吸纳更多劳动者就业。

（1）共享用工与传统用工模式的区别。

第一，观念上的区别。专业化分工越来越细，不单单影响人力资源管理，也影响着整个商业社会，"不求人才为我所有，但求人才为我所用"的理念开始被越来越多的企业接受并在实践中运用，多种灵活用工模式开始出现。

对于什么是灵活用工，可以从多个角度来定义：以非全日制用工为代表的时间上的灵活，以劳务派遣为代表的雇佣形式上的灵活，以业务外包为代表的服务形态上的灵活，以平台型用工为代表的就业形式的灵活。

区域性限制和人工成本的不断增加已经使很多组织不堪重负。未来新的组织形态将演变为"平台＋个人"。任何平台都可以共享整个行业的人才，任何一个人也可以同时为行业若干家平台企业服务。现在比较典型的是知识服务行业自由职业者不断增加，未来，越来越多的从业者将在工作平台上以共享用工或者分布式用工的方式从事工作。

第二，形态上的区别。与传统用工形态比较，共享员工模式作为一种新型用工形态，其相较于劳务派遣、劳务外包、借调用工、兼职、零工经济等主要传统用工形态理念，既有相似之处也有本质区别。

①共享员工的早期形态。共享用工并非新生产物，其类似形态，包括零工经济、借调用工和劳务派遣等，早已在国内外出现，只是传统用工形态中企业间员工共享和借用行为较少而未被广大企业所认识。这种特殊劳动力共享和自

由调配方式在部分发达国家尤为流行，且被称作灵活用工的一种表现形态。

②共享用工的形态。从狭义上来讲，共享员工是指由企业端主导发起人力资源共享的企业间余缺调剂灵活用工模式；从广义上讲，则指包括企业、个体等不同用工主体间劳动力资源的一种调剂和共享模式。

共享员工模式作为共享经济和零工经济的结合体，其本质上是灵活用工模式的一种创新形态。共享员工模式是一种多方共赢的合作用工新形态，未来应整合国家和社会、企业、劳动者个体等多方力量，协同合作。

总之，共享用工是指不同用工主体之间为调节特殊时期阶段性用工紧缺或富余，在尊重员工意愿、多方协商一致且不以营利为目的前提下，将闲置员工劳动力资源进行跨界共享并调配至具有用工需求缺口的用工主体，实现社会人力资源优化配置、员工供给方降低人力成本、员工需求方解决用工荒、待岗员工获得劳动报酬的多方共赢式新型合作用工模式。共享员工的做法让员工在企业之间临时流动，实现人力资源的再分配。

（2）共享用工的特点。随着平台经济的兴起，企业在平台上发布任务，人才承接任务，按单结算，按节点付费。也有一些人，早上进行闪送，中午送外卖，晚上继续跑滴滴，他们不隶属于任何一个平台，却能够满足平台上提出的任何需求。人才不再为我所有，人才不再聚集在某一个平台，人才也不拘泥于时空，分布在各个地方，这是一种自己为自己打工，按单聚散的模式。生产力决定生产关系，工作模式决定劳动关系。

随着灵活用工、平台模式、众包模式、共享用工、分布式劳动力、弹性工作制、远程办公等形成趋势，新型劳动关系涌现。弹性的时间、个别劳动的自主、多元的劳动形态，将导致个别劳动关系和集体劳动关系的重构，从而使得劳动领域出现新型劳动关系，未来应成为灵活就业的典型范式。共享员工模式有如下特征：

第一，参与各方自愿平等。各主体要素参与共享用工的基本前提是存在可供共享的闲置劳动力资源、各方平等自愿、不以员工调剂进行非法营利，且其根本动机是实现多方共生共赢。

第二，跨界用工。共享用工本质上是一种"跨界用工"（包括跨地域、跨行业、跨企业、跨部门、跨职能等）、临时借用、分享富余劳动力、信任经济下的新型用工模式。

第三，适用条件。从适用情形和条件来看，并非所有企业、所有岗位均适用共享员工，该模式主要适用于突发事件导致企业停工停产（如自然灾害、突发疫情、缺乏订单等）、生产淡季出现员工富余、行业特性导致季节性用工峰谷波动等特殊情形。

同时，该模式一般适用于季节性用工、密集型服务用工、用工流动性较大的企业，且通常仅适用于低技能、非保密性、短期培训快速上岗的非核心岗位，而高门槛、高技能岗位则难以实现共享用工。

第四，高度灵活。企业视角下的共享员工模式还具有短期应急性、高灵活流动性、不打破原有雇佣关系、用工关系多元化，以及有限止损，无法盈利等基本特点，即强调共享员工更多是特殊场景、特殊时期、特殊阶段且短期性的应急对策，共享用工合作结束后需要归还员工。同时，两个以上用工主体在同一期限内同时共用一个或一类人，且用工主体可以是跨界合作的不同企业、同一集团内部的不同关联企业或同一企业内部的不同职能部门。

此外，我国人力资源和社会保障部等相关部门也明确强调"原用人单位不得以营利为目的借出员工，原用人单位和借调单位均不得以'共享用工'之名进行违法劳务派遣"。

1.2.3 共享用工的现实状况

2020年以来，在新冠疫情持续影响下，一些暂时难以复工的中小企业要为员工支付基本工资，压力很大。同时，由于网络购物的需求猛增，线上零售企业门店员工、配送员职位出现大量空缺，于是出现了共享员工这一新的用工模式。随着在线零售行业为共享员工抛出橄榄枝，共享用工模式在各行业中不断产生新突破，逐渐从线上零售行业推广至物流、制造业等行业，从一线城市向二、三线城市扩展。

各地方和众多企业也用创新方式盘活就业市场，增加就业新机会。疫情防控期间，共享员工成为潮流，让暂时劳动力过剩的传统餐饮业员工来劳动力暂时紧缺的电商零售平台工作。劳动共享，解决餐饮、电商和员工三方燃眉之急。商务部也下发通知，鼓励企业间可以共享员工以保就业稳流通。通过共享员工模式，人力资源得以实现流动，提升了社会资源配置效率，在暂时劳动力过剩的传统餐饮业与暂时劳动力紧缺的新兴电商零售平台之间激发了劳动共享，传统餐饮企业、电商零售平台和员工三方实现了三赢的局面。

共享用工将是未来中国人力资源供给的一个重大变化，借助数字经济的发展，打破资源壁垒，拉近人力过剩企业和人力紧缺企业的距离，实现供求双方快速、精准匹配，将能让劳动力资源得以更有效流动。由于许多行业有淡旺季，在淡季时，如果要保持旺季时的人力规模，企业用工成本会增加；在旺季时，可能面临无法迅速组织员工的困境。对企业用工需求而言，共享用工的模式在未来可能会成为一种趋势。

1.2.4 人力资源管理组织形式的变化趋势

在快速发展的环境中，所有利益的相关者需求模式都在快速变化，不断引入的颠覆性技术加剧了这一过程，数字化的创新如人工智能、物联网和机器人技术等，使得信息加速传播，信息总量、透明度和信息分布的增加要求组织快速参与与客户、合作伙伴和同事的多方向沟通和复杂协作。同时，随着基于创造性知识和学习的任务变得更加重要，组织需要一个独特的价值主张来获得并保留最优秀的人才，而这些人才往往更加多样化。这些学习工作者通常具有更多不同的起源、思想、构成和经验，并且可能有不同的期望，新的人才争夺战将愈演愈烈。

（1）敏捷组织的出现。颠覆性的新趋势正在挑战传统的组织形式，经济和社会的层面上来临的数字革命，企业如何在保持平衡稳定性的同时具有足够活力，如何主导市场并吸引最优秀的人才，这些将极大地改变组织和员工的工作方式，未来的组织会出现一种新范式，将组织视作一种生物体，敏捷组织能够快速响应，灵活，赋能于行动，并使行动变得容易。简而言之，它们像生物体一样反应（图 2-1）。

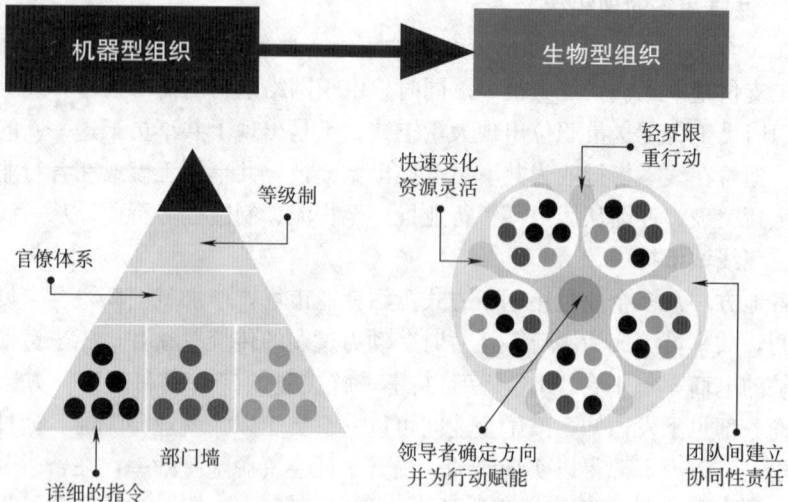

图 2-1　机器型组织和生物型组织在组织结构上的差异

对于整体组织而言，由传统组织形态转型为敏捷组织，这是组织转型的趋势，传统组织与敏捷组织的区分如表 2-1 所示。

表 2-1　敏捷组织与传统组织在组织体系领域的特征对比

组织体系领域	传统组织	敏捷组织
决策机制	集权管理	授权至一线
组织合作	组织间具有壁垒	层级和组织间合作
工作设计	工作定义结构化 无法适应非常规工作	以项目制定义工作 鼓励员工进行创新及决策事项

（续）

组织体系领域	传统组织	敏捷组织
绩效管理	年度绩效目标 年度绩效评估	可随时依据季度或群体目标改变的灵活绩效目标 多来源的频繁实时绩效反馈
工作流程	高度流程化 较少的创新空间	轻度流程化 较多的创新空间
激励	外在激励	提倡内在驱动
学习与发展	定期培训计划	日常持续学习与发展 快速再培训
职业路径	固定的发展路径 人才流动有局限性	多元宽松的发展路径 人才流动跟随业务需求

敏捷组织主要具有以下几个特点：

第一，组织架构体系。强调组织扁平、权责利下放与总部赋能。构建稳定的总部赋能平台，包括业务赋能平台和职能共享平台，同时打造灵活的业务单元。为了满足所有的利益相关方不断变化的需求，敏捷组织设计了分布式、灵活的组织架构来创造价值，经常将外部合作伙伴直接集成到价值创造系统中。

许多行业都出现了一些例子，如模块化产品和制造业解决方案，敏捷的分销供应链，这些创新的商业模式可实现稳定性及前所未有的多样化和定制。为了使其分布式价值创造模型具有连贯性和重点，敏捷组织设定了共同的目标与愿景，帮助人们感受到个人和情感投入的组织。公司将利益相关者的关注点放在核心位置，同时也是他们创造价值的核心。

敏捷组织灵活的分布式组织体系可以快速觉知并抓住机遇。整个组织的人员主动关注外部环境的变化并采取行动。他们以各种方式寻求利益相关者的反馈和意见并使用工具来确定更好地为客户提供服务的机会，且通过正式和非正式机制（如在线论坛、现场活动和初创孵化器）收集客户见解，帮助塑造、试点并启动新的计划和商业模式。

这些公司还可以灵活、迅速地将资源分配到最需要的地方。例如，谷歌、海尔、特斯拉等公司不断监测组织环境。公司定期评估计划的进展情况，并决定采用标准化的快速资源分配流程来提升或关闭计划，以便在各项计划之间快速配置人员、技术和资本，从而避免企业业务放缓，快速转向进入新增长领域。这些流程类似于风险资本主义模型，它使用明确的标准将资源分配给特定时期的计划，并且需要定期审查。

敏捷组织的高层领导者在这些分布式系统中发挥整合作用，带来一致性，并围绕优先级和系统及团队级别预期的结果提供清晰、可操作的战略指导。他们还通过提供频繁的反馈和指导，确保每个人都专注于为客户和所有其他利益相关者提供切实的价值，使人们能够自主地工作以实现团队成果。

第二，绩效激励体系。在绩效管理上，通过增加员工自主性，提供更频繁、直接多样的绩效反馈来时刻跟进外部环境的变化。在激励上，构建"短中长、物质＋精神＋职业发展"相结合的体系。

敏捷组织本质上是以业绩为导向的。他们根据特定流程或服务节点的共同目标探索新的绩效和结果管理方法，并衡量业务影响而非活动本身。整个过程通过工作对话获取信息，这些对话包括非常频繁的正式和非正式反馈以及针对目标的开放式讨论。

敏捷组织确保员工拥有明确、负责任的角色，以便员工可以在整个组织内进行交互，专注于完成工作，而不是因为角色不清楚或重复，或需要等待经理批准而浪费时间和精力。这促进实践治理和跨团队绩效管理，与生物体中的细胞一样，敏捷组织的基本区块是目标适应型的业务单元。与机器模型相比，这些业绩单元通常具有更大的自主性和责任性，更多学科更快速地组装和解散，并且更明确地关注特定的价值创造活动和业绩结果。

第三，人才发展体系。科学的人才发展体系为敏捷组织构建输送有自驱力、能信任、有韧性的人才支撑。敏捷组织具有人才发展职能，成为强大的知识和实践社区，作为员工的专业家园，负责吸引和培养人才，分享知识和经验，并随着员工在不同运营团队之间轮换而提供稳定性和连续性的帮助。

敏捷模型中的人才发展是通过各种体验来构建新功能。敏捷组织允许并鼓励角色移动性，员工根据个人发展目标定期（横向和纵向）在角色和团队之间移动。开放的内部人才市场通过提供有关角色、任务或项目，以及人员的兴趣、能力和发展目标的信息来实现。

第四，企业文化体系。建立高度共享价值观为敏捷转型提供指引，并通过具体的工作环境设计与氛围营造，增进互信共享，点燃员工激情。敏捷的组织文化将人放在中心位置，使组织中的每个人都参与并赋予权力。然后他们可以快速、协作和有效地创造价值。

敏捷组织的领导者为组织中的人员服务，赋予他们权力并发展他们。这些领导者不是策划人、董事和控制人，而是有远见的规划者和教练，赋予员工最相关的能力，使他们能够带领、协作并提供卓越的成果。这些领导者是催化剂，激励员工以团队导向的方式行事，并参与制定影响他们及其工作的战略和组织决策。我们称之为共享和公仆式领导力。

敏捷组织常常会创建一个具有共同文化的凝聚力社区。在高度信任的环境中，通过积极的同伴行为影响，而不是通过规则、流程或等级来强化文化范式，这有助于维持企业文化。这些同伴行为包括明确的问责制，自主权和追求机会的自由，以及持续获得新体验的机会。敏捷组织中的员工表现出创业动力，掌控团队目标，自主做出决策并主动追寻高绩效。例如，人们主动识别并寻求在日常工作中开发新举措、知识和技能的机会。敏捷组织吸引那些因其对工作的内在热情和追求卓越的目标而激励的人。

（2）人力资源三支柱模型。伴随着敏捷组织的出现，人力资源组织必然需要转型，目前比较主流的是人力资源三支柱模型（图 2-2）。三支柱中人力资源专家中心（HRCOE）负责顶层体系设计，人力资源业务伙伴（HRBP）负责业务协同，人力资源共享服务中心（HRSSC）则是提供共享服务的中心。针对不同业务板块的员工需求，要积极主动地发挥人力资源的专业价值，同时将人力资源和其自身的价值真正内嵌到各业务部门的价值模块中。

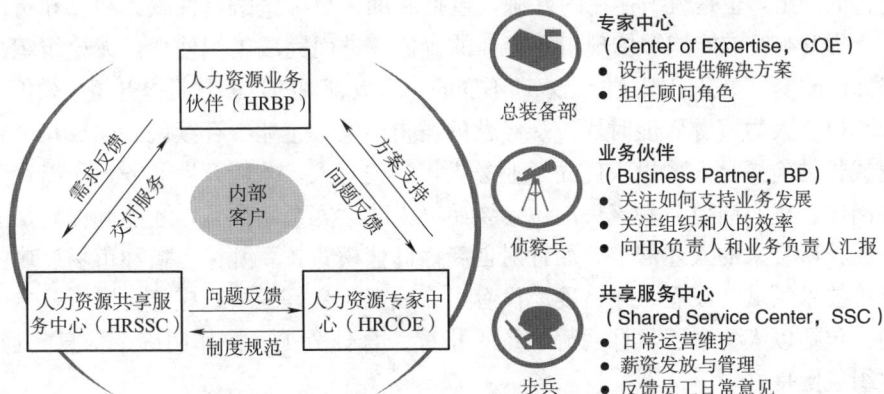

图 2-2　人力资源三支柱模型

在新的商业环境下，人力资源管理要推动企业的战略落地和业务发展，成为企业业务发展的内在驱动力。在业务驱动导向下，人力资源管理部门的职能需要重构。现在许多企业包括世界级企业普遍应用的是"三支柱模型"，即把人力资源部门划分为业务伙伴（BP）、专家中心（COE）、共享服务中心（SSC）三大中心。

基于三支柱模型，人力资源管理服务于战略、业务与员工的三大核心职责就比较清晰了。一是人力资源产品研发设计，人力资源专家根据战略和业务发展需要，依据员工需求，进行人力资源产品与服务的设计，以及人力资源解决方案设计；二是业务伙伴，企业的人才管理流程要和业务流程管理融为一体，要把经营人才当作一项业务，把专家中心设计出来的产品和服务交付给业务部门，并推动其实施；三是建立共享服务中心，平台化集中处理常规的人力资源事务性工作，如薪酬、福利、保险等，提高人力管理效率，进一步释放出人力资源的专业能量去支撑业务发展。

1. 2. 5 人力资源效能推动组织效能提升

企业过去关注人力资源的人均效能，未来更加关注组织效能。组织理论学家发现通过某一特定的组织结构和组织文化能够促进高效率的运作与管理，从而提高组织的效能，他们认为组织效能是一种架构。效能这个词的原意是指事物所蕴藏的有利的效用能量，就定义而言，组织效能是指组织实现目标的程度。其主要体现在能力、效率、质量和效益四个方面。其中能力是组织运作的基础和发展潜力，包括土地、资本、资源、工具、技术、人才和组织能力等；效率是任何一个组织的天然要求，组织的存在就需要不断提升效率，效率包括管理效率和运营效率；质量是指组织所提供的产品（服务）的品质或功能满足目标客户的需求，真正体现组织存在的价值；效益是指增加值或附加价值，是组织运行的产出，也是组织存在的基础，包括利润、员工报酬、税收、利息和折旧等。提升组织效能能够体现组织存在的价值，进而完成组织使命，无论组织战略如何改变，提升组织效能是永远不变的，绩效管理的目的就是提升组织效能。

（1）人力资源效能时代。从经营的逻辑出发，企业要存续就必须成长。企业成长的前提是人才投入优先于业务投入，先有人，才能开展业务，所以在关键岗位、核心岗位、易流失岗位，要始终人才"冗余"配置，才能确保满足业务成长所带来的人才需求。而针对创新性商业模式、新开拓区域和市场、攻坚克难技术领域，没有人才密度就没有工作成就。良好的组织应符合以下基本原则，包括以人为本、目标明确、统一指挥、合理分工、协作明确、信息畅通、组织氛围良好等。

企业常常设置几个人均效能指标来约束人力资源，但是人均效能指标是一个管理型指标，最常用的评价组织效能的标准是美国管理学家约翰·P·坎贝尔（Campbell，1977）列出的30个用以衡量企业表现的标准，包括：总体效能、生产率、效率、利润、质量、事故发生率、增长性、旷工率、员工流失率、工作满足感、动机、士气、控制、冲突与团结、弹性与适应力、计划与目标设定、目标的一致性、组织目标的内化、角色与规范融合、人际关系技巧、任务管理技能、信息管理与沟通、准备状态、利用环境的能力、外部实体的评价、稳定性、人力资源价值、参与及影响力分享、培训和发展的重视、崇尚成就。

简单来讲，人力资源效能就是人力资源管理的投入产出比，用财务结果除以人力单位，具体来讲，人力资源的投入主要用人工成本和人员编制两个口径来衡量，而人力资源的产出主要用业务指标和财务指标来衡量。由此，按照产出/投入的方式，可以导出若干人力资源效能指标。例如，在财务指标中选择"营业收入"除以"人工成本"，就得出了"人工成本投入产出比"的指标。再如，在财务指标中选择"利润"除以"人工成本"，就得出了"人工成本报酬率"的指标。总之，人力资源效能指标就是将经营贡献（财务绩效或与之密切相关的市场绩效）与公司、事业部、部门、团队、个体等不同层面的人力单位相联系，计算出不同人力的投入是否产出了相应的效果。

人力资源管理要从人均效能视角转向组织效能视角，通过营收、利润、成长性、风险性等结果性指标评价组织结果和产出，通过市场占有率、产品多样性、技术领先性指标评价组织运转，通过人才密度、文化氛围、机制有效性、员工满意度指标评价组织投入，通过投入—过程—产出的综合把控，提高组织效能。当然，并不是说人均效能没有用，而是要在组织效能的基础上关注人均效能，才有价值。

（2）组织效能提升成为人力资源管理的核心使命。过去的工业经济时代，人从来不是最主要的生产要素，人是附着在技术、资金、土地、社会资本等生产要素上发挥作用的。而当下的互联网时代是人力资源作为重器的时代，人是所有资源运行的中心，企业始终把人放在业绩数字和任务目标前面，同时澄清战略要点和核心举措，明确人才标准和要求，特别是关键角色的数量、质量、层级结构，对业务领导者领导力持续提升并建立优胜劣汰的机制，对员工价值衡量并用薪酬激励体系来保证，激活了人就激活了企业所有的资源，这是人力资源管理影响组织效能的原因。

人力资源管理的最终目的是产生组织能力，那么人力资源效能就是企业组织能力的关键要素。企业好比一个装有组织能力的黑箱（图 2-3），一边投入资源，另一边产出绩效。由于组织能力很难测量，只能通过一个机制来验证。组织能力强，黑箱成为放大器，小资源的投入带来大回报；组织能力弱，黑箱成为衰减器，大资源投入带来小回报。资源的投入产出比就说明了企业的组织能力，如果将人力资源视为最重要的资源，那么人力资源效能就是企业组织能力的关键要素。

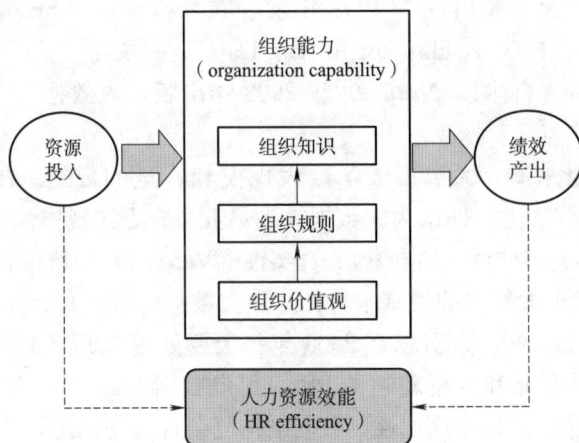

图 2-3　组织能力黑箱模型

所以组织能力只关注人的问题肯定是不够的。要关注战略、组织、人才、机制和文化等各个方面的问题。正是如此，人力资源管理只关注人力资源也是不够的，未来一定要使人力资源管理者成为组织能力提升者。

2 大数据人力资源管理的特点

大数据分析是信息技术和互联网领域出现的一次巨大变革，从概念的提出到现在不过短短 20 余年时间，其意义却已经超越信息技术本身，正在以惊人的方式影响社会生产生活的多个领域，涵盖商业实践、文化活动和社会行为等，甚至引发不少学者对于逻辑关系、认知模式的哲学思考。人力资源管理在大数据时代同样面对巨大挑战和机遇，传统的人力资源管理模式将在大数据的助力下产生新的发展趋势。

2.1 大数据与人力资源管理的关系

人力资源管理是一门与社会经济环境变化紧密联系的重要学科，特别是近年来随着科技和经济环境的变化，人力资源管理的创新是需要积极探索的。数字化技术的普及和 AI 技术的发展为获取人力资源管理结构化和非结构化数据带来了便利，能够更准确地分析人力资源管理决策，并处理涉及的相关复杂事务。大数据技术能够提供种类丰富且容量巨大的与组织人力资源有关的数据，并且伴随着数字通信技术和传感技术的广泛应用，为测量和解释员工行为提供了新的方法和途径，结果的准确性也得到很大的提升。大数据将推动人力资源管理发展到一个新的高度。

2.1.1 大数据的内涵

大数据的概念最先出现在 1998 年发表在《科学》（Science）期刊中的《大数据的处理者》（"A Handler for Big Data"）一文中。这一概念在 10 年间迅速升温，随着《自然》（Nature）于 2008 年出版"大数据"专刊后，成为多个领域研究的热点。

就概念本身来看，大数据表示巨大规模和容量的数据。在众多研究中，"5V"定义最具代表性，即认为大数据需满足五个特点：规模性（Volume）、高速性（Velocity）、多样性（Variety）、真实性（Veracity）和价值性（Value）。首先，规模性构成了大数据的最基本特征，在大数据时代，每天都有庞大的数据需要处理，如 Google 搜索引擎在 2008 年每天要处理 20PB 的数据，社交网络 Facebook 每天需存储和分析超过 30PB 的用户数据，Twitter 每月会处理超过 3 200 亿次的搜索。其次是高速性，数据结构复杂且高度动态，造成数据量以极快的速率增长，传统的结构化和序列化的数据库技术无法高效率处理大规模的数据，实时分析处理高度动态的数据已经成为日常工作。再次是多样性，大数据的存在形式多种多样，包括传感器数据、点击流、日志文件、文本、微博、音频、视频等，数据类型除了包括传统的结构化和半结构化的数据，还涉及大量非结构化数据。最后是真实性和价值性，众多公司通过商业层面的大数据分析，已经获得巨大价值，但大数据并不局限于商业价值的提升，当大数据分析应用到社会领域，其他社会组织的效率也会提高，在商业、科技、教育、文化等多个领域都能实现价值增长。

2.1.2 大数据与人力资源管理

大数据在不同领域有不同的应用，就人力资源管理而言，目前处于早期的研究阶段，还没有一个得到学术界广泛认同的大数据人力资源管理的定义。但是诸多学者都开始了这个方面积极的探索，如 Wang 等在 2018 年提出，大数据人力资源管理是通过大数据的影响，结合人力资源管理中的具体过程，为人力资源管理提供更好的解决问题的方法，大数据的运用渗透在人才需求分析、人才招聘和选拔、人才激励和绩效考核、人才评估、人才培训和发展以及薪酬管理等多个方面。也有学者认为，大数据人力资源管理是指充分运用大数据技术和其他信息技术，获取和分析一切与人力资源管理相关的有价值的数据，并将其转化为与人力资源管理有关的决策行为，用于指导人力资源管理的实践活动，最终实现人力资源管理价值的提升。

根据大数据的内涵和特征，我们认为大数据技术是未来人力资源管理发展的重要推动力。传统人力资源管理的决策是建立在管理者的个人管理能力之上的，虽然也依赖数据，但更多的是静态且片段的数据，这让很多人力资源管理的决策带有明显的主观感性色彩，如招聘面试中常常出现的知觉错觉，培训中难以有效转移培训效果，绩效考核中考核指标的设置过于简单等。大数据人力资源管理是在信息通信技术和 AI 技术的发展背景下出现的新的趋势，可以动态反映组织、团队和个体的行为或状态，将这些宏观和微观的海量数据集合在一起，产生有价值的信息，帮助管理者从纷繁复杂的现象中抽象出更准确的、能够解释行为的原因，为提高有效性带来新的途径和可能。

2.2 大数据在人力资源管理应用中的特点

大数据时代的来临，标志着人类社会进入更高阶段的"信息社会"，大数据究其本质并非仅仅意味着包含了多少信息，而是在于大数据技术可以将海量的数据进行分析整理，发掘出有用信息，再利用这些信息增强管理决策的有效性，人力资源管理在这场数据技术变革中将面临新的发展趋势。如何利用大数据技术来提升人力资源管理价值，是未来人力资源管理的挑战。

2.2.1 大数据思维的特征

大数据技术不仅仅是一种新的信息处理技术，更是信息环境下产生的新思维方式。大数据技术处理的信息量十分庞大，多种多样，复杂且高度动态变化，传统意义上的数据分析技术不再适合，就技术本身而言，从数据生成，到数据的获取，再到数据存储和数据分析都重新构建，从抽样数据到全体数据，从结构化数据到非结构化数据，从静态分析到实时分析，从结果分析到趋势预测，从因果关系到相关关系。这些改变不仅仅是技术上的变化，更是思维方式的转变，过去看上去无法实现的难题，有了新的思路。这种新的思维有以下四个特征：

（1）动态性。大数据不仅仅是数据量的庞大，从之前的数量级 GB、TB 跃升到 PB，同时也是对动态变化、高速增长的数据进行实时分析。及时性和动态性的特征成为大数据思维的一个基本要素。在大数据环境下，个体思维的速度明显加快，敏捷灵活成为必不可少的素质，能够针对环境信息的变化及时调整决策和管理的思路。

（2）开放性。大数据技术处理的数据是多元化的、非结构化的，这种开放性也意味着对个体认知能力的挑战，因为个性、文化、价值观、思维模式、情绪等心理因素的存在，认知系统总是存在一些障碍，如选择性知觉、刻板效应、晕轮效应等，大数据思维模式要求个体能够打破这些障碍。大数据思维的空间更广，从多角度、多层面思考问题，要求个体不能把认知绝对化、凝固化，而是敞开头脑，不断吸收新的信息，从而形成新的思路和方法。

（3）预测性。大数据技术是从因果关系到相关关系的变化，由于个体做决策时无法收集到全部的相关信息，因此传统决策理论是以因果关系这种线性思维为基础，但当运用大数据分析的思路时，海量的相关数据得到分析处理，作为整体而存在的社会经验就会呈现出前所未有的效用，因果关系被相关关系取而代之。大数据技术强调事物间的相关关系，有助于发现事物之间潜藏的联系，并在此基础上作出精准迅速的预测。大数据思维也意味着趋势预测在个体思维中的加强。

（4）个体性。大数据技术收集、存储、处理信息的能力极大加强，使得针对个体的信息分析成为可能，包括亚马逊、京东、淘宝等众多电商平台已经针对具体的客户提供定制的商业服务。思维方式的个体化是指针对个体在价值观、态度、情感、性格、动机等方面的特殊性，以每个个体为对象单独分析其心理和行为，并以此做出判断决策。个体化思维的应用正由商业领域向医疗、教育、科研、交通、公共服务等众多领域快速蔓延。

2.2.2 大数据在人力资源管理应用中的特点

大数据在近年来的发展非常迅速，数据容量也越来越大，按照以下顺序进阶：KB—MB—GB—TB—PB—EB—ZB—YB—NB—DB。其中，后者是前者的 1 024 倍。根据互联网行业的共识，一般需要达到 PB 这个数量级才能说这个容量的数据叫作大数据。不同于动辄 PB 数量级的商业数据，人力资源管理产生的数据容量大多在 GB 这个级别上，正常情况下一家公司的人力资源数据可能就是几十到几百 GB，一些规模较大的组织或公司，可能达到了 TB 这个级别。

如果仅仅从数据量来看，人力资源管理似乎离大数据还非常遥远。但是，如果我们用大数据的思维方式及技术去理解人力资源的问题，如人力资源供需预测、人才画像、组织效能、文化活力等，并进行深度的分析，会洞察出更多有价值的信息，为人力资源管理决策提供更有含金量的建议。人力资源大数据有如下三个特点。

（1）相关性。人力资源管理大数据的一个特点就是相关性，主要体现在以下三个方面。

人力资源内部业务数据：在人力资源管理各个板块产生的数据，包括人力资源规划、工作分析、招聘和甄选、培训和发展、绩效管理、薪酬管理和员工关系。

人力资源外部数据：一是基准数据，如各地的五险一金的政府规定，这些基数的调整，会直接影响到公司的人工成本；不同城市社保的缴纳年限对于买房买车的限制，积分落户，租房补贴，都可能影响人才的流动。二是行业数据，如薪酬调研报告、劳动力市场趋势报告等。三是竞争公司各方面的数据。

企业经营数据：企业整体的经营数据也对人力资源数据产生相关性的影响，如公司经济效益好的时候，人力资源方面的投入会增加，如增加招聘费用、培训发展费用、提高员工工资福利等。当经济效益出现问题时，可能会采取减低薪酬、减员增效等措施。

（2）流转性。人力资源数据伴随员工的流动而流动，员工从进入公司到逐步在公司中晋升发展，每个阶段都会产生大量数据，这些数据会跟随员工岗位的变化而流动。概括地说，人力资源数据贯穿在"入离升降调，选用育留管"各个流程中，流转确保了数据的连续性和一致性，并且流转过程中的数据都有记录，积累下来为未来进一步的大数据分析提供依据。同时，企业其他业务系统的数据和人力资源数据也有交互。

（3）分散性。人力资源的数据往往分散在不同系统里，如招聘数据、培训数据、测评数据、评估数据、薪酬数据等，有些系统并没有互联互通。此外，企业其他和人力资源相关的数据，如财务数据、市场数据、生产数据等都掌握在不同部门手中，通常没有和公司其他部门共享，这就造成人力资源大数据是非常分散的。

3 大数据人力资源管理的优势

传统人力资源管理中，普遍存在人才总体质量不高、人才吸收速度较慢、人才流失率比较高、内控管理体系不完善、人均效益较低等问题。大数据应用为解决这些问题提供了有效途径。

3.1 大数据在决策中的优势

决策是指领导者根据实际情况对事情做出决定性意见。如阿里巴巴每销售一件商品就积累一条数据，到 2000 年积累了大量数据，并发现它可以做很多事情。阿里巴巴的平台上有很多卖家需要贷款，但银行不放贷给他们，阿里巴巴根据平台数据，如卖了多少货物，赚了多少钱，经营是否稳定，就能知道这些卖家的经营情况，参考这些指标来决定是否可以贷款给他们。阿里巴巴开发了 100 多个数据模型，三分钟填报贷款需求，一秒钟决定给不给贷款。这里没有人在做决定，是算法在决定。他们已经为 100 多万家商家进行了贷款。这种依靠大数据而非任何个人的决策，就是大数据决策。

决策是管理过程中至关重要的一环，是管理者为了实现组织目标，分析各类环境信息，制定多个备选方案并从中选择最满意方案的过程。决策有多种类型，按层次分，有战略决策、战术决策和业务决策；按主体分，有个体决策和群体决策；按信息掌握程度分，有确定型决策、风险型决策和不确定型决策；按是否用数量表示，有定量决策和定性决策。大数据思维在决策过程中有以下优势：

（1）以数据作为决策依据。自古以来我们的决策普遍缺少数量、定量概念，例如皇帝听取大臣汇报，总会被大臣的表情、样子、说话的声音甚至哭喊的噪音吸引，如果声音大，那可能就是重要的，就需要发兵或者拨款救济。因为中国太大，而统计汇总又实在太难，这样的决策逻辑不可能不出问题。大数据决策则要求从数据出发，而不是从经验或者感觉出发，天气预报之所以基本正确，就是凭数据决策的，大数据技术带来的是一场决策机制上的变革。

大数据决策要求从数据出发，而不是从管理者经验和感觉出发，这使得决策的过程更加接近于客观的决策，能够把决策者主观判断的偏差降低。主观的、凭感觉的决策，在很大程度上掺杂了个人情感和利益，使得管理者在决策过程中不去考虑整体利益，而会去照顾个人的利益，使得决策的有效性降低。大数据决策是对决策机制的一场革命，以数据为依据的决策使得决策能够更接近于客观事实。

（2）实时决策。大数据时代一切在线，监管性数据实时及时，能够做到不拖延不误事。众所周知，决策的前提是对主客观情况的了解。在大数据时代，决策主体能够通过大数据工具及时掌握主客观情况，将有数据支持的主客观情况及时提交到决策者面前。

以企业为例，领导者可以凭借信息系统，将实际运行中的实时数据摆在面前，而不是层层反映，层层过滤，造成失真。同时，凭借大数据还可以掌握行业状况、行业数据。过去，要不要从外地调配农夫山泉水，需要 24 小时才能汇总决策，现在仅需要 0.67 秒；原来各大银行能不能对企业贷款，需要几天、几十天仔细研究决定，现在只需要 1 秒。

大数据时代，监管性数据实时在线，使得决策能够做到实时，不会产生无谓的拖延。决策主体能够通过大数据工具及时掌握情况，做出决策时各种相关数据和备选方案动态地展现在眼前，不会如传统决策一样还要去收集各种信息和意见才能判断做出决策。

（3）注重过程的监督和控制。大数据具有非常清晰的记录功能，它能够记录从一端到另一端的系统数据，有了记录过程的系统数据，就能找到问题出现的原因与后续的变化，从而决定采取怎样的措施。例如某家超市的蔬菜销售额下降，这种下降是通过一个销售额模型发现的，通常上午 10 时，肉类、蔬菜、食用油三种商品的销售比值为 100∶80∶60，今天上午 10 时却是 100∶40∶60，是哪个环节出现了问题？是商品质量引起了顾客的不满？是商品位置摆放不够合理？还是其他原因，对于这个异常情况的分析，大数据能够帮助店主分析原因并引导加以改进。

大数据决策重视预测性数据的分析处理。例如，在制造行业，通过对关键设备运行数据的实时监控，进行采集、跟踪和分析，就能够提前进行干预，及时控制以避免事故的发生，而这种预测性的数据监控分析往往不是凭借一个数据，而是多个相关联的数据。

（4）重视预测性数据。大数据的预测功能通常是通过运用回归分析、时间序列分析、随机数、神经网络技术等实现的。例如，在连续制造工厂，通过对关键设备运行数据的采集、跟踪、分析，就能够提前进行干预维修，以避免事故的发生。通常不是凭借一个数据，而是多个数据。

GE 大数据团队积累了 5 500 多架飞机和 7 800 多万小时的飞行数据，并从中整合出 4 600 多个有关飞行安全的预测分析模型，该公司由此向世界各国提供飞行能效服务。GE 已经为一些航空公司建立了强大的数据库，帮助他们实现智能化飞行，在飞机、电梯、高铁等重要领域都在利用这样的功能保障安全。

（5）发挥数据指导功能。2015 年的"双 11"（11 月 11 日）当天，阿里巴巴创造了交易额 912 亿元的奇迹，一秒钟内完成 14 万笔交易。创造这项奇迹的前提是必须让平台上的商家把需要销售的商品提前准备好。商品准备多了，就会积压卖不出去；准备少了，就会白白丢掉大好机会。阿里巴巴通过一系列数据化手段，帮助平台上的商家搞好库存，例如研究客户搜索、点击、浏览、开通预定的数据，以便于商家比较精准地备货。

这其中免不了要查看前几年的销售数量和价格弹性等，实际上这是一种凭借数据计算的指导过程，没有这种指导过程，就不会获得如此庞大的巅峰数据，创造不了如此惊人的巅峰业绩。

3.2 大数据对管理者工作的影响

大数据不断发展，改变了传统的企业生产和员工管理方式，越来越多的企业管理者重视大数据的应用。目前，大数据对人力资源管理的渗透趋势已然明显，管理者如何利用这些数据发挥重要作用是需要解决的问题。

3.2.1 利用大数据做好人力资源规划

人力资源规划服务于企业发展战略，包含人员配置计划、人员供给与需求计划、费用预算等多种内容，这些内容必须与企业发展目标一致，因此，企业在制定人力资源规划时需要大数据的支持。首先，要培养大数据意识，不论是人力资源管理部门还是其他部门都需要培养数据化意识，并挖掘数据背后的隐藏价值，依靠其提高人力资源规划的质量与效果。其次，要积极搭建数据化平台，人力资源规划的准确性需要数据支撑，搭建大数据平台有助于降低调研的难度与成本，而且高层领导也可以通过平台直接查看数据与分析结论，便于快速决策。最后，也要挖掘数据的预测功能，运用大数据思维和数据分析方法，有效预测员工行为，并提早做出应对策略。

3.2.2 利用大数据吸引优秀人才

大数据时代的来临为企业招募优秀人才提供了技术条件，与传统招聘渠道相比，企业更愿意选择专业的交流平台，完成企业的人才招募。在这过程中，企业可以根据平台的效果与反馈，选择更加契合自己的招聘方式。目前，很多企业都选择在人才招聘软件投放企业招聘信息，涵盖入职条件、工作内容、工作地点、福利待遇等内容，企业可以随时查看投放的简历，并初筛面试人员。这种方式不仅提高了招聘的效率，也吸引了更多求职者，增加企业的选择范围。同时平台也会生成数据报表，反馈给企业近期招聘情况，便于企业及时调整招聘策略。

3.2.3 利用大数据构建合理的考核方法

当企业目标与员工个人目标一致时，企业目标的实现离不开每位员工绩效目标的实现，企业也会规定相应的绩效考核方式，常见的是月度绩效考核、半年度绩效考核和年度绩效考核，通过考核成绩反映员工的工作能力。现在企业可以依托大数据平台，对员工先进行全方位的了解，并利用大数据的分析技术为其制定阶段性的考核模式。考核周期性进行，每一阶段进行考核，最后进行综合性测评。通过这种周期性的考核，能够了解员工的工作能力、能力稳定性与学习情况。每一阶段的信息要以数据的形式记录下来，便于从纵向和横向看到员工的努力与进步。

3.2.4 利用大数据制定合理的岗位培训

人力资源管理部门会根据实际工作情况对员工开展培训，但是不同员工从事的工作不同，工作能力也不同，因此在决定培训内容前往往会进行问卷调查，了解员工是否有培训需求以及需要哪些培训，但是这样的调查耗费时间，而且调查的结果也不一定能解决企业的真正问题。企业借助大数据，可以规避这种问题，管理者可以借助前文提到的结构性数据，分析员工的业绩指标情况，当企业员工业绩指标下降时，管理者要引起重视，要结合数据分析背后具体原因，及时制定合理的员工培训计划，为员工提供针对性的培训内容。

3.3 大数据对人力资源管理的推动作用

大数据时代的人力资源管理，本质是通过对个人和组织的各种数据进行碰撞分析，进而对知识、能力、素质等各项特征有效量化，实现人力资源管理的数据化、精确化与科学化。

（1）改善企业人力资源管理工作。当下是市场竞争激烈的时代，企业一方面在抢占市场份额，另一方面也在抢占有限的资源。企业发展的本质就是获取最大化的经济效益，因此企业在发展过程中需要采取科学合理的管理方法，不断扩大企业竞争优势。但是不论企业开展哪一项工作，都需要投入劳动力，因此企业需要重视人力资源的管理工作。有效的人才管理方法能够为企业吸引和留住人才，提高企业整体员工素质与能力；也能使企业高效合理地利用现有的人力资源，从而巩固和增强企业的竞争优势。

（2）促进员工全面发展。在传统的人事管理工作中，企业对人力资源的投入追求短期效益，比如在员工培训方面，受传统的人事管理观念影响，企业通过内部培训师为员工开展技能培训，或者人力行政部开展新员工培训，采用传统讲授方法，培训方式单一且内容枯燥，培训效果差。伴随着知识平台的快速发展，碎片化的学习成为人们主要的学习方式，大数据根据人们平时的喜好推荐个性化的服务和知识阅读。一些企业也购买一些知识技术、职场礼仪、管理能力等培训课程，放置于企业开发的学习平台上，员工可以选择与本职位相关的课程，也可以选自己感兴趣的课程，完成任务有相应的积分奖励。也有一些企业成立学习小组，每周按时交流学习内容，这不仅让员工长期保持学习状态，也让企业成为学习型的组织，为企业的发展提供人才保障。

（3）增加员工个人利益。在信息技术不断发展的进程中，知识经济形态已经逐渐成为时代的发展趋势与目标，对各行各业都产生了比较深远的影响，企业的竞争也终究是人才的竞争。那么企业如何留住人才呢？在人力资源管理方面，企业制定人性化的制度和完善的薪酬福利体系，切实保障员工个人的利益，让企业的利润惠及员工个人。

习题：
（1）人力资源管理包括哪几个基本职能？
（2）人力资源管理在快速变化的环境中将出现哪些发展趋势？
（3）大数据与人力资源管理之间存在何种关系？
（4）大数据思维真的能够促进人力资源管理的发展吗？

第三章　大数据人力资源管理应用

本章介绍了大数据在员工招聘、培训、薪酬管理、绩效管理、考勤管理等方面的主要作用和使用情况、人力资源管理大数据的主要来源以及人力资源管理大数据分析的主要方法，然后通过具体案例分析了大数据在员工招聘、培训、薪酬管理、绩效管理、考勤管理等方面的主要应用情况。

通过本章学习，应该达到如下目标：

【知识目标】

了解人力资源管理大数据的主要来源，了解大数据在员工招聘、培训、薪酬管理、绩效管理和考勤管理等方面的主要应用情况。

【技能目标】

了解人力资源管理大数据的主要分析方法。

【能力目标】

利用大数据解决员工招聘、培训、薪酬管理、绩效管理和考勤管理等问题。

1　基于大数据的招聘管理

随着互联网普及率的快速上升，涌现出了大量在线招聘平台，这极大地降低了企业招聘的时间成本和资金成本。中国互联网信息中心的数据显示，中国手机网民在 2020 年 12 月达到 9.8 亿人，居民的日常生活逐渐与互联网融合。新冠疫情暴发后越来越多的活动从线下转移至线上，招聘与应聘工作也不例外。招聘流程在全面线上化后，企业招聘处理的数据规模快速上升，这些数据包括应聘者的简历、个人信息、应聘者的面试记录及评价等。指数级增长的数据考验着从事招聘工作的 HR 以及企业内负责合规工作的员工。如何高效处理好这些个人信息并使其帮助企业进一步提升效率降低成本成为当前迫切需要解决的问题。

1.1　大数据下招聘的数据来源

1.1.1　招聘方向数据类型简介

第一类，市场信息及候选人信息来源。在招聘网站上，候选人通常会主动上传或发送简历至用人公司，在这一过程中，企业获得了候选人基本个人信息及以往工作经历。

市场信息主要包含了市场薪酬信息、市场供求信息等。在目前的主流互联网招聘软件上，我们可以根据其薪酬调查板块，简单直接了解招聘所在地某一岗位的薪资情况。其中包含了某地某一岗位不同分位值薪资、不同工作经验下的员工薪资不同分位值数据。不再像以往需要依赖于同行交流、付费咨询等方式，薪酬调查变得简单且高效。招聘从业者也可以通过网络数据爬虫技术在各大招聘网站上获取大量企业招聘信息，形成对当前招聘市场情况全面的了解。除此之外，根据各大招聘网站上各企业公布的招聘岗位，可以了解目前市场上对某一岗位候选人的需求状况；根据招聘网站上的结构性求职者数据，可以了解目前市场上某一岗位的供给状况。

第二类，候选人的能力模型信息。通过社交软件等其他渠道，我们能够通过候选人主动展现的工作经历、工作内容佐证候选人简历信息，通过其在问答平台、搜索引擎的公开发言，能够了解候选人的部分性格信息以及其是否具有长期的学习习惯。除此之外，还可以通过候选人的公开社交账号如短视频账号、博客账号等渠道，发现候选人在平台上展现的专业知识、个人见解。最后，企业内部建立的人才库也能够提供候选人相关的信息，对于各类企业，在金蝶以及其他 HR SaaS 软件的帮助下，建立自有人才库，储备候选人简历、面试信息并将其用于判断合适的候选人。

第三类，根据金蝶的人力资源大数据软件或是其他人力资源服务产品，能够将过去某一时间长度下的招聘数据汇总，获得招聘需求发生日期、招聘成本、投递简历量、面试量、通过面试量、发放 Offer 量、入职员工量等诸多客制化数据。

1.1.2　招聘数据来源渠道介绍

在招聘管理大数据时代，在线招聘平台是不可或缺的配套产品。在线招聘平台作为企业与候选人对接的外部平台，能够高效获取候选人意愿及基本信息。以下将介绍目前国内主流的在线招聘平台，在企业招聘管理实践中需要根据招聘需求选择合适的招聘平台以实现大数据招聘转型。

（1）主流在线招聘平台。

①智联招聘。智联招聘最早成立于 1994 年，是中国较为老牌的在线招聘平台，用户存量较大。其涵盖在线招聘、校园招聘、猎头服务、报纸招聘服务、招聘合作伙伴（RC 服务）、企业培训和人才评估等多个模块。整体来看，近年来企业对智联招聘的使用量正在逐渐下降。智联招聘主要服务于初级和中级的候选人，这意味着在智联招聘上寻找高级人才的效率较低，需要选用其他平台。

②前程无忧。前程无忧创立于 1999 年，其在我国运营了很长时间。公司

用户和个人求职用户更多，覆盖中国城市范围更广；其领域和范围也很广，低工资、高薪、实习和社会招聘。前程无忧同样主要着重于初级、中级岗位的招聘。

③BOSS 直聘。BOSS 直聘是近年来迅速兴起的在线招聘网站。其成立于 2014 年，是世界上第一个在互联网上提供"直接招聘"模式的在线招聘产品。其主要亮点在于求职者直接和公司的老板进行沟通，但对于规范的中大型企业来说，招聘工作应当由人力资源部完成，确认候选人是否适合岗位也应由业务部门确定，因而在大多数企业招聘过程中仍然是"求职者—招聘 HR"而非"求职者—CEO"。BOSS 直聘的主打模式并未落实，但其市场占有率在过去的近 10 年时间里快速上升，大量求职者开始在 BOSS 直聘上寻找机会。整体来说，BOSS 直聘涵盖了众多岗位、地区，但其整体服务的求职者仍是初级、中级的求职者，高端人才较少。

④脉脉。脉脉 App 于 2013 年上线，主打实名制职场社交平台，宗旨是帮助职场中的员工扩展人脉，交流合作。随着用户数量提升，脉脉也开始逐步为企业提供招聘渠道，如今，已经有很多企业通过脉脉来寻找合适候选人。脉脉于 2019 年 4 月宣布其用户数已突破 8 000 万人。因为脉脉的社交软件属性，其囊括了所有层次下的求职者、员工，平台内不乏高阶管理人才、技术人才，因而很多企业将其用于招聘中高级岗位的候选人。

⑤猎聘。猎聘于 2011 年首次亮相，主要服务于中高端岗位的招聘求职。企业、猎头、企业 HR 和员工可以在这里互动。猎聘一直专注于开发以个人用户体验为核心的职业发展平台，彻底改变了以企业为核心的传统在线招聘广告平台。2019 年 5 月，猎聘上的注册用户数量超过 5 000 万人，为 50 多万家优质企业提供服务。猎聘的平台目前有超过 25 万名猎头正在寻找关键职位的候选人。

（2）大数据招聘转型的技术支撑。在介绍以下互联网人力资源服务前，需要简单介绍其载体。在大数据和数字化时代，三种云计算类型应运而生（图 3-1）。这三种类型是目前人力资源服务产品的主要载体，分别为 IaaS（Infrastructure as a service）基础设施即服务、PaaS（Platform as a Service）平台即服务、SaaS（Software as a Service）软件即服务。从其提供的服务来看，IaaS 基于云的服务，按需付费，用于存储、网络和虚拟化等服务；PaaS 为 Internet 上可用的硬件和软件工具；SaaS 是在互联网通过第三方获得的软件。

更进一步，我们通过部分例子来更好阐述上述三种云计算类型。IaaS 示例：阿里云、腾讯云、华为云；PaaS 示例：Microsoft Windows Azure、百度 BAE、新浪 SAE、京东云擎 JAE；SaaS 示例：钉钉、企业微信。

Moka（HR SaaS）。Moka（北京希瑞亚斯科技有限公司）成立于 2015

IaaS	PaaS	SaaS	
应用程序	应用程序	应用程序	● 你需要做的
数据信息	数据信息	数据信息	● 平台提供的
中间件/运行库	中间件/运行库	中间件/运行库	
数据库	数据库	数据库	
操作系统	操作系统	操作系统	
服务器/虚拟机	服务器/虚拟机	服务器/虚拟机	
磁盘柜	磁盘柜	磁盘柜	
计算机网络	计算机网络	计算机网络	
机房基础设施	机房基础设施	机房基础设施	

图 3-1　三种云服务的差异

年，为企业提供数据驱动的智能化 HR SaaS 产品，致力于通过一流技术和服务赋能企业人才战略。Moka 能够推动招聘流程自动化，自动处理来自在线招聘网站的简历，多场景面试以及人才 Mapping 与人才库建设。目前市场上的主流 HR SaaS 软件主要集中于以上功能，通过自动化提升招聘效率，利用招聘过程中产生的数据形成数据库，并依赖数据库数据完成人才库建设、数据统计与可视化分析等烦琐工作。在这一过程中，企业能够获取招聘过程中的流程数据，梳理候选人群体信息。

金蝶云·苍穹（PaaS）与金蝶人力云（HR SaaS）。金蝶创立于 1993 年，在过去近 30 年时间里持续提供企业管理软件以及互联网服务软件。苍穹与人力云作为其两款企业管理产品产出并处理各类招聘流程数据。苍穹作为 PaaS 产品，具有较强的可塑性，能够根据企业内部需求进行开发，使各部门的信息互通，招聘数据作为其中的一小部分，能够被按需取用。人力云作为 SaaS 产品，能够被所有规模的企业直接使用，不需二次开发。企业能够从人力云自动获取候选人简历信息、招聘流程信息等招聘信息。

1.2　大数据在招聘中的使用情况

网络招聘，指企业基于互联网技术将招聘条件发布到人才招聘平台上，求职者通过平台了解企业发布的岗位信息、薪酬条件、企业规模等，企业也能通过人才平台数据库，查询到相关人才，核实其信息，了解其简历，邀请其来企业面试，从而提高企业员工招聘的效率。应聘者正逐渐习惯于通过在线招聘平台找工作。根据艾瑞咨询在 2022 年发布的《中国网络招聘市场发展研究报告》，当前网络招聘 PC 端月度覆盖人数平均超 8 000 万人（图 3-2），移动端独立设备数平均超 6 000 万台。候选人市场结构中,蓝领劳动者近年来在找工作时更多选择在线平台,近三年平均增长率超过 25%。这反映出目前在线招聘平台候选人结构洼地正在逐渐被填补。

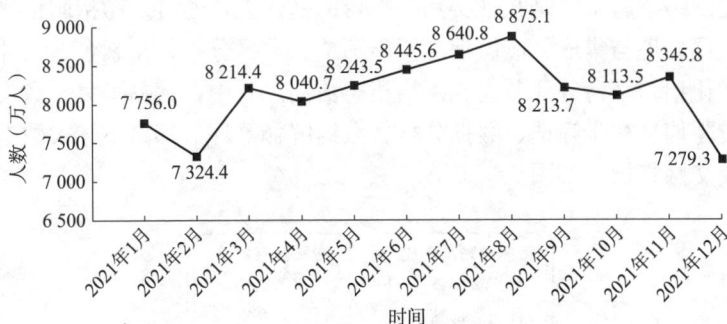

图 3-2　2021 年网络招聘 PC 端月度覆盖人数

目前,企业开展网络招聘的主要方式有两种:一是通过企业网站发布招聘信息;二是与招聘网站平台合作,如 58 同城、BOSS 直聘、智联招聘等,这些招聘系统较为成熟,也为广大求职者所认可。大数据技术在员工招聘方面的应用使得招聘成本大大减少,招聘时间也有一定的节省,从而使员工招聘具有时效性、便捷性与准确性。具体体现在:求职者可通过招聘平台了解企业招聘的时间,双方的提前交流可以节省双方的时间及金钱;企业在初步筛查简历时变得更为快捷;大数据通过数据的整理与匹配实现人岗的初步匹配等。

很多企业建立了自己的人才管理招聘系统,通过网络信息技术,逐步实现了招聘的智能化管理。以 Moka 智能化管理系统为例,此系统包括自动化招聘、多端招聘协同、人才库建立与激活三个方面。自动化招聘可实现招聘流程自动化、全渠道聚合管理、简历筛选智能化,多端招聘协同可实现多方协同面试安排、多场景面试、移动端办公,人才库建立与激活可实现数据统计与分析可视化、人才画像等多方面工作。

1.3　大数据下网络招聘方式的变革

网络招聘要经历简历收集、简历筛选和应聘者考量三个阶段,在这三个阶段有三个难题:一是如何对大量的招聘网站同时进行管理,二是如何对大量的求职简历进行筛选,三是如何在筛选出的求职简历中考量和甄别出合适的应聘者。针对这些问题,国内外的互联网信息服务企业依托大数据技术进行了大量的研究和开发,形成了新的招聘方式和技术,比较有代表性的包括社交网络招聘平台、人才雷达技术、纳人网络押宝人岗匹配系统。

1.3.1 社交网络招聘

随着移动互联网和大数据技术的快速发展，企业将网络招聘和社交网络微信、微博、Facebook、人人网相结合，形成了新的招聘模式——社交网络招聘。社交网络招聘系统是在社交网络平台的基础上，通过发布招聘信息、数据采集、数据处理与集成、应聘信息初步筛选、数据分析、搜索合适人才、数据解释和优化招聘平台等环节完成网络招聘活动。其中，数据采集、数据处理与集成、应聘信息初步筛选、数据分析、数据解释等环节都离不开大数据技术的支持。社交网络招聘如图 3-3 所示。

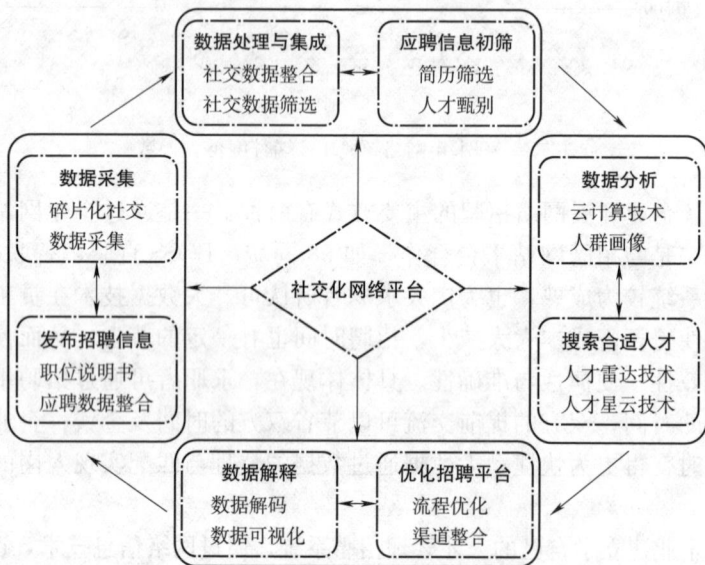

图 3-3　社交网络招聘系统

1.3.2 人才雷达技术

人才雷达技术是由国内的人力资源服务公司数联寻英和 HiAll 利用大数据技术联合开发的精准人才推荐技术。人才雷达技术是根据用户企业提出的招聘需求，通过大数据技术对社交网络及简历数据库的数据进行定向挖掘，从中智能化地筛选出合适的员工，从而帮助企业高效和精准地实现人岗匹配。该技术首先为用户企业在微信和网络上搭建系统，然后通过大数据技术对求职网站和社交网络进行数据挖掘与数据处理。该技术构建了专业指数、行业影响力、职业人际关系、性格能力匹配度、跳槽频率、求职意愿、工作地点、行为模式和行业经验 9 个维度的指标，然后通过用户部门和人力资源管理部门确定各个指标的权重系数。在此基础上，人才雷达技术根据企业不同岗位的招聘需求形成标准的人才雷达图。然后根据应聘者在每个维度的评价和各个指标的权重系数得出每个应聘者的得分，将应聘者的得分与应聘岗位的标准雷达图相比较，从而筛选出合适的应聘者。

下面以某企业技术型和文秘型岗位为例来说明人才雷达图的使用（图3-4）。技术型岗位更侧重于行业经验、专业能力等方面，注重其技术服务能力和创造经济效益的能力，而文秘型岗位更侧重员工的性格能力、人际关系、认真负责、执行力等方面，侧重辅助能力，不注重其创造经济效益的能力。

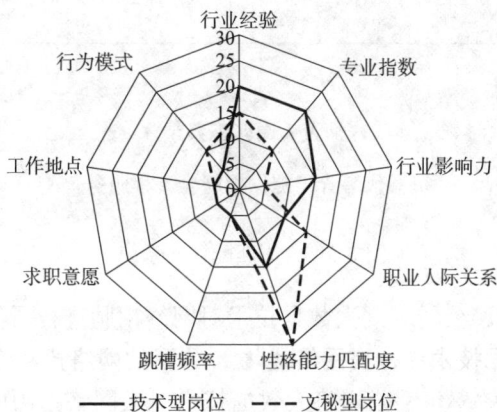

图3-4 人才雷达图示

1.3.3 纳人网络押宝

纳人网络押宝是纳人公司于2015年开发的大数据智能筛选软件，该软件首先通过大数据技术搜集应聘者的数据资料，形成应聘者大数据，然后通过人工智能进行人岗匹配，从应聘者中剔除掉不符合要求的应聘者，实现了员工招聘的智能化，提高了招聘效率。纳人公司在在线面试的基础上，建立了包括应聘者多个维度信息的动态数据库，该数据库包括了每个应聘者的1 000多种标签。通过赋予每个标签不同权重，纳人网络押宝构建了一套智能化的人岗匹配评测系统（图3-5）。该系统在人岗匹配时先综合分析应聘者的专业技能和个人能力，然后在给定特定岗位的情况下对应聘者胜任某个岗位的成功率进行预测，从而帮助用户企业对应聘者和岗位进行精确的人岗匹配。

1.4 大数据下的招聘流程：以K公司网络招聘为例

K公司是一家外资快餐连锁企业，在中国已经开设了4 500家连锁店。为满足企业快速发展带来的人员需求，K公司使用了网络招聘的方式来提高招聘效率。最初，K公司的网络招聘主要是通过本公司的官方网站来进行。随着招聘规模的扩大，K公司的网络招聘应聘人数从开始的20人/天发展到了现在的3 000人/天，招聘周期从开始的1个月增加到了3个月，招聘效率严重

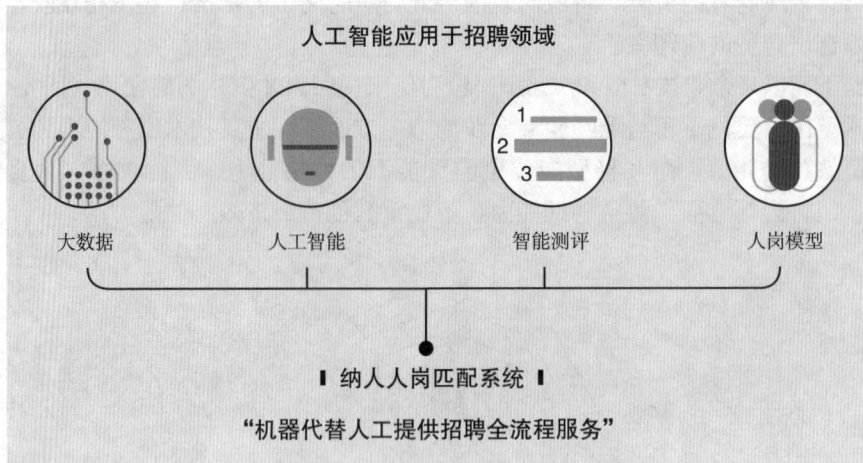

图 3-5　人岗匹配评测系统

低于预期。因此，K 公司利用大数据技术对网络招聘进行了优化。

1.4.1　利用大数据技术和社交网络优化 K 公司的网络招聘流程

　　为了提高招聘效率，K 公司将大数据技术引入网络招聘中，从重建网络招聘平台和改进网络招聘流程两方面对现有的网络招聘流程进行了优化（图 3-6）。

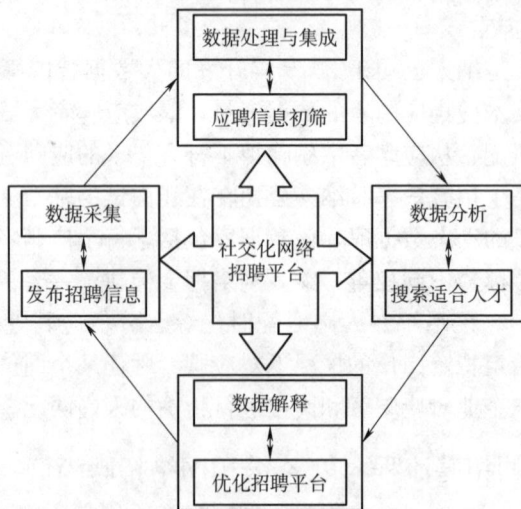

图 3-6　优化后的 K 公司网络招聘流程

1.4.2　通过社交化网络招聘平台扩展有效数据源

　　为了增加网络招聘中有效应聘者数量，K 公司搭建了社交化网络招聘平台。首先，K 公司开通了新浪微博、人人网、大街网等来发布招聘信息，通过这些社交网络进行应聘者筛选，将应聘者集中于大学生与白领这两大潜在招聘对象。然后，公司将网络招聘与公司内部员工推荐相结合，要求公司员工均登录公司的线上招聘系统，并要求员工将个人的社交网络平台（如微信、微博、人人网、linkedin 等）与公司的线上招聘系统相关联。公司的招聘信息发布后，公司的招聘系统会通过大数据分析，挖掘出和公司内部员工有关联的应聘者，从而启动内部推荐程序。如果推荐的应聘者被录用，相关的员工会获得相应的积分奖励或物质奖励。K 公司通过搭建社交化网络招聘平台，大大扩展了有效数据源。

1.4.3 通过数据处理与集成对应聘者信息进行初步筛选

K 公司在获得应聘者的求职申请或求职推荐后，将通过人机结合对应聘者的信息进行初步筛选。K 公司在年龄、外语水平、所学专业等的基础上，增加了社会实践经验、个人性格、生源地等多种筛选标准，并采取基础参数和匹配参数累计加分对应聘者进行初步筛选。例如，在招聘门店收银员时，应聘者的年龄小于 30 岁，外语水平为英语四级是淘汰率参数，只有同时达到这两个条件才能通过第一步选择，得到 10 分的基础得分。然后，工作经验、专业、个人性格等 3 个匹配参数中，每个指标达标的得分为 5 分，系统将根据应聘者的得分高低设置应聘者后续匹配的优先权。为了避免筛选标准设置不合理，K公司由人力资源部门和用人部门共同设置筛选标准。

1.4.4 通过人才雷达技术识别应聘者

对于通过初步筛选的应聘者，K 公司通过人才雷达技术来判断应聘者和空缺岗位之间的匹配度。这一过程由三个步骤构成：

第一步，构建岗位胜任力评价矩阵。K 公司围绕应聘者的知识、性格、行为、技能和行业关系 5 个方面建立岗位胜任力评价矩阵，每个方面又包含多个子指标。例如，知识指标包括学历、学习成绩和学习年限 3 个子指标，性格指标包括所获特殊奖励、个人性格特质以及社会实践经验 3 个子指标。每个指标都进行评价打分之后，构成应聘者的岗位胜任力评价矩阵。某位应聘者的岗位胜任力评价矩阵如图 3-7 所示。

$$\begin{bmatrix} I_{11} & I_{12} & I_{13} \\ I_{21} & I_{22} & I_{23} \\ I_{31} & I_{32} & I_{33} \\ I_{41} & I_{42} & I_{43} \\ I_{51} & I_{52} & I_{53} \end{bmatrix}$$

图 3-7　岗位胜任力评价矩阵

第二步，构建岗位胜任力权重系数矩阵。由于不同的指标对于胜任力的影响程度不一样，所以要设置好岗位胜任力矩阵中各个指标的权重系数。例如，

K 公司的岗位胜任力权重系数矩阵如图 3-8 所示。

$$\begin{bmatrix} Q_{11} & Q_{12} & Q_{13} \\ Q_{21} & Q_{22} & Q_{23} \\ Q_{31} & Q_{32} & Q_{33} \\ Q_{41} & Q_{42} & Q_{43} \end{bmatrix}$$

图 3-8　岗位胜任力权重系数矩阵

　　第三步，计算应聘者的岗位胜任力得分，从中选取合适的人选。通过前面的岗位胜任力评价矩阵得到应聘者的评价得分，然后结合岗位胜任力权重系数矩阵，可以得到应聘者的岗位胜任力得分。可以用雷达图来表示应聘者的岗位胜任力得分（图 3-9），图形中某项指标的得分离中心越远，应聘者的该项指标的得分就越高。

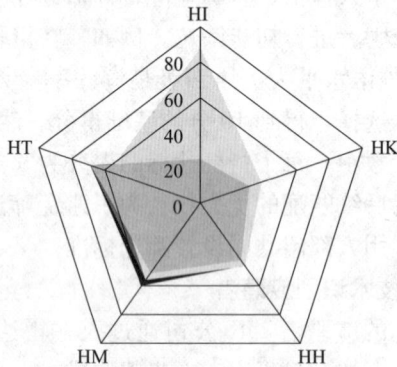

图 3-9　应聘者岗位胜任力雷达图示

1.4.5　通过数据解释结果优化公司的网络招聘平台

　　K 公司通过大数据技术筛选出来的应聘者结果要在企业内部进行应用。K 公司会把网络招聘的结果在公司内部网络上进行公示，公示的信息包括应聘者的来源渠道、应聘者的胜任力特征、推荐链上公司每个相关的推荐人所得到的各种奖励等信息。同时，K 公司会根据应聘者在招聘网站的各个版面所停留的时间长短来判断他们的兴趣点，并对这些版面进行重点建设。K 公司会根据应聘者对网站上的各种信息（包括文字、图片和视频等）的浏览情况和停留时间长短来分配各种信息所占的比例。K 公司还会根据应聘者的社交网络来源的渠道情况对应聘者选择较多的渠道进行重点维护。

1.4.6　分析大数据下 K 公司的网络招聘效果

　　K 公司将大数据技术引入网络招聘后，招聘效率大大提高，具体体现在以下三个方面：

　　第一，招聘信息得到有效传播，招聘效率明显提高。K 公司通过社交网络平台使公司员工的社交网络和公司的网络招聘相连接，使公司的招聘信息传播质量得到显著提升，扩散效果比之前单一的中介式信息传播要好得多。公司通过在社交网络中树立口碑，公司影响力得到提升，招聘信息受关注度提高，招聘信息的受众也更加精准，公司的招聘效率也明显提高。例如，公司在官方微博发布的一条招聘信息，在 4 天内有 1 000 多人提出应聘申请，最终公司筛选出了 100 人进行面试，应聘和录用比率都得到提升。此外，借助社交网络，可以全面考察应聘者的性格、技能、行为等信息，人岗匹配更加精准。

第二，招聘成本明显下降。通过引进大数据技术，K 公司的招聘成本明显下降。从招聘的时间成本来看，以往招聘 20 名技术工程师，进行信息发布和建立筛选需要 1 个月左右的时间，现在则缩短到 7 个小时。在高端人才招聘方面，以往通过猎头公司招聘时招聘单价很高，现在采用社交网络和大数据技术后招聘的单价显著下降。

第三，人力资源管理系统的整体有效性得到提升。K 公司将大数据分析结果通过信息共享用于人力资源管理的其他职能模块，提高了人力资源管理的整体效果。以餐厅的储备经理岗位为例，原有的胜任力模型将团队意识、人员管理和生产管理能力作为决定绩效高低的关键因素，而采用大数据技术的招聘系统经过数据分析发现，主动服务和抗压意识是更为重要的因素。

2 基于大数据的培训管理

培训管理是实现企业可持续发展的重要组成部分。成功的培训可以提高员工的知识水平，提高他们的绩效，使企业能够在激烈的竞争中保持人力资源的收益，提高盈利能力。在大数据和互联网背景下，如何做好人力资源培训是企业当前阶段重点关注的话题。作为企业管理工作中的重要组成部分，科学有效的人力资源培训与开发可以提高资源配置的合理性。然而从当前阶段的实际情况来看，部分企业在实际工作中并未充分意识到大数据和互联网等技术手段的重要价值与功能，人力资源培训开发的信息化水平有待进一步提升。在大数据和互联网环境下，企业必须从实际出发，紧随时代发展步伐，将与时俱进的观念融入人力资源培养开发中，顺应时代发展，满足市场需求，实现企业人力资源培训开发效率和质量的提升，让企业在新的时代环境下取得健康稳定的发展。

2.1 大数据在员工培训中的作用

培训是指向员工传输完成本职工作所需要的相关知识、技术、价值观念、行为规范等内容的过程。企业人才培养的主要宗旨就是通过人才培养不断提升企业全体在职员工的专业知识、技术水平和综合职业素质，构建一支高中低层次合理、专业化分工明确的人才队伍，为组织事业的长远可持续发展提供服务。如何精确掌握员工的培训需求，并确保培训产生成效，是困扰人力资源管理工作者的难题之一。

大数据的广泛应用能够有效地化解这些问题，有以下三个方面：一是公司可以利用大数据技术搜集与员工自身所在岗位需求、绩效表现、晋升意向等密切相关的数据，通过大数据分析，形成针对不同类型、各种年龄层次员工的个性化职业生涯规划路径，为其量身打造人才培养方案，帮助他们迅速地胜任自己的岗位；二是依托人力资源大数据，可以有效地帮助企业人力资源管理工作者准确识别和了解企业员工对于学习的需求、行动、模式以及实际效果，制定出有利于企业培训的策略，促进培训体系改进，提高培训效率；三是企业可基于员工过往培训资料数据的综合分析，精准地把握员工的实际工作情况以及能力素质水平，在此基础上对其未来所从事工作及职业技能培养需求进行预测和模拟，制订与之契合的培训方案，有利于更加有针对性地挖掘和激发企业员工的工作潜能，增强企业员工对公司的信任感和忠诚度。

在大数据的支持下，人力资源部门在人才的选、育、用、留等各个环节中可以更准确地收集数据，为员工培训和开发提供准确的依据。大数据培训开发平台对这些数据进行测量、记录和分析，得出员工可以改善的途径，大幅提升人力资源管理决策的准确性和有效性。大数据时代，人力资源管理部门有更多机会成为业务部门不可或缺的合作伙伴，借助大数据技术及时有效地培训员工，为员工提供有效的发展路径，也为组织带来更大的价值空间。

2.2 大数据下的培训方式变革

在互联网、大数据以及云计算等的快速发展下，员工获取信息的方式也从传统的培训师传授变为移动终端推送或网络大学智能推送，这也使得员工培训的方式相应发生了改变。按照员工信息获取方式的不同，员工培训的方式可以分为传统培训、网络培训、移动培训和大数据培训四个阶段（图 3-10）。在传统培训阶段，信息主要通过培训师传授，用户被动接受信息，信息获取与实际应用的联系无法保证；在网络培训阶段，信息通过网络大学推送，用户获取信息的速度较快，但网络大学与用户的交互性不足；在移动培训阶段，信息可以通过移动终端推送，员工可以有选择性地进行学习；在大数据培训阶段，信息由网络大学智能推送，知识的实效性和针对性较强，员工的感知度和满意度大幅提升。

大数据培训通过深层次地挖掘员工的个性化需求以及提供精益化的培训服

务，可以极大地提升培训的效果。目前，员工培训方式正在从传统培训向网络培训和移动培训转变，未来则将向大数据培训转变。

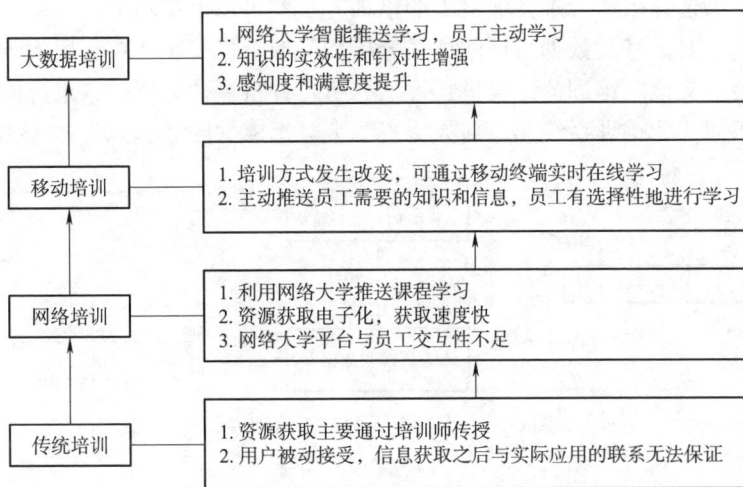

图 3-10 不同员工信息获取方式下的培训方式

2.3 利用大数据建立新的员工培训模式

企业员工培训主要是解决员工"选、育、用、留"中的"育"的问题。利用大数据来建立企业新的培训模式，一是要有大量的人力资源真实数据，二是要选择适合本企业的培训模式。利用大数据来建立新的培训模式主要有以下五个步骤。

第一，企业应该建立人力资源大数据库。企业的人力资源大数据库要有两方面的数据：一是企业所有员工的相关数据，如员工的个人信息、所具备的技能、个人素质等；二是与公司相关的各种数据，包括宏观环境相关数据、企业发展目标等数据。人力资源大数据库还应该是动态的，随着时间变化要相应调整。

第二，企业进行大数据培训要有战略导向原则。企业培训是一个长期的过程，利用大数据进行培训更是需要企业投入大量的人力物力。而企业培训是为企业发展战略服务，因此，企业应该按照自己的战略导向做好人力资源规划，并构建适合自己的大数据培训体系。

第三，企业要利用大数据进行组织、任务和人员分析，从而得到大数据培训所需要的人员和内容。在培训时，利用大数据做好员工的培训需求分析，根据需求分析的结果为员工匹配合适的培训内容。在员工接受培训后，跟踪记录员工的工作表现数据并分析培训效果，以便安排员工后续的培训。

第四，根据大数据分析的结果选择合适的培训方法。培训的方法有很多，包括讲授法、案例分析法、小组讨论法、自学法、网络培训法等，利用大数据分析的结果选择出适合本企业员工的培训方法，可以事半功倍。

第五，要做好大数据培训的评估分析和反馈工作。企业在利用大数据进行培训之后，应该对培训的结果进行评估分析，并将评估分析的结果反馈到培训系统，以便优化培训系统和更新人力资源大数据库（图 3-11）。

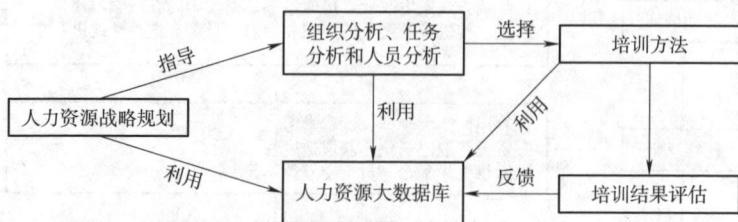

图 3-11 大数据下的员工培训模式

3 基于大数据的薪酬管理

薪酬作为求职者寻找工作时考虑的重要因素之一，在影响员工工作积极性和稳定性上也起到重要作用。在过去，不少岗位的工资可能出现倒挂现象，但由于企业内部的薪酬管理制度，求职者或企业内部的员工很难交流彼此薪酬情况，并不会给员工间带来巨大的不公平感。随着移动互联网的发展，企业员工和求职者可以在互联网职场社交平台上交流彼此薪酬信息，减少信息差，进而向企业要求合理的薪资水平。企业在移动互联网时代尤其需要基于大数据，进行精细化的薪酬管理以进一步降低员工流失率，激励员工努力工作。具体来看，大数据能够在传统的薪酬管理基础上为人力资源管理者提供更多的信息以帮助其更好地制定薪酬管理政策，及时跟进市场情况，调整薪酬结构和薪酬水平。

3.1 大数据在薪酬管理中的作用

现代企业对员工的激励途径和手段主要有三种：物质激励、事业激励和情感激励。其中物质激励主要包括薪酬和社会福利，是员工基本生活、健康和稳定地工作的基础和保障，员工薪酬与其自身心理预期是否匹配决定了员工对企业的看法，而当前很多企业的薪酬管理缺乏战略性思考，薪酬调整缺乏科学依据，忽视对核心人才的有效管理，令公司重要人才队伍的稳定性产生了不确定的因素。

在薪酬激励上应用大数据，在一定程度上增强了绩效激励的有效性。具体体现在两个方面：一是通过对人才市场各企业岗位薪酬信息的采集、比对了解行业薪酬水平，并对员工的价值创造情况进行客观科学的评价，及时对自身薪酬水平进行调整，从而做到价值分配的公平、及时和全面；二是企业可以综合分析员工在生活、工作中的各种信息，挖掘企业员工在各种物质、精神、心理等多个方面的价值需求与期望，分析企业员工的价值取向及其追求，对不同的员工采取差异化激励措施，促使企业员工满意度和工作效率得到提高。

大数据薪酬管理不仅关注人力资本本身的价值，更综合考虑组织内外部的实际环境，通过对工资、奖金、津贴等直接的薪酬和社会保险、社会保障、带薪假期等间接薪酬的科学设计，以人为基础，通过对职务、技能和能力等不同数据的分析，确立各种职位在工作内容上的相似性和差异性，建立起具有内部一致性和外部公平性的职位分析，用数据来分析出每个职务的相对价值并作为确定薪酬的基本依据。在大数据时代，组织将制定与社会经济相匹配的薪酬制度，更加有效合理地引导员工行为。

3.2 薪酬数据的主要来源

在大数据时代，市场薪酬信息招之即来。我们首先需要获取大量的薪酬信息以帮助后续进行薪酬分析。对于薪酬来说，数据规模大，数据类型复杂。从数据范围上看，主要分为内部薪酬数据和外部薪酬数据；从数据层面看，可分为个人、团队和组织。

内部数据涉及组织的薪酬结构、薪酬制度、员工福利制度、奖金分配制度、股票期权计划、近年来薪酬计划的执行和调整情况、组织绩效目标（组织层面），团队激励计划（团队层面），员工基本工资、绩效工资、年终奖、个性化福利（个人层面）等，主要通过内部人力资源系统（EHR）、内部报告和业务活动、访谈、问卷调查等方式从公司获得。

外部数据主要来自互联网搜索引擎、人力资源咨询机构、服务外包平台、在线招聘网站等。以在线招聘网站为例，其充斥着各类企业的招聘信息，其中包含了不同岗位的薪酬水平，但少数企业的薪酬情况并不能反映整体市场薪酬情况。此时便需要充分利用大数据挖掘方式获取市场薪酬情况，作为薪酬管理决策的基础信息。利用网络数据爬虫技术等工具从在线招聘网站及企业门户网站上获取竞聘公司的薪酬信息（图 3-12），或直接利用在线招聘网站上的薪酬查询功能了解某地区、某岗位、某经验层次的候选人目前薪酬市场中位水平如何，75、25 分位值的具体情况（图 3-13）。

系统架构高级产品经理（北京市海淀区回龙观）

2万~4万元 15薪 ｜ 3~5年 ｜ 本科 ｜ 👥 张女士｜HR

产品设计　　电商产品　　TO B　　ERP产品

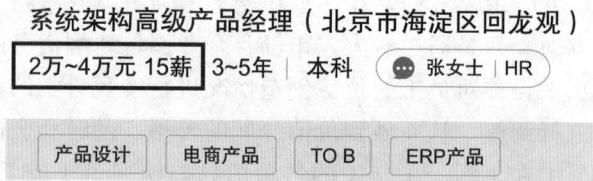

图 3-12　在线招聘网站薪酬信息

大数据经理薪酬

每年　每月　周刊　小时　表视图

25 000美元　　　　　　全国平均水平　　　　　179 000美元

111 158美元/年

53美元/小时

图 3-13　大数据经理各分位值薪酬情况

3.3　薪酬数据的处理

3.3.1　数据的预处理

由于数据来源不同，很多工资数据会出现不完整、缺失和重复的记录。因此，在收集内部和外部的工资数据后，必须对数据进行审查和预处理。一般来说，在数据清理过程中，需要检查数据的有效性，删除重复数据，检查数据标签，计算缺失值，检查异常值，并定义有效的数据输出。通过这六个步骤，数据的完整性、准确性和可靠性将得到保证。

3.3.2　分析数据

薪资数据定量分析的类型。薪酬数据的定量分析主要分为描述性分析、预测性分析和指导性分析。描述性分析主要是指"现在发生了什么"，涉及平均数、中位数、频率、频数等，通过 Excel 实现；预测性分析是指"将会发生什么"和"为什么会发生"，通过 Python 使用机器学习工具实现；指导性分析是最高层次的，主要是通过决策模型针对"我们应该做什么"，为未来的决策和战略提供定制的解决方案。通过对数据的分析，以数据仪表盘的形式呈现。

仪表盘包括直方图、柱状图、饼图、雷达图、散点图、地图、玫瑰图、文字云等。数据可视化可以帮助高级管理人员（部门经理、企业高管）了解公司运营情况，总结过去的经验，制定未来的战略目标。目前，中国大多数企业在对薪酬数据进行定量分析时，一般停留在描述性分析的层面，很少有公司实现预测性分析和指导性分析。

定量分析工具。Excel 和 Python 是目前主流的定量分析工具，被广泛应用于数据分析和数据挖掘，HR 可以根据不同的需求来选择它们。小规模的数据、快速得到的结果和简单的逻辑关系适合用 Excel 和 VBA 来实现，而需要收集和分析大规模的数据，则可以充分利用基于 Python 的各类分析工具包。

定量分析的内容。企业薪酬可以从劳动成本分析、内部公平性分析、外部竞争力分析、个人奖励、薪酬结构分析和薪酬满意度分析等六个方面进行定量分析。在人工成本分析方面，要分析公司的收入、利润、薪酬预算成本及其变化范围；在进行内部公平性分析时，要认识到员工的教育背景、技能、部门、职务、级别、职位与内部公平性之间的关系；在分析外部竞争力时，需要根据职位了解行业内外部数据的薪酬水平，并计算出薪酬水平的频率、中心倾向和分散度；在分析个人奖励时，要综合考虑员工的工作年限、出勤率、技能、职位、职级、绩效和晋升情况；至于分析薪酬满意度，要从职位、部门和组织的角度确定关键因素。

3.3.3 根据数据推动薪酬管理优化

根据数据分析的结果，人力资源部门应该为公司的薪酬管理提供优化建议。例如，公司需要保持员工薪酬和人工成本之间的平衡。这意味着，根据外部薪酬调查，人力资源部门可以确定公司的薪酬策略，使其更具竞争力，以吸引人才。此外，考虑到内部工作评估，也能保证公司内部公平的相对公正。同时，要把人工成本控制在合理范围内，尽可能减少薪酬支出，作出明智的决策，从而实现薪酬管理的合法性、合理性、相对公平性和有效性。

4 基于大数据的绩效管理

大数据对绩效管理带来的影响仍然基于绩效管理的四大模块，这些模块在大数据以及人工智能的帮助下能够更加精准地衡量员工的工作量以及预测企业当年的经营情况。

4.1 大数据在绩效管理中的作用

4.1.1 大数据帮助绩效计划更合理

企业的绩效计划通常是由企业当年的战略目标分解而来的，而企业的战略目标设定通常是根据上一年的经营情况以及部分历史数据分析而来。事实上，还有很多的变量如政策、环境、社会等都会对企业当年的经营情况产生影响，这导致很多企业在设定当年经营计划时或过于激进或过于保守，与实际能够达成的目标产生较大差距。

大数据时代，不同国家、规模的企业经营数据都能唾手可得。这些样本数据在以往来看是天方夜谭，无法获得如此大量数据，也无法处理这些数据。如今，更大样本的经营数据能够被用于预测下一年的营业额变动情况，已经有大量的量化交易公司使用类似方法预测企业的财务经营状况，并在企业财报公布前提前买入企业股票以获得较高收益。

根据更大样本的数据库，管理者能够量化预测未来的经营数据。将企业过往经营数据、宏观经济数据、行业经济数据等相关变量输入系统，通过人工智能算法得出当年的经营状况预测。这一预测方式能够更加科学、详细地反映企业当年经营情况。

同样的，对于企业内部部门、员工的绩效也可以依赖于大数据与人工智能的帮助，充分考虑会影响当年绩效的影响因子后设定出合理的绩效标准。将有希望达到但充满困难的标准设定为 S（根据企业的绩效管理体系确定），将有一定挑战的目标设定为 A，将大多数员工都能达到的目标设定为 B，将只有少数员工不能达到的目标设定为 C。对于企业和员工都更为合理的指标才能真正起到激励员工的作用。

4.1.2 大数据助推绩效实施

绩效实施是绩效管理中最重要的部分之一，绩效实施环节很大程度上会影响员工以及企业当期的绩效结果，这会最终影响到企业的财务报表。

绩效实施过程主要包含两个环节：绩效沟通与绩效辅导。绩效沟通有助于员工了解绩效目标，绩效辅导能够帮助员工更好地完成绩效目标。但在具体的企业实践过程中，绩效沟通与绩效辅导并未产生实际效用，或由于员工自身原因导致其不愿主动与上级管理者沟通，或由于上级管理者无暇顾及下级完成工作的情况。

过去依赖员工主动反映绩效相关的问题，如今在各类传感器、人工智能软件的帮助下，员工的绩效情况能够被悉数捕捉，当绩效完成情况出现偏差或某些任务完成质量存在问题时，这些问题能够被及时反馈给管理者，进而由管理者主动为员工提供帮助，帮助其厘清绩效目标，提升完成目标所需要的技能。管理者在绩效管理周期内能够及时察觉员工当前绩效情况，并根据工作的具体情况调节企业的绩效目标以适应市场情况。

4.2 大数据在绩效管理中的应用

绩效管理的目的是提升员工的绩效水平。传统人力资源考核多依赖文字记录，对被考核员工进行评价，虽然也设置了很多考核指标和相应的标准，但是评价时还是会掺杂大量的主观判断，这种绩效管理方式往往是通过有限的记录对被考核者开展绩效评价，最终得出的考核结果也容易出现偏差，特别是对非生产性部门的绩效管理更是如此。如通过对员工的平均出勤时间、工作积极性等采用一些通用型、半结构化的资料分析方法来认识和了解员工对企业的影响及贡献。这种方式具有滞后性，而且很难精确衡量。但是大数据的出现，大大改善了绩效管理的滞后现状。

在大数据时代，将建立以大数据为基础的员工考核和胜任力分析工具，使得主观评价的影响降低，绩效考核更加客观公正。此外，组织还可以建立信息共享的互动平台，让员工对绩效指标的选择、考核标准的设定、权重的分配进行互动讨论，人力资源部门利用平台产生的数据来分析绩效指标制定的合理性和有效性，让员工在完成工作任务时有更多的积极性和参与度。

大数据在绩效管理中的应用有三个方面：一是利用大数据建立优秀员工的"数字画像"作为考核标准。二是可以提高员工对绩效考核的参与程度和积极性。让全体员工参与到绩效考核的管理中，让员工对绩效考核的指标筛选、内容确定、实施流程等关键环节各抒己见，使其更能感受到企业对其重视，进而提高员工的工作热情和忠诚度。三是预测员工绩效并及时进行辅导。管理人员可以通过搜索和收集有关员工日常的业务和工作内容，预测出有关员工绩效，从而提前进行干预，适时对员工进行指导，避免员工绩效下降。

4.3 大数据驱动企业绩效管理创新：以某网约车公司为例

随着互联网技术的快速发展，尤其是移动互联网的快速发展，以及大数据和云计算等新技术的广泛应用，共享经济发展迅速。在共享经济的背景下，平台型组织成为一个连接消费者和灵活就业者的点对点的类市场组织，其工作特点、管理方式与传统有组织边界的企业有所不同，尤其是绩效管理模式方面，灵活就业人员的绩效管理更多地引入了市场化机制、消费者评价及技术手段等。

本次调查选择某网约车公司，以该公司运营部门管理人员及在该网约车平台做网约车司机的灵活就业人员为调查对象，从灵活就业人员的绩效管理体系和绩效激励体系方面分析大数据在绩效管理方面的应用。

4.3.1 该网约车公司灵活就业人员的绩效管理体系

该网约车公司的绩效管理加入了许多技术、信息化等因素，通过大数据量化了客观的考核标准，减少了人为主观因素。绩效反馈主要来自消费者的评价，网约车司机的星级、好评率都来自消费者评价的汇总数据（图 3-14）。

网约车司机的绩效考核主体为平台和消费者：平台制定考核标准，提供大数据和算法支撑；消费者提供评价。具体考核指标如表 3-1 所示。

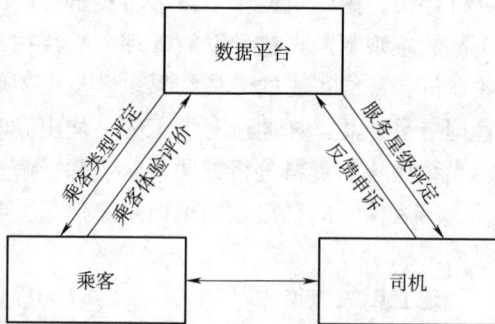

图 3-14　某网约车平台的绩效反馈体系

表 3-1　网约车司机绩效考核指标

考核项目	考核指标
数量	接单量
服务质量	车内环境
	服务态度
	信用度
	驾车娴熟度
	路线熟悉程度
服务效果	星级
	信用等级

4.3.2　该网约车公司灵活就业人员的绩效激励体系

该网约车公司的激励体系主要以奖励和惩罚为主，奖励措施如表 3-2 所示。

表 3-2　某网约车公司对网约车司机奖励情况

奖励要素	工作任务	奖励金额（元）
接单量	1～2 单	20
	3～4 单	50
	5 单及以上	80
服务星级评价结果	4.1～4.7 星	100
	4.8～5 星	1 000
小费	车辆资源紧张时调度	根据算法计算
补贴红包	平台补贴	根据算法计算

该网约车公司同样设置了惩罚机制，采用"末位淘汰制"，将业绩较差的司机淘汰，同时采用"降级制度"、封号、罚款、取消补贴等方式进行惩罚。

这些奖励和惩罚都是通过平台的大数据来实现的。

4.3.3 传统企业与平台型组织绩效管理的比较

（1）平台型组织绩效管理流程。传统的绩效管理是由绩效计划、绩效考核、绩效反馈、绩效关联应用四个环节构成的闭环系统（图 3-15）。与传统企业的绩效管理不同，平台型组织的绩效管理是由灵活就业人员、消费者和平台三方组成的开放式系统，以大数据和算法为纽带，包括绩效考核、绩效反馈、绩效结果应用三个环节，每个环节都有三方的参与，构成一个开环体系（图 3-16）。

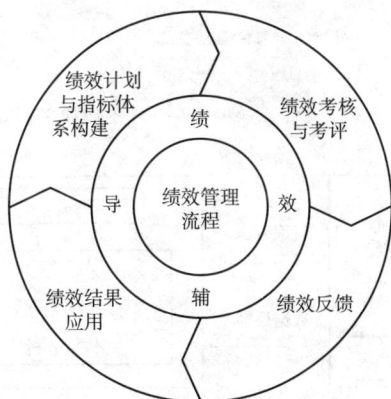

图 3-15　传统企业的绩效管理流程

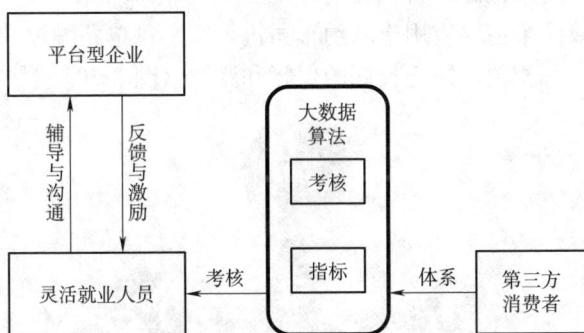

图 3-16　共享经济平台型组织灵活就业人员绩效管理流程

（2）平台型组织绩效反馈体系。传统的绩效考核多着重于短时间内进行考评和物质上实施奖惩（图 3-17）。而平台型组织以大数据的形式，客观地实现对灵活就业人员的绩效考核和反馈沟通，并采取多种激励方式，如通过信用体系对灵活就业人员进行星级评定等（图 3-18）。

（3）平台型组织绩效结果应用。传统企业中绩效考核结果主要应用于人力

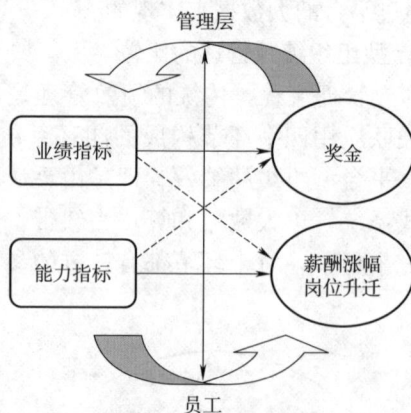

图 3-17　传统企业绩效反馈体系

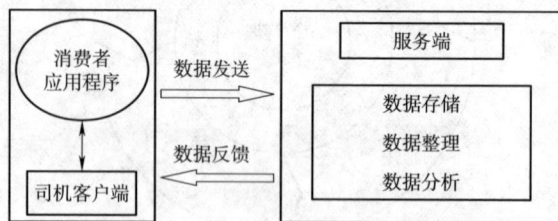

图 3-18　平台型组织绩效反馈体系

资源规划、职员岗位调配、薪酬奖励分配和员工培训等（图 3-19）。而平台型组织将绩效考核结果主要应用于网约车司机等级、每单薪酬标准、平台补贴标准等，与短期报酬相关，缺乏长期的保障和激励（图 3-20）。

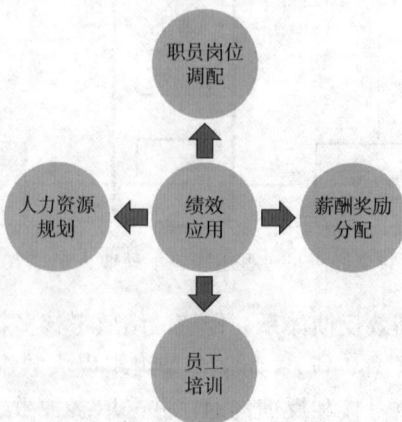

图 3-19　传统企业绩效考核结果的应用

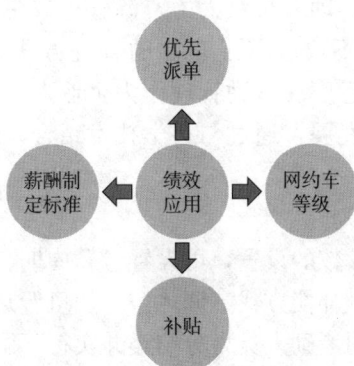

图 3-20 网约车司机绩效考核结果的应用

4.3.4 创新策略

通过以上对某网约车公司绩效管理的分析，可以发现平台型组织绩效考核管理方式既有优点，也有缺点。针对这些问题，提出以下策略来完善平台型组织的绩效管理。首先，建立第三方诚信评价体系，加大政府监管及社会保障力度；其次，开发建立平台型绩效管理系统（如 App 绩效管理系统），建立绩效管理持续化多向绩效沟通反馈机制；最后，完善考核体系，建立多维度考评方式。

5 基于大数据的考勤管理

在大数据背景下，企业不再像传统考勤那样采取纸质签到考勤或者口头点名考勤，而是结合大数据采取 App 考勤、生物识别考勤等方法，其中 App 考勤主要通过一些软件的考勤功能进行考勤，生物识别考勤主要包括人脸识别、指纹识别和虹膜识别。利用大数据进行考勤管理，可以为企业运营和发展提供更好的服务。

5.1 大数据与考勤管理

5.1.1 大数据与考勤管理联系

考勤管理是企业最常见的管理之一，企业制定考勤管理制度，考勤管理人员月底需要向主管和财务提供员工的考勤数据，包括迟到、早退、旷工、请假、加班、出差等，便于主管对员工的绩效考核、财务对员工工资的核算、劳动成本分析等。

大数据是众多数据的集合，人们通过一定技术手段对这些数据进行收集、分析等创造出新的价值。在信息技术快速发展的背景下，大数据、人工智能的应用不断深入，推动着企业人力资源管理进一步变革。人力资源信息化管理程度不断提高，不仅改善了企业的管理方式，降低了企业的运营成本，还提高了员工的满意度。考勤管理作为企业人力资源管理中的重要组成部分，随着信息技术的发展，通过与科学技术结合，为企业运营和发展提供更好的服务。

5.1.2　考勤管理取卡规则

考勤制度是对考勤参数的设置，可设置考勤周期、工作日历、迟到早退允许值、旷工起始值、加班补偿方式（调休假、加班费）等参数，企业可通过设置不同的考勤制度对不同考勤人员划分归类并实行不同的考勤制度。

一般系统需要设置上班和下班取卡的时间范围、免打卡点是否按实际打卡填充等信息，支持共享与分配。取卡规则设置分一段班、二段班、三段班，和班次设置的段次一一对应。取卡规则分成段头、段尾、段间。一段班只有段头和段尾（如取卡时间为 9：00—18：00）；两段班有段头和段尾，以及一个段间（如取卡时间为 9：00—12：00，14：00—18：00）；三段班有段头和段尾，以及两个段间（如取卡时间为 9：00—12：00，14：00—17：00，19：00—21：00）。两段班的第一段下班和第二段的上班为段间打卡点。同理三段班的第二段下班和第三段的上班为第二个段间的打卡点。

5.1.3　考勤班次

班次是定义上班下班的时间及其他的控制参数，类型较多，包括行政班、早班、中班、晚班、限时弹性班、全天弹性班等。设置的参数包括上下班时间点、取打卡规则的匹配、是否需要打卡等。班次可以设置一段班班次、二段班班次、三段班班次，与取卡规则的适用段次一一对应。对于一般办公室职员，会执行类似于朝九晚五、朝九晚六这种固定上下班时间的工作时间制度，中午按公司制度安排一段休息时间。周一至周五（或周六）为工作日，周六日和法定假日休息。

一般来讲，上下班要求打卡，中间休息时间根据公司制度，可要求打卡或免打卡。对于管理层员工，存在允许其免打卡，或在工作日任意时间点打一次卡的情况。

5.1.4　考勤周期

考勤统计的周期，一般按月为周期，根据起止日的不同，有自然月和非自然月两种模式。按自然月，即每月的第一天到最后一天，考勤专员做好考勤周期设置，定义考勤统计的起止时间；按企业自行规定的统计日，一般发薪日期或财务结账日期为每月月底的情况下，为预留计薪时间，会采用非自然月的考勤周期，如上月 25 日至当月 24 日。

5.2 大数据下的考勤类型

5.2.1 App 考勤

（1）Q 软件考勤。Q 软件是大多数企业常用的一种应用，具有通信功能与移动办公等功能，极大地提高了办公效率。该软件开放的生态运营模式为很多企业提供了便利，其支持小程序和企业支付为企业连接客户提供便捷，开放的数百个接口为企业实现数据可视化提供了基础。

其专门开发员工打卡模块，支持员工在移动端打卡，系统根据预置的考勤制度会提醒员工打卡，对于员工而言，不会因为自己疏忽而忘记打卡，也可以在手机端查看自己的周报、月报等数据，有疑问也可以及时向人力资源管理部门反映；对于负责考勤的管理员而言，可以通过后台数据汇总各部门员工出勤情况，为企业发放薪酬、奖惩等提供数据支持，更好地从数据着手管理好员工。

此外，其在运用中也存在一些不足之处，比如部分企业的员工经常出外勤，该软件虽然开通了 GPS 打卡，但是也面临着定位不够准确或者网络信号不好的问题，存在员工无法按时打卡或者打卡位置错误等情况。

（2）D 软件考勤。D 软件支持 PC 端、Web 端、移动端，这款 App 专门针对企业内部员工形成同事圈，员工可以在这上面发布动态，其他员工也可以看见。此外，其也支持视频会议、语音会议，让企业内部沟通变得便捷与简单，特别适用于后疫情时代。该 App 有两个突出的功能：其可使发送的消息以短信的形式直接发送到对方手机上，提醒对方及时处理信息，也可以通过语音的形式提醒对方处理；另外，基于消息分层理念设计原理，在普通聊天模式中点击墨镜图标开启澡堂对话，这种模式不支持消息复制，隐藏发送人身份信息，并且已读信息也会在短时间内消失，保证了信息沟通的高度隐私。

该 App 的打卡功能受到较多中小企业的青睐，其更新速度快，能够快速适应企业的变化。相对于其他考勤软件而言，其考勤功能做得很好，专业性更强。它的消息已读未读功能为企业内部沟通提供了便利，不论是给个人发消息还是给团队发消息，都可以知道这条消息是否被读，以及读过的人有哪些，未读的人有哪些，并且还能一键提醒这些未读消息的人。

对于企业来讲，这款软件很适合管理员工，能够快速、直接与员工进行沟通，支持查看各种报表；对于员工而言，考勤方式多样，随时随地办公，但是也总觉得自己没有私人时间，甚至感觉自己随时被监控，让员工没有安全感。

（3）Y 软件考勤。Y 软件是某公司自主研发的产品，是一款集移动办公和团队协作的 App。Y 软件打破了部门限制和地域限制，能够汇集企业共识，加强员工之间的沟通与交流，激发员工的创新思维。

这款产品为每个企业创建独立、私密的企业社交环境，不论是私有化部署还是公有化部署，数据都是相互独立的，企业只有拥有被认可的邮箱地址，才可以访问并进入云环境。该 App 功能较多，支持企业自主研发小程序，如点餐、预约停车位等。其考勤分为内勤和外勤，内勤是范围打卡，当员工到了企业附近，点开这款 App 时，系统会自动打卡，并将打卡信息发送至特定企业群里，外勤通过 GPS 定位采用地域打卡的模式，企业也可以根据自身制度设置打卡点以及补签规则。

目前系统提供了标准的接口供外部调用，包括下载考勤档案和上传打卡数据，上述的考勤记录数据会同步上传至系统，在这个系统里可以对员工出勤状况进行统计。企业通过考勤看板功能，可以查看核对员工的考勤明细及汇总数据，并进行计算、修改、审核、汇总计算、转薪资等操作，将考勤汇总数据和薪资关联起来。因人力资源系统的出现与使用，将原本烦琐的考勤计算工作缩减为一键生成，系统可自动汇集各员工的排班状况、考勤状况等数据实现快速运算，大大缩减了人力资源管理部门在考勤计算上的工作量及人力成本投入。系统也支持加班转调休假汇算，加班转调休是在满足以下条件前提下进行的调休假期汇算：一是员工在非排班班次时间内存在已审核的加班单或存在固定加班情况，二是在加班时间段内有打卡数据。

总体来说，该 App 的管理功能、知识共享功能以及任务中心能很好地帮助企业管理员工，保证企业与员工的信息对称，而且与云端系统配合使用效果更佳，能够同步数据，支持手机端、PC 端、Web 端，不足之处是实施费用较高，更适合中大型企业。

5.2.2 生物特征识别考勤

（1）人脸识别考勤。人脸识别考勤是利用计算机的比较分析技术，其原理是通过对输入的人脸图像或者视频流进行判断，如果存在人脸就会进一步抓住人脸的主要位置信息，根据这些信息进一步提取这个人的身份特征，最后与数据库里的人脸作比对，从而识别人的身份，即分为人脸检测、人脸跟踪和人脸对比三步。

人脸识别的方法有多种，常见的有几何特征识别法、基于特征脸（PCA）人识别法、神经网络识别法、弹性图匹配识别法、支持向量机识别法等，这些方法算法不同，其结果准确度也不一样，但是都有各自的局限性。目前人脸识别应用广泛，涵盖的领域包括政府、军队、自助服务、刑法和刑侦等。

由于生物特征的唯一性，其打卡结果准确度也高，所以有一些企业采用人脸识别打卡，从一定程度上规避了代打卡的行为，而且可以同时对多个人脸进行分拣、判断和识别，节约了员工排队打卡的时间。但是人脸识别对周围光线敏感，会影响系统识别的准确性，并且由于人的衰老、容貌改变、面部有遮饰物等因素影响，造成人脸识别失败。

（2）指纹识别考勤。指纹是指人手指表皮上面由于凹凸不平而产生的纹理，纹理由不同的线组合而成，具有方便性、相对唯一性和稳定性等特点，因此被广泛应用于各行各业。

指纹识别考勤也和人脸识别原理相同，系统通过提取指纹图像，并对图像进行分类，然后再提取图像特征，最后进行指纹匹配。其中，系统提取指纹的方式较多，按照采集方法主要分两种，即划擦式和按压式；指纹图像类别根据我国十指纹分析法，分为三大类型，九种形态，常见的有弓形纹、箕形纹、斗形纹和杂形纹。

指纹技术是目前最成熟且价格最便宜的生物特征识别技术，也是目前运用最广泛的生物识别技术，不仅运用于门禁系统、手机、汽车、笔记本等消费者日常生活中，还应用于许多公司和研究机构，特别是一些安全性要求比较高的商务领域。指纹识别系统也在不断更新，第一代是光学式指纹读取器，第二代是电容式传感器，第三代是射频指纹识别技术，也是目前比较成熟的指纹识别系统，它透过皮肤表层获取指纹纹理，因此解决了干手指、脏手指、汗手指等手指的难题，准确率高达 99%。但是目前大多数工厂采用的是第一代光学式指纹读取器，这就会面临手指受伤无法识别或脏手指识别错误等情况。

（3）虹膜识别考勤。虹膜识别是利用人体眼睛中的虹膜进行身份验证。人的虹膜是位于黑色瞳孔和白色巩膜之间的白色部分，这部分有很多纹理、血丝等细节特征，但是这部分的特征从出生到死亡都不会发生改变，因此虹膜具有唯一性，故也决定了身份具有唯一性。

虹膜识别原理与其他生物特征识别原理一致，首先对虹膜图像进行获取，通过特定的摄像器材将信息传递给图像预处理系统，其次图像预处理系统会对虹膜进行定位，对虹膜图片进行相应的处理，然后系统再根据算法提取图像中虹膜的关键特征点，并进行编码，最后将这些编码与数据库的虹膜进行比对，从而达到身份验证的目的。

目前国内外的一些企业、政府机构都采用这一技术，不仅应用在门禁系统，还运用于考勤系统。相对于指纹、人脸这些生物特征而言，虹膜不会轻易受到损害，而且它的纹理具有高度的稳定性和不变性，但是与人脸识别考勤、指纹识别考勤相比，虹膜识别考勤的应用较晚，而且这项技术的应用成本较高，使很多企业都望而却步。

5.3　考勤管理未来发展趋势

5.3.1　完善移动端考勤管理

虽然科学技术不断深入，已经高度融合在企业的人力资源管理各项工作中，但是在考勤板块依旧存在一些问题，如各类软件考勤都会受到网络波动影响，也存在代打卡或者打"假"卡等行为；而人脸识别考勤、指纹识别考勤、虹膜识别考勤最大的不足就是机器固定在某一个地方，设备不够灵活。目前除了打卡问题，考勤管理的其他功能比较成熟了，不论是数据统计还是数据共享，都能在系统中实现。针对打卡这一部分，可以将 App 考勤与生物特征识别考勤相结合，完善现有的移动端考勤程序。这样不仅能规避虚假的打卡行为，同时也保证了考勤的灵活性，移动端的考勤未来发展空间很大。

5.3.2　深化员工信息管理

大数据深入考勤管理后，为企业和员工都提供了便利。从员工角度来看，一是能够快速打卡，体验感不错；二是能够获取打卡历史记录，有疑问可以及时与管理者进行沟通，帮助员工参与企业管理。从企业角度来看，一是能够快速获取全体员工出勤记录、缺勤率等基础数据，二是为企业发放薪酬、员工奖惩提供数据支持。这项技术的应用不仅加快了企业与大数据融合的步伐，还深化了人力资源管理的内容，在一定程度上提高了人力资源管理工作的透明度和效率。

5.3.3　挖掘人力资源管理大数据

信息有两类：一类是结构化数据，是指能够用数据或者统一结构进行表示，如数字、编码；另一类是非结构化数据，即无法用统一结构进行表示，如声音、视频。企业可以通过收集、提取、汇总、分析与员工考勤相关的结构化数据和非结构化数据，并且与员工培训、薪酬、晋升、离职等数据匹配，提高数据利用率，丰富人力资源大数据内容。同时，这也有助于人力资源管理部甄别企业中的优秀员工，对企业中员工离职有预警，使得人力资源管理更精细化，为其他人事决策提供数据支撑。

5.4　基于大数据的移动考勤管理系统设计及应用

随着现代化网络技术与通信技术的不断融合，局域网在城市中覆盖范围越来越大，移动考勤管理系统在此背景下诞生。各类企业、单位将 OA 系统、智能终端引进办公过程中，用于员工日常考勤记录以及考勤信息的管理，从而实时掌握员工的工作状态，便于与员工进行资源交互共享以及日常交流。

基于大数据的移动考勤管理系统在系统设计过程中选择的开发技术为Java语言，结合单位基层人员需求和单位信息化建设趋势，将系统划分为前端操作模块、考勤信息处理模块、后台管理员模块。在设计初期，基于企业考勤管理的需求，需要明确系统的硬件与软件结构。

5.4.1 硬件设计

为了系统操作的稳定性及安全性，选择 MySQL 数据库作为信息的核心存储空间，选用 B/S 三层架构模式，并基于 Java 语言对系统的多个检索界面与网页进行动态设计，如图 3-21 所示。

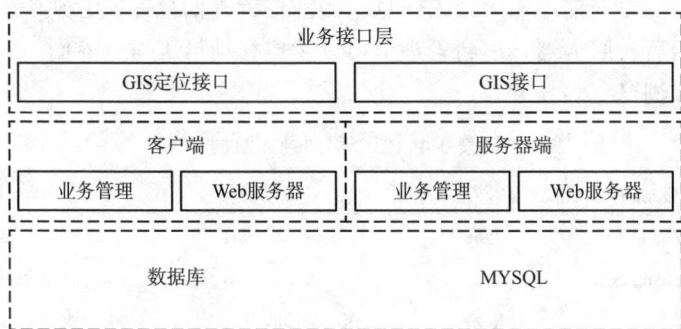

图 3-21　考勤管理系统的硬件结构

5.4.2 软件设计

（1）基于大数据的移动考勤范围检索功能开发。在设计软件时，需要将系统此功能模块与移动定位客户端对接，确保前端用户在录入考勤信息后，系统可以根据打卡时间与地点进行定位。并且由于人员打卡时间较为集中，为避免系统卡顿，应用大数据技术对打卡人员的定位与信息进行集中管理。

（2）建立基于客户端与服务器端的移动考勤数据库。获取用户端的考勤信息后，应当建立一个基于客户端与服务器端的移动考勤数据库，通过对接数据库的方式汇总移动考勤数据。如表 3-3 所示，将移动考勤信息生成数据表，用于记录客户端用户在考勤过程中录入的信息。

表 3-3　移动考勤信息

属性	说明	类型	是否主键	是否为空	默认值
ID1	考勤用户 1	Int（10）	Y	N	自动导入
ID2	考勤用户 2	Int（10）	Y	Y	NULL
Date1	用户 1 考勤时间	Char（50）	N	Y	NULL
Date2	用户 2 考勤时间	Char（50）	N	Y	NULL
Date3	用户 3 考勤时间	Char（50）	N	Y	NULL
Tipid	提示信息	Int（10）	N	Y	NULL

5.4.3 应用分析

为了使系统在投入使用时能满足市场需求，确保软件功能具有一定实用性，将对该考勤管理系统进行最终测试。在实际测试的过程中，采用黑盒监测方法对系统运行功能进行评估，并选择河北地区某中小型互联网企业作为此次系统的试点应用单位。将本系统集成安装在企业内部局域网中，建立企业内部员工与企业内部局域网之间的通信联系。将员工信息录入系统中，并备份至数据库。员工需要在前端输入个人信息、当前位置等信息完成考勤录入，系统将信息传输给后台服务器，后台管理员可以生成移动员工考勤界面，对考勤信息进行检索和浏览（表3-4）。

表 3-4　部分用户录入数据

序号	考勤用户	打卡类型	考勤时间	移动打卡地点
1	Zhang Lili	上班	2021-06-23，08：29：23	河北地区公司地点
2	Zhang San	上班	2021-06-23，08：23：17	河北地区公司地点
3	Li Lin	出差	2021-06-23，11：20：50	北京市出差地点
4	Li Si	出差	2021-06-23，15：29：20	河北地区出差地点
5	Wang Min	上班	2021-06-23，17：32：23	河北地区公司地点

习题：

（1）大数据招聘需要依赖什么样的数据类型？我们如何获得这些数据？

（2）人力资源互联网服务载体分别有哪些？它们之间的区别是什么？举例说一说目前主流的人力资源互联网服务产品。

（3）传统培训和大数据时代的培训有哪些区别？

（4）大数据时代如何获取并更好利用培训结果数据？

（5）大数据时代，我们可以通过什么方式获取并利用大量的市场薪酬信息？

（6）人力资源大数据如何帮助管理者设定更加合理的绩效管理计划？

（7）在学习和工作中，同学们接触到了哪些运用大数据原理的考勤管理方法呢？它们为使用者和组织带来的影响有哪些？

（8）假如你作为企业的人力资源管理者，你认为哪些人力资源数据需要重点关注？这些数据对你进行决策的影响程度如何？如何深入挖掘现有的数据价值？

（9）在企业里，哪部分人属于管理者？当企业不断实现数字化人力资源管理时，对管理者提出了哪些要求？他们该如何应对这种趋势？

第四章　大数据在人力资源成功应用的关键

通过本章学习，应该达到如下目标：

【知识目标】

(1) 了解如何建立科学合理的人力资源思维模式。

(2) 悉知人力资源大数据的来源与特征。

【技能目标】

(1) 掌握人力资源大数据分析的问题与障碍。

(2) 陈述人力资源大数据分析周期的基本思路。

【能力目标】

(1) 理解人力资源大数据业务模型。

(2) 演绎推导人力资源大数据系统平台建设的逻辑架构。

1　基于大数据的人力资源思维模式

1.1　大数据思维模式

大数据思维属于信息化思维的一个新阶段，是一种新的思维形态。它伴随着大数据一道产生，是大数据技术应用的前提，这种思维是伴随着解决大数据采集、处理和结果可视化等问题出现的，简而言之，大数据思维就是具有大数据特征的思维。

大数据思维的重要转变在于从自然向智能的维度转变，其中表现出四个特点：总体思维、容错思维、相关思维和智能思维。

1.1.1　总体思维

社会科学的研究对象是社会现象的总体特征，以往通常采用抽取样本采集数据的方法获取研究信息，这是因为我们无法获得总体数据。在大数据时代，我们可以获得和分析更多的数据，甚至是与之相关的所有数据，而不再依赖于采样，从而可以带来更全面的认识，可以更清楚地发现样本数据无法揭示的细节信息。

正如舍恩伯格所言："我们总是习惯把统计抽样看作文明得以建立的牢固基石，就如同几何学定理和万有引力定律一样。但是，统计抽样其实只是为了在技术受限的特定时期，解决当时存在的一些特定问题而产生的，其历史不足一百年。如今，技术环境已经有了很大的改善。在大数据时代进行抽样分析就像是在汽车时代骑马一样。在某些特定的情况下，我们依然可以使用样本分析法，但这不再是我们分析数据的主要方式。"

也就是说，在大数据时代，随着数据收集、存储、分析技术的突破性发展，我们可以更加方便、快捷、动态地获得与研究对象有关的所有数据，而不再因诸多限制不得不采用样本研究方法，相应地，思维方式也应该从样本思维转向总体思维，从而能够更加全面、立体、系统地认识总体状况。

1.1.2 容错思维

在小数据时代，由于收集的样本信息量比较小，所以必须确保记录下来的数据尽量结构化、精确化，否则，分析得出的结论在推及总体上就会有较大误差，因此，就必须十分注重精确思维。

然而，在大数据时代，得益于大数据技术的突破，大量的非结构化、异构化的数据能够得到储存和分析，这一方面提升了我们从数据中获取知识和洞见的能力，另一方面也对传统的精确思维造成了挑战。舍恩伯格指出："执迷于精确性是信息缺乏时代和模拟时代的产物。只有5％的数据是结构化且能适用于传统数据库的。如果不接受混乱，剩下95％的非结构化数据都无法利用，只有接受不精确性，我们才能打开一扇从未涉足世界的窗户。"

综上所述，在大数据时代，思维方式要从精确思维转向容错思维，当拥有海量即时数据时，绝对的精准不再是追求的主要目标，适当忽略微观层面上的精确度，容许一定程度的错误与混杂，反而可以在宏观层面拥有更好的知识和洞察力。

1.1.3 相关思维

在小数据世界中，人们往往执着于现象背后的因果关系，试图通过有限样本数据来剖析其中的内在机理。小数据的另一个缺陷就是有限的样本数据无法反映出事物之间的普遍性的相关关系。而在大数据时代，人们可以通过大数据技术挖掘出事物之间隐蔽的相关关系，获得更多的认知和洞见，运用这些认知与洞见就可以帮助我们捕捉现在和预测未来，而建立在相关关系分析基础上的预测正是大数据的核心议题。

线性的相关关系和复杂的非线性相关关系，可以帮助人们看到很多以前不曾注意的联系，还可以掌握以前无法理解的复杂技术和社会动态，相关关系甚至可以超越因果关系，人们只需要知道"是什么"，而不用知道"为什么"。我们不必非得知道事物或现象背后复杂的深层次原因，而只需要通过大数据分析获知"是什么"就意义非凡，这会给我们提供非常新颖且有价值的观点、信息和知识。

换而言之，在大数据时代，思维方式要从因果思维转向相关思维，努力颠覆千百年来人类形成的传统思维模式和固有偏见，才能更好地分享大数据带来的科学与便捷。

1.1.4 智能思维

不断提高机器的自动化、智能化水平始终是人类社会长期不懈努力的方向。计算机的出现极大地推动了自动控制、人工智能和机器学习等新技术的发展，"机器人"研发也取得了突飞猛进的成果并开始应用。应该说，自进入信息社会以来，人类社会的自动化、智能化水平已得到明显提升，但始终面临瓶颈而无法取得突破性进展，机器的思维方式仍属于线性、简单、物理的自然思维，智能水平仍不尽如人意。但是，大数据时代的到来，可以为提升机器智能带来契机，因为大数据将有效推进机器思维方式由自然思维转向智能思维，这才是大数据思维转变的关键所在与核心内容。

众所周知，人脑之所以具有智能、智慧，就在于它能够对周遭的数据信息进行全面收集、逻辑判断和归纳总结，获得有关事物或现象的认知与见解。同样，在大数据时代，随着物联网、云计算、社会计算与可视化等技术的突破发展，大数据系统也能够自动地搜索所有相关的数据信息，并进而类似"人脑"一样主动、立体、有逻辑地分析数据、做出判断、提供见解，那么，大数据系统无疑也就具有了类似人类的智能思维能力和预测未来的能力。

"智能、智慧"是大数据时代的显著特征，大数据时代的思维方式也要求从自然思维转向智能思维，不断提升机器或系统的社会计算能力和智能化水平，从而获得具有洞察力和新价值的东西，甚至类似于人类的"智慧"。

1.2 大数据思维模式给管理实践带来的创新

1.2.1 以"虚拟世界"完善"物质世界"

利用大数据思维，可以打破传统物质世界的边界，将大数据技术运用到实体世界中，建立出以"虚实结合"为特色的更高效、更迅捷的"物质世界"。

以养老院为例，养老院既有实体型的，也可以有虚拟的。虚拟的养老院，即在计算机上建立一个养老大数据系统，将空巢、孤寡老人的健康与生活需求、照料需求等动态数据搜集在一起，此为需求方，再将志愿者、义工等供给方信息搜集在一起，使得双方得以匹配，使社会资源得到最大化利用。虚拟养老院的服务包括紧急救助、生活服务、老人社交、老人关爱等多方面内容，现实生活中，可以将"线上"和"线下"结合起来，建立一个实体服务中心，做到"虚实结合"，打破传统技术对原有社区实体时间和空间的限制。

1.2.2 实现数据共享

数据可以自用，也可以与其他组织共享共获益，这对于组织的生产管理活动具有重要意义。基于大数据思维，实现数据的共享，可以使组织获取更精确的生产和销售信息，进而能更合理地进行科学生产和供应链管理。

以某家著名的全球性饮料企业为例，该企业将外部合作伙伴的天气信息集成，进入其需求与存货规划流程，通过分析特定日子的"温度、降水、日照时间"三个数据点，使企业减少了在欧洲一个关键市场的库存。同时，使预测准确度提高大约 5%。与此同时，批发市场如果能够获得零售商的零售数据，则可以更合理地安排生产与供应链。

1.2.3 企业收益评估的精细化

基于大数据思维，企业可以科学、精准地对收益和风险进行评估，进而采取针对性措施，降低风险、减少损失。

在同一个城市，保险公司对于车险费用的定价基本是一样的，但是一些保险公司已经开始应用 UBI（基于使用的保险）。这是通过"个人驾驶行为"来定义个人保费的新型保险产品。保险公司在客户车辆上安装一个小型车载远程通信设备，就能够搜集到该汽车在驾驶里程、时间、地点以及驾驶速度、变线频次、刹车力度等方面的大量数据，而后对这些数据进行分析，通过计算，评估出这个客户的风险指数，由此制定车保费用。这样做，技术与习惯好的驾驶员能得到保费优惠，驾驶习惯不好的顾客则要缴纳较高的保费。

这样的企业生产与管理优化是大数据帮助实现的，对社会、对企业、对公众均有利。

1.2.4 促进行政管理体制改革

航空公司的航班晚点属于正常现象，大家对此司空见惯，即使乘客向有关部门提意见也得不到改善。直到大数据时代的到来，这类问题开始有了解决方案。

美国航空管制机构采用了一种大数据方法，定期公布每个航空公司、每一航班班次过去一年的"晚点率"和"平均晚点时间"，以公布的信息为依据，顾客在购买机票时便会选择准点率高的航班和航空公司，这种基于大数据方法的倒逼机制，促进各航空公司努力提高自己的准点率。

这个方法看似并不难，但若没有大数据作为支撑仍然难以实现，大数据思维带来的行政管理机制的改革比其他手段促成的改革更有效。

1.3 大数据人力资源及其典型应用

"信息社会"的确立标志着大数据时代的到来，也标志着一场生活、工作与思维的大变革。大数据的本质不是它含有多少信息，而是它可以对信息数据进行专业的处理和整合，大数据时代的到来为企业人力资源管理带来一场新的变革。正如维克托·迈尔·舍恩伯格在《大数据时代》书中所写："大数据开启了一次重大的时代转型。就像望远镜让我们能够感受宇宙，显微镜让我们能够观测微生物一样，大数据正在改变我们的生活以及理解世界的方式，成为新发明和新服务的源泉，而更多的改变正蓄势待发。"汹涌来袭的大数据浪潮，也是加速企业创新和变革的重要利器。

对处于战略转型中的人力资源管理，大数据的思想如何体现？如何运用大数据提升 HR 价值，进而提升组织效能？

1.3.1 什么是大数据人力资源

根据业界的共识，达到 PB 这个级别基本上是大数据的临界点，也就是说数据量积累到 PB 水平以后，才能开始去谈大数据。

对于人力资源来讲，大部分企业人力资源领域产生的数据基本上还是在 GB 这个级别，可能有几十到几百 GB，一些大企业平时比较重视数据，也有技术手段收集与积累数据，存量相对高一些，可能达到几十到几百 TB。所以仅仅从数据量上还远远没达到大数据的量级。那是不是说人力资源就不能谈大数据了？我们可以利用大数据的思维模式以及技术，去研究与探索人力资源管理，在人员规划、人才画像、离职预测、高潜识别、组织效能、文化活力、舆情分析等方面进行洞察，从而为企业人才方面的决策提供高含金量的辅助依据与建议。

1.3.2 人力资源大数据的价值

人力资源大数据的价值主要体现在有效运用大数据思维与技术，可以在人力资源规划、招聘、员工学习与发展、绩效管理、薪酬与激励体系、员工福利与服务等方面展开探索与实践，通过数据挖掘与建模分析，预测未来趋势，为人力资源决策提供辅助支持，从而体现大数据的价值。

首先，大数据时代思维方式发生了根本性变化。过去我们做数据都是采样，而大数据实际上不是采样，而是选用全量数据。另外，我们过去采样的时候要求个体数据要很精确，但是大数据可以允许不精确，它可以接受混杂性，它要求的是有效性。还有一个特点，过去做数据分析是事先提出一个因果假设，然后收集数据，通过分析来验证假设，这是因果关系；但大数据讲究的是从大量数据中找出相关关系。

其次，大数据时代思维模式发生转变。大数据的处理和技术发展到今天，仍处于"盲人摸象"的阶段。你可能摸到的是"腿"，他可能描述的是"鼻子"，虽然正确但都是局部，不是全貌。随着大数据技术的不断进步和越来越多的活而全的数据源，探索到的东西也将无限逼近事实与真相，也越能获得更深邃的智慧与洞察，也就体现出大数据真正的价值。

1.3.3 大数据人力资源典型案例

任何一个组织，要抓住大数据的机遇，就必须做好几方面的工作。从技术角度看，首先，要收集并且开发特定的工具，来管理大规模并行服务器产生的结构化和非结构化数据，这些数据，可能是自己专有的，也可能来源于"云"。

其次，每一个组织都需要选定分析软件，用它来挖掘数据的意义。但可能最重要的是，任何组织都需要人才来管理和分析大数据。这些人被称为"数据科学家"，他们集黑客和定量分析员的优势和特长于一身，非常短缺。聪明的领导人，将想方设法留下这类人才。

不少的公司都意识到这难得的机遇，而且已经采取了行动。比如，通用电气投资 15 亿美元在旧金山湾区建立一个全球软件和分析中心，作为全球研发机构的一部分。中心拟雇佣至少 400 名数据科学家，现在已经有 180 名到位。通用电气在全球拥有超过 1 万名工程师从事软件开发和数据分析工作。通过共同的分析平台、训练、领导力培训以及创新，他们的努力得以协调配合。通用电气对于大数据的研究活动，相当一部分集中在工业产品上。

（1）人力资源大数据共享信息平台。人力资源大数据共享平台已经迭代到 3.0 版本，从人才管理、运营管理、组织效能、文化活力、舆情分析等，做了相应的指标体系建设和相应的建模，在这之上完成了很多应用，如 BIEE、个人全景、用户画像等，为管理层的人才决策提供参考与建议。

（2）人才雷达把数据挖掘用到招聘服务。人才雷达系统的成功关键就在于，受邀用户可以选择绑定自己的 LinkedIn、微博、人人等社交网络账号，让人才雷达搜索引擎自动匹配和推荐用户社交网络中更加匹配所招岗位技能要求的人才，并依照契合度来进行推荐排序，每一位被系统列出的推荐者头像旁都会展现一个九维的人才雷达图，以方便招聘者挑选，这正是"人才雷达"名称的由来。

其核心技术是人才搜寻模型和匹配算法，通过对被推荐者邮箱、网络 ID、Cookie 地址等多维度身份标识的匹配，从 9 个维度来判别被推荐人的适合程度：职业背景、专业影响力、好友匹配、性格匹配、职业倾向、工作地点、求职意愿、信任关系、行为模式。

（3）大数据招聘服务 SaaS 平台。利用机器学习算法、数据挖掘和 NLP（自然语言处理）等技术提升简历与岗位的匹配效率，激活企业及猎头等招聘机构的闲置简历资源，提高存量简历利用率，形成协同共享效应，打造基于算法的招聘服务 SaaS 平台。

目前，大数据招聘服务包括简历搜索、基于企业职位的个性化推荐、人脉内推、人才库、约 Ta，以及包括职位 BI 分析、企业大数据画像、人才地图在内的多项数据 BI 服务，帮助企业有效提高招聘资源利用率，并为企业人力资源决策提供关键性参考。

（4）人力资源"管理仪表盘"。采用定量分析、定期推送、用数字说话的方式，建立可视化报告中心，提高数据的直观性及易读性。管理仪表盘现有

10 个维度、30 多个专题，以"图形—数据—解读"的形式，为管理层直观呈现人力资源管理分析报告。

以效率提升为前提、以质量管控为目标、以流程重构为核心、以信息系统为载体，面向员工入职、调动、换岗、退出等基础业务探索人力资源数字化运营管理转型（表 4-1）。

表 4-1　人力资源基础业务流程数字化运营功能

环节	信息管理	申请/审批	手续办理	通知/待办	查询/报表	2022 年业务量
入职管理	应聘信息表填报 入职时直接导入	测评报告 学历验证 背景调查	多业务并行 跨部门流转	自动触发入 职通知	自动生成 报表	×× 人
调动管理	—	编制岗位审核 调出调入审批	触发移交流程	自动触发调 动通知	自动生成 报表	×× 人
换岗管理	—	自动校验编制 自动校验岗位	在线签署岗位聘 用协议	自动计算汇 报变化关系	自动生成 报表	×× 人
退出管理	HR 数据中心补 充信息填报	离职问卷访谈 固定资产盘点	自动清算年休假 多部门并发流转 自动生成退工单	自动触发离 职通知	自动生成 报表	×× 人

（5）离职预测模型。通过 2021 年研发员工的在离职数据，预测 2022 年在职员工的离职倾向；根据业务场景，选择三个机器学习模型。为规避过度拟合的问题，基于业务、模型提炼出适合的离职预测模型（图 4-1）。

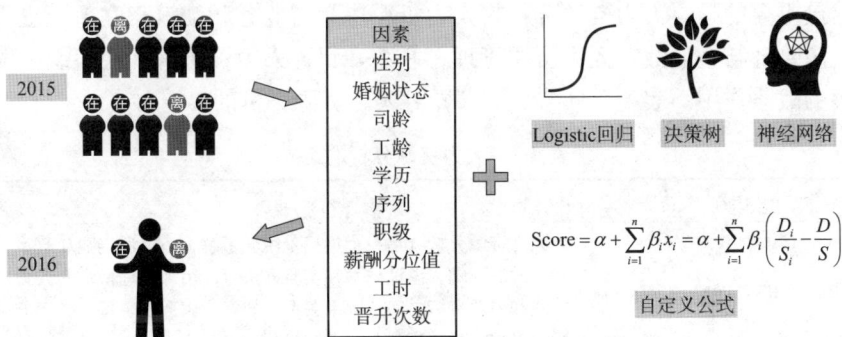

图 4-1　员工离职预测模型

（6）大数据预测员工心理状态趋势。计算机自主学习的强大，在于无止境地自我完善，具有无与伦比的适应性和自生长性。事实上，在分类或趋势预测的背后，是庞大的数据演算，建模和预测的过程包含了繁复的统计过程，包括描述统计与推断统计。人工智能看似神秘，其实充斥着大量的数学计算的研究过程。在人才发展方面，人工智能可以帮助我们预测员工的心理状态趋势，从而激发员工的热情。

柯塞（BESTER）中国合伙人胡闻斌提到，柯塞曾启动管理环境对人类心理的影响研究，旨在寻找那些激发员工工作热情的最佳管理环境方面的实践。目前已积累了 3 414 个管理环境样本，并针对每个样本持续采集了约 5 年的员工心理及行为数据，调研不同企业所采取的管理战略以及具体的执行方案。通过运用人工智能，进行了大量的建模和验证工作，发现不同的管理方式下的员工心理状态变化趋势，尤其是工作动机，在一定程度上都是可预测的。

2 基于大数据的人力资源分析模型

2.1 人力资源分析

2.1.1 人力资源分析的定义

人力资源分析是一个相对较新的概念。人力资源分析并不是测量方法，而是一种统计技术和实验方法，可以用来衡量人力资源活动的影响。人力资源分析并不等同于人力资源指标统计，即衡量人力资源管理结果的关键指标，而是涉及对人力资源数据更复杂的分析。除了人力资源职能数据，它还涉及整合不同的来自内部和外部的数据（Lawler et al.，2004）。人力资源分析涉及对信息技术的复杂使用，以收集、统计和分析数据支持与人力资源管理的有关决策。最重要的是，人力资源分析将人力资源决策与业务和绩效相联系，也将人力资源管理与企业战略人力资源管理相联系，促进人力资源管理在组织中发挥更大的战略作用。表 4-2 总结了学术界对人力资源分析的界定。

表 4-2　人力资源分析的定义

作者	定义
Lawler et al.（2004）	人力资源分析（是一个过程）用于了解人力资源实践和政策对组织绩效的影响。统计技术和实验方法可以用来梳理特定的人力资源实践和绩效指标之间的因果关系，如客户满意度、每名员工的销售额，当然还有特定商业活动的盈利能力
Bassi（2011）	人力资源分析是一种基于证据的方法，用于在业务人员方面做出更好的决策；它由一系列工具和技术组成，范围从简单的人力资源指标报告一直到预测建模
Mondare et al.（2011）	人力资源分析（被定义为）展示人员数据对重要业务成果的直接影响

（续）

作者	定义
Struhmeier（2015）	人力资源情报和分析是指以信息技术为基础为人力资源领域提供管理信息的整个过程
Marler et al.（2017）	利用信息技术对与人力资源流程、人力资本、组织绩效和外部经济基准相关的数据进行描述性、可视化和统计分析，从而建立业务影响并使数据决策成为可能
Van den Heunel et al.（2017）	人力资源分析是系统地识别和量化业务成果的人力资源驱动因素，目的是作出更好的决策
CIPD（2018）	人力资源分析也被称为人员分析，是在分析过程中使用人员数据来解决业务问题。人力资源分析使用人力资源系统收集的人力数据和业务信息。人力资源分析的核心是让人力资源从业者和雇主了解他们的劳动力、人力资源政策和实践，关注劳动力的人力资本要素，并最终提供更多基于证据的决策
Tursunbayeva et al.（2018）	人的分析是人力资源管理的实践，研究和创新涉及信息技术的使用，描述和预测数据分析和可视化工具生成可行的关于员工动态、人力资本和个人与团队绩效的洞察，可以使用战略优化组织有效性、效率和结果及改善员工体验
Huselid（2018）	劳动力分析是指理解、量化、管理、提高人才在战略执行和价值创造中的作用的过程。人力资源分析不仅关注指标（如我们需要衡量关于我们的劳动力的什么），也关注分析（如我们如何管理和改进我们认为对业务成功至关重要的指标）
Falletta et al.（2020）	人力资源分析是一个前瞻性和系统性的过程，用于收集、分析、沟通、使用基于证据的人力资源研究和分析洞察力，以帮助组织实现其战略目标

注：该表来源于《人力资源大数据分析：理论、技术与实践》。

总之，人力资源分析是一种由信息技术支持的人力资源实践，它收集并利用与人力资源流程、人力资本、组织绩效和外部经济基准相关的数据，通过进行描述性、可视化和统计分析来建立商业影响并实现数据驱动决策。

2.1.2 人力资源分析的基本理念

（1）基于统计框架的分析理念。人们通常把人力资源分析看作一种统计方法。虽然统计在人力资源管理中确实扮演着重要的角色，但是人力资源分析首先应该被认为是一种由一组统计操作支持的思维框架，其关键是试图理解与要解决问题相关的各种因素之间的相互作用和关系。如果缺乏这方面的理解，人力资源分析所提供的价值就会很低，这是因为缺乏与组织策略的联系，无法被最终用户理解，无法嵌入组织的流程中，也就无法在正确的时间采取必要的行动。无论如何，使用数据分析的企业应该保持一种坚定的信念，即人力资源分析是有价值的。

仅仅为了进行数据分析而分析没有任何价值。我们需要找到现实中存在的挑战，分析企业需要实际解决和回答的问题。人力资源分析需要的是以学术思维来考虑业务改进，以便为需要的人提供准确、全面、可操作的信息，以满足决策需要，主要是支持与员工相关的决策。

（2）基于业务绩效的分析理念。为了验证人力资源活动对企业绩效的影响，我们需要使用分析模型，运用实验方法收集分析数据，建立输入的员工变量和输出的结果变量之间的因果关系，以提出改进组织绩效的员工管理决策建议。因此，人力资源管理需要发展成为一门独立的决策科学，类似于会计和财务管理，利用数据分析增强员工管理决策的科学性，无论这些决策是在人力资源部门内部，还是企业的其他部门。

（3）基于决策科学的分析理念。决策科学为优化关键资源的决策提供了逻辑严密的框架，提供帮助识别和分析数据以改进决策的指导，但它并不直接提供正确的答案或行动方案。通常来说，人力资源分析的价值主张是以证据为基础的基于数据分析的决策替代了管理者的主观决策。研究表明，在企业的人力资源实践中，应优先考虑人力资源投入的价值，使人力资源管理更加严格，把人力资源管理从直觉取向转为客观取向。这是人力资源分析的价值主张。但是，需要记住的是，即使是从大量的数据源中提取最复杂的分析模型，如果他们不能正确回答问题，也不会产生多少具体的价值。人力资源管理的重点是确认内部的功能实践，如培训项目的投资回报率（ROI）或入职培训的效率，而分析重点应该是为商业决策增加价值。

2.2　人力资源大数据分析概述

2.2.1　人力资源大数据分析

人力资源大数据分析可视为更广泛的电子化人力资源管理（E-HRM）概念范畴。电子化人力资源管理，是配置的计算机硬件、软件和电子网络资源，通过协调与控制个人和组织级别的数据采集及信息，为预期或实际的人力资源管理活动（如政策、实践和服务）创造内部及跨组织边界的沟通（Marler et al.，2015）。Bondarouk等（2009）认为，这是涵盖人力资源管理和信息技术之间所有可能的整合机制和内容，致力于为目标员工和管理层在组织内部及跨组织创造价值。由此可见，电子化人力资源管理实现了从提高效率到改善人力资源服务功能，以及人力资源职能的战略重新定位的转变。

人力资源大数据分析有助于突出人力资源管理的战略功能，将人力资源管理转变为组织直线管理的战略业务伙伴。从人力资源管理的战略作用看，传统的人力资源部门经常收集企业内部效率的数据，而忽略能够帮助企业制定战略决策的业务关联数据。实现转变的重要部分是，人力资源需要在其实践中向数据驱动和咨询导向转变，发展其数据驱动的决策能力，以在与人力资源相关的事务中对业务战略产生真正的影响。人力资源管理应通过决策科学及其提供的框架来发挥其与战略相关的作用，从而改善组织决策。

这种新的分析方式也适用于人力资源数据：企业组织内部有丰富的与员工相关的多方面信息，与组织绩效和各种外部数据资源结合在一起，可能被视作人力资源大数据。如果以开放的思维和适当的分析工具进行分析，这些数据可能为业务驱动的决策提供洞察力。然而，新技术提供机会的同时也引发了伦理方面的担忧。在处理与人相关的数据时，尤其是与人工智能和机器学习中使用的新型数据和不同算法相关的公平性及法律问题时，需要密切考虑人力资源分析中使用的解决方案。

此外，IT 部门和人力资源部门之间保持一致的沟通、协作和共享的愿景，除了培训人力资源专业人员使用信息系统，还需要为使用人力资源信息系统和电子化人力资源管理提供技术支持。

2.2.2　人力资源大数据分析的价值

目前，数字化逐渐成为各行各业关注的焦点，移动互联网、社交应用、大数据等技术正在加速驱动企业人力资源管理向信息化转变的进程。如何以价值为导向，整理、分析、挖掘出关键信息加以利用，从而提升人力资源管理效益，是每一位管理者面临的问题。人力资源管理需要快速摆脱事务管理、主管评价、感性决策的现状，步入数据化、网络化的科学管理时代。

人力资源管理数据分析的价值，与管理科学的数据化进程息息相关，未来的管理活动都应该是无工具不管理、无数据不决策。德勤总结了人力资源数据分析的四个层面：第一个层面是操作层面，即有效而精准的数据分析。正确的思路是：管理者需要什么数据？人力资源部门通过什么样的方式快速提供这些数据？利用这些数据能否快速、准确地得出分析结果，而不是像以前一样进行大量的人为的重复计算？等等。第二个层面是发展层面，主要是在人力资源管理、发展过程中能够有助于职能体系设计的数据分析。第三个层面是战略层面，数据分析的结果要有助于企业业务发展战略，主要涉及人力资源规划、人力资源管理模式、人力资源管理体系。第四个层面是预测层面，数据可以预测未来，即数据能够预测将来什么业务应该配备什么样的人才。

因此，人力资源数据分析的核心价值可以总结概括为三个方面：明事实、察问题、预将来。企业首先要仔细了解企业人力资源管理的现状；其次通过这些数据发现已有或潜在的问题；最后通过这些问题制定未来的管理方向，制定规划并提出建议。

2.2.3 人力资源大数据分析的关键因素

人力资源数据分析不在于数据量的多少，更重要的是数据的丰富性与连续性。有的企业可能认为企业人员没有那么多，人力资源数据不够"大"，因此觉得企业的人力资源数据分析没有价值，可以不用做数据分析，实则不然。人力资源的数据分析主要有三个关键要素：

第一，要全体不要抽样，也就是不再像以前采用抽样调查的模式，而是要全体数据，即全部员工的数据，越全越好。

第二，要相关不要因果，即我们在分析和应用数据的时候要相关性的，而不是因果性的，要考虑规律性的相关关系，也就是说，不是当 A 影响 B 时就完全影响 B，而是 A 的 80% 可能会影响 B，要的是这类相关因素。

第三，要有效果而不要绝对精确，我们在做数据分析时，很多数据更关注的是效果，而不是绝对准确，如日常应用中用到的平均年龄，28.1 岁与28.2 岁可能就没有什么绝对的差别，这时候往往更关注的是效果。因此，对于人力资源数据而言，我们首先要考虑的是数据的丰富性、相关性、总体性，这样在做数据分析时就能够探索出各要素之间的相关性。

2.2.4 人力资源大数据分析的类型

按照数据类型和分析功能的不同，人力资源数据分析通常可以划分为基础数据分析、业务数据分析和效能数据分析三种类型。

（1）基础数据分析。基础数据分析属于基于静态数据进行的分析，包括人员总量、人才结构、人员状态、人力资源配比等，这些都可以通过基础信息来获取，从而反映出企业人力资源现状。

基础数据分析是最基础、数量最多、最全面的数据分析，这类数据分析贯穿整个人力资源管理的始终。首先要了解企业各种人力资源总量。其次要了解各类人员的流动情况、变化情况，更多的是要进行人员结构分析，掌握职位、年龄、学历、性别、人力资源配比等情况，清楚地了解所需要的各类结构；不同行业、不同企业的人员结构各不相同，因此要根据企业的实际需要进行处理和分析。

（2）业务数据分析。业务数据分析就是通过人力资源业务活动，如员工关系、招聘、薪酬激励、学习发展、绩效考核等过程中产生的数据，对这类数据进行分析属于人力职能业务分析，可以反映出企业人力资源活力。业务数据分析主要包括绩效招聘、培训等职能业务质量、状态、效果的分析。例如，招聘管理人员时，招聘评价指标的合理选取能帮企业快速发现问题，针对性地优化招聘流程、招聘渠道选择与招聘环节设计，确保快速精准地为组织提供人才。

（3）效能数据分析。效能数据分析就是要分析人力资源管理的价值，给企业带来效益效能，包括要对人均单产、人工成本利润率、员工满意度等进行分析，反映出企业人力资源质量。

效能数据分析是基于前两类的数据结果或者数据状态来进行效益效能的整合分析。针对人力成本投入后的产出进行的分析，可分为显性收益分析、隐性收益分析两个方面。显性收益即销售额增长或利润增长，实际上隐性收益最能带来销售额、利润增长和员工满意度的提升，甚至会影响企业的长期发展。对于这些分析模型来讲，往往需要结合人力资源的整合数据以及业务数据来进行分析，如销售增长率、销售利润增长率以及人员的数量变动率，或者人均销售增长率、人均利润增长率等，这些都属于显性收益分析。隐性收益分析，就是分析如何能够通过员工满意度的提升，来促进员工工作质量的提升，从而达到客户满意度的提升，这就需要在进行人力资源数据分析时，将提升员工敬业度的驱动力模型考虑在内，这往往是与岗位职责、企业管理水平、工作环境、薪酬水平以及员工职业发展通道相关联的，都可以通过数据分析来得到。

对于领导决策而言，领导在做企业业务发展规划的时候往往需要掌握人力资源现状、关键人才、人工成本等情况，这时动态的数据分析可以很好地指导决策，人力资源管理的价值也更好地体现出来。因此，人力资源分析需要进行基础信息的全面分析、业务职能数据的过程分析，以及人力资源价值反映的员工满意度、效益效能的数据分析。

2.3 人力资源大数据分析的问题与障碍

相对于其他学科，人力资源管理与大数据的深度如何发展仍处于起步阶段，而且关于人力资源大数据分析还存在很多的争论，有人认为它仅仅是一个管理界的时尚概念，也有人指出人力资源实际上并没有能够随意支配的大数据，因此目前人力资源大数据分析还面临一些问题和障碍。

2.3.1 现有人力资源管理大数据质量堪忧

在人力资源管理大数据分析中，数据质量和可获得性是人力资源从业人员非常关注的主题。如前文所述，企业内部与外部都是人力资源管理大数据的重要来源。外部招聘网站、人才中介网站等外部大数据来源，其数据存在界定不清、行业划分不标准等问题。对于基于企业内部人力资源和管理资料的人力资源信息系统所产生的人力资源管理大数据而言，现行资料电子化程度较低，导致数据质量无法保证。另外，现行人力资源信息系统在不断完善中，其数据质量也需要持续关注。与此同时，人力资源数据往往分布在许多不同的人力资源信息系统中，而且各个系统不同程度地存在访问权限，导致基于人力资源信息系统的数据获取存在一定难度。

2.3.2 人力资源大数据分析切入点需深挖

对于人力资源管理领域而言，人力资源业内人员指出，企业中高层管理者以及人力资源管理从业人员首先要看到大数据对人力资源管理的重要价值。在此基础上，不仅要从人力资源职能的角度来运用这些大数据，比如，利用大数据可以分析人力资源部门组织的某个培训项目是否达到预期的效果。进一步地，还要深入理解人力资源大数据潜在意义，并积极挖掘人力资源大数据分析的切入点，如将人力资源内部的数据源与其他职能部门拥有的数据源（如CRM 和财务数据）联系起来，就可以看到人力资源部门的工作是否对单位的整体绩效产生影响。

2.3.3 从业人员缺乏分析技能与战略视角

面对人力资源大数据分析，人力资源管理从业人员需要具备三个重要能力与技能：一是较强的数学知识和思维能力，二是使用分析工具和信息系统的技能，三是基于业务与战略视角进行人力资源管理大数据分析的能力。但就目前人力资源管理从业人员的学科培养、实践经验来看，从业人员还未掌握并熟练应用上述技能。首先，许多人力资源管理专业人员对数学和分析技能缺乏自信心，目前的人才培养体系中大数据分析思维与技能的培养不足；其次，传统的人力资源管理实践缺乏数据分析，使从业人员认为数据分析技能无用武之地以致自学动力不足；最后，虽然人力资源管理的战略地位被不断强调，但在大多数企业中人力资源管理仍然被视为成本中心，使人力资源管理从业者在进行大数据分析过程中战略视角不明确。

2.3.4 数据基本分析到高级分析存在瓶颈

人力资源大数据分析过程中，人力资源从业人员从基础数据统计分析转向高级大数据分析也存在困难。目前人力资源内部使用数据的分析方法仍处于初级阶段，主要集中在简单描述统计方面。部分管理较为先进的企业，其人力资源管理从业人员可以围绕人力资源管理职能某个输出指标，采用相关分析或因果分析，进行较为复杂的数据分析。然而，绝大多数人力资源管理从业人员对于高级数据分析，例如数据挖掘、机器学习、模拟预测等前沿技术还是很陌生。

2.4 人力资源大数据分析周期模型

2.4.1 模型概述

Salvatore 等（2020）提出了人力资源分析周期的概念，基于全面战略性人力资源分析框架，将人力资源分析周期视为一个主动的、系统化的过程，其目的是实现人力资源战略、基于证据的决策和执行整体业务战略。人力资源分析周期作为构建人力资源分析系统性方法，能够使人力资源管理的决策建立在富有洞察力的数据分析基础上，这种分析具有一定的预测性，其价值也得到了相关研究证据的支持。人力资源大数据分析周期的七个步骤如图 4-2 所示。

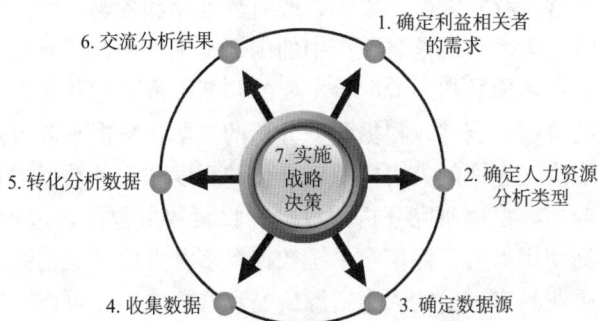

图 4-2　人力资源大数据分析周期模型

2.4.2　分析步骤简述

（1）确定利益相关者的需求。人力资源分析的首要步骤就是要明确利益相关者的需要，这是分析计划实施的关键。谁是利益相关者？从广义上讲，利益相关者是任何直接或间接受到人力资源分析工作影响的人，包括高管、基层管理人员、高级人力资源领导、人力资源业务合作伙伴、普通员工。在某些情况下，还包括人力资本技术供应商。

每个利益相关者对人力资源分析实践和活动有不同的观点与关注点。例如，基层管理人员通常最感兴趣的是关键指标和数据可视化报告，而高管和高级人力资源领导更感兴趣的通常是人力资源分析如何服务于人力资源战略的执行、关键员工决策和其他重要的业务活动。

研究表明：财富 1 000 强企业人力资源分析 40% 的研究分析主题和优先事项是由人力资源研究和分析团队确定的，而 60% 左右是由利益相关者提出来的（Falletta，2014）。因此，明确利益相关者的需求对于确定人力资源研究和分析问题、确定战略性和战术性人力资源分析的优先事项、确保利益相关者的支持以及研究分析计划的持续进展都是至关重要的。

（2）确定人力资源分析类型。一旦明确了利益相关者的需求和期望，就应该确定人力资源分析的类型。人力资源研究和分析可以是长期的，也可以是短期的，业务性质是确定分析类型的依据。目前，数据可视化、人工智能算法和自动化技术越来越普及，长期也不再是 3～5 年，一年的数据都被认为是长期分析的数据标准。相反，短期分析需求往往需要与本组织的月度业绩考核或季度业绩考核相一致。需要注意的是，短期分析并不一定意味着战术性或反应性，长期也不等同于战略性。短期分析和长期分析只是数据跨度的分类，都可以是战略的分析或战术性的分析。

（3）确定数据源。确定研究类型后会制订分析方案，首先要确定能够解决研究问题的数据来源。数据源可以是公共的数据源，也可以是企业的内部数据。公共数据通常保存在大学图书馆、政府数据库和各类社会网站。企业的内部数据主要是企业人力资源信息系统中的内部员工数据，还有些委托外部机构的调查数据等。在考虑数据来源时，主要的判断标准是这些数据对于人力资源分析相关主题的价值。当然，根据研究分析的主题，数据来源可能存在，也可能不存在，这取决于企业的人力资源信息化的程度和相关数据的积累。

（4）收集数据。根据研究分析的目的，收集数据包括通过收集一手数据、二手数据和挖掘使用人力资源信息系统数据等多种方法开展初级研究或二级研究。如果一个企业具有一定的人力资源研究和分析能力，可以开展内部数据初级研究；二级研究是指在内部数据研究的基础上，利用外部来源获得的数据和信息，采用数学建模和数据挖掘算法，对管理决策提供支持的分析。但是，不管采用何种收集方式，都要重视伦理道德和法律责任。

（5）转化分析数据。在人力资源分析周期中，将数据转化为有用的并有助于洞察业务是最重要的，也是最具挑战性的一步。通常需要利用一些市场化分析软件和可视化平台，开展预测分析、流程分析、文本情绪分析以及实时分析等。这些软件平台主要是对我们收集的不同类型大数据进行编码、分析、可视化和解释。在人力资源战略的背景下，大部分工作仍然由人力资源研究人员、分析师和数据科学家共同完成。企业应该从小处着手，逐步建立人力资源分析能力，也可以对少数目标数据源执行元分析（Meta-analysis），即分析结果的分析，是探索和理解多个数据源之间相互关系的实用方法。例如，个人360°评估的结果与员工调查数据、离职调查数据或实际离职率在多大程度上一致？高潜员工管理者是否每年都出于同样的原因离开公司，如晋升机会少、内部沟通少、缺乏决策权、薪酬低？元分析能否回答这些问题，在很大程度上还取决于所收集的数据的性质、人力资源分析研究人员能力以及分析过程等因素。

（6）交流分析结果。真正的人力资源分析能力更注重讲述数据背后的故事，并能够提供与企业最核心问题相关的可视化数据。讲故事是交流数据分析的主要方法，无论是文字还是视觉，因为它能够引发大脑事实和数据不同的处理方式。然而，讲故事不应成为向高管们讲述他们想听的内容或"挑选"数据的幌子或借口。例如，Rotolo 等（2015）指出，人力资源分析可能会被滥用，以维持现状和推动管理者中意的某个项目。当你知道自己想讲什么故事，然后去寻找数据来支持想要的结果。此外，我们需要考虑"故事的真实性"以及数据驱动使用方式的道德性，不准确或误导性分析将不可避免地导致错误的员工决策和严重的组织后果（Church et al.，2013）。因此，沟通和报告人力资源分析结果不仅涉及人力资源分析团队的某些道德解释，而且涉及数据结果应用的问题。

（7）实施战略决策。人力资源分析周期的最后一步是实现人力资源战略的制定和基于证据的决策。针对组织成功一个常见的说法是，"每一个成功的组织背后都有一个行之有效的战略"。但战略到底是什么？战略是一个多维的概念，可以用多种方式定义。Mintzberg（2005）将战略界定为一个计划、策略、模式、定位和观点。作为一项计划，战略与领导者为组织确立的总体方向有关。作为一种策略，战略就是要操纵和战胜竞争对手。作为一种模式，战略包括参与特定的行为和一致的行动，以有效地实施战略。战略也是组织如何在竞争激烈的市场中脱颖而出的一个定位。最后，战略还是一种反映组织文化与特征的观点。简言之，战略就是在适当的时间做正确的事情，循证决策，科学确定优先事项和目标，并有效管理执行。人力资源战略倾向于将员工政策、实践和流程与整体业务战略相结合，以实现组织的目标任务。人力资源战略还包括作出更明智的人力资源决策。从理论上讲，人力资源战略的制定应该与整个企业的业务战略相一致。但是在管理实践中却很难实现。因此，人力资源分析的主要目标是实现人力资源战略和科学决策。人力资源分析得出的数据结果和问题洞察，可能更有利于战略一致性的达成。

3 基于大数据的人力资源平台建设

3.1 大数据背景下人力资源管理信息化发展

随着移动互联网的蓬勃发展，以云计算、大数据化、社交化等为代表的移动互联技术和相关的应用，已经逐步从消费层面切入产业层面，将从根本上颠覆传统产业的生产和经营模式。而产业互联网在生产制造行业的突破，将会引领整个行业走进以智能工厂、智能生产、智能物流三大主题组成的工业 4.0 时代。这个时代的人力资源信息智能化建设紧迫而又非常必要。

3.1.1 人力资源管理信息系统一体化、智能化

如何建立一套智能化的人力资源管理信息系统平台，对标决策，是每一家公司人力资源经理的必修课。通过建立一套完整的人力资源管理信息系统，对内外部运营数据、舆情、对标数据的收集和处理以及大数据技术智能分析，为企业管理者和决策者提供管理驾驶舱、用户画像，让数据说话，建立事前有预测、事中有监控、事后有分析的决策新机制，从而让管理者能更快更容易地作出更好的"选用育留"的决策，助力业务更大发展。

人力资源的"选用育留"管理需要很多系统支撑，通常需要一个 CoreHR 包含组织管理、岗位管理、基础人事与工薪管理等主要功能，无论你使用的是国际品牌，如 SAP HR、PeopleSoft、Workday 等，还是国内用友、金蝶等，CoreHR 是基础核心模块。除此之外，招聘、学习、绩效、薪酬等是必不可少

的模块，将这些模块有机地连接起来构建一体化的信息平台，打破各自信息孤岛，将为下一步大数据智能化分析打下良好的基础。下面我们先来看看一些主要模块是如何进行大数据分析的，以终为始，从而反刍建设智能化的系统平台。

（1）人力 HC 预算编制模块。在人力资源 HC 计划设计中，利用大数据挖掘技术，搜索、收集、清理、调用内外部信息（包含历史经营数据、政策变化内容等），通过对这些信息的加工处理与建模，模拟仿真可能发生的人员成本、人员绩效，乃至人员流动的变化情景，综合分析得出组织内现有人力使用情况以及人力成本报告，并对其现状合理性进行评估，对企业未来的人力资源 HC 编制以及人力成本作出预测以及调整建议，方便企业管理层决策。

（2）招聘模块。通过人力 HC，加上"人岗匹配"盘点，就可以计划招聘工作了。通过建立智能搜索引擎与人才雷达，当有职位空缺时，智能搜索引擎自动从人才简历库中匹配并精准推荐人选给面试官；同样，对于求职者也要实现精准推荐。另外根据离职预测系统发布的人员预警，分析人员离职率和离职原因，向招聘主管提供补缺建议参考。

（3）绩效管理模块。基于 VUCA 时代的绩效考核何去何从？是继续传统的 BSC、KPI，还是基于敏捷的 OKR？目前多家企业开始尝试取消绩效考核的"强制分布曲线"与"末位淘汰制"，代之以全新系统。以敏捷方式经理对员工的管理与考核主要通过"持续沟通"进行，考核结果不出现数字，也尽量不与奖金和薪资直接挂钩。例如，GE 的 PD@GE，IBM 的 Checkpoint 与 ACE 等，这些都是我们设计系统的参考。

（4）薪酬模块。新时代基本工资、奖金等对员工的激励效果在逐步减弱，而股票、福利、内部创业等新形式则受到员工关注。如何建立价值创造、价值评估、价值输出的一个公平的薪酬评价体系是努力的方向。

（5）学习与发展模块。随时随地学习 App 遍地可见，游戏化学习也如雨后春笋般涌现，自主学习、有效学习、直播、个性化推荐课程、链接晋升、云化等是 VUCA 时代学习新特点。

总而言之，人力资源信息平台要解决"入离升降调、选用育留管"的系统集成，同时进行结构化数据与非结构化数据沉淀，通过大数据分析，对业务进行预警预测，报告可视化，为管理层决策服务。

3.1.2 基于人力资源信息系统的数据应用

人力资源管理信息系统的发展经历了不同的时代，产生的作用与影响也各不相同。

PC 时代：各个模块逐步线上化，实现办公室自动化，能提供简单数据分析以及标准报表，满足基本数据处理要求。但由于企业发展不同阶段开发的不同系统，连通性较弱，容易产生信息孤岛。

互联网时代：系统建设开始考虑互联互通，把 HR 内部零碎的信息、孤立的应用变成一个互相连接、有机组成的完整系统，数据开始了交换与集中处理，可以进行多维度的数据分析，为管理者提供报表参考，帮助决策。但此阶段能处理的还是结构化数据，对于大量文本、外部信息等，还不能有效利用，进而挖掘内在规律，为决策服务。

移动互联网时代：是万物互联社会化大协同的时代，信息化主要解决半结构化问题与非结构化问题。移动终端设备与移动 App 的快速发展，基于及时连接会产生海量的数据，通过大数据技术，对内外部结构化与非结构化的数据进行清理、建模、分析、可视化，利用过去的数据预测未来，预测企业的各种运营情况，利用信息来调整控制企业行为，帮助企业实现其规划目标，真正利用大数据辅助决策、助力企业发展。

以某公司为例来阐释人力资源信息系统的数据应用。某公司的数据应用可分为两部分：70％为结合当前业务现状和需求所做的数据分析，30％为基于数据预测所做的超前规划。

例 1：通过商务智能仪表盘，监控部门内员工人力资源的主要数据（如关键人才比、关键人才离职率、员工离职率趋势等），直观地反映部门人才动态。

例 2：通过记录员工在企业内部职位变动，绘制个人职业发展路径图，继而集合观察内部人才迁徙和流动状况及流失去向。

例 3：在数据预警、预测方面，进行大数据的舆情分析，非结构化数据的语义分析，以及离职、高潜人才预测等方面的尝试等。

人力资源信息化建设的各个阶段工作重心以及任务是不同的，从基本的工资核算、发放，到全流程生命周期的管理，再到大数据助力战略与业务，侧重点也由结果到过程再到价值，HR 的状态由被动到主动，地位也随之越来越重要。

3.1.3 人力资源信息化的经验总结及启示——以某公司为例

任何系统在实施之前，对于业务流程的梳理和优化是必不可少的步骤，人力资源系统也不例外。某公司在重新打造系统之前，进行了为期数个月的业务流程梳理和职责划分。

（1）人力资源部门内部业务流程梳理。成立项目组，通过对高管、人力资源各部门主管、各业务流程 Owner、关键节点作业人员等的访谈，业务现状的梳理，整理出 as-is 业务流程；同时对标人力资源业务成熟度模型，发现问题，找出缺陷，归纳提炼诊断报告，为下阶段的流程优化和系统功能设计奠定基础。

（2）与业务部门深入碰撞和 to-be 设计。项目组联合人力资源各业务负责人，以及 IT 各团队负责人，对标最佳实践。以 Workshop 的形式，向业务部门呈现人力资源业务流程的规划方案和构思，收集业务部门的反馈和建议，经过多轮碰撞，最终形成 to-be 蓝图设计文档。由于方案已经经过人力资源部门内部的共同商讨，以及 IT 前期投入的可行性分析，在逻辑上、科学性和可操作性上已近乎完美，因此来自业务部门的挑战大大减少，更多的要求在于用户体验度和友好性上。

（3）汇报与决策。在业务梳理过程中，对流程中的交叉域，进行汇总提炼，给出建议方案，汇报管理层最终决策。例如，"审批链"作为流程中的关键内容，其中梳理的一大原则就是：凡事与"钱"相关的，审批到一定级别；凡事与"钱"无关的，减少审批；真正做到责权利相结合。最终形成"业务线2级审批、HR 线 2 级把控"，并将 80% 的业务流程由原先的多层逐级审批缩短为 4 级内审批，大大提升工作效率，将管理层从事务审批工作中解放出来。

（4）系统开发，快速迭代，越变越"美"。依据 to-be 业务蓝图设计，IT 团队形成系统设计文档，集中优势兵力，分成若干小团队，采用敏捷开发、场景化、并行开发，快速迭代，在 2012 年完成了大部分系统的开发与升级，以及数据库的改造。为支撑人力资源"人才、组织、思想"的战略目标奠定了系统与数据平台的坚实基础。

（5）全员宣传。宣传贯穿整个梳理与改造项目，首先在人力资源部门内部进行宣传和普及，其次组织部门代表、员工代表等进行宣传，并辅以三折页、宣传视频等，帮助全体员工熟悉新流程，并收集反馈，不断优化改善系统，提高用户体验。

该公司通过对人力资源信息系统业务开展进行的经验总结，得出两点启示。

第一，eHR 在"互联网＋"时代做"减法"。人力资源信息化是一项需要投入大量时间、精力和资源的大工程，许多公司往往希望系统能够实现越多模块和功能越好，于是将有限的资源分散投入，致使最终每个模块的成果都不理想。与其如此，不如有所聚焦有所侧重，了解企业管理层目前最关注的问题，找出痛点，排出优先级，继而集中资源投入其中，解决实际问题。

第二，助力员工服务，提升用户体验。聚焦高管、经理、员工、HR 不同的诉求，场景化、平台化，快速迭代系统，并加强移动端的建设，让员工在工作、学习、生活方面随时随地连接 HR 的服务，实现"小温馨，大体验"。

3.2 人力资源大数据业务模型和平台建设分析

3.2.1 人力资源大数据业务模型

从业务角度来看，不仅要给管理者以及 HR 输送更准更快更有效的第一手报告，还要能预测预警，辅助管理者做出正确的决策，是第一重要的。

而要完成这一步，传统的 BI 数据分析系统已经不能完全胜任，这就需要搭建人力资源大数据平台，让人力资源数据发挥更大价值和作用。例如，对于预测分析员工离职的行为，需要什么样的数据？各类数据都有什么用途？如何使用数据？从哪些端口埋点获取这些数据？这些数据如何通过函数、建模得出 HRBP 与管理者一目了然的结果？等等。这是需要解决的一系列问题。

图 4-3 是人力资源大数据平台的业务模型。第一步：数据收集，需要完成各类内外数据的收集、加工、清理、存储，以及对数据标签化。第二步：对不同业务、场景进行主题分析、数据建模、用户画像、预测预警等，并有各种应用展示。第三步：决策支持系统根据场景输出各类建议报告。

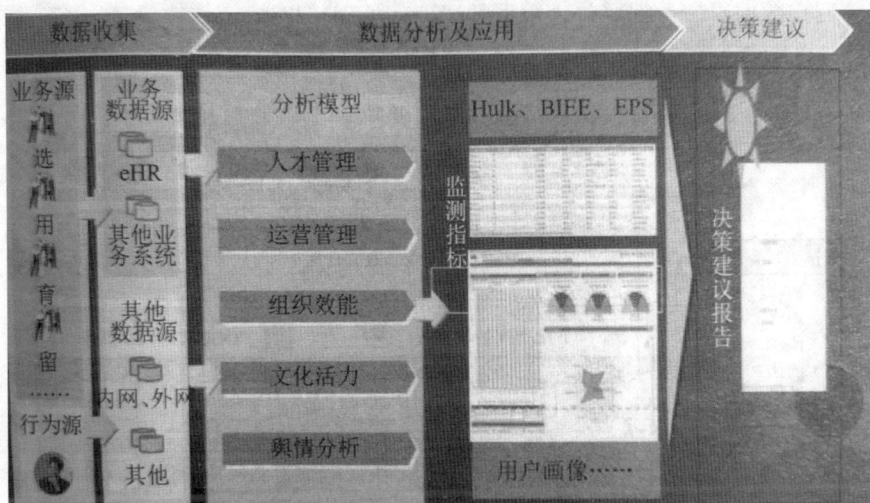

图 4-3 人力资源大数据平台的业务模型

来源：《人力资源大数据应用实践：模型、技术、应用场景》。

如何做？就是对原始数据进行净化，形成报表，到建模后定制报表，这些都是陈述传统意义上过去发生了什么；然后进行描述，同时有红绿灯、仪表等更直观的展示；探索未来可能发生什么，把昨天的数据丢到机器里进行自主学习，把过去的经验和案例扔到模型里面，让系统找出关联关系，自主去学习，利用过去在系统里分析判断，然后拿今天的数据来校验、调整、优化模型，从而更精确地预测明天可能发生的事情，及时采取相关行动，占得先机。

3.2.2 人力资源大数据平台建设分析

根据人力资源大数据业务模型，演绎推导出人力资源大数据系统平台建设的逻辑架构，可以分为系统层、数据层、服务层、展示层，如下以某公司人力资源大数据平台为例作介绍。

（1）系统层。系统层是基础，是"入离升降调、选用育留管"的建设，可以理解成数据收集层，数据埋点、信息收集、流程优化、系统迭代，都在该层实现，这就要求我们的系统是互联互通的，数据是动态的端到端流转。事实上该公司外挂了几十个自己开发的系统，根据场景不同、耦合程度不同，这些系统之间怎么去打通，数据怎么去自动地流转并确保是唯一数据源都是要解决的课题。同时还需要与相关的业务系统打通，进行数据交换，否则只有人力资源的数据，是不够完整的，没法全面评价，或者没法给企业带来更大效能，至多作为一个参考。当然数据内部的交流还是有壁垒的，但是我们在尝试去做这样的事情，在逐步地打破这些壁垒，进行数据交换的尝试，所以这块一直在不断地迭代。

（2）数据层。数据层包含数据的清理、处理、提取、保存、标签化等，该层处理的数据既包含结构化的数据，也包含大量的非结构化数据（图 4-4）。

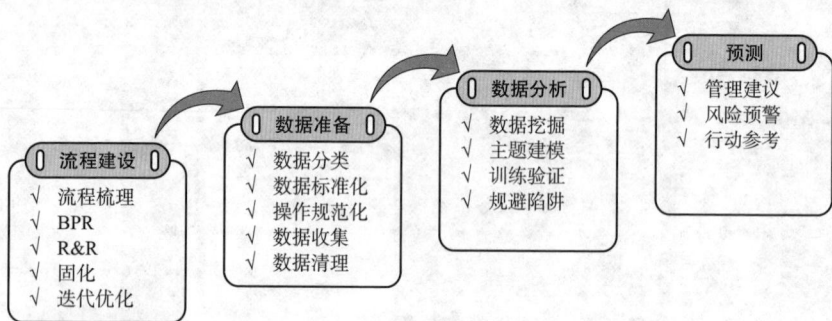

图 4-4　人力资源大数据平台数据层

来源：《人力资源大数据应用实践：模型、技术、应用场景》。

在数据加工过程中，将会发现缺少很多数据，这就需要反刍到系统完善优化上，哪里需要埋点收集数据，该补的补，该建设的建设。所以系统层与数据层是相辅相成的关系，螺旋上升，互相促进。

（3）分析层。分析层包含主题分析、自定义分析等，指标体系建设、模型建设也在此完成。如描述过去发生了什么，到诊断问题，找寻发生的原因。根据过去的数据，通过分析建模和机器学习，寻找其中的关联关系，而不是像过去一样先通过假设再去印证。通过对今天的数据及时观察、及时分析并及时调整模型，进而让数据发挥预测预警功能，预测未来可能发生的问题，为未来决策提供可信服的依据。

"才报"系统背后的数据挖掘与分析建立在一套指标体系的基础上，这套指标体系由人才管理、运营管理、组织效能、文化活力、舆情分析 5 个维度的200 多个指标组成，涵盖了人和组织的分析维度以及所有 HR 职能的衡量维度。其中人才管理和运营管理的指标涉及更多的是 HR 职能的分解，文化活力与舆情分析的指标更多是通过大数据的方式分析员工在工作、学习、生活等层面的影响因素，组织效能通过一些组织发展工具提取不同业务团队的有关组织目标、达成结果。整套指标体系建设以及迭代优化历时一年，HR 以及 IT 团队全程参与、迭代。

（4）展示层。展示层包含各种分析报表、用户画像、报告建议等。例如红绿灯仪表盘，包括离职率、核心人才离职率、齐配率、关键人才占比等。又如通过播放器的形式动态展示调入调出、升降调转等数据。这些功能同时支持数据下钻，并能导出数据或可视化的图形。人才迁徙图可以展示人才的来源、人才的发展、人才流失的场景：从入职来源、在职的流动情况、内部的流转情况，以及人员流失，入职的是从哪些源头占比较多，离职以后去了哪里，都可以直观动态地展示。再如人才发展层面，我们还可以看到个人全景图，可以对人才进行比较，看每个人的特点是什么，在各项指标上大家是什么样的情况。

（5）实施步骤参考。人力资源大数据平台建设可以从以下 5 个层面实施。第一，对内外部数据进行整合，建立 HR 主题大数据仓库；第二，对数据进行人才标准量化；第三，管理实践如何场景化，该公司的 HR 都来自大企业，在该公司也都有很多丰富的实践，这些实践如何在系统埋点，如何去落地沉淀都会对未来大数据研究有丰富的助益，对业务未来的预测提供很大的帮助；第四，深入整合业务属性；第五，流程集成一站式数据分析服务，大数据有助于完善流程，这是一个螺旋循环上升迭代的过程（图 4-5）。

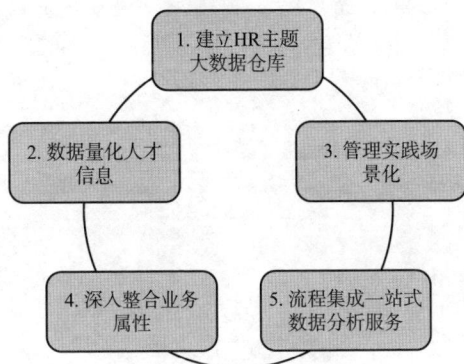

图 4-5　人力资源大数据平台构建实施步骤

习题：

（1）在大数据背景下，如何建立科学合理的人力资源思维模式？请根据实际情况谈谈自己的看法。

（2）结合大数据概念与特征，请简要陈述人力资源大数据的来源与特征。

（3）如何解决人力资源大数据分析的问题与障碍，谈谈你的看法。

（4）结合实例，请简要陈述人力资源大数据分析周期的基本思路。

（5）结合具体案例，演绎推导出人力资源大数据系统平台建设的逻辑架构。

原　理　篇

第五章　数据仓库

本章首先介绍数据仓库的特征、结构、模型等基本概念；然后从数据仓库的数据结构、数据组织、ETL 过程以及操场数据的存储方式等方面介绍数据的存储与处理技术；最后，介绍数据仓库的设计与开发方法，包括数据仓库的开发步骤、设计过程以及数据库的设计方法。

通过本章学习，应该达到如下目标：

【知识目标】

认识数据仓库的特征、结构、模型、核心技术等基本概念；理解数据仓库数据的存储与处理技术，包括数据仓库的数据结构、数据组织、ETL 过程以及操场数据的存储方式；熟悉数据仓库的开发步骤、设计过程以及数据库的设计方法。

【技能目标】

正确使用数据仓库的核心技术、ETL 过程和数据库的设计方法。

【能力目标】

通过学习数据仓库数据的存储与处理技术以及设计与开发方法，尝试撰写一份数据仓库开发步骤文档。

1　数据仓库概述

21 世纪企业竞争的本质是人才竞争，人才是企业的核心竞争力，因而企业的竞争最终会变成企业间人力资源管理能力的竞争。当前企业面临的问题是，集团成员单位众多且情况各异，部分成员单位有自己的管理系统但系统功能单一且无法完全支撑业务的开展；目前运行的管理系统没有进行统一化的管理导致出现业务信息不一致和无法及时共享业务信息的现象；无法利用集团单位多年积累的人力资源历史数据。因此，需要开发基于数据仓库的人力资源系统。

那么，数据库到底是什么呢？数据仓库的起源可以追溯到计算机与信息系统发展的初期。20 世纪 60 年代初期，计算机领域的主要工作是创建运行于主文件上的单个应用，穿孔卡和纸袋是当时常用的存储介质。20 世纪 60 年代中期，主文件的迅速增长和数据的巨大冗余导致了一些严重的问题。直到 1970 年，随着直接存取存储设备（DASD）的发展，出现了数据库管理系统（DBMS）。伴随着 DBMS，出现了"数据库"的概念。到了 20 世纪 80 年代，随着个人计算机（PC）和第四代编程语言（4GL）的发展，没有任何一个单一数据库可以同时用于操作型事务处理与分析处理。因此，诞生出信息管理系统（MIS），现在被称为决策支持系统（DSS），其是用来进行管理决策的处理过程。直到 1991 年，企业级数据仓库的概念正式确立。第一次提供了如何建设数据仓库的指导性意见，并定义了数据仓库非常具体的原则。在数据仓库的发展过程中，第一明显分歧是数据集市概念的产生。是企业级数据仓库还是部门级数据集市是持续争论的话题。直到 1998 年，企业级数据仓库和部门级数据集市合并形成了完整的数据仓库。

数据仓库整合了企业所有的业务数据，建立了统一的数据中心，并且产生了业务报表。其为企业的业务主管提供了体系结构和工具，帮助他们系统地组织、理解和使用数据来做出战略决策。在竞争激烈且快速发展的当代社会中，数据仓库被认为是一种有价值的工具。随着企业的竞争日益加剧，数据仓库成为一种最新的通过更多地了解用户需求来留住用户的必备营销工具。

那么，数据库到底是什么呢？目前，数据仓库存在多种定义方式，故很难给出一个严格统一的定义。大致而言，数据仓库是指与企业的操作数据库分开维护的数据存储库。按照 William H. Inmon 的说法，数据仓库（data warehouse）是一个面向主题性（subject-oriented）、集成性（integrated）、时变性（time-variant）、非易失性（nonvolatile）的辅助业务主管决策的数据集合。数据仓库系统允许集成各种应用系统，其通过提供一个稳固的历史数据分析平台来支持信息处理。

1.1 数据仓库的特征及功能

定义中的面向主题的、集成的、时变的以及非易失性的四个关键特征将数据仓库与其他数据存储系统（关系数据库系统、事务处理系统和文件系统）区分开来。接下来进一步详细介绍上述四个特征。

（1）面向主题性。传统的操作型数据库是围绕企业的功能应用来组织的，而数据仓库是围绕诸如客户、供应商、产品和销售等主题进行组织。不同类型的企业具有不同的主题集合。例如，对于制造商而言，其主题可能涉及产品、订单、供应商、材料清单和原材料等；而对于零售商而言，其主题可能涉及产品、库存单位、销售、供应商等。相对于企业的日常操作和事务处理，数据仓库专注于为决策者的数据建模和分析。因此，数据仓库通常通过排除在决策过程中的无用数据来提供特定主题问题的简明视图。

（2）集成性。在数据仓库的所有特征中，集成性是最重要的特征。数据从多个不同的数据源输入数据仓库，将多种异构的数据源集成到一起则被称为构建数据仓库。具体而言，通过对原有分散的操作型数据库中的数据进行抽取、清理和加工等操作后，可以得到在命名规范、编码结构、属性测度等方面保持一致性数据仓库数据。例如，关于"性别"的编码，操作型数据库中可能是"m/f""1/0""x/y"，或者是"男/女"，但是在数据仓库中均会被一致地进行编码。

（3）时变性。操作型数据库包含当前值数据，或者说在访问时这些数据的准确性是有效的。而数据仓库存储数据是为了从历史的角度提供信息，其每个关键结构都隐式或者显式地包含了一个时间元素。在某些情况下，记录带有时间戳；而在其他情况下，记录则含有一个事务日期。总之，数据仓库的时变性意味着每个数据单元在某一时刻都是准确的。因此，企业可以利用历史信息来定量分析发展历程和预测未来趋势。

（4）非易失性。通常，数据仓库只需要进行两种数据访问操作，即批量的数据载入和数据访问，而不必进行事务处理、恢复和并发控制机制等操作。当数据仓库中的数据被载入时，其被加载为静态格式的快照。因此，当发生后续更改时，将在数据仓库中写入新的快照记录。在此过程中，数据的历史记录被保存在数据仓库中。

四个关键特征表明数据仓库的实质是数据存储，即将各种来源于异构数据源的数据按照一致性编码集成在一起，进而为企业提供决策支持。

从帮助企业进行决策的角度来看，数据仓库的使用通常需要一系列的决策支持技术。这些决策支持技术允许"知识工作者"（如管理人员、分析师和业务主管）使用数据仓库来快速、方便地获取数据概览，并根据数据仓库中的信息做出明智的决策。例如，企业可以使用数据仓库中的信息来支持如下的商业决策活动：①增加对消费者的关注，包括对消费者购买模式的分析（如购买偏好、购买时间、预算周期和消费欲望）；②通过比较季度、年度和地理区域的销售业绩，重新定位产品和管理产品组合，以调整生产策略；③分析业务并寻找利润来源；④管理客户关系，改善环境以及管理公司资产成本等。

从集成异构数据的角度来看，数据仓库也是非常有用的。企业通常是从多个异构的、自治的和分散的信息源收集各种数据并维护大型数据库。人们非常期望能够集成这些数据并且能够对其进行简单、有效的访问，但这也是一种挑战。为了实现这一目标，数据库行业和研究界付出了大量努力。

异构数据源集成的传统方法是在多个异构数据库之上构建包装程序和集成程序（或中介程序）。当向客户站点提出查询时，首先元数据字典将查询转换为相应异构站点所支持的查询，然后将查询映射并发送到局部查询处理器，最后将从不同站点返回的结果集成到一个全局答案集。这种"查询驱动"的方法不但需要进行复杂的信息过滤和集成过程，而且会与局部数据源竞争处理资源。因此，对于频繁的查询，尤其是需要聚合操作的查询，这种"查询驱动"的方法效率很低且代价很高。

数据仓库为上述的传统异构数据源集成提供了一种替代方案。数据仓库不是使用"查询驱动"的方法，而是使用"更新驱动"的方法。在这种方法中，来自多个异构数据源的信息被预先集成，并存储在数据仓库中，以便直接查询和分析。与传统的联机事务处理（Online Transaction Processing，OLTP）数据库系统不同，数据仓库中可能不包含最新的信息。然而，由于异构数据源中的数据经过抽取、清洗、转换、集成及加载等一系列的操作被重新组织到一个语义一致的数据存储中，因此数据仓库能够提高集成异构数据源的性能。而且，由于在数据仓库中进行查询处理不会干扰在局部数据源上进行的查询处理，故不会与局部数据源竞争处理资源。此外，数据仓库可以对历史信息进行集成和存储，并且支持复杂的多维查询操作。综上，建立数据仓库在工业界中越来越流行。

1.2　数据仓库的结构及模型

数据仓库系统的组件包括数据源、集成工具、数据仓库与数据仓库服务器、元数据和元数据管理工具、数据集市、OLAP 服务器、前端分析工具等，图 5-1 是一个典型的数据仓库系统的体系结构图。

（1）数据源。数据源是数据仓库系统的基础，是各类数据的源泉，通常包括企业的内部信息和外部信息。内部信息是指诸如存放于操作型数据库中的各种业务处理数据和各类文档数据，外部信息则包含各类法律法规、市场信息、竞争对手的信息等。

（2）集成工具。集成性是数据仓库的所有特征中最重要的特征，集成工具主要包括数据抽取（Extraction）、清洗（Cleaning）、转换（Transformation）和加载（Load）等。数据抽取、转换和加载通常被称为数据的 ETL 工具。

数据抽取通常是从多个异构的外部数据源中选择数据仓库需要的数据。数据抽取的技术难点在于要针对不同的异构数据源设计不同的抽取工具。

数据清洗是对抽取得到的数据进行清理以保证数据的质量。数据质量由许多因素组成，包括准确性、完整性、一致性、及时性、可信性和可解释性。数据清理例程的工作是通过填充缺失值、平滑噪声数据、识别或去除异常值以及解决不一致性来"清理"数据。

数据转换是将清洗后数据从传统格式或宿主格式转换为数据仓库格式。

数据加载是将数据加载到目标数据仓库中，具体包含排序、汇总、合并、计算视图、检查完整性并构建索引和分区等。

（3）数据仓库服务器。数据仓库服务器几乎总是一个关系数据库系统。后

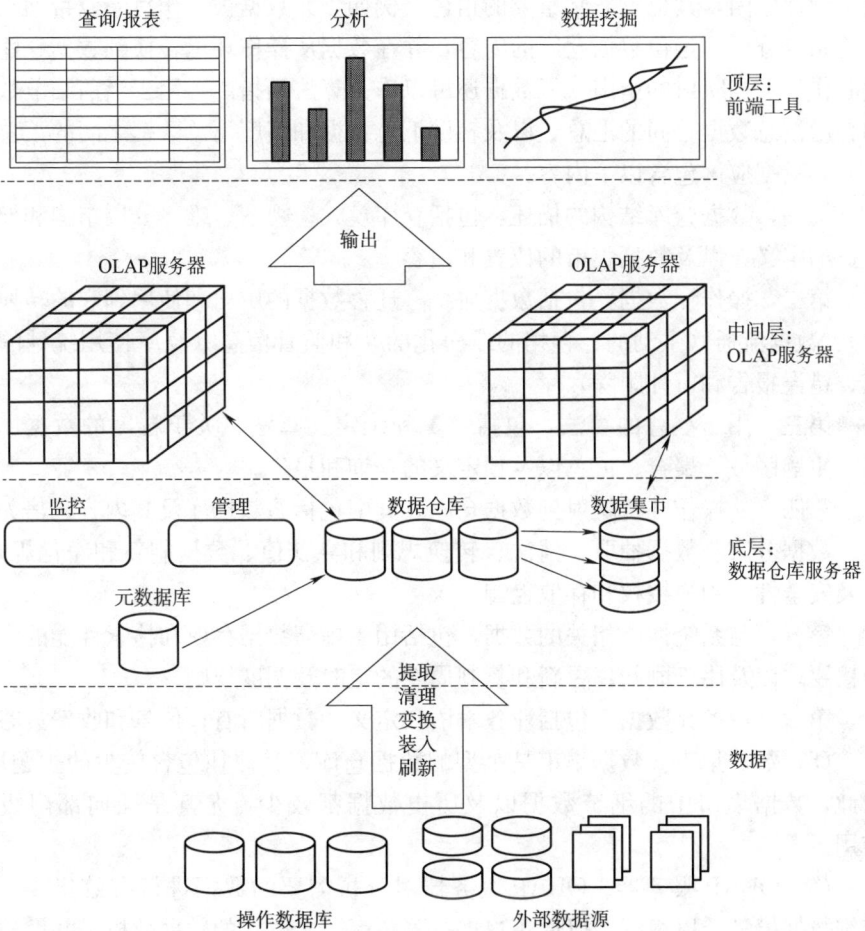

图 5-1　数据仓库的体系结构

端工具和应用程序用于从操作数据库或其他外部来源（如外部顾问提供的客户档案信息）向底层提供数据。这些工具和应用程序执行数据抽取、清洗和转换（例如，将来自不同数据的类似数据合并为统一格式），以及加载和刷新功能以更新数据仓库。数据是通过被称为信关（gateways）的应用程序接口抽取的。底层 DBMS（数据库管理系统）来支持信关，允许客户端程序生成 SQL 代码并在服务器上执行。网关的例子包括微软的 ODBC（开放数据库连接）和 OLEDB（数据库开放链接和嵌入）以及 JDBC（Java 数据库连接）。

（4）元数据。元数据是整个数据仓库的所有描述性信息。在数据仓库中，元数据是定义仓库对象的数据。对数据仓库管理员而言，元数据是数据仓库中包含了所有内容和过程的完整知识库及其文档；对终端用户而言，元数据是数据仓库的信息地图。元数据扮演着与数据仓库中的其他数据非常不同的角色。

由于种种原因，其也是非常重要的角色。例如，元数据被用作目录以帮助决策支持系统分析师定位数据仓库的内容，并在数据从操作环境转换到数据仓库环境时作为数据映射的指南。元数据还可以作为算法的指南，用于当前细节数据和轻度汇总数据之间的汇总，以及轻度汇总数据和高度汇总数据之间的汇总。

元数据应该包含以下内容：

第一，数据仓库结构的描述，包括仓库模式、视图、维、分层结构和导出数据的定义，以及数据集市的位置和内容。

第二，操作元数据，包括数据血统（迁移数据的历史和使用到它的转换序列）、数据流通（主动的、存档的或净化的）和监管信息（仓库使用统计的信息、错误报告和审计跟踪）。

第三，用于汇总的算法，包括度量和维定义算法、关于粒度的数据、分区、主题区域、聚合、汇总以及预定义的查询和报告。

第四，从操作环境映射到数据仓库，其中包括源数据库及其内容、信关描述、数据分区、数据抽取、清洗、转换规则和默认值、数据刷新和净化规则，以及安全性（用户授权和存取控制）。

第五，与系统性能相关的数据，包括用于提高数据存取和检索性能的索引及概要，以及用于刷新、更新和复制周期的定时及调度规则。

第六，业务元数据，包括业务术语和定义、数据所有权信息和收费策略。

（5）数据集市。数据集市是小型的数据仓库，其往往包含较少的主题域。因此，数据集市中的细节数据以及历史数据都较少，尤其是面向部门级的应用。

（6）OLAP服务器。OLAP服务器对分析需要的数据进行有效集成，按多维数据模型予以组织，以便用户进行多角度、多层次的数据分析，并发现数据的规律和趋势。按其具体实现可以分为：ROLAP（关系OLAP）、MOLAP（多维OLAP）和HOLAP（混合OLAP）。ROLAP的基本数据和聚合数据均存放在RDBMS（扩展关系型的DBMS）之中；MOLAP的基本数据和聚合数据均存在于多维数据库之中；HOLAP的基本数据存放于RDBMS之中，聚合数据则存放于多维数据库中。

（7）前端分析工具。前端工具主要包括各种报表工具、查询工具、数据分析工具、数据挖掘工具以及各种基于数据仓库或数据集市的应用开发工具。其中数据分析工具主要针对OLAP服务器；报表工具和数据挖掘工具既可以针对数据仓库，又可以针对OLAP服务器。

从体系结构的角度来看，存在企业仓库、数据集市和虚拟仓库三种数据仓库模型。

一是企业仓库。企业仓库搜集了跨越整个企业的关于主题的所有信息。数据仓库提供企业范围内的数据集成，通常来自一个或多个操作数据库系统或者外部信息提供者，其在企业范围内是跨功能的；企业仓库通常包含细节数据和汇总数据，规模大小从数兆兆字节到数百兆兆字节，再到数千兆兆字节，甚至到更多；企业仓库可以在传统的大型机、计算机超级服务器或并行架构平台上实现；企业仓库往往需要广泛的业务建模，并且可能需要数年的时间来设计和构建。

二是数据集市。数据集市包含对特定用户组有价值的企业范围内数据的一个子集，范围仅限于选定的特定主题。例如，营销数据集市可以将其主题限制为消费者、商品和销售。数据集市中包含的数据往往是汇总的。数据集市通常可以在基于 Unix/Linux 或 Windows 的低成本部门服务器上实现。数据集市的实现周期一般是以周来计，而不是以月或年来衡量。但是，如果数据集市的设计和计划不是企业范围的，从长远来看其可能涉及非常复杂的集成。根据数据源的不同，将数据集市分为独立的和依赖的两类。独立数据集市是从一个或多个操作数据库系统或外部信息提供者中获取数据，或者从来自特定部门或地理区域内局部生成的数据。依赖的数据集市的数据直接来自企业仓库。

数据集市体现了分工协作、各负其责的管理理念，满足了企业、部门和个人不同层次、不同范围的业务主管对数据的需求。数据集市中一般包含与一个特定业务领域相关的数据，诸如人力资源、财务和销售等不同业务领域。通常，数据集市的组织可以按照业务的分类来进行。当数据集市的数据增长时，由于其结构简单，管理也相对容易。此外，数据集市可以分布在不同的物理平台上，也可以有逻辑地分布于同一物理平台。因此，较强的灵活性使得数据集市可以独立地实施，从而部门管理人员可以快速获取信息并进行分析处理工作。

三是虚拟仓库。虚拟仓库是操作数据库上视图的集合。为了高效地查询处理，可能只物化了一些可能的汇总视图。虚拟仓库很容易构建，但需要操作数据库服务器还有过剩的容量。

1.3 多维数据模型

"实体—关系"数据模型通常用于关系数据库的设计，其中数据库模式由一组实体及其之间的关系组成，这样的数据模型适用于联机事务处理。然而，数据仓库需要简洁的、面向主题的模式，以便于联机分析处理。因此，多维数据模型成为数据仓库应用的最为广泛的数据模型。多维数据模型是一个逻辑概念，主要研究多维数据的抽象表示问题。该模型涉及维、度量、数据立方体等重要概念。此外，星型、雪花型和事实群是三种常见的多维数据模型。

1.3.1 多维数据模型的基本概念

(1) 维。一般来说，维是企业想要记录的透视或实体，是人们观察数据的特定角度。例如，企业建立一个销售数据仓库以保存商店的销售记录时，涉及时间、产品、销售的分店和位置。从时间角度来观察产品的销售规律和趋势是企业分析销售记录的常见角度，所以时间就是一个维（时间维）；企业通常也会关心商品在不同地区的销售情况，所以地理区域也是一个维（地区维）；此外，具体的产品销售情况是企业更关心的角度，因此产品也是一个维（产品维）。与维相关的重要概念有维成员、维分层和维属性等。

维成员：一些维成员构成了维，维的一个取值则被称为维的一个成员。每个成员有一个名字，还可以用若干属性来描述成员的特征。如果一个维是多层的，那么该维的维成员是在不同维层上的取值组合。例如，如果时间维具有日、月、年三个维层，则分别在日、月、年上取一个字组合起来就得到了时间维的一个维成员，如"2008 年 8 月 8 日"。

维分层：维分层是指同一维还可以存在细节程度不同的各个类别属性，例如，时间维包括年、季度、月、周、日和小时等。常见的维分层结构包括概念分层、模式分层和集合分组分层。

概念层次结构定义了一系列从一组低级概念到更高级、更一般的概念的映射。例如，在考虑地区维的时候，城市层有成员"北京""上海""济南"，区域层的成员有"华北""华东"，国家层的成员为"中国"。可以将城市层的成员"北京"映射到区域层的成员"华北"，将"上海""济南"映射到"华东"。将区域层的成员"华北""华东"映射到国家层的成员"中国"。

在地区维中，"城市＜区域＜国家"，城市、区域和国家按一个全序相关，形成了一个概念分层。维的分层也可以按偏序组织。例如，由于周常常跨越月（一年大约包含 52 周），通常不被视为月的低层抽象，因此一个包含年、季度、月、周和日的时间维会被组织为一个"时间＜｛月＜季度，周｝＜年"偏序。形成数据库模式中分层之间的全序或偏序的概念分层被称为模式分层结构。

通过将给定维或分层的值离散化或分组来定义概念分层，则可产生集合分组分层结构。在该结构中，可以在值的组之间定义全序或偏序。

维属性：维属性是用于描述维成员所具有的特征。例如，"某年某月某日"是在时间维上位置的描述。

(2) 度量。度量是要分析的目标或对象。常见的度量有销售量、供应量和利润等。数据立方体度量是一个数值函数，可以在数据立方体空间的每个点上求值。通过聚合给定点的各自"维—值对"对应的数据，计算给定点的度量值。根据所使用的聚合函数的类型，度量可以被分成三种类型：分布的、代数的和整体的。

第一，分布的度量。如果一个聚合函数可以按如下分布式方式计算，则其是分布的。假设数据被分成 n 个集合，每个分区应用该函数，可以得到 n 个聚合值。如果将函数用于 n 个聚合值的结果与将函数应用于整个数据集的结果相同（不分区），则该函数可以用分布式方式计算。例如，对于数据立方体，sum()（求和函数）可以分布计算。首先将立方体分成子立方体集合，对每个子立方体进行求和，然后对这些子立方体得到的值求和。因此，sum()是分布聚合函数。同理，count()（计数函数）、min()（求最小值函数）和 max()（求最大值函数）也是分布式聚合函数。

第二，代数的度量。如果一个聚合函数可以用一个带 M 个参数的代数函数来计算（其中 M 是一个有界正整数），而每一个参数都是通过应用一个分布的聚合函数来得到，则它是代数的。例如，Avg()（求平均值函数）可以通过 sum()/count()计算，其中 sum()和 count()都是分布聚合函数。类似地，可以证明 min _ N()和 max _ N()（分别是找到给定集合中的 N 个最小值和 N 个最大值）及 standard _ deviation()（标准差函数）是代数聚合函数。

第三，整体的度量。如果聚合函数描述其子聚合所需的存储没有一个常数界，那么该聚合函数就是整体的。也就是说，不存在一个具有 M 个参数（其中 M 是一个常数）的代数函数进行这一计算。整体函数的常见例子包括 median()（求中间值函数），mode()（求高频值函数）和 rank()（排序函数）。

（3）数据立方体。数据立方体允许在多个维对数据建模和查看。一个数据立方体由多个维和度量组成。虽然立方体通常被认为是三维几何结构，但是在数据仓库中，数据立方体是 n 维的。

为了更好地理解数据立方体和多维数据模型，从一个简单的二维数据立方体开始分析，它实际上是一个销售数据表，如表 5-1 所示。其显示了在时间和产品两个维上，山东省所有商店 2009 年的部分产品销售情况，其中的度量是销售额。

表 5-1　山东省所有商店 2009 年部分产品销售情况

单位：万元

时间（季度）	产品类型			
	彩电	冰箱	洗衣机	家用电脑
第一季度	500	200	240	1 500
第二季度	200	300	420	2 100
第三季度	240	500	250	1 000
第四季度	80	100	320	1 700

假设企业想从三维角度来查看销售数据，如时间、产品和地区三个维。可以用表 5-2 所示的形式来表示数据，其是由两张二维表组成。

表 5-2　山东、河北两省所有商店 2009 年部分产品销售情况

单位：万元

时间（季度）	产品类型（山东省）				产品类型（河北省）			
	彩电	冰箱	洗衣机	家用电脑	彩电	冰箱	洗衣机	家用电脑
第一季度	500	200	240	1 500	500	200	240	1 500
第二季度	200	300	420	2 100	200	300	420	2 100
第三季度	240	500	250	1 000	240	500	250	1 000
第四季度	80	100	320	1 700	80	100	320	1 700

从概念上讲，我们还可以用一个三维数据立方体的形式来表示相同的数据，如图 5-2 所示。

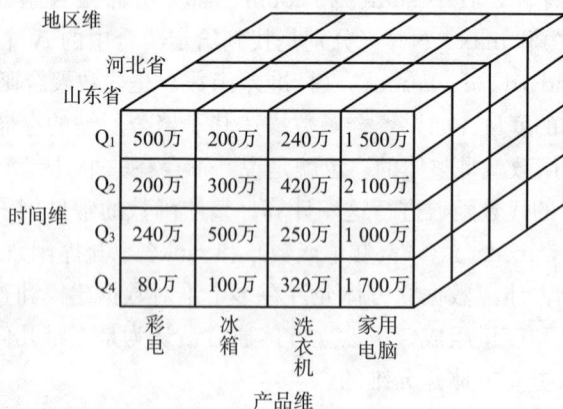

图 5-2　三维数据立方体示例

假设想再增加"供应商"维，则生成一个四维数据立方体。在四维数据立方体中查看事物变得棘手。然而，可以把一个四维立方体看成一系列的三维立方体。同理，可以将任何 n 维数据立方体表示为一系列的 $n-1$ 维数据立方体。

1.3.2　多维数据模型的分类

（1）星型模型。星型模型是多维数据模型的基本结构，通常由一个很大的中心表和一组较小的表组成。大的中心表通常被称为事实表（fact），其中包含大量的数据，没有冗余。与事实表相连接的周围的一组较小的表通常被称为维表。维表用来保存维的信息，即每个维成员的信息。事实表通过所存储的每个维表的码值和每一个维表联系在一起。该模型图类似于星型爆发，维表以径向模式围绕中心事实表显示，如图 5-3 所示。

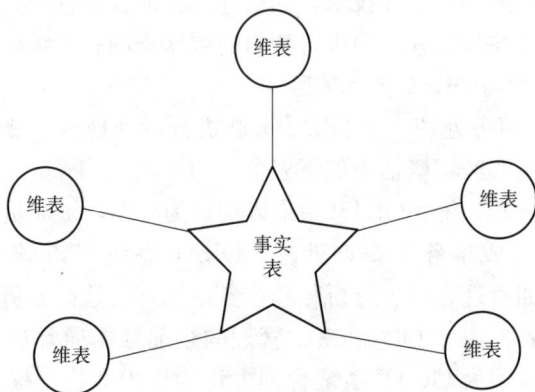

图 5-3　星型模型示意

（2）雪花型模型。雪花型模型是星型模型的一种变体，其中的一些维表被规范化，从而将数据进一步分解到附加的表中，由此产生的模型图是一个类似于雪花的形状（图 5-4）。雪花型模型和星型模型的主要区别在于雪花型模型的维表可以保持规范化的形式以减少冗余。这种模型便于维护，节省存储空间。然而，与典型的巨大事实表相比，这种空间的节省显得微不足道。此外，雪花型结构会降低浏览的效率，因为执行查询需要更多的连接。因此，系统性能可能会被影响。综上，尽管雪花型模型减少了冗余，但在数据仓库设计中它不如星型模型受欢迎。

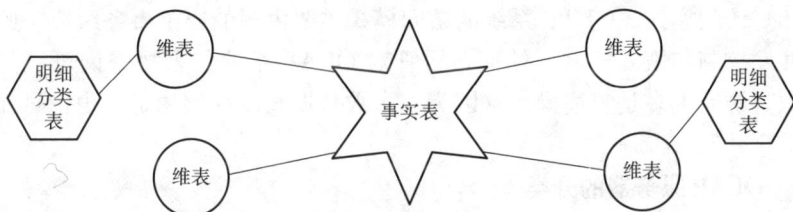

图 5-4　雪花型模型示意

（3）事实群模型。在某些复杂的应用中，可能需要多个事实表来共享维表，这种模型类似于星型模型的集合，被称为星系模型或事实群模型。

1.4　数据仓库的核心技术

联机分析处理（Online Analytical Processing，OLAP）是数据仓库中的一项非常重要的分析技术，其基于多维数据模型。OLAP 是对从数据源中转换出来的、能够被用户所理解的、真实反映企业多维特性的信息进行快速、一致、交互地存取，从而获得面向市场的用于"知识工作者"（如管理人员、分析师和业务主管）的一类软件技术。其目标是辅助各级管理人员在多维数据环境下快速、灵活地在数据仓库中进行特定的数据查询和多维分析处理。

1.4.1　OLTP 技术与 OLAP 技术的区别

OLTP（联机事务处理）和 OLAP（联机分析处理）是常见的两类数据处理，两者之间的主要区别概括为如下五个方面：

（1）面向用户和系统。OLTP 系统以用户为导向，被职员、客户和信息技术专业人员用来完成事务和查询处理。OLAP 系统以市场为导向，被用于"知识工作者"（如管理人员、分析师和业务主管）的数据分析。

（2）数据内容。由于 OLTP 系统管理的当前数据通常过于详细，因此难以用于制定决策。因为 OLAP 系统管理大量的历史数据、提供汇总和聚合功能，并且在不同的粒度级别上存储和管理信息，故这些数据更容易用于支持企业做出明智的决策。

（3）数据库设计。OLTP 系统通常采用实体-联系（ER）数据模型和面向应用程序的数据库设计。但 OLAP 系统通常采用多维数据模型（星型或雪花型）和面向主题的数据库设计。

（4）视图。OLTP 系统主要关注企业或部门中的当前数据，而不参考历史数据或不同组织的数据。相反由于组织的进化过程，OLAP 系统通常跨越一个数据库模式的多个版本。此外，OLAP 系统处理来自不同组织的信息，并且集成来自多个数据存储的信息。由于 OLAP 系统的数据容量庞大，故将数据存储在多种介质上。

（5）访问模式。OLTP 系统的访问模式主要由短的原子事务组成。此系统需要并发控制和恢复机制。然而，尽管对 OLAP 系统的多数查询可能是复杂的，但是访问大多是只读操作（因为大多数数据仓库存储的是历史信息而不是当前信息）。

1.4.2　OLAP 服务器的分类

在逻辑上，OLAP 服务器向业务用户提供来自数据仓库或数据集市的多维数据，而不关心数据如何存储或在哪里存储。然而，OLAP 服务器的物理架构和实现则必须考虑数据存储。用于 OLAP 处理的数据仓库服务器的实现包括以下四类：

（1）关系 OLAP（ROLAP）服务器。这是一种介于关系后端服务器和客户前端工具之间的中间服务器。其使用关系型的或扩展关系型的 DBMS 来存储和管理数据仓库的数据，并使用 OLAP 中间件来支持其他部分。ROLAP 服务器包括每个 DBMS 后端的优化，聚合导航逻辑的实现，以及附加的工具和服务。ROLAP 技术往往比 MOLAP 技术具有更大的可伸缩性。例如，MicroStrategy 的 DSS（Decision Support Systems）服务器便采用了 ROLAP

方法。

（2）多维 OLAP（MOLAP）服务器。这类服务器通过基于数组的多维存储引擎来支持多维数据视图。其将多维视图直接映射到数据立方体数组结构。使用数据立方体的优势在于允许对预先计算的汇总数据进行快速索引。对于多维数据存储而言，需要注意的是如果数据集很稀疏，则存储利用率可能很低。许多 MOLAP 服务器均采用两级存储表示来处理密集和稀疏数据集：密集子数据集被识别并存储为数组结构，而稀疏子数据集则通过使用压缩技术来提高存储利用率。

（3）混合 OLAP（HOLAP）服务器。混合 OLAP 方法结合了 ROLAP 和 MOLAP 技术，从而得益于 ROLAP 更大的可伸缩性和 MOLAP 更快的计算速度。例如，HOLAP 服务器允许将大量细节数据存储在关系数据库中，而聚合则保存在分离的 MOLAP 存储中。

（4）专门的 SQL 服务器。为了满足关系数据库中日益增长的 OLAP 处理需求，一些数据库系统供应商实现了专门的 SQL 服务器，其在只读环境中为星型模型或雪花型模型上的 SQL 查询提供高级查询语言和查询处理支持。

1.4.3 OLAP 工具

OLAP 工具是针对特定的问题，通过多维分析的方式对联机数据进行分析、查询和报表。在数据仓库应用中，OLAP 一般作为数据仓库的前端工具。同时，OLAP 工具还可以配合使用数据挖掘工具和统计分析工具来增强决策分析功能。目前，市面上常见的 OLAP 工具可以分为以下三类：

（1）MOLAP 型工具。这类工具是将关系数据库、文本文件或 Excel 文件中的数据抽取出来，并存储到自己的数据库中。代表产品是 Cognos 和 Essbase。Cognos 从桌面 OLAP 起家，提供可以简洁部署且具有交互性的 Powerplay Web Explorer 界面，但 Cognos Powerplay 是个相对封闭的产品。Essbase 作为老牌的 OLAP 工具，其具有 30 多个可供选择的前端工具，支持多种财务标准，能与 ERP 或其他数据源集成，但开发和部署均存在较大难度。

（2）ROLAP 型工具。这类工具仍然将数据存储在关系数据库中，通常遵循多维数据模型（星型或雪花型）。独立的 ROLAP 厂商似乎都难以生存下去，从第一个独立的 ROLAP 工具 Metaphor 到 Metacube、WhiteLight 和 MicroStrategy，只有 MicroStrategy 发展较好。

（3）关系数据库厂商提供的 OLAP 工具。例如，Oracle 公司提供的 Discoverer、Express 和 Reports 等 OLAP 前端展示工具；微软公司提供的 SQL Server Analysis Services（SSAS）、SQL Server Integration Services（SSIS）和 SQL Server Reporting Services（SSRS）；IBM 公司将 Hyperion（Essbase）的 OLAP 引擎和 DB2 的关系数据库集成在一起，提供了工具 IBM

DB2 OLAP Server。

1.4.4 典型的 OLAP 操作

在多维模型中，数据被组织成多个维，每个维包含由概念层次结构定义的多个抽象级别。这种组织方式允许用户从不同角度灵活地观察数据。多数 OLAP 数据立方体操作可以实现这些不同的视图，允许对手头的数据进行交互式查询和分析。因此，OLAP 为交互式数据分析提供了一个用户友好的环境。用于多维数据的典型 OLAP 操作包含钻取（上卷 roll-up 和下钻 drill-down）、切片和切块（slice 和 dice）以及旋转（pivot）。

（1）上卷。上卷操作（也称钻取操作）是通过沿一个维的概念分层向上攀升或通过维归约对数据立方体执行聚合。沿一个维的概念分层向上攀升是到现有的某个维的更高层次去进行分析，如从城市级别上升到国家级别的层次结构来聚合数据。当通过维归约来执行上卷时，将从给定的数据立方体中删除一个或多个维。上卷操作可以减少维，该操作是为了看到更粗的数据。

（2）下钻。下钻与上卷相反，其操作是从不太详细的数据到更详细的数据的过程。下钻操作是通过向下移一个维的概念分层或引入额外的维来实现。向下移一个维的概念分层是到现有的某个维的更细层次去进行分析，如通过将时间层次从季度降至更详细的月份。因为向下钻取会向给定数据添加更多的细节，所以还可以通过向数据立方体添加新的维来实现。

（3）切片和切块。切片操作是在给定的数据立方体的一个维上进行选择，从而产生一个子数据立方体。例如，产品的销售数据可以按产品维、地区维和时间维进行组织，如果在时间维上选定一个维成员就得到了在时间维上的一个切片。切块操作是指通过在两个或多个维上执行选择来定义子立方体。

（4）旋转。旋转是一种可视化操作，其旋转视图中的数据轴可以提供另一种数据表示。需要注意的是旋转操作并不会对数据进行任何改变，只是改变用户观察数据的角度。例如，一些业务主管可能认为数据按列表示比按行表示更加直观，因此希望能够将数据的行列进行转换。

2 数据存储与处理

数据的存储与管理是整个数据仓库系统的核心。数据仓库的真正关键是数据的存储和管理。针对现有各业务系统的数据，进行抽取、清理、转换并有效集成，按照主题进行组织，装载入数据仓库。

2.1 数据仓库的数据结构

数据仓库的数据存储可以用"DB-ODS-DW"三层数据结构来表示，如

图 5-5 所示。具体而言,数据是从企业内外部的各业务操作数据库(DB)系统流向操作型数据存储区(ODS)。在这个过程中根据企业的数据模型和元数据对数据进行调和处理,形成调和数据层。然后根据分析需求将数据引入导出数据层(DW),如形成满足各类分析需求的数据集市。ODS 作为数据库到数据仓库的一种过渡层,在三层数据结构中充当"承上启下"的角色。

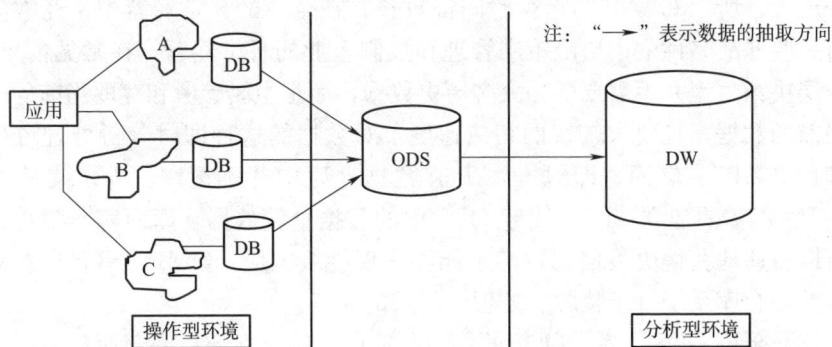

图 5-5　数据仓库的三层数据结构

2.1.1　ODS 的定义及特点

ODS 是用于支持企业日常的全局应用的数据集合,保存在 ODS 中的数据具有面向主题的、集成的、可更新的以及数据是当前的或接近当前的四个基本特点。

与 DW 一样,ODS 也是面向主题的。而且为了满足支持企业全局应用的需要,ODS 中的数据在企业级上应该保持高度的一致性,所以必须对进入 ODS 的数据进行转换和集成。从面向主题和集成化这两个基本特点分析,虽然 ODS 的数据来源于分散的、异构的操作型环境,但 ODS 是一种区别于原来面向应用的分散数据库系统的新数据环境。面向主题、集成化的特点是这种区别的集中体现。

同时,ODS 中只存放当前或接近当前的数据,而且可以进行联机修改,包括增加、删除、修改等操作。"当前"是指数据存放当前或接近当前的数据,"接近当前"则是指存取的数据是最近一段时间之前得到的。而数据仓库的数据却是"历史值",这是其与 ODS 的区别之一。

2.1.2　ODS 的实现机制

(1) 在 ODS 上实现企业级的 OLTP。"企业级 OLTP"是指在实际的数据处理中一个事务同时涉及多个部门的数据。在操作型数据库中,各个应用所面对的仅仅是企业的某个部门,相应的部门应用仅仅是处理企业的局部数据。在各个分散的数据库上要进行企业级的事务处理代价会很大,因为其首先需要对分散的系统中的数据进行集成。然而，在 ODS 中的数据已经是面向企业全局集成的，所以建立于 ODS 上的 OLTP 可快速实现对企业中数据的全局集中管理。ODS 的建立自然地克服了操作型数据库组织分散的缺点。

（2）在 ODS 上实现即时 OLTP。通常，在数据仓库中实现 OLAP 是为了支持企业的高层决策管理，如长期趋势分析。但是，由于数据仓库中的数据量十分庞大，所以 OLAP 的运行时间都较长。在企业的日常经营中，经常需要进行一些非战略性的中层决策来管理和控制企业的日常经营。在常见情形下，该中层决策过程并不需要依赖太多历史数据，而是主要参考和存取当前的或接近当前的数据，且要求较快的相应速度，对数据的这种即时分析处理可称为"即时 OLAP"。然而，即时 OLAP 在数据仓库中并不适用。为了支持即时 OLAP，就需要建立 ODS。由于 ODS 中的数据量较数据仓库而言非常小，因此可以快速地获得决策信息，甚至能够实现秒级响应。ODS 的建立自然地克服了数据仓库系统过于臃肿、处理时间长的缺点。

（3）分层 ODS 体系。ODS 的作用和地位与企业性质、经营业务范围、规模大小等实际情况紧密相关。一个学校的 ODS 可能并不经常进行即时 OLAP 的分析处理；但如果是企业的 ODS 则更多地需要即时 OLAP 功能以适应经常性的日常商业决策的需求；如果是在地理上分布的集团公司的 ODS 系统则可能是分层的。对于分层的 ODS，先是各个子公司的内部数据并建立相应的 ODS 以用于对应子公司的全局事务处理，这些 ODS 也将作为与总部进行数据联系的接口；然后集成各个子公司的 ODS 数据并建立起总部 ODS，该总部 ODS 的主要作用在于向数据仓库提供一致的数据以进行高层决策管理。

2.1.3　ODS 的作用

（1）ODS 对操作型数据库的作用。在进行企业级 OLTP 时，ODS 是一个操作型的环境。一方面，ODS 记录系统定义表达的是 ODS 从操作数据库的数据抽取关系，各个操作型数据库记录系统上说做的任何修改操作都需要反映在相应的 ODS 记录中。另一方面，ODS 系统中还存放着一些参考表，它所反映的关系是 ODS 全局更新时所必须反映到所有操作型数据库中相关记录的信息。

（2）ODS 对数据仓库的作用。在进行即时 OLAP 时，ODS 又是一个分析型的环境。在建立了 ODS 之后，ODS 的记录系统在各操作型数据库中，数据仓库的记录系统一般在 ODS 之中。ODS 中的数据经变换后被装入数据仓库之中，由于这些数据已经经过 ODS 集成，并且是面向主题进行组织的，所以所作的数据变换仅限于数据模式上某些差异的转换，以及对码结构进行改造。这时数据仓库与操作型环境的界面变得简单了。因此，数据管理要简单得多，实际所需的支持技术也少得多，从而实现快速响应。引入 ODS 可以大大减少数据仓库的系统开销，保证系统的良好运作。

（3）操作型数据库、ODS 和数据仓库三者间的关系。在操作型数据库、ODS 和数据仓库三者并存的体系环境中，ODS 的引入带来了众多优点。一个重要优点是 ODS 在独立的各个操作型数据库基础上建立了一个一致的、面向主题的数据环境，从而使原有操作型数据库系统得到改造。另一个重要优点在于 ODS 一致的和完整的数据世界隔离了数据仓库和操作型数据库，使数据仓库卸去数据集成、结构转换等一系列沉重负担，对数据仓库的数据追加通过 ODS 进行，这些操作大大简化了数据仓库的数据传输接口及数据仓库管理数据的复杂度。

2.2　数据仓库的数据组织

数据仓库中存储着两类数据：业务数据和元数据。其中业务数据又分为细节数据和综合数据，元数据已在本章 1.2 节讲解。

数据仓库中的业务数据可以大致分四个级别：早期细节级、当前细节级、轻度综合级和高度综合级。异构源数据经过抽取、转换后，首先进入当前细节级，并根据具体需要进行进一步的综合，从而进入轻度综合级乃至高度综合级，老化的数据将进入早期细节级。一般而言，数据仓库中数据的不同综合级别由"粒度"决定。粒度越大表示细节程度越低、综合程度越高，综合级别也越高。

2.2.1　数据粒度

数据粒度是数据仓库的重要概念。粒度可以分为两种形式：数据综合程度高低度量和样本数据库。

第一种粒度是对数据仓库中数据的综合程度高低的一个度量。其既影响数据仓库中的数据量的多少，也影响数据仓库所能响应查询的种类。粒度越小，细节程度越高，综合程度越低，所能响应的查询种类就越多。反之，提高粒度则会提高查询效率。此外，多重粒度也是一个必不可少的要点。由于数据仓库的主要作用是 OLAP 分析，因而决定其绝大部分查询基于一定程度的综合数据之上，只有极少的查询涉及细节。所以应将大粒度数据存储于快速设备，如磁盘或磁盘阵列上。这样，对于绝大多数查询，性能将大大提高。而小粒度数据则可存储于低速设备上，如果有对于细节的查询，也可以满足。当然，这样的查询代价将会是很高的，它并非数据仓库的典型应用。

另一种特殊形式的粒度是样本数据库。同通常意义的粒度不同，样本数据库的粒度级别不是根据综合程度的不同来划分的，而是根据采样率的高低来划分的。采样粒度不同的样本数据库可以具有相同的综合级别，一般它是以一定的采样率从细节档案数据或轻度综合数据中抽取的一个子集。

2.2.2　数据分割

数据分割是数据仓库中另一个重要概念，其是指将数据分割到各自的物理单元中。分割能够分别独立处理，提高数据分析效率。数据分割后的数据单元称为分片。进行数据分割的理由是，在进行实际的分析处理时，对于相关数据集合的分析是最常见的，例如对某一时间或某一时段的数据的分析，对某一地区的数据的分析，对特定业务领域的数据的分析等。如果将具有这种相关性的数据组织在一起，效率则会提高。

数据分割的标准可以根据实际情况来确定，通常选择按日期、地域或业务领域等来进行分割，也可以按多个分割标准的组合来进行。分割后的小单元内的数据相对独立，从而处理起来更快、更容易。

2.2.3 数据组织形式

数据仓库中最常见的数据组织有简单堆积结构、轮转综合数据存储、简单直接文件和连续文件四种形式。

（1）简单堆积结构。数据仓库中最简单、最常见的数据结构是简单堆积结构，其是在逐个记录的基础上堆积的数据。日常经营事务从操作环境中传送出来之后，汇总为数据仓库记录。这些记录可以按消费者、账目或数据仓库中的任何主题域进行汇总。例如，一个消费者的一个账目的所有日常活动都按日计算并传递到数据仓库。

（2）轮转综合数据存储。简单堆积结构的一个变种被称为轮转综合数据存储。与以前一样，数据从操作环境传递到数据仓库环境。然而，在轮转综合数据中，数据被载入一个非常不同的结构中。在一周的七天，活动逐一被汇总到七个相应的日槽中。在第八天，七个日槽被加在一起并放置到第一个周槽中。然后将第八天的总计添加到第一个日槽中。在月末，每个周槽被加在一起并放置在第一个月槽中，然后周槽被重置为零。在年底，每个月槽被加在一起，并加载到第一个年槽，然后每个月槽被重置为零。轮转综合数据结构处理的数据单元比简单堆积数据结构要少得多。

（3）简单直接文件。构造数据仓库数据的另一种可能组织形式是简单直接文件。数据只是从操作环境拉入数据仓库环境，并没有任何积累。此外，简单直接文件不是每天创建的，相反，它是在较长的一段时间内创建的，如一个星期或一个月。因此，简单直接文件表示在某一时刻获取的操作数据的一个快照。

（4）连续文件。连续文件是由两个或多个简单直接文件创建的。例如，把1月和2月的两份数据快照合并，创建数据的一个连续文件。连续文件中的数据表示从第一个月到最后一个月连续的数据。

2.3 数据的 ETL 过程

建设数据仓库需要集成来自多种业务数据源中的数据，这些数据源可能是在不同的硬件平台上，使用不同的操作系统，因而数据以不同的格式存在不同的数据库中。如何向数据仓库中加载这些数量大、种类多的数据，已成为建立数据仓库所面临的一个关键问题。如果其中的信息不准确，那么这个数据仓库便形同虚设。因此，向数据仓库中导入操作型数据时，必须进行精心规划，选择合适的数据源，创建标准的字段名集，确定、开发与使用一致的数据仓库元数据标准。当完成这些工作后，便可以根据设计方案建立一个应用系统来转换数据，这个系统通常称为数据的 ETL 工具。在创建数据仓库时，需要使用 ETL 工具将所需数据从其他数据库中选择、加工、装载到数据仓库中。

2.3.1 ETL 过程描述

数据的 ETL 过程如图 5-6 所示，由四个步骤组成，即抽取、清洗、转换、加载与索引。事实上，这些步骤可以进行不同的组合，如可以将数据抽取与清洗组合为一个过程，或者将清洗和转换组合在一起。通常，在清洗过程中发现的拒绝数据信息会送回到源操作型业务系统中，然后将数据在源系统中加以处理，以便在以后重新抽取。

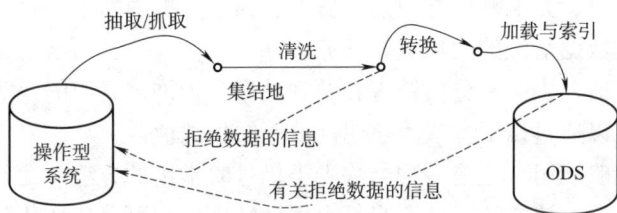

图 5-6　ETL 过程描述

2.3.2 数据抽取

从源文件和源数据库中获取相关数据用于填充数据仓库，称为抽取。并非所有包含在不同操作型业务系统中的数据都需要抽取，通常只需要其中的一个子集。抽取数据的一个子集是基于对源系统和目标系统的扩展分析，一般会由终端用户和数据仓库专家共同决定。

数据抽取的两个常见类型是静态抽取（static extract）和增量抽取（incremental extract）。静态抽取用于最初填充数据仓库，是一种在某一时间点获取所需源数据快照的方法，源数据的视图独立于它被创建的时间。增量抽取用于进行数据仓库的维护，仅仅获取那些从上一次获取之后源数据中所发生的变化；最普遍的方法是日志获取，数据库日志包括数据库记录中最近变化的事项。

抽取数据进入集结区域的一个关键是源系统中的数据质量，特别注意以下几点：

（1）数据命名的透明度。这将使数据仓库设计者确切地知道什么数据存放于哪个源系统中。

（2）由一个源系统实施的业务规则的完整性和准确性。这将直接影响到数据的精度，而且，源系统中的业务规则应该同数据仓库中使用的规则相匹配。

（3）数据格式。跨数据源的统一格式有助于匹配相关的数据。同源系统的所有者达成一致协议也是很重要的，所以，当源系统中的元数据发生变化时，它们应该通知数据仓库的管理员。因为事务处理系统经常会发生变化以适应新的业务需要或者使用新的、更好的软件和硬件技术，管理源系统中的变化是抽取过程中的最大挑战之一。源系统中的变化需要数据质量和数据抽取与转换过程的重新评估，因为这些过程把源系统中的数据映射到目标数据仓库（或数据集市）中。这些映射说明数据仓库中的每一个数据元素是从哪一个源系统中导出来的，并怎样执行导出。抽取可以使用同源系统相联系的工具所写的程序来完成，称为输出数据的工具。

2.3.3　数据清洗

现实世界的数据一般是不完整的、有噪声的和不一致的。数据清理例程试图填充缺失的值、光滑噪声并识别离群点、纠正数据中的不一致。处理缺失值和噪声数据是数据清洗的两项重要任务。

（1）缺失值。当需要分析销售和顾客数据时，许多元组的一些属性可能没有记录值。可以通过以下方法为该属性填上缺失的值：

第一，忽略元组。这是一种当缺少类标号时常用的方法。尤其是当元组有多个属性缺少值，该方法有效。当每个属性缺失值的百分比变化很大时，忽略元组方法的性能特别差。采用忽略元组，不能使用该元组的剩余属性值。这些数据可能对手头的任务有用。

第二，人工填写缺失值。一般来说，该方法很费时，并且当数据集很大、缺失很多值时，该方法可能行不通。

第三，使用一个全局常量填充缺失值。将缺失的属性值用同一个常量替换。尽管该方法简单，但是并不十分可靠。

第四，使用属性的中心度量（如均值或中位数）填充缺失值。对于正常的（对称的）数据分布而言可以使用均值，而倾斜数据分布则应该使用中位数。

第五，使用与给定元组属同一类的所有样本的属性均值或中位数。如果给定类的数据分布是倾斜的，则中位数是更好的选择。

第六，使用最可能的值填充缺失值，可以使用回归、贝叶斯形式方法的基于推理的工具或决策树归纳。例如，利用数据集中其他顾客的属性，可以构造一棵决策树，来预测收入的缺失值。

（2）噪声数据。噪声是被测量变量的随机误差或方差。利用基本统计描述技术（如盒图和散点图）和数据可视化方法来识别可能代表噪声的离群点。给定一个数值属性，采用以下常见数据光滑技术来去掉数据的噪声。

第一，分箱。分箱方法通过考察数据的"近邻"（即周围的值）来光滑有序数据值。这些有序的值被分布到一些"桶"或"箱"中。由于分箱方法考察近邻的值，因此此方法进行的是局部光滑。对于用箱均值光滑，箱中每一个值都被替换为箱中的均值。类似地，可以用箱中位数光滑。此时，箱中的每一个值都被替换为该箱的中位数。对于用箱边界光滑，给定箱中的最大和最小值同样被视为箱边界，而箱中的每一个值都被替换为最近的边界值。一般而言，宽度越大，光滑效果越明显。箱也可以是等宽的，其中每个箱值的区间范围是常量。分箱也可以作为一种离散化技术使用。

第二，回归。也可以用一个函数拟合数据来光滑数据，这种技术称为回归。线性回归涉及找出拟合两个属性或变量的最佳直线，使得一个属性可以用来预测另一个。多元线性回归是线性回归的扩充，其中涉及的属性多于两个，并且将数据拟合到一个多维曲面。

第三，离群点分析。可以通过如聚类的方法来检测离群点。聚类将类似的值组织成"群"或"簇"。直观地，落在"群"或"簇"集合之外的值则被视为离群点。

数据清洗是一种使用模式识别和其他技术，在将原始数据转换和移入数据仓库之前来升级原始数据质量的技术。在每个清洗的步骤中，怎样清洗随着属性变化的每条数据都值得考虑分析。每次对源数据做出改变时，数据清洗技术必须被重新评价。当数据很明显是错误数据时，一些清洗就会完全地拒绝这些数据，而且发送一个消息给源系统，让其修正错误数据，同时为下一次的抽取做准备。在完全拒绝数据之前，其他清洗结果可能为更详细的手工分析标记数据。

2.3.4 数据转换

数据转换在数据的 ETL 过程中处于中心位置，它把数据从源操作型业务系统的格式转换到企业数据仓库的数据格式。数据转换从数据抽取阶段（接收数据）如果需要数据清洗，则在数据清洗之后，将数据映射到 ODS 的格式，然后传递到加载和索引阶段。

数据转换可能只是简单的数据格式等表示方式的变化，也可能是高度复杂的数据组合的变化。例如，某制造型企业的产品数据分别存放在三个操作型业务系统中：制造系统、销售系统和工程应用系统。构建企业数据仓库需要设计这些产品数据的一个统一视图。数据转换需要解决不同的键结构如何转换成普通的代码集合、如何从不同的数据源组合数据等。

这些转换工作非常简单，大多数所需功能可以在一个带有图形接口的标准商业软件包中找到。有时，数据清洗功能和数据转换功能混合在一起。通常情况下，数据清洗的目的是纠正源数据中数据值的错误，而数据转换的目的是把源系统中的数据格式转化成目标系统的数据格式。数据转换前进行清洗是非常必要的，因为如果数据在转换之前有错误，错误在转换之后仍会保留。

2.3.5　数据加载和索引

加载和索引，即是把数据加载到数据仓库或数据集市的过程。填充企业数据仓库的最后一步是加载所选择的数据到目标数据仓库中，并且创建所需的索引。加载数据的两个基本方式是刷新方式和更新方式。

刷新方式是一种填充数据仓库的方法，采用在定期的间隔对目标数据进行批量重写的技术。也就是说，目标数据起初被写进数据仓库，然后每隔一定的时间，数据仓库被重写，替换以前的内容。现在这种加载方式越来越不流行了。

更新方式是一种只将源数据中的数据改变写进数据仓库的方法。为了支持数据仓库的周期性，便于历史分析，新记录的数据通常被写进数据仓库中，但不覆盖或删除以前的记录，而是通过时间戳来分辨它们。

刷新方式通常用于数据仓库首次被创建时填充数据仓库。更新方式通常用于目标数据仓库的维护。刷新方式通常与静态数据获取相结合，而更新方式常与增量数据获取相结合。在刷新或更新数据后，有必要创建或维护数据仓库的索引。位图索引和连接索引常被用于数据仓库环境。

2.4　导出数据层的储存方式

ETL过程产生出企业级数据仓库或操作型数据存储，在此基础上，进一步为终端用户决策支持应用对数据进行选择、格式化、聚集处理，将生成导出数据，这是同逻辑或物理数据集市相关的数据层。数据仓库中导出数据层的数据存储方式通常有两种：一种是存储在多维数据库中，也就是按多维数组的方式存储，对应MOLAP；另一种是存储在关系数据库中，采用星型模型及其变体，对应ROLAP。

2.4.1　多维数据库

多维数据库也是一种数据库，可以将数据加载、存储到此数据库中，或从中查询数据。但其数据存储在大量的多维数组中，而不是关系表中。各种软件工具或程序都可以访问多维数据库。多维数据库对于分析非常密集的数据集非常合适，但不具有支持企业数据仓库所需的数据宽度。

与之相对应的是多维联机分析处理（MOLAP），多维联机分析处理遵照库德的定义，自行建立多维数据库来存放联机分析系统的数据，它以多维数据组织方式为核心，即使用多维数组方式存储数据。

当利用多维数据库存储OLAP数据时，不需要将多维数据模型中的维、层划分和立方体等概念转换成其他的物理模型，因为多维数组能很好地体现多维数据模型特点。利用数组实现多维数据模型的优点，在于对数据的快速访问，但也会带来存储空间的冗余，即稀疏矩阵问题，进而导致对存储空间的极大需求。

为了解决稀疏矩阵问题，一些 MOLAP 产品提出了稀疏维（sparse）和密度维（dense）策略。由稀疏维产生索引块，由密度维形成数据块。只有当稀疏维的组合在交易事件初次发生时才创建索引块，进而创建数据块。稀疏维和密度维的引入在一定程度上减少了多维数据库的存储冗余问题。此外，还可以通过数据压缩技术减小数据块的存储空间。

2.4.2 关系数据库

关系数据库是存储 OLAP 数据的另一种主要方式。与之对应的是关系联机分析处理（ROLAP），ROLAP 以关系数据库为核心，以关系型结构进行多维数据的表示和存储。ROLAP 将数据的多维结构划分为两类表：一类是事实表，用来存储数据和维关键字；另一类是维表，对每个维至少使用一个表来存放维的层次、成员类别等维的描述信息。维表和事实表通过主关键字（主键）和外关键字（外键）联系在一起，形成星型，通常被称作"星型模型"。对于层次复杂的维，为避免冗余数据占用过大的存储空间，可以使用多个表描述，这种星型模型的扩展称为"雪花型模式"。这种多维数据的表示方式能够让使用者以较简单的方式了解这些数据，提高查询效率，并对海量数据的存储空间有较少要求。

维是关于一个组织想要记录的视角或观点。每个维都有一个表与之相关联，称为维表。维表是对维的属性的描述。事实是一个数据度量，是对所要考察的数据的一个数值度量，事实表包括事实的名称或度量以及每个相关维表的关键字。

通常情况下，事实表有如下特性：①大量的数据行，存储容量可达到 TB 级；②主要是数值信息，也可有少量的文字或者多媒体信息；③有和维表连接的外键；④主要是静态数据和聚集数据。

维表中的信息是对事实表的相应说明，如产品特征、销售时间和客户账号等。通过维表将复杂的描述分割成几个小部分，如某个时间点的销售量等，从而减少对事实表的扫描，实现优化查询。其主要有以下特性：①记录数较少，可能不到上千或者上万个记录；②大多为文字信息；③信息具有层次结构；④只有一个主键；⑤信息可修改。

2.4.3 两类存储模式的比较

多维联机分析处理的优势不仅在于能清晰地表达多维概念，更重要的是它有着极高的聚集汇总速度。在关系数据库管理系统中，如果要得到某一地区的销售总量，只能逐条记录检索，找到满足条件的记录后将数据相加。而在多维数据库中，数据可以直接按行或列累加，其统计速度远远超过关系数据库管理系统。数据库中的记录数越多，其效果越明显。但是，对多维联机分析处理来说，随着维和维成员的增加，其存储空间将呈现指数级增长。

关系联机分析处理的存储空间没有大小限制，现成的关系数据库技术可以直接使用，可以通过 SQL 实现详细数据与概要数据的存储和检索，现在的关系型数据库已经对 OLAP 做了很多优化，包括并行存储、并行查询、并行数据管理、基于成本的查询优化、位图索引以及 SQL 的 OLAP 扩展等，大大提高了关系联机分析处理的访问效率。相比较而言，关系联机分析处理技术具有更大的可伸缩性。

在具体项目的实施过程中，对 OLAP 产品和存储模式的选择还应考虑企业数据量的大小、数据处理过程、访问效率和性价比等多个方面的因素。由于多维联机分析处理访问具有高效性，可以将企业应用的大部分聚集层数据以多维联机分析处理形式存储；对有大量细节数据的应用，为防止多维数据库的存储空间过于膨胀，可对细节数据以关系联机分析处理方式存储，对于不经常查询的大型数据集，如年份较早的历史数据等也通常采用关系联机分析处理方式存储。这种兼用两种存储模式的方式也被称作 HOLAP 模式。

3　数据仓库的设计与开发

建立数据库是一项复杂的任务，本节首先介绍开发数据仓库的一系列步骤，然后介绍设计数据仓库的具体过程，最后介绍设计数据仓库需要用到的主要方法。

3.1　开发数据仓库的步骤

数据仓库系统也需要经过一系列特定顺序的步骤才能建立起来。一旦数据仓库项目启动，包括计划、预算等在内的活动就都开始了。完成这些活动之后就是数据仓库的实际开发过程，如图 5-7 所示。

3.1.1　需求收集、定义与可视化

需求收集、定义与可视化是数据仓库开发过程中的第一步，也是最重要的步骤。如果该步骤成功了，接下来的步骤就可能比较顺利。相反，如果这个步骤出现错误，后面的所有步骤连同整个项目都会失败。该步骤的结果是得到终端用户的需求，这些需求明确指出了未来数据仓库的理想特性和功能，例如，在开发基于数据仓库的人力资源管理系统时，针对人力资源不同部门业务管理员的不同需求，分配相应的信息录入、更新、查询及执行审批的权限。需求以

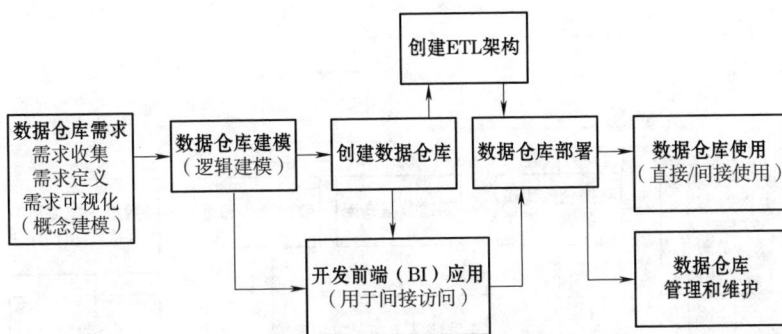

图 5-7　ETL 数据仓库开发步骤

分析型的需要为基础。内部数据源系统和可用的外部数据源中的数据可以满足这些需要。需求收集过程希望可以考虑全部可用数据。但该过程不能以不可用或者不存在的数据为基础。

　　需求收集的过程需要采访多位数据仓库的相关人员，具体包括：①领导、经理人、组织机构中决定和安排最终数据仓库主题的其他决策人员；②为更好地理解这些数据源，还包括每个待考虑数据源的技术专家和业务专家；③数据仓库的最终使用人员，他们负责分析任务并决定分析主题的细节。

　　除采访以外，还有其他方法可用于从数据仓库的相关人员处明确具体需求，如小组讨论、提问、调查等，或观察已有的分析型实践以了解用户利用这些数据真正做的事情以及用户真正需要的数据。收集好的需求应该有明确的定义并以书面形式进行陈述，然后利用概念数据模型技术将需求描述成一个概念数据模型。

　　数据仓库需求的收集和定义方法通常是一个迭代的过程。将一个较小的初始需求集合进行收集、定义并且可视化描述后，就可以进一步与开发人员和相关人员讨论，继而将讨论结果并入下一步的收集、定义以及需求可视化的迭代过程中，逐步扩大初始需求集合。即使一个需求集合在数据仓库的需求收集、定义以及可视化描述步骤中都得到了一致认可，它仍然有可能受到开发过程中其他步骤的影响而发生改变，如图 5-8 所示。

　　得到数据仓库需求集合的一种做法是试图在一个单独的过程中完成所有需求的收集、定义及可视化描述操作，然后与开发过程的其他所有步骤进行整合。然而通常更推荐的是另一种方法，即允许在数据仓库开发过程中的每个步骤完成之后进行完善和添加。例如，我们可以收集、定义、可视化描述一个初始的需求集合，继而创建一个初始的数据仓库模型，而其他需求则可以通过一系列类似的迭代过程添加进来。若其他步骤显示需要对原来的需求集合进行修改、扩大或减小等操作，则可以对这些需求进行迭代更新。每次需求集合发生

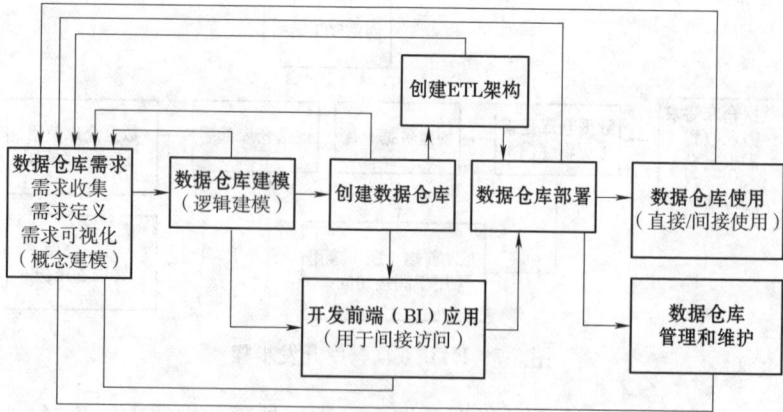

图 5-8　需求收集、定义与可视化描述过程的迭代性质

改变时，概念模型就要相应地进行改变，需求的改变要在所有相关步骤中进行传播。

3.1.2　数据仓库建模

需求收集、定义以及可视化完成之后的第一个步骤，就是数据仓库建模。使用术语"数据仓库建模"来表示由数据管理软件实现的数据仓库模型。这种模型也称为逻辑数据建模或实施型数据建模，与概念数据建模相对（概念数据模型不依赖特定数据管理软件的任何逻辑信息，只简单地将需求进行可视化描述）。

3.1.3　创建数据仓库

创建数据仓库是利用数据管理软件将数据仓库模型初始化为一个内容为空的实际数据仓库。数据仓库通常被建模为关系数据库，因此常常会使用到关系型 DBMS。创建数据仓库是一个直观的过程：数据仓库开发人员利用 DBMS 的功能和性质将数据仓库模型实现为一个实际的功能型分析数据库。

与数据仓库的创建过程类似，数据集市也可以利用 DBMS 软件包来创建。在某些情况下，数据集市也可以实现为"立方体"。

3.1.4　创建 ETL 架构

创建 ETL 架构就是为以下目的创建必要的程序和代码：①从操作型数据源中自动提取相关数据；②转换提取得到的数据，以确保数据质量并将其结构转换成模型和数据仓库的相应结构；③转换后数据与数据仓库的无缝接入。

ETL 架构必须解释并协调操作型数据源与目标数据仓库在数据及元数据上的差别。在许多情况下，组织机构有多个独立的数据源。数据源中的数据存在重复现象。此时，创建 ETL 架构的过程还要考虑如何引入数据但不产生多余的数据复制。由于需要考虑的数据细节数量较多，因此创建 ETL 架构往往是数据仓库开发过程中最耗费时间与资源的部分。

3.1.5 开发前端（BI）应用

开发前端应用的过程就是设计和创建可供终端用户间接使用数据仓库的应用。大部分数据仓库系统中都包含前端应用，也称为商务智能应用。数据仓库前端应用通常包含接口（如表单）以及通过菜单等导航机制得到的报表等。

数据仓库前端应用的设计和创建过程可以和数据仓库的创建过程同时进行。例如，前端应用的外观及视觉效果、各种组件（表单和报表）的个数及其功能都可以在数据仓库实现之前确定。该步骤依据的是数据仓库的模型和需求，模型和需求反映了终端用户需要系统所具有的特性和功能。当然，前端应用的实际创建过程还包括将该应用连接到数据仓库，该过程需在数据仓库实现后才能进行。

3.1.6 数据仓库部署

数据仓库及其前端应用实现后的下一步就是数据仓库部署。该步骤就是将数据仓库及其前端应用交给用户使用。通常在该步骤之前要先执行初始导入步骤，即通过 ETL 架构完成数据仓库及初始数据集从操作型数据源中的初始导入。

3.1.7 数据仓库使用

数据仓库部署完成后，终端用户就可以进行数据仓库使用。数据仓库的使用即检索数据仓库中包含的数据。数据仓库由用户通过前端应用进行间接使用，也可以通过管理数据仓库的数据管理软件语言进行直接使用。例如，关系型数据仓库可以利用 SQL 语句直接查询。终端用户还可通过在线分析处理（OLAP）工具（或 BI 工具）对数据仓库进行特殊的分析和查询，这是一种更通用的数据仓库直接使用方法。

3.1.8 数据仓库管理与维护

数据仓库管理与维护活动用来支持终端用户对数据仓库的使用。与操作型数据库的管理与维护活动类似，数据仓库的管理与维护活动包括各类技术问题的处理，如保证数据仓库的信息安全、确保数据仓库中的内容拥有充分的硬盘空间、实现数据的备份与恢复。

3.2 设计数据仓库的过程

由于数据仓库的构造是一项困难、长期的任务，因此应当清楚地定义它的实现范围。最初的数据仓库的实现目标应当是详细而明确的、可实现的和可测量的。这涉及确定时间和预算的分配，一个组织的哪些子集需要建模，选取的数据源数量，提供服务的部门数量和类型。

一旦设计和构造好数据仓库，数据仓库的最初部署就包括初始化安装、首次展示规划、培训和熟悉情况。平台的升级和维护也要考虑。数据仓库管理包括数据刷新、数据源同步、规划灾难恢复、管理存取控制和安全、管理数据增长、管理数据库性能以及数据仓库的增强和扩充。范围管理包括控制查询、维护、报告的数量和范围，限制数据仓库的大小，或限制进度、预算和资源。

各种数据仓库设计工具都可以使用。数据仓库开发工具提供一些功能，定义和编辑元数据库内容（如模式、脚本或规则），回答查询，输出报告，向或从关系数据库目录传送元数据。规划与分析工具研究模式改变的影响，以及当刷新率或时间窗口改变时对刷新性能的影响。

常见的数据仓库设计角度包括思维模式角度和软件工程角度。

3.2.1　思维模式角度

从数据仓库设计的思维模式角度来看，数据仓库可以使用自顶向下方法、自底向上方法，或二者结合的混合方法设计。

（1）自顶向下。自顶向下方法由总体设计和规划开始，首先把 OLTP 数据通过 ETL 汇集到数据仓库中，然后再把数据通过复制的方式推进各个数据集市中。当技术成熟并且已经被掌握，对必须解决的商务问题清楚并且已经很好理解时，这种方法是有用的。自顶向下方法的优点在于：第一，数据来源固定，可以确保数据的完整性；第二，数据格式与单位一致，可以确保跨越不同数据集市进行分析的正确性；第三，数据集市可以保证有共享的字段，因为其都是从数据仓库中分离出来的。

（2）自底向上。自底向上方法以实验和原型开始，首先将 OLTP 数据通过 ETL 汇集到数据集市中，然后通过复制的方式提升到数据仓库中。在商务建模和技术开发的早期阶段，这种方法是有用的。这样可以以相当低的代价推进，在做出重要承诺之前评估技术带来的利益。自底向上方法的优点在于：第一，构建数据集市的工作相对简单，易成功；第二，这种模式可实现快速数据传送。

（3）混合方法。在混合方法下，一个组织既能利用自顶向下方法的规划性和战略性的特点，又能保持像自底向上方法一样快速实现和立即应用。

3.2.2　软件工程角度

从软件工程的角度来看，大型软件系统可以用两种方法开发：瀑布式方法和螺旋式方法。瀑布式方法在进行下一步之前，每一步都进行结构的、系统的分析，就像瀑布一样，从一级落到下一级。螺旋式方法涉及功能渐增的系统的快速产生，相继发布的时间间隔很短。对于数据仓库，特别是对于数据集市的开发，螺旋式方法是一个好的选择，因为其周转时间短，能够快速修改，并且新的设计和技术可以及时接受。

3.2.3　设计的具体步骤

一般而言，数据仓库的设计包含如下步骤：

（1）选取待建模的商务处理（如订单、发票、发货、库存、记账管理、销售或一般分类账）。如果一个商务过程是整个组织的，并涉及多个复杂的对象，应当选用数据仓库模型。然而，如果处理是部门的，并关注某一类商务处理的分析，则应该选择数据集市。

（2）选取商务处理的粒度。对于处理，该粒度是基本的，在事实表中是数据的原子级（如单个事务、一天的快照等）。

（3）选取用于每个事实表记录的维。典型的维是时间、商品、顾客、供应商、仓库、事务类型和状态。

（4）选取将安放在每个事实表记录中的度量，典型的度量是可加的数值量。

3.3 设计数据仓库的方法

数据仓库数据库的设计如图 5-9 所示，首先是业务需求分析，主要工作包括收集、分析和确认业务分析需求。然后是概念模型设计，主要工作包括分析和理解主题。接着是逻辑模型设计，主要工作包括元数据、事实及其量度、粒度和维的选择与设计。最后是物理模型设计，主要工作包括数据仓库的物理数据库表及其存储方式的设计等。

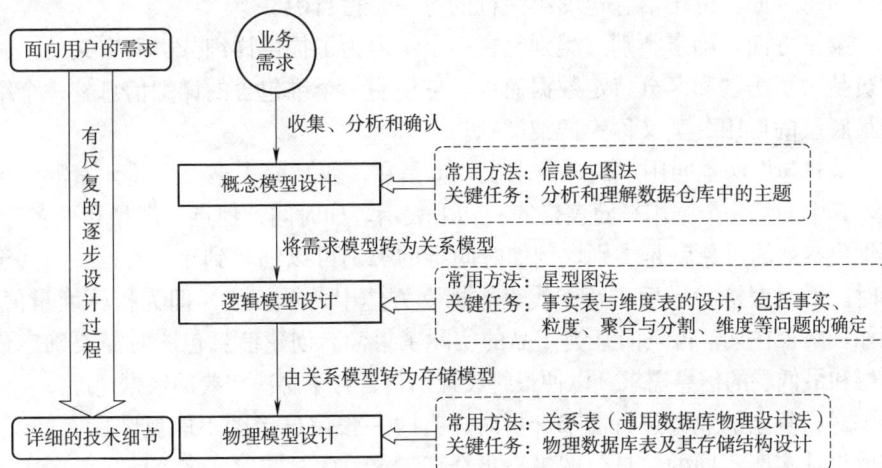

图 5-9 数据仓库数据库设计示意

对于面向主题的数据仓库同传统的数据库设计一样需要经历概念模型设计、逻辑模型设计和物理模型设计三个阶段。与之相对应，数据仓库的设计方法分别是针对数据仓库的信息包图设计、星型图模型设计和物理数据模型的关系表设计，要求如下：

第一，数据仓库的概念模型通常采用信息包图法来进行设计，要求将信息包图的五个组成部分（名称、维、类别、层次和度量）全面地描述出来。

第二，数据仓库的逻辑模型通常采用星型图法来进行设计，要求将星型图的五类逻辑实体（度量逻辑实体、维逻辑实体、层次逻辑实体、详细信息逻辑实体和类别逻辑实体）完整地描述出来。

第三，数据仓库的物理模型通常采用物理数据模型法来进行设计，要求将物理数据模型的五类表（事实表、维表、层次表、详细信息表和类别表）详细地描述出来。

3.3.1 信息包图法

（1）信息包图法的简介。信息包图定义主题内容和主要性能指标之间的关系，其目标就是在概念层满足用户需求。信息包图拥有三个重要对象：（度量）指标、维和类别。利用信息包图设计概念模型就是要确定以下三个方面的内容：

第一方面，确定指标。（度量）指标表明在维空间衡量业务信息的一种方法，是访问数据仓库的关键所在，是用户最关心的信息。成功的信息包图可以保证用户从信息包图中获取需要的各个性能指标参数。

第二方面，确定维。维提供了用户访问数据仓库信息的途径，对应数据立方体的每一面，位于信息包图第一行的每一个栏目中。

第三方面，确定类别。类别是在一个维内为了提供详细分类而定义的，其成员是为了辨别和区分特定数据而设，它说明一个维包含的详细信息，一个维内最底层的可用分类又称为详细类别。

信息包图法也叫用户信息需求表，就是在一张平面表格上描述元素的多维性，其中的每一个维用平面表格的一列来表示，如时间、地点、产品和顾客等。而细化本列的对象就是类别，例如时间维的类别可以细化到年、月、日，甚至小时。平面表格的最后一行（代表数据立方体中的单元格）即为指标度量值，例如，某年在某销售点的某类产品的实际销售额。创建信息包图时需要确定最高层和最低层的信息需求，以便最终设计出包含各个层次需要的数据仓库。

对较复杂的业务进行需求分析时，有时一张信息包图不能反映所有情况，需要设计多张不同的信息包图来满足全部需求，此时应保证多个信息包图中出现的维信息和类别信息完全一致。

总之，信息包图法是一种自上而下的数据建模方法，即从用户的观点开始设计（用户的观点是通过与用户交流得到的），站在管理者的角度把焦点集中在企业的一个或几个主题上，着重分析主题所涉及数据的多维特性，这种自上而下的方法几乎考虑了所有的信息源，以及这些信息源影响业务经营活动的方式。

（2）信息包图法的建立。利用信息包图可以完成以下工作：①定义业务中涉及的共同主题范围，如时间、区域、产品和客户等；②设计可以跟踪的、确定一个业务事件怎样被运行和完成的关键业务指标；③决定数据怎样被传递给数据仓库的用户；④确定用户怎样按层次聚合和移动数据；⑤确定在给定的用户分析或查询中实际包含了多少数据；⑥定义怎样访问数据，估计数据仓库大小，确定数据仓库里数据的更新频率。

下面以一家企业的销售情况为例说明信息包图的制作。通过对该企业近年来销售情况的进一步了解和分析，可以得到如下结论：

获取各个业务部门对业务数据的多维特性分析结果，确定影响销售额的维，包括时间、区域、产品和客户等维。

对每个维进行分析，确定维与类别之间的传递和映射关系，如时间维有年度、季度、月和日等级别，而区域分为国家、省州、城市和具体的销售点。

确定用户需要的度量指标体系，这里以销售情况作为事实依据确定的销售相关指标包括实际销售额、计划销售额和计划完成率等。

有了以上的分析，就可以画出销售分析的信息包图，如图 5-10 所示。此信息包图以销售分析为主题，归纳事实和指标，归纳维和层次，确定数据的粒度和类别。

维 ——➤	信息包图：销售分析			
时间维	区域维	产品维	客户维	广告维（待用）
年度（5）	国家（10）	产品类别（500）	年龄分组（7）	广告费分组（5）
季度（20）	省州（100）	产品名称（9 000）	收入分组（8）	
月（60）	城市（500）		信用组（2）	
日（1 800）	销售点（8 000）			

（注：左侧有"类别 ↓"标签，底部："度量指标：实际销售额、计划销售额、计划完成率"）

图 5-10　销售分析的信息包图示意

图 5-10 中的第一行表示各个维，每一列表示不同维的类别，其中括号内的数字表示各类别的数目（这里的数字仅为示意）。通常一个维的类别数不能太多，建议一个维的类别数不超过七，这将有助于用户检索和理解数据，提高数据的可利用性。在指标栏里，定义了三种度量指标，即实际销售额、计划销售额和计划完成率，并且以这三个指标为中心展开分析。其他业务分析需求的信息包图也可采用类似的方法。

3.3.2　星型图法

在传统的数据库逻辑模型设计中，根据需求分析阶段获得的数据流图，利用实体关系图将概念模型转换为逻辑模型。数据仓库系统通常是在信息包图的基础上构建星型图，进一步完成逻辑模型设计。

星型图因其外观似五角星而得名，它支持从业务决策者的角度定义数据实体，满足面向主题数据仓库设计的需要，而信息包图又为星型图的设计提供了完备的概念基础。同信息包图中的三个对象相对应，星型图拥有三个逻辑实体，即维、指标和类别。

位于星型图中心的实体是（度量）指标实体，对应信息包图中的指标对象，是用户最关心的基本实体和查询活动的中心，为用户的业务活动提供定量数据。每个指标实体代表一系列相关事实，完成一项指定的功能，在一般情况下代表一个现实事务的综合水平，仅仅与每个相关维的一个点对应。位于星型图星角上的实体是维实体，对应信息包图中的维对象，其作用是限制用户的查询结果，将数据过滤使得从指标实体查询返回较少的行，从而缩小访问范围。另一个实体是详细类别实体，它对应信息包图中的类别对象。一个维内的每个单元就是一个类别，代表该维内的一个独立层次，它要求更加详细的信息才能满足用户的需要，与相应的事务处理业务数据库结构产生映射。

因此，从信息包图转换成星型图，需要定义如下三个实体：①（度量）指标实体。使用每一个指标，同时确定是否存储经过计算的指标。②维实体。一个维实体对应指标实体中的多个指标。用户利用维实体来访问指标实体，一个维实体对应信息包图中的一个列。③详细类别实体。其对应现实世界的某一实体。

在星型图中，用户通过维实体获得指标实体数据，其中指标实体与维实体间的联系通过每个维中的最低一层的详细类别实体连接。

当多个信息包图转换成星型图时，可能出现维实体的交叉重叠，为了保证实体的一致性需要进行统一处理，确定它们是同一实体在不同层次上的数据反映，还是两个不同的实体。当多个维实体相关并且存在共性时，可能需要进行合并处理。

根据图 5-10 所示的信息包图可以构造一个星型图，如图 5-11 所示。

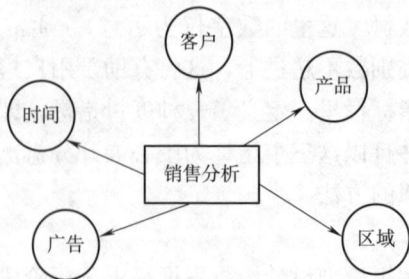

图 5-11　销售分析的星型图示意

根据实际业务需求，可以把产品类别实体连接到星型图中，就可以进一步得到企业数据仓库的雪花型模型，如图 5-12 所示。

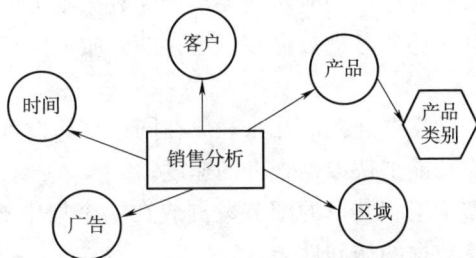

图 5-12　销售分析的雪花型图示意

3.3.3　物理模型设计

数据仓库的物理模型设计基本遵循传统的数据库设计方法。事实上，数据仓库的物理模型就是数据仓库逻辑模型在物理系统中的实现，具体表现为关系表的详细描述。其中包括了逻辑模型中各种实体表的具体化，如表的数据结构类型、索引策略、数据存放位置和数据存储分配等。星型图中的指标实体和详细类别实体通常转变为具体的物理数据库表，而维实体则可能作为查询参考、过滤和聚合数据使用，不一定直接转变为物理数据库表。

（1）物理模型设计的主要工作。在进行物理模型的设计时，需要考虑的因素有 I/O 存取时间、空间利用率及维护成本等。在物理模型设计阶段，需要完成以下工作：

第一，定义数据标准，规范化数据仓库中的数据。

第二，选择数据库架构（关系数据库的星型模式、多维数据库的数据立方体）及其具体的数据库管理系统软件和版本等。

第三，根据具体使用的数据库管理系统，将实体和实体特征物理化，具体包括如下内容：①字段设计，如字段数据类型选择、数据完整性（字段的物理结构）控制等。②物理记录设计（物理存取块与物理记录的处理），主要解决存储空间的有效利用问题。③反向规范化，即根据需要，用来提高数据的查询性能。④分区。

第四，数据容量和使用频率分析，以定义规模，确定数据容量、响应时间要求和更新频率等。确定外部存储设备等物理环境。

第五，物理文件的设计，包括指针、文件组织和簇文件。

第六，索引的使用与选择。

第七，冗余磁盘阵列。

（2）物理存储结构设计的原则。在物理设计时，常常要将数据按其重要性、使用频率及响应时间要求进行分类，将不同类型的数据分别存储在不同的存储设备中。重要性高、经常存取并对响应时间要求高的数据存放在高速存储设备上；存取频率低或对存取响应时间要求低的数据则可以存放在低速存储设备上。另外，在设计时还要考虑数据在特定存储介质上的布局。存储结构设计原则包括如下几点：

第一，不要把经常需要连接的几张表放在同一存储设备上，这样可以利用存储设备的并行操作功能加快数据查询的速度。

第二，建议把整个组织共享的细节数据放在一个集中式服务器（或集群）上，以提高这些共享数据的访问性能。

第三，建议将数据库表和索引分放在不同物理存储设备上，一般可以将索引存放在高速存储设备上，而将表存放在一般存储设备上，以加快数据的查询速度。

第四，建议在系统中使用廉价冗余磁盘阵列。

（3）数据仓库索引设计的特殊性。数据仓库的数据量通常较大，并且其数据一般很少更新，所以可以通过设计和优化索引结构来提高数据存取性能。数据仓库中的表通常要比联机事务处理系统中的表建立更多的索引，表中应用的最大索引数应与表的数据量规模成正比，设计人员甚至可以考虑对部分数据表建立专用索引和复杂索引，以获取较高的存取性能。数据仓库是个只读的环境，建立索引可以取得灵活性，对性能极为有利。但是，表有很多索引，那么数据加载时间就会延长，因此数据仓库索引的建立也需要综合考虑。在建立索引时，可以按照索引使用的频率由高到低逐步添加，直到某一索引加入后，使数据加载或重组表的时间过长时，就结束索引的添加。

最初，一般是按主键和外键建立索引。如果表数据量过大，则可能需要另外增加索引。如果一个表中所有用到的列都在索引文件中，就不必访问事实表，只要访问索引就可以达到访问数据的目的，以此来减少 I/O 操作。如果表太大，并且经常要对它进行长时间的扫描，那么还可以考虑添加一张概要表以减少数据的扫描任务。

（4）存储优化与存储策略。确定数据的存储结构和表的索引结构后，需要进一步确定数据的存储位置和存储策略，以提高系统的 I/O 效率。下面介绍几种常见的存储优化方法：

第一，表的归并与簇文件。当多个表的记录分散存放在几个物理块中时，这些表的存取和连接操作的代价会很大。这时可以将需要同时访问的表在物理上顺序存放，或者直接通过公共键将相互关联的记录放在一起，即簇文件设计模式。这种设计模式通常在访问序列经常出现或者表之间具有很强的访问相关性时有较好的性能效果，对于很少出现的访问序列和没有强相关性的表，使用表的归并时没有效果。

第二，反向规范化，引入冗余。一些表的某些属性可能在对多个其他表的查询时经常用到，则可考虑将这些属性复制到多个主题相关表中，可以减少查询时连接表的个数。另外，根据需要可以存储导出数据属性，即在原始数据的基础上进行总结或计算，生成导出数据并作为冗余列存储在表中，以便在应用中直接使用这些导出数据，免去计算或汇总过程。

第三，表的物理分割（分区）。每个主题中的各个属性或记录的存取频率是不同的。将一张表按各属性或记录的存取频率分成多张表，将具有相似访问频率或访问相关性强的数据组织在一起。

习题：

（1）什么是数据仓库？并简述数据仓库的四个主要特征？

（2）什么是 OLAP 技术？OLAP 技术与 OLTP 技术的主要区别表现在哪些方面？

（3）请简述典型的 OLAP 的操作。

（4）请简述数据仓库存储的数据结构。

（5）请简述数据仓库的数据 ETL 过程。

（6）请简述数据仓库的设计步骤。

第六章 数据挖掘方法

本章首先从总体上介绍数据挖掘、数据挖掘的工具、机器学习算法分类；其次对分类预测、回归分析、聚类分析、关联规则、文本与 Web 挖掘等用于数据挖掘的机器学习算法和基于深度学习的大数据挖掘技术进行详细阐述；最终，以实际案例介绍了数据挖掘技术在企业人力资源管理中的应用。

通过本章学习，应该达到如下目标：

【知识目标】

了解监督学习、非监督学习、半监督学习和强监督学习算法在机器学习中的概念；熟悉并掌握基本的分类与预测、回归、聚类、关联规则、文本与 Web 挖掘算法的原理及评价方法；理解常用的深度学习模型的原理及优缺点，如全连接神经网络模型、卷积神经网络模型、循环神经网络模型等。

【技能目标】

能够运用机器学习的实践平台（如 Weka）或者 Python，能对常见的机器学习算法实现，以及对模型进行评价。

【能力目标】

查阅相关论文，分析人力资源管理领域存在的挑战，基于已有的数据，选择合适的机器学习算法进行实验设计与实现。

1 数据挖掘概述

数据挖掘（Data Mining）是从大量、不完全、噪声、模糊、随机的应用数据中提取有用的信息和知识的过程。数据挖掘是一种新兴的商业数据处理技术，其核心特征是通过抽取、转换、分析和其他模型化处理，将关键数据从企业数据库的海量业务数据中提取出来，从而实现企业的经营决策。

数据挖掘是对数据进行深入研究的一种方式。数据分析已经有多年发展史，以往主要是为了科研而搜集和分析数据。如今，业务自动化已经在各行各业实施，大量业务数据不再依赖人工进行收集，而是在企业的业务运营过程中生成并自动收集。分析数据不仅对于研究是必要的，更多的是为了给企业决策提供真实有价值的信息，并由此获利。但是，所有的公司都有一个共同的问题：产生海量的企业数据，但这些数据中有用的信息寥寥无几。所以，从海量的数据中进行深入剖析，才能得到对商业运作、提高竞争力的有用信息，如在矿石中淘金子，这就是数据挖掘的由来。

数据挖掘是一种高级而有效的方法，它是根据公司既定业务目标，调查和分析众多数据中隐藏的、未知的或被证实的规律。在当前的大数据时代，推动企业的人力资源管理转型升级可以提升企业的专业性，发挥人才管理的优势，优化人力资源产业链等。数据挖掘能够从一堆庞杂的人力资源数据中，挖掘出有助于业务发展、提升企业收益和帮助企业发现新机会的有价值信息。

1.1 数据挖掘工具

数据挖掘算法在人力资源的应用开发，可以使用 WEKA（Waikato Environment for Knowledge Analysis）数据挖掘工作平台和著名的新西兰怀卡托大学的基于 Java 的数据挖掘开源软件。该平台包括许多机器学习算法，可以执行数据挖掘任务，如数据预处理、分类、回归、聚类、关联规则和新交互界面上的可视化等，支持多种数据文件格式。链接"https：//waikato. github. io/weka-wiki/downloading_weka/"是 WEKA 的下载简介，它包含了 Windows、Mac Os、Linux 等其他平台版本。

1.2 数据挖掘算法概述

数据挖掘通过机器学习、文本与 Web 挖掘、深度学习等技术对海量数据进行分析。机器学习技术包括监督学习、无监督学习、半监督学习和强监督学习。

（1）监督学习（Supervised Learning）。如图 6-1 所示，通过训练已有特征和有鉴定标签的训练数据 (x_1, y_1)，(x_2, y_2)，…，(x_n, y_n)，让机器学习特征和标签之间的联系 $Y = f(X)$。训练好了以后，可以预测只有特征数据 X_{n+1} 的标签。监督学习可分为回归分析和分类。

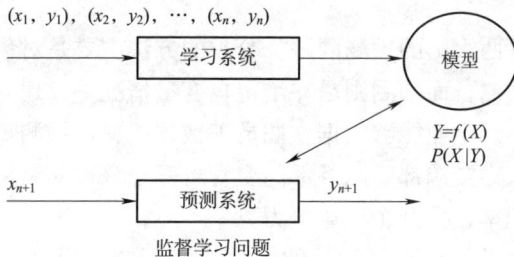

$(x_1, y_1), (x_2, y_2), …, (x_n, y_n)$

学习系统 → 模型

$Y=f(X)$
$P(X|Y)$

x_{n+1} → 预测系统 → y_{n+1}

监督学习问题

图 6-1　监督学习算法

①回归分析（Regression Analysis）。将训练数据进行分析，拟合出最小误差的函数模型 $y = f(x)$，在此，y 为数据的标签，而新的自变量 x 则由该模

型获得标签 y。

②分类（Classification）。获取训练数据用作特征向量对应的标签，计算新的特征向量得到标签。

（2）无监督学习（Unsupervised Learning）。在仅有特征而无标签的训练数据集合里，根据数据间的内在关联度和相似度，将其归入不同类别。聚类是根据某个特定标准将一个数据集合划分为若干个类别，这样，同一类别的全部数据对象之间的相似性尽可能大，不同类别数据对象之间的差异也尽可能大；也就是说，同一类别的数据要尽量集中，而不属于同一类别的数据则要分开。

（3）半监督学习（Semi-supervised Learning）。半监督学习可以通过在有监督的学习中引入无标记的数据来优化性能，或者通过引入非监督学习的监督信息来优化性能。半监督学习有生成式方法（Generative Methods）、半监督SVM（Semi-supervised Support Vector Machine，简称 S3VM）、基于分歧的方法（Disagreement-based Methods）、半监督聚类（Semi-supervised Clustering）等方法。

（4）强监督学习。强监督学习，又称作强化学习（Reinforcement Learning，RL）、再励学习、评价学习或增强学习，作为机器学习范式和方法论在和环境的交互时，利用学习策略来使智能体（Agent）描述并处理获得回报最大化或实现特定目标的问题。

2 监督学习

本节介绍常见的分类与回归算法，并分析其在人力资源领域的应用。

2.1 分类与预测

分类与预测是两大类的预测问题。分类的方法主要是对预测分类标号（离散和无序）进行预测，而预测则是在给定自变量情况下，建立连续的数值函数模型对因变量预测。企业能够根据在职员工数据资料，预测短期内在职员工是否可能会离职，人力资源部门以及部门主管可基于该预测结果，采用必要方式降低核心员工离职率，提升企业竞争力。

（1）分类。分类是有监督学习的一个核心问题，通过一组带有标签的数据，建立分类模型，学习一个从输入到一个离散输出之间的映射，并把这个映射关系应用于一个未知数据上，将每个样本映射成一个预定义的分类，达到分类的目的。分类模型基于现有类标签的数据集合，该模型属于有监督的学习。分类利用一组带有标签的数据，图6-2展示为"高""中""低"三类。

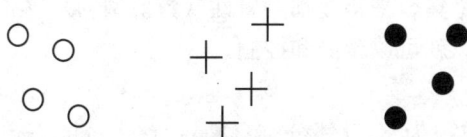

图 6-2　分类的三种类型

（2）预测。明确两个或多个变量之间相互依赖的函数模型，预测和控制它们。分类和预测的实现流程相似，举例说明一个分类模型，其实现流程如图 6-3 所示。

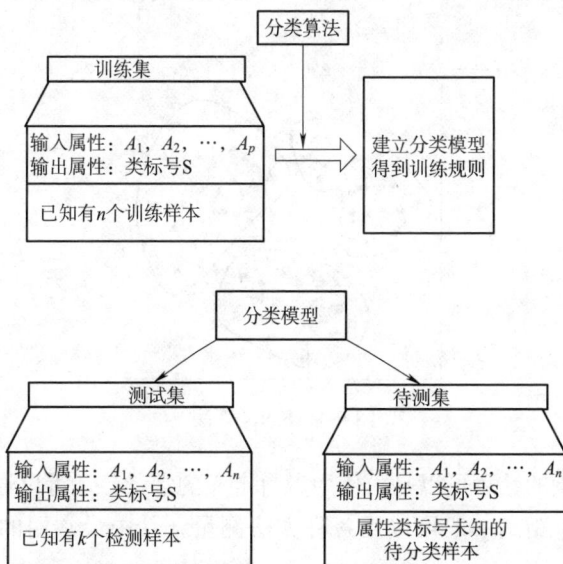

图 6-3　分类模型实现过程

（3）分类的实现过程。分类模型的实现分为两个阶段。首先是学习阶段。在这个阶段，对训练样本进行归纳分析，建立分类模型。进而获得分类规则，即分类决策函数或分类模型。其次是分类阶段。在这个阶段，使用已有的检验样本集对分类规则的正确性进行评估，在正确率允许的情况下，利用学习得到的分类器对新的输入样本进行类别预测。

多类分类问题也可以转化为两个分类问题来解决。如一对其余（One-vs-Rest）方法：将一个类标记为正类，而其余类都标记为负类。此时，每次将其中一个类（如三角形类）作为正类，而将剩余的两类统一作为负类，从而构建一个两类的分类器。如果采用这种模式，假设共有 n 个类，则通常需要构建 n 个分类器。

（4）预测的实现过程。预测模型的实现分为两个阶段，与分类模型相似，第一阶段是利用训练集合来构建预测属性（数值型的），第二阶段是进行预测，一旦模型得到验证，就可以预测和控制。

2.1.1 K近邻

KNN算法也被称为K近邻分类（K-nearest neighbor classification），它的基本原理是从训练样本中发现一些与新数据点最近的预定数目的数据，并且根据这些数据点来进行标签的预测。其判断思想（图6-4），从现有数据集中计算待分类的数据点到已有全部数据点的距离；选取最短的top K点，然后采用少数服从多数的原则，将数据点分类为最常见的类别。该方法还可用来进行回归，即在某样本中找到k个相邻点，将这些相邻点的属性的均值赋给样本，得到样本属性。

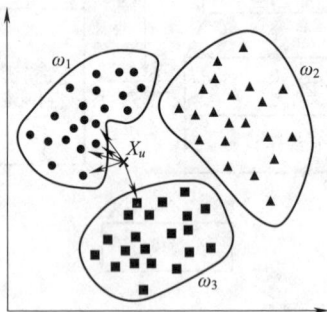

图6-4　KNN算法

这些数据点的数目可以是由使用者自定义的常量，还可以通过布置密度不同的点来获得。距离一般可以用各种方法测量，其中最常用的就是标准欧式距离。

其算法的描述为：a. 计算测试数据与各个训练数据之间的距离；b. 按照距离的递增关系进行排序；c. 选取距离最小的k个点；d. 明确前k个点出现在其类别的频率；e. 返回预测分类的前k个点中最常见的类别作为测试数据。

KNN算法不仅可以用于分类，而且可以用于回归。KNN回归适用于连续变量估计，且KNN分类用于分类目标数据是离散的。KNN算法的一个简单的实现方式是求取邻近K的数值目标的平均值，另外一种是利用K的邻近的逆距离加权平均值。KNN回归和KNN分类使用相同的距离函数，并使用多个反距离加权K近邻来确定测试点的均值。

（1）K近邻分类器的经验。在实际应用中，我们可以用全部训练数据构造特征X、标签y，并利用fit()函数训练。正式分类时涉及一次创建一组测试集或一次输入一个样本以获得相应的样本分类结果。KNN算法的距离和k

参数选取直接决定算法的效果。

①KNN 距离。设定 X 实例和 Y 实例都包含 N 维的特征，即 $X=(x_1, x_2, x_3, \cdots, x_n)$，$Y=(y_1, y_2, y_3, \cdots, y_n)$。衡量两者的差别有两种类型，它们是距离度量和相似度度量。

距离度量（Distance）借助几何空间距离概念，衡量实例的距离，距离越大，差别越大。

相似度度量（Similarity）是一种计算个体之间相似性的方法。这与测量距离度量相反，个体之间数值越小，那么个体之间的相似性越低，差异越大。

②有关 K 的取值。若取值较大，则相当于在更大邻域内用训练实例预测，虽然可以减少估算误差，但如果样本距离太长，就会影响预测，从而造成预测的错误。

反之，若取值较小，则相当于在更小的邻域内利用训练实例来进行预测，若邻域刚好是噪声点，则会引起过拟合。

一般选取较小的值，再用交叉验证法来确定最佳 K 值。

（2）KNN 算法的优缺点及应用领域。

①优点。该算法的原理清楚明晰，理论支持很好，具有很好的模型可解释性；既可以用于分类，又可以用于回归；和线性回归比较来看，对数据 KNN 回归没有假设，具有高精确度，对异常点不敏感；模型不需训练，不需拟合一个函数，通过调节 K 值可防止过拟合。

②缺点。当特征数量多时，计算量大，性能也不好；模型的预测运算开销受限于样本数量，且当样本数量大时表现差；K 值选择需要较高的技巧；是一种懒散的学习方式，几乎不会学，所以在预测的时候，比起一般算法要慢一些；对训练数据依赖度非常大，样本不平衡时预测偏差大，对训练数据的容错性较差。

③KNN 算法的主要应用领域。采用算法对新的样本进行分类；采用有缺失值的特征作为标签，对缺失值进行插补；将其用作集成算法的基分类器。

2.1.2 朴素贝叶斯

基于贝叶斯定理的朴素贝叶斯分类器是一个多分类的分类器。

对于给定数据，首先基于特征的条件独立性假设（每一类多元样本分布的每个特征独立），通过对输入和输出的联合概率分布的学习，根据该模型，从给定的输入 x，用贝叶斯定理，得到最大后验概率的输出 y。

$$p(A|B)=\frac{p(B|A) \cdot p(A)}{p(B)}$$

在 sklearn 库中实现的三个朴素贝叶斯分类器，它们分别是：高斯朴素贝叶斯（naive _ bayes. GussianNB）、基于多项式模型的朴素贝叶斯（naive _ bayes. MultinomialNB)、基于多元伯努利模型的朴素贝叶斯分类器（naive _ bayes. BernoulliNB)。

不同之处在于我们假定某一特性的全部观测值符合特定的分布，例如，一个人的身高、体重都符合高斯分布的分类问题特征，这些问题都适用于高斯朴素贝叶斯。

朴素贝叶斯是一种典型的生成学习方法，它结合训练数据学习一个联合概率分布，然后得到后验概率分布。通常情况下，朴素贝叶斯对小型数据处理得很好，同时应用广泛、性能优异、具有较高的扩展性，适合进行多分类任务。

朴素贝叶斯的算法优点：算法原理清晰，具有极强的理论支撑；模型的可解释性强；预测过程计算开销小；支持增量式运算，样本递增，不需要再重新训练。

朴素贝叶斯的算法缺点：必须确保特征之间相互独立，但是在实际应用中难以保证；当具有大量的特征数量时，或具有较高的特征相关性的时候，它的分类性能差；朴素贝叶斯的主要应用领域是用算法对新样本分类，用作集成学习算法的基分类器。

2.1.3 支持向量机

支持向量机（Support Vector Machine，SVM）由 Corinna Cortes 和 Vapnik 于 1995 年提出，在识别小样本、非线性和高维模式方面具有显著优势。支持向量机是主要用于分类与回归分析的监督学习方法，在文本分类、图像识别、数据挖掘领域中均具有广泛的应用。

支持向量机是以统计学习原理为基础，在特征空间中定义了最大间距的线性分类器，其中包含了核函数，从而使其在实际中成为非线性分类器。其基本思路是：在给定的训练样本数目有限的情况下，在原始空间或投影高维空间中建立最优分离超平面，将两种训练样本分离，把分离超平面的两种类型样本间的最小距离最大化，构建分离超平面。SVM 可以用图 6-5 来解释算法的思路，显示了两类样本线性可分的情形，"圆"和"星"代表了两类样本，用标签 $Y=\{1，-1\}$ 表示类别。

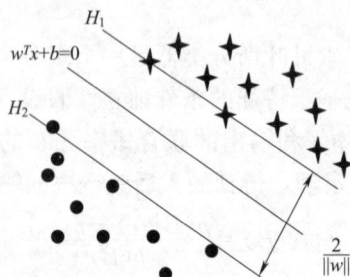

图 6-5　SVM算法思想

（1）完全线性可分的样本集。基于 SVM 的原理，构建模型是为找到最优分离超平面，也就是最大间隔分离样本的超平面，而将两种样本分离。最优分离超平面能表示为

$$w^T x + b = 0$$

如此，在最优分离超平面之上的一个点满足

$$w^T x + b > 0$$

位于最优分离超平面下方的点满足

$$w^T x + b < 0$$

通过调整权重 w，边缘的超平面可以记为

$$H_1 : w^T x + b \geqslant 1 \text{（对所有的 } y_i = +1）$$

$$H_2 : w^T x + b \leqslant -1 \text{（对所有的 } y_i = -1）$$

也就是在 H_1 或它上面的是一个正类，在 H_2 或它下面的是一个负类，综合以上得到

$$y_i (w^T x + b) \geqslant 1, \quad \forall i$$

落在 H_1 或者 H_2 上的训练样本，称为支持向量。

从最优分离超平面到 H_1 上的任一点的距离是 $\dfrac{1}{\|w\|}$，同样地，到 H_2 上的任意一点的距离也为 $\dfrac{1}{\|w\|}$，则最大的边缘间隔为 $\dfrac{2}{\|w\|}$。要找到最优超平面和支持向量，需运用许多数学理论知识与技能。

（2）对于线性不可分的样本集。非线性可分情况下，求解时引入核函数，把样本点映射到更高维空间，使其线性可分，常使用的核函数分为以下几类：

①高斯核函数。

$$K(x_i, x_j) = e^{-\|x_i - x_j\|^2 / 2\delta^2}$$

②多项式核函数。

$$K(x_i, x_j) = (x_i x_j + 1)^h$$

③S 形核函数。

$$K(x_i, x_j) = \tanh(k x_i x_j - \delta)$$

支持向量机的优点：SVM 可以建立非线性决策的边界模型，并支持多个核函数；在面向过拟合的情况下，具有很好的稳定性，特别是在高维空间里。

支持向量机的缺点：SVM 是一种内存密集型的算法，要想找到合适的核函数，必须有一定的技巧；当特征数目多的时候，在训练过程中的运算量大，对于大的数据集合不适用。

2.1.4 决策树

（1）决策树的概述。决策树是一种监督学习的树形结构分类器，可以依次

根据分类点的属性确定分类点的最终类别，常用于分类、预测、规则提取等。一般根据特征的信息增益或其他指标来构造决策树。每个树结点可能是一个叶节点，对应某一类别，也可能是一个细分，对应的样本集被划分成若干个子集，其中每个子集对应一个节点。一般地，一棵决策树包括一个根节点、若干个内部节点和若干个叶节点。

①每一个内部的结点都代表了一个属性的判定。

②每个分支表示一个结果，用一个输出来判断。

③每个叶节点代表一种分类结果。

④根节点包含样本全集。

对于分类问题，决策树的学习目标是生成一个决策树，该树具有较高泛化能力，也就是处理未见示例能力强。从具有已知类标签的训练元组中学习和构建决策树是一个从上至下的分而治之的过程。分类时，通过对决策树中的结点顺序的判断，便可得到样本的类别。

（2）优缺点及应用领域。

①优点。决策树算法的结果易于理解和解释；进行可视化的分析，可以很方便地抽取出其中的规则；可对标称型（通常在有限数据中提取，并且仅有"是"和"否"两种结果的数据类型）和数值型数据同一时间进行处理；预测过程计算开销小。

②缺点。在特征太多而样本较少的情况下容易出现过拟合，并且忽略数据集中特征的相互关联。

③应用领域。决策树算法的应用主要是用算法对新的样本进行分类、特征工程、筛选出重要的特征、用作集成学习算法的基分类器。

2.1.5 分类及预测的评价

分类学习的输入是一组带标签的训练数据（又称为观察与评估），标签指示该数据（观察）所属的类。输出是一个基于训练数据的分类模型，训练自己的模型参数，学习出匹配这组数据的分类器，如果有新数据（测试数据，非训练数据）需要判断分类，可以使用这组新数据作为输入，并提供给已学习过的分类器判断。

训练集（training set）：就是用来训练模型的已标注数据，用来构建模型，找出规律。

测试集（testing set）：预测模型有效评估需要一组不参与构建预测模型的数据集，并根据数据集评估预测模型的准确性。这组独立的数据集称为测试集。测试集也是已标注数据，一般是把标注隐藏起来，然后传送到训练好的模型，再把结果与真实标注进行比较，以此来评估模型的学习能力。

训练集/测试集的划分方法：从已标注数据中，将部分（70%）的数据随机抽取出来用作训练数据，其余部分用作试验数据。另外，还有交叉验证法，自助法用来评估分类模型。

分类器的性能评价：一般情况下，我们用准确率（Accuracy），对于二分类问题用精确率（Precision）和召回率（Recall），除此之外还有 F_1 值（F_1 Score）、PR 曲线、ROC 曲线、AUC 等。

（1）准确率。分类器正确分类的样本数与总样本数之比。即模型预测正确（包括正例和负例）的数量占所有样本数量之比。

识别准确度（Accuracy）定义为

$$Accuracy = \frac{TP+TN}{TP+TN+FP+FN} \times 100\%$$

式中各项说明如下（表 6-1）：TP（True Positive），正确的肯定表示正确肯定的分类数；TN（True Negatives），正确的否定表示错误否定的分类数；FP（False Positive），错误的肯定表示错误肯定的分类数；FN（False Negatives），错误的否定表示错误否定的分类数。

表 6-1 分类器

实际类别	预测类别		
	正例	负例	总计
正例	TP	FN	P（实际为正例）
负例	FP	TN	N（实际为负例）

TP：真阳性，指真实标签是真的，预测结果也是真的。TN：真阴性，指真实标签是假的，预测结果也是假的。FP：假阳性，指真实标签是假的，而预测结果是真的。FN：假阴性，指真实标签是真的，而预测结果是假的。

（2）精确率。精确率与预测结果相关，表示整体预测为真的样本实际为真的概率（以二分类为例），显示了预测为正的样本中真实正的样本的数量，如在垃圾短信分类器中，指预测出的垃圾短信中真正垃圾短信的比例。所以，如果预测是正的，便有两种可能，一种是将正的类别预测为正类（TP），另一种是将负类预测为正类（FP），也就是

$$Precision = \frac{TP}{TP+FP}$$

（3）召回率。召回率与原本的样本相关，表示整体真实标签为真的样本中，该模型预测也为真的数量之比，即在总正例中，被正确判断为正例的比重。在垃圾短信分类器中，指所有真的垃圾短信被分类器正确找出来的比例。表示模型能从真样本中预测出真的能力，存在两种可能，一种是把原来的正类预测为正类，另一种是把原来的正类预测为负类（FN），也就是

$$Recall = \frac{TP}{TP+FN}$$

（4）ROC 曲线。受试者工作特性（Receiver Operating Characteristic, ROC）曲线是一种极为有效的模型评价方法，可以为选定的临界值提供定量提示。要获得 ROC 曲线图，需调整灵敏度（Sensitivity）设在纵轴，1-特异性（1-Specificity）设在横轴。曲线下积分面积（Area）的大小与各方法的优劣有很大关系，可以反映分类器正确分类的统计概率。该数值越邻近 1，则该算法效果越好。

（5）混淆矩阵。混淆矩阵（Confusion Matrix）是模式识别的常用表达形式（表 6-2）。它是解释样本数据的真实属性与识别结果类型间的关系和评价分类器性能的常用方法。

表 6-2　混淆矩阵

实际类	预测类	
	类＝1	类＝0
类＝1	A	B
类＝0	C	D

2.2　回归分析

人力资源的需求通常总是与一种或多种因素具有确定的相关关系，所以，可以用回归分析定量地表达这种关系，常用于进行人力资源需求量的预测。回归从统计学角度分析数据，以了解两个或多个变量是否相关、相关方向和强度，创建数据模型，便于观察特定变量来预测研究者感兴趣的变量。简单地说，创建对两个或者多个变量之间关系的模拟方程的过程称为回归。其中，预测的变量称为因变量，被用于进行预测的变量称为自变量。回归分析通常可用于使用指定的自变量估计因变量的条件期望。在此基础上，通过一组带有标签的数据，学习到输入和连续输出之间的映射关系，并将关联应用于未知数据，达到回归目标。

在回归模型中，自变量和因变量之间存在相关性，自变量的值已知，因变量被预测。回归算法的具体实施过程有学习与预测。学习是根据训练样本数据来拟合回归方程，预测是用拟合的回归方程将测试数据添加到方程以获得预测值。

回归分析主要包括线性回归、非线性回归、逻辑回归、岭回归、主成分回归。下面就常用的线性回归、逻辑回归进行介绍。

2.2.1　线性回归

线性回归模型是基础机器学习中最基础的监督学习方法。这是一种统计分析方法，通过数理统计的回归分析，确定两种或多个变量之间相互依赖的定量关系。但一般情况下，因变量和自变量之间存在某种曲线关系，因此需要建立非线性回归模型。

线性回归的目的是在给定自变量的情况下预测因变量的值。根据自变量的不同数量，可分为一元回归与多元回归分析；根据因变量的不同，可分为简单回归分析、多重回归分析两类；根据自变量和因变量的关系类型，可分为线性和非线性回归分析两种。

下文首先对一元线性回归进行了介绍，然后将其扩展到更复杂的多元线性回归。其线性回归的步骤如下：a. 明确自变量和因变量，并对它们之间的相关系数进行运算。b. 画出散点图，以决定回归模型的种类。c. 模型参数的估算和回归模型的构建：最小二乘法估算模型的参数。d. 对回归模型进行检验。e. 利用回归模型进行预测。

（1）一元线性回归。一元线性回归是一种最简便地反映两个变量间的相关关系的回归模型，它是一种仅有一种自变量和一种因变量的线性关联模型。下文首先通过一个简单的例子，说明一元线性回归模型的出现背景，并介绍了回归模型、回归方程、回归方程参数估计和拟合优度等。

变量之间的相互关系，主要有 3 种：第一种，确定的函数关系，$y = f(x)$。第二种，不确定的统计相关关系，$y = f(x) + \varepsilon$（随机误差）。第三种，没有关系，不用分析。

①回归模型。自变量与因变量间的线性关系的数据结构通常用如下公式表示

$$y = \beta_0 + \beta_1 x + \varepsilon$$

y 是一个因变量（随机），x 是一个自变量（确定），β_0、β_1 是未知参数，β_0 是回归常数，β_1 是回归系数，$\varepsilon \sim N(0, \sigma^2)$ 是其他随机因素的影响效果。在 y 与 x 这两个变量中，它们的关系可分为两个部分：一是因为 x 的改变导致 y 的线性改变的部分，也就是 $\beta_0 + \beta_1 x$；二是因为所有其他的随机因素导致的部分，用 ε 表示。

②回归方程。将回归模型两侧的数学期望值进行计算，得出的回归方程公式为

$$E(y) = \beta_0 + \beta_1 x$$

每个 x 都有一个相应 y 的数学期望值，这是一个函数关系。通常，上述回归方程的参数可由样本观测数据估算，其基本形式是

$$\hat{y} = \hat{\beta}_0 + \hat{\beta}_1 x$$

其中 $\hat{y}$、$\hat{\beta}_0$、$\hat{\beta}_1$ 是对期望值和两个参数的估算。

③回归方程参数估计。对整体 (x, y) 进行 n 次单独观察，得到 n 个采

样观察数据：(x_1, y_1)，(x_2, y_2)，…，(x_n, y_n)。并在图像上画出它们，如图 6-6 所示。

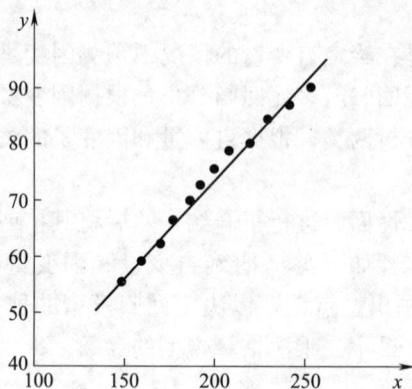

图 6-6　绘制观测数据

怎样才能得到最适合于这些观测值的拟合直线？回答是用最小二乘方法，基本思想是真实观测值与预测值（均值）总的偏差平方和最小值，计算公式为

$$\min \sum_{i=1}^{n} \left[y_i - (\hat{\beta}_0 + \hat{\beta}_1 x_i) \right]^2$$

求解以上最优化问题，即得到

$$\hat{\beta}_0 = \bar{y} - \bar{x} \hat{\beta}_1$$

$$\hat{\beta}_1 = \frac{L_{xy}}{L_{xx}}$$

其中

$$\bar{x} = \frac{1}{n} \sum_{i=1}^{n} x_i, \bar{y} = \frac{1}{n} \sum_{i=1}^{n} y_i, L_{xx} = \sum_{i=1}^{n} (x_i - \bar{x})^2, L_{xy} = \sum_{i=1}^{n} (x_i - \bar{x})(y_i - \bar{y})$$

于是就得到了基于经验的回归方程，即

$$\hat{y} = \hat{\beta}_0 + \hat{\beta}_1 x$$

④回归方程拟合优度。通过上述步骤，我们得到了一个线性回归方程，那么，这一回归方程的拟合度是多少？可以使用这个方程进行预测吗？可以根据拟合优度来进行判定。在引入拟合优度的概念前，首先要对以下几个概念进行介绍：总离差平方和、回归平方和、残差平方和。计算公式为

$$\text{TSS} = \sum_{i=1}^{n} (y_i - \bar{y})^2$$

$$\text{RSS} = \sum_{i=1}^{n} (\hat{y}_i - \bar{y})^2$$

$$\text{ESS} = \sum_{i=1}^{n} (y_i - \hat{y}_i)^2$$

可以证明：TSS＝RSS＋ESS。x_i 取不同的值，$\hat{y}_i = \hat{\beta}_0 + \hat{\beta}_1 x_i$（$\hat{\beta}_1 \neq 0$）必然不同，因为 y 和 x 之间存在着明显的线性关系，所以 x 的数值不同会导致 y 的改变。ESS 是因为 y 和 x 之间存在着不明确的线性关系以及其他因素所导致的错误。若 RSS 比 ESS 要大得多，那么是什么原因呢？表明回归具有明显的线性关系，可用指标公式进行求解，即

$$R^2 = \frac{\text{RSS}}{\text{TSS}}$$

这便是"拟合优度"（判定系数），其数值越大，说明直线的拟合能力就越强。

一元线性回归的优点：建模速度快，不需要很复杂的计算；由于已知的变量少且简单，所以预测准确率通常较高；对异常值很敏感。

（2）多元线性回归。在此之前，我们已经了解了仅有一个自变量以及因变量的一元线性回归模型，但在实际情况下，自变量一般是由多个组成，我们称之为多元线性回归模型。多元线性回归模型的目标是建立一个回归方程，通过几个自变量估计因变量，以解释和预测因变量。因为大多数自变量和因变量在多元线性回归模型中都是定量的，某些定性指标必须转化成量化的数值，以便将其用于回归方程。

以下是多元线性回归模型、回归方程、回归方程参数估计和拟合优度等基本概念。

①多元线性回归模型。在多元线性回归模型中，一般采用以下方式来表达自变量与因变量之间的线性关系

$$Y = \beta_0 + \beta_1 X_1 + \beta_2 X_2 + \cdots + \beta_p X_p + \varepsilon$$

y 是因变量；x_1，x_2，$\cdots$，x_n 是自变量；β_0，β_1，$\cdots$，β_n 是 $n+1$ 个未知参数；β_0 是回归常数；β_1，β_2，$\cdots$，β_n 是回归系数；ε 是其他随机影响因素。

对于总体 $(X_1, X_2, \cdots, X_p; Y)$ 的 n 个观测值 $(x_{i1}, x_{i2}, \cdots, x_{ip}; y_i)$ $(i=1, 2, \cdots, n; n>p)$，它满足

$$\begin{cases} y_1 = \beta_0 + \beta_1 x_{11} + \beta_2 x_{12} + \cdots + \beta_p x_{1p} + \varepsilon_1 \\ y_2 = \beta_0 + \beta_1 x_{21} + \beta_2 x_{22} + \cdots + \beta_p x_{2p} + \varepsilon_2 \\ \vdots \\ y_n = \beta_0 + \beta_1 x_{n1} + \beta_2 x_{n2} + \cdots + \beta_p x_{np} + \varepsilon_n \end{cases}$$

其中 ε_i 相互独立，且设 $\varepsilon_i \sim N(0, \sigma^2)$ $(i=1, 2, \cdots, n)$，记

$$Y = \begin{bmatrix} y_1 \\ y_2 \\ \vdots \\ y_n \end{bmatrix}, \quad X = \begin{bmatrix} 1 & x_{11} & x_{12} & \cdots & x_{1p} \\ 1 & x_{21} & x_{22} & \cdots & x_{2p} \\ \vdots & \vdots & \vdots & & \vdots \\ 1 & x_{n1} & x_{n2} & \cdots & x_{np} \end{bmatrix}, \quad \beta = \begin{bmatrix} \beta_0 \\ \beta_1 \\ \vdots \\ \beta_p \end{bmatrix}, \quad \varepsilon = \begin{bmatrix} \varepsilon_1 \\ \varepsilon_2 \\ \vdots \\ \varepsilon_n \end{bmatrix}$$

则多元线性回归模型的矩阵形式可以表示为 $Y = X\beta + \varepsilon$，其中 β 即为待估计的向量。

②多元线性回归方程。两边都取期望值，则得到的回归方程为

$$E(Y) = X\beta$$

其一般的形式为

$$\hat{Y} = X\hat{\beta}$$

其中 $\hat{Y}$、$\hat{\beta}$ 是对期望值和回归系数的估算。

③多元线性回归方程参数估计。β 的参数估计（最小二乘法，过程略）为

$$\hat{\beta} = (X^T X)^{-1} X^T Y$$

σ^2 的参数估计（推导过程略）为

$$\hat{\sigma}^2 = \frac{1}{n-p-1} e^T e$$

其中 $e = Y - \hat{Y} = (I-H)Y$，$H = X(X^T X)^{-1} X^T$，H 称为对称幂等矩阵。

④多元线性回归方程拟合优度。与一元线性回归模型相似，总离差平方和、回归平方和、残差平方和的计算公式为

$$\text{TSS} = \sum_{i=1}^{n} (y_i - \bar{y})^2 = Y^T \left(I - \frac{1}{n} J \right) Y$$

$$\text{RSS} = \sum_{i=1}^{n} (\hat{y}_i - \bar{y})^2 = Y^T (I-H) Y$$

$$\text{ESS} = \sum_{i=1}^{n} (y_i - \hat{y}_i)^2 = Y^T \left(H - \frac{1}{n} J \right) Y$$

可以证明得到

$$R^2 = \frac{\text{RSS}}{\text{TSS}}$$

多元线性回归的优点：可以按结果对每个变量进行理解和解释，该方法易于理解，便于进行决策分析；使用多个自变量的最佳组合来预测或估计因变量比使用单一的自变量进行预测和估算更有效，而且具有更大的实用价值。

2.2.2 逻辑回归

线性回归模型处理的因变量是数值型变量，说明了因变量期望值与自变量的线性关系；但是在一些现实问题里，我们需要研究的因变量 y 不是数值型变量，而是分类数据（如 0、1），如果我们继续使用线性回归模型预测 y 的值，那么会导致 y 的值并不是 0 或 1，最终问题得不到解决。下面我们介绍另

一种称为逻辑回归的模型，用来解决此类问题。

逻辑回归（Logistic 回归）是一种基于概率的非线性回归，分为二分类和多分类两种。二分类逻辑回归，由于因变量 y 仅有"是、否"两个取值，分别用 1 和 0 表示。假定在自变量作用下，y 为"是"的可能性为 p，那么，"否"的可能性为 $1-p$，它研究了在 y 取"是"出现的可能性 p 和自变量之间的关系。在自变量之间存在多重共线性的情况下，用最小二乘法估算的回归系数是不精确的，改进多重共线参数的主要消除方法有岭回归和主成分回归。

逻辑回归模型利用一个函数对 y 的数值进行归一化，使得 y 的数值处于区间（0，1），该函数叫作 Logistic 函数，其表达式为

$$g(z)=\frac{1}{1+e^{-z}}$$

在这里面 $z=\beta_0+\beta_1 X_1+\beta_2 X_2+\cdots+\beta_k X_k+\varepsilon$，这样就把预测问题变成了一种可能性问题。通常以 0.5 为界，当预测值超过 0.5，我们认为在这个时候 y 是 1，不然 y 是 0。

以下是比较常见的二分类逻辑回归模型的基本原理。

（1）二分类逻辑回归。二分类逻辑回归模型中，仅有 1 和 0（是和否，发生和不发生）两个数值。假定在 P 个独立的自变量 x_1，x_2，$\cdots$，x_p 中，将 y 表示 1 的可能性为 $p=P_y=1|X$，0 的可能性为 $1-p$，1 与 0 的概率之比称为事件的优势比（odds），即

$$\text{odds}=\frac{p}{1-p}$$

对 odds 取自然对数即得 Logistic 变换，为

$$\text{Logit}(p)=\ln\frac{p}{1-p}$$

令 $\text{Logit}(p)=\ln\frac{p}{1-p}=z$，则 $p=\frac{1}{1-e^{-z}}$，即为 Logistic 函数，如图 6-7 所示。

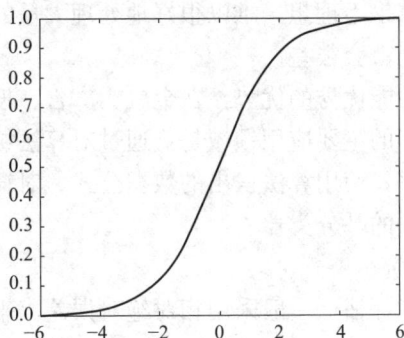

图 6-7　Logistic 函数

如果 p 在（0，1）改变，则 odds 的数值为（0，$+\infty$），z 的数值为（$-\infty$，$+\infty$）。

逻辑回归模型是将 $\ln \dfrac{p}{1-p}$ 和自变量的线性结合起来构建回归模型。逻辑回归模型为

$$\ln \frac{p}{1-p}=\beta_0+\beta_1 x_1+\cdots+\beta_p x_p+\varepsilon$$

由于 $\ln \dfrac{p}{1-p}$ 的数值范围为（$-\infty$，$+\infty$），所以可在任何区间内取自变量 x_1，x_2，$\cdots$，x_p。记 $g(x)=\beta_0+\beta_1 x_1+\cdots+\beta_p x_p$，得出

$$p=P(y=1 \mid X)=\frac{1}{1+e^{-g(x)}}$$

$$1-p=P(y=0 \mid X)=1-\frac{1}{1+e^{-g(x)}}=\frac{1}{1+e^{g(x)}}$$

解释

$$\frac{p}{1-p}=e^{\beta_0+\beta_1 x_1+\cdots+\beta_p x_p+\varepsilon}$$

在这里，β_0 为在没有自变量，也就是 x_1，x_2，$\cdots$，x_p 都是 0，$y=1$ 和 $y=0$ 出现可能性的比率下的自然对数。β_i 表示某自变量 x 变化时，也就是 $x=1$ 相对于 $x=0$，$y=1$ 优势比的对数值。

（2）逻辑回归的优缺点。

①逻辑回归的优点：算法原理清晰，具有极强的理论支撑；根据概率输出结果，并使用自主控制阈值实现分类；具有很强的解释能力和较高的可控性；训练快，进行特征工程后，性能优秀；可扩展性强，能够通过在线学习的方法更新参数，不需要重新训练整个模型；拥有 L1、L2 正则化等各种方法来解决过拟合。

②逻辑回归的缺点：在面对多元、非线性决策边界时，其表现不佳；当样本不均衡时，其处理结果不理想，难以很好地处理大量的正、负样本数据；当特征数量很多时，性能就会很差。

由于其逻辑性和性能优秀的优势，在金融、广告、搜索等领域有着广泛的应用。其中，逻辑回归的主要应用领域是：通过对算法结果设置概率阈值实现分类；特征选择与排序，使用算法得出的数据公式，对输入特征排序，筛选重要特征；作为集成算法的基分类器。

2.2.3　回归分析的评价

对回归问题的性能评估，一般采用相对绝对误差、平均绝对误差、均方误差、均方根误差等评价指标。

（1）绝对误差与相对误差。如果 $\hat{Y}$ 代表预测值，那么 E 就是绝对误差（Absolute Error），计算公式为

$$E=Y-\hat{Y}$$

e 为相对误差（Relative Error），计算公式为

$$e=\frac{Y-\hat{Y}}{Y}$$

有时相对误差也用百分数表示，即

$$e=\frac{Y-\hat{Y}}{Y}\times100\%$$

（2）平均绝对误差。平均绝对误差（Mean Absolute Error，MAE）的定义为

$$\text{MAE}=\frac{1}{n}\sum_{i=1}^{n}|E_i|=\frac{1}{n}\sum_{i=1}^{n}|Y_i-\hat{Y}_i|$$

式中各项的含义如下：MAE 代表平均绝对误差，E_i 代表与所述预测第 i 个真实数值之间的绝对误差，Y_i 代表第 i 个实际值，$\hat{Y}_i$ 代表第 i 个预测值。

由于预测结果存在正、负两种情况，为防止正、负的相互抵消，我们将误差的绝对值进行综合，并求其平均值，是一种误差分析中的综合指标方法。

（3）均方误差。均方误差（Mean Square Error，MSE）的定义为

$$\text{MSE}=\frac{1}{n}\sum_{i=1}^{n}E_i^2=\frac{1}{n}\sum_{i=1}^{n}(Y_i-\hat{Y}_i)^2$$

式中，MSE 代表均方误差，其他符号同上。

该方法恢复了平方失真的程度，均方误差是预测误差平方之和的平均值，它克服了不能相加正负误差的缺点。均方误差增强了数值大的误差在指标中的作用，并提高指标灵敏性，这是一个很大优势。均方误差是一种综合指标方法，用于误差分析。

（4）均方根误差。均方根误差（Root Mean Squared Error，RMSE）的定义为

$$\text{RMSE}=\sqrt{\frac{1}{n}\sum_{i=1}^{n}E_i^2}=\sqrt{\frac{1}{n}\sum_{i=1}^{n}(Y_i-\hat{Y}_i)^2}$$

式中，RMSE 代表均方根误差，其他符号同上。

以上是均方根误差的平方根，它表示了预测值的离散度，亦为标准误差、最佳拟合条件，是均方根误差分析的综合指标之一。

（5）平均绝对百分误差。平均绝对百分误差（Mean Absolute Percentage Error，MAPE）的定义为

$$\text{MAPE} = \frac{1}{n}\sum_{i=1}^{n}|E_i/Y_i| = \frac{1}{n}\sum_{i=1}^{n}|(Y_i - \hat{Y}_i)/Y_i|$$

式中，MAPE 代表平均绝对百分误差。通常其小于 10 时，具有更高的预测精度。

3 无监督学习

本节主要介绍无监督学习算法中的聚类分析、关联规则，并分析其在人力资源中的应用。

3.1 聚类分析

在企业的人力资源管理中，岗位评价、薪酬制度设置、职务分类与评价等直接关系到薪酬分配的公平性，聚类分析采用主成分分析和聚类分析等方法，从多个付酬因素入手，对各个职位进行聚类和评价，从而为合理制定薪酬体系提供了理论基础。聚类分析是一种基于未划分类别的按照数据相似度对样本进行分组的方法。聚类代表一种无监督的学习算法，与分类模型需要使用类标记样本的训练数据不同，输入是一组未标记的样本，聚类根据数据自身的距离和相似度将他们分类为若干组。分组的原则是使类中的样本尽可能相似，而类之间的样本尽可能相异。

聚类问题通常的方法为：设有 n 个样本的 p 元观测数据构成一个数据矩阵，即

$$X = \begin{bmatrix} x_{11} & x_{12} & \cdots & x_{1p} \\ x_{21} & x_{22} & \cdots & x_{2p} \\ \vdots & \vdots & & \vdots \\ x_{n1} & x_{n2} & \cdots & x_{np} \end{bmatrix}$$

在这里面每行代表一个样本，每列代表一个指标，x_{ij} 代表第 i 个样本关于第 j 项指标的观测值，根据观测值矩阵 X 聚类样本。聚类的思想是在样本间确定距离，样本距离表示样本之间的相似度，距离越小，相似度越高，关系越强。把关系密切的集中在一类，疏远的集中在另一类，直至收集所有样本。

聚类分析原理如图 6-8 所示，目的在于找到数据对象间的联系，并将原始数据分组打标签，即标准为各大组间有一定的不同，而组内的对象有一定的相似点，因此大组之间差异越大，组内的对象相似度越高，最终的聚类效果越显著。

聚类分析算法优点如下：计算简单高效，每步迭代中目标函数取值不会上升。K 均值法是 EM 算法中高斯混合模型中的一种特别情况。

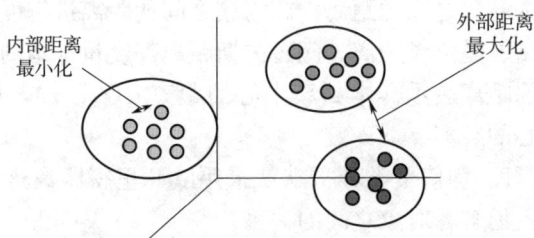

图 6-8　聚类分析原理示意

聚类分析算法优点如下：

①对异常值很敏感：在运行该算法之前，先用其他检验来排除。

②无法确保找到最佳的全局解：对多个不同的中心点进行初始化，以最小的目标函数作为最终的聚类结果。

③K 必须预先给出：利用交叉检验法或增加 K 值后的目标函数值。

常用聚类方法包括：

①K-Means：K-均值聚类又称快速聚类法，基于最小化误差函数，划分数据成预先确定的类数 K。此方法原理简单，易于处理海量的数据。

②K-中心点：K-均值算法是一种对孤立点敏感的方法，不把簇中对象的均值当作簇的中心，而是选择簇中离平均值最近的对象用作簇的中心。

③层次聚类：层次聚类是将数据集划分为不同的层次，形成树型的聚类结构。可以使用"自底向上"的聚合策略或"自顶向下"的分拆战略来划分数据集。

④系统聚类：系统聚类又称为多层次聚类，分类的单位按树型结构从高到低排列，并且在较低的地方容纳的对象更少，但是它们之间具有更多的共同特征。这种聚类方法仅适用于数据较少的情况，当数据量很大时，聚类过程会变得很缓慢。

以下是简单的 K-均值聚类和层次聚类算法。

3.1.1　K-均值聚类

K-均值聚类算法是数据挖掘中的经典聚类算法，它是一种典型的基于距离的非层次聚类算法，基于原型的、根据距离划分组的算法，其时间复杂度低于其他聚类算法，由于其简明、效率高，已经被广泛地应用于各种聚类算法中。

K-Means 算法是一种中心划分方法。输入一个聚类个数 k 和 n 个数据对象的数据库，输出满足最低标准误差平方和的 k 个聚类数。把数据分成一个预先确定的类数 k，并使用距离作为评估相似性的评价指标。也就是说，两个对象距离愈近，它们的相似度就愈大。K-Means 聚类算法中，通常要求对样本之间的距离、样本与簇之间的距离、簇与簇之间的距离进行度量。

欧几里得距离、曼哈顿距离、闵可夫斯距离等度量样本的相似度最多。可以用样本到簇间的距离表示样本到簇中心的距离 $d(e_i, x)$，可以用簇与簇间的距离表示簇中心的距离 $d(e_i, e_j)$。

通常情况下，K-均值聚类分析默认采用欧几里得距离进行计算，不仅计算方便，而且很容易解释对象之间的关系。

$$d_{ij} = \sqrt{\sum_{m=1}^{n} (x_{im} - x_{jm})^2}$$

d_{ij} 表示第 i 个样本与第 j 个样本之间的欧几里得距离。

K-均值聚类算法的过程如下：

Step1：在 N 个样本数据里任意抽取 K 个对象用作起初的聚类中心。

Step2：对各样本与聚类中心的距离进行运算，为最近的聚类指定对象。

Step3：当所有对象都被指定完时，重新计算 K 个聚类的中心。

Step4：将其与上一次运算得到的 K 个聚类中心进行比较，若聚类中心改变，转 2，不然转 5。

Step5：在质心没有改变的情况下，停止并输出聚类结果。

K-Means 聚类的优缺点：

优点：原理简单，实现容易；速度快，可扩充性好。

缺点：聚类中心的数目是要预先确定的，但是在现实生活应用中，选择 k 值很困难，很多时候都不能预先确定几个特定的数据集合适；初始聚类中心必须人工确认，不同的初始聚类中心会产生非常不同的聚类结果；结果未必是整体最佳，仅能确保部分最佳；对噪声和离群点敏感；不适合于寻找具有不同尺寸的非凸表面的簇或具有巨大差异的簇。

3.1.2 层次聚类算法

层次聚类是一种聚类算法，通过计算不同类型数据点之间的相似性来构建有层次的嵌套聚类树。在聚类树中，初始数据点分类在树的底层，树的顶部是聚类的根节点。层次聚类算法按照层次分解次序划分：

自下而上法，也就是集中的层次聚类算法：要求起初各个体（object）都是一个类，按照 linkage 寻找同类，最终形成一个"类"。

自上而下法，也就是分裂的层次聚类算法（agglomerative 和 divisive）：要求起初全部个体都是一个"类"，按照 linkage 排除其他不同的，最终各个体都成为一个"类"。

自下而上法和自上而下法并无优劣之别，但在实践中，是否采用自上而下法或自下而上法来达到更快的目的，取决于数据特点和实际所需的"类"的数量。

根据 linkage 判断"类"的主要方法：最短距离法、最长距离法、中间距离法。

类平均法：被视为更普遍和有效的方法，一是因为单调性良好，二是因为空间扩张和浓缩程度适中。

层次聚类算法的优点：距离与规则之间的相似性很好界定，并且很少受到约束；不需预先制定聚类数；可以发现每一类的层次关系。

层次聚类算法的缺点：计算复杂度太高，算法很可能聚类成链状，对噪声和离群点敏感。

3.1.3 聚类算法的评价

聚类分析只按照样本数据自身样本分组。目的是组内的对象彼此类似（相关），不同组中的对象彼此不同（不相关）。组内相似度愈高，组间差异愈大，聚类效果愈佳。

（1）purity 评价法。这是一种很简单的聚类评价方法，仅需计算出正确的聚类数占总数的比例，即

$$\text{purity}(X,Y) = \frac{1}{n} \sum_k \max | X_k \bigcap Y_i |$$

$x=(x_1, x_2, \cdots, x_k)$，代表聚类的集合。$x_k$ 代表第 k 个聚类的集合。$y=(y_1, y_2, \cdots, y_k)$，代表需要被聚类的集合，$y_k$ 代表第 k 个聚类对象。n 代表被聚类集合对象的总和。

（2）RI 评价法。这是一种用排列组合的原理评价聚类的方法，评价公式为

$$\text{RI} = \frac{R+W}{R+M+D+W}$$

其中 R 指被聚在一类的两个对象被正确分类了，W 指不应该被聚在一类的两个对象被正确分开了，M 指不应该放在一类的对象被错误地放在了一类，D 指不应该分开的对象被错误地分开了。

（3）F 值评价法。这是一种从以上 RI 方法中衍生推导而来的方法，F 评价公式为

$$F_a = \frac{(1+a^2) pr}{a^2 p+r}$$

其中 $p=\dfrac{R}{R+M}$，$r=\dfrac{R}{R+D}$。

RI 方法就是同时重视准确率 p 和召回率 r，实际上我们可能需要某一特性更多点，此时使用 F 值方法是最好的。

3.2 关联规则

人力资源离职风险管理包含事前防范、事中控制和事后处理三个阶段，企

业通过收集数据、确立风险指标、运用数据挖掘关联规则算法来进行风险评估等一系列措施，便于指导管理者进行决策。

关联规则也称为关联分析，是数据挖掘中最活跃的研究方法之一。目标是找到数据集中各项间的关系，但这种关系并不直接在数据中表示。具体地说，是在关系数据、交易数据或者其他信息载体中，查找存在于项目集或对象集间的频繁模式、关联、相关性或因果结构的算法，用于查找不同商品在交易数据库（项）之间的联系。关联规则旨在从海量数据中找到项集间有趣的关联和相关性。

"啤酒与尿布"的故事是关联规则的典型案例，但实际上"啤酒与尿布"之间的关系非常普遍。例如，人们的服装搭配、产品交叉销售、各种营销推荐方案等，是一类关联规则的问题。

关联规则分析又称购物篮分析，最初目的是发现超市销售数据库中的各种商品间的关联关系，并对消费者的消费行为进行分析，从数据中分析得出如"因某些事件的发生而引起另外一些事情的发生"之类的规则，通过了解消费者在同一时间内经常购买哪些产品，发现这种相关性有助于零售商制定营销策略。例如，"67%的消费者在购买啤酒时会买尿布"，所以，适当合理的啤酒和尿布的货架放置和捆绑销售，可以提高超市访问质量和效益。

常见的关联规则算法：

Apriori：关联规则最常用，也是最经典的挖掘频繁项集的算法。核心思想是使用连接生成候选项和支持度，并对其进行剪枝，以生成频繁项集。

FP-Tree：提出不产生候选频繁项集的方法，以解决 Apriori 算法中的固有的多次扫描事务数据集的缺陷。Apriori 和 FP-Tree 都是寻找频繁项集的算法。

Eclat 算法：Eclat 算法是一种深度优先算法，根据概念格理论使用垂直数据表示，通过基于前缀的等价关系将搜索空间划分为更小的子空间。

灰色关联法：分析和确定各因素间的影响程度或几个子因素（子序列）对主因素（母序列）的贡献度的一种分析方法。

PCY 算法：PCY 算法的目标是降低 Apriori 算法对数据库的频繁扫描和降低候选项集内存的占用。

本节重点详细介绍 Apriori 算法。

3.2.1 关联规则中术语定义

（1）常用名称定义。关联规则中常用的名称定义：事务、项、项集、k 项集、支持度计数、支持度、频繁项集、前件和后件、置信度、强关联规则。

①事务：每一条交易记录称为一个事务。

②项：每个被交易的物品叫作一个项，如啤酒、尿布等。

③项集：由零个或多个项组成的集合叫作项集，如 {啤酒，尿布}。

④k项集：含有k个项的项集叫作k项集，如｛啤酒｝叫作1项集，｛啤酒，尿布｝叫作2项集。

⑤支持度计数：一个项集在几个事务中，则支持度计数就为几。如｛啤酒，尿布｝存在于事务001、003、004中，则支持度计数为3。

⑥支持度：支持度计数除以总的事务数。如总的事务数是4，｛啤酒，尿布｝的支持度计数是3，则支持度为$3\div4=75\%$，说明75％的人都买了啤酒和尿布。

⑦频繁项集：支持度大于或等于某个阈值的项集。如阈值设定在50％，｛啤酒，尿布｝的支持度为75％，则｛啤酒，尿布｝为频繁项集。

⑧前件和后件：对于规则｛啤酒｝→｛尿布｝，｛啤酒｝称为前件，｛尿布｝称为后件。

⑨置信度：对于规则｛啤酒｝→｛尿布｝，｛啤酒，尿布｝的支持度计数除以｛尿布｝的支持度计数，是这个规则的置信度。如规则｛啤酒｝→｛尿布｝的置信度为$3:3\sim100\%$。这说明买了啤酒的人100％也买了尿布。

⑩强关联规则：规则大于或等于最小支持度阈值和最小置信度阈值。关联规则分析的最终目的是寻找到强关联规则。

（2）关联规则定义。下面介绍一对一关联规则和多对一关联规则的形式。

①一对一关联规则。

关联规则的一般形式。关联规则（Association Rules）：形如$A{\rightarrow}B$的表达式，其中A和B是不相交的，也就是$A\bigcap B=\varnothing$。

项集A和B同时发生的概率称为关联规则的支持度。

$$\text{Support}(A{\Rightarrow}B)=\frac{A,B\text{同时发生的事务个数}}{\text{所有事务个数}}=\frac{\text{Support\_count}(A\bigcap B)}{\text{Total}}$$

项集A发生，项集B亦能同时发生的概率称为关联规则的置信度。

$$\text{Confidence}(A{\Rightarrow}B)=P(B|A)=\frac{\text{Support}(A\bigcap B)}{\text{Support}(A)}$$
$$=\frac{\text{Support\_count}(A\bigcap B)}{\text{Support\_count}(A)}$$

最小支持度和最小置信度。最小支持度是由用户或专家定义的衡量支持度的阈值，表示统计意义上项目集的最低重要性。最小置信度是由用户或专家定义的衡量置信度的阈值，表示关联规则的最低可靠性。同时满足最小支持度阈值和最小置信度阈值的规则称为强规则。

项集。项集是项的集合。含有k个项的项集称为k项集，如集合｛牛奶，麦片，糖｝是一个3项集。

项集的出现频率是所有包含项集的事务计数，也就是绝对支持度或支持度计数。若项集 I 的相对支持度符合预定义的最小支持度阈值，则 I 为频繁项集。频繁 k 项集一般记为 L_k。

支持度计数。项集 A 的支持度计数是事务数据集中含有项集 A 的事务个数。

已知项集的支持度计数，则规则 $A \Rightarrow B$ 的支持度和置信度易从全部事务计数、项集 A 和项集 $A \bigcup B$ 的支持度计数中推出。

$$\text{Support}(A \Rightarrow B) = \frac{A, B \text{ 同时发生的事务个数}}{\text{所有事务个数}} = \frac{\sigma(A \bigcup B)}{N}$$

$$\text{Confidence}(A \Rightarrow B) = P(A|B) = \frac{\sigma(A \bigcup B)}{\sigma(A)}$$

其中 N 表示总事务个数，σ 表示计数。

②多对一关联规则。在现实应用中，还存在多对一的关联规则，其形式如下

$$A, B, \cdots \Rightarrow K$$

$A, B, \cdots, K$ 满足 $A, B, \cdots, K$ 是 T 的真子集，并且 $A, B, \cdots, K$ 的交集是空集。其中 $A, B, \cdots$ 称为前件，K 称为后件。多对一关联规则的支持度和置信度计算公式为

$$\text{Support}(A, B, \cdots \Rightarrow K) = \frac{A, B, \cdots, K \text{ 同时发生的事务个数}}{\text{所有事务个数}}$$

$$= \frac{\text{Support\_count}(A \bigcap B \bigcap \cdots \bigcap K)}{\text{Total}}$$

$$\text{Confidence}(A, B, \cdots \Rightarrow K) = P(K|A, B, \cdots)$$

$$= \frac{\text{Support}(A \bigcap B \bigcap \cdots \bigcap K)}{\text{Support}(A \bigcap B \cdots)}$$

$$= \frac{\text{Support\_count}(A \bigcap B \bigcap \cdots \bigcap K)}{\text{Support\_count}(A \bigcap B \cdots)}$$

支持度指项集 $A, B, \cdots, K$ 同时发生的概率，而置信度指项集 $A, B, \cdots, K$ 发生的条件下，项集 K 发生的概率。

3.2.2 Apriori 算法

关联规则的目标包括：发现频繁项集和发现强关联规则。找到频繁项集后，才能发现强关联规则。

Apriori 算法是发现频繁项集的一种方法，两个输入参数分别是最小支持度和数据集。算法的过程如下：

Step1：Apriori 算法首先生成单个物品的项目列表。

Step2：扫描交易记录，查看符合最小支持度要求的项集，而不符合要求的集合将被去除。

Step3：将剩余集合组合，生成有两个元素的项集。对交易记录再进行重新扫描，去除不符合最小支持度的项集。

Step4：该过程重复进行，直至所有项集被去掉。

Apriori 算法的优点：原理简单，容易理解；数据要求低。

Apriori 算法的缺点：每个步骤产生候选项集时，会在循环中产生太多组合，无法排除不应该参与组合的元素；每次计算项集支持度时，要再扫描比较所有数据库记录，大大增加 I/O 负载开销。

3.2.3 布尔关联规则挖掘实例

布尔关联规则挖掘是指将事务数据集转化为布尔（0、1）值数据集，并根据布尔数据集挖掘关联规则的方法。事实上，在布尔数据集上挖掘关联规则是很方便的，因为该值只为 0 或 1，计算关联规则的支持度和置信度只需利用求和运算便可完成。

假设有以下数据，每行代表一个顾客在超市的购买记录。

I_1：西红柿、排骨、鸡蛋。

I_2：西红柿、茄子。

I_3：鸡蛋、袜子。

I_4：西红柿、排骨、茄子。

I_5：西红柿、排骨、袜子、酸奶。

I_6：鸡蛋、茄子、酸奶。

I_7：排骨、鸡蛋、茄子。

I_8：土豆、鸡蛋、袜子。

I_9：西红柿、排骨、鞋子、土豆。

若有一个规则为西红柿—＞排骨，则有 4/9 的顾客会买西红柿和排骨，而买西红柿的顾客中有 4/5 也买了排骨。在关联规则中，这两个比例参数是有意义的度量，分别称为支持度（Support）和置信度（Confidence）。支持度反映了规则的覆盖范围，置信度反映了规则的可信程度。

如上例，在关联规则的挖掘中，全部商品集合 $I=$ ｛西红柿，排骨，鸡蛋，茄子，袜子，酸奶，土豆，鞋子｝称为项集，每个顾客购买的商品集合 I_i 称为一个事务，所有事务 $T=\{I_1, I_2, \cdots, I_9\}$ 称为事务集合，且满足 I_i 为 T 的真子集。

项集是项的集合。含有 k 项的项集称为 k 项集，例如，集合｛西红柿，排骨，鸡蛋｝是一个 3 项集。项集的出现频率是包含该项集的所有事务计数，也称为绝对支持度或支持度计数。假设某项集 I 的相对支持度符合预定义的最小支持度阈值，则 I 为频繁项集。频繁 k 项集一般记为 L_k。

将购买记录转换为布尔数据集如表 6-3 所示。

表 6-3　布尔数据集示例

ID	土豆	排骨	茄子	袜子	西红柿	酸奶	鞋子	鸡蛋
I_1	0	1	0	0	1	0	0	1
I_2	0	0	1	0	1	0	0	0
I_3	0	0	0	1	0	0	0	1
I_4	0	1	1	0	1	0	0	0
I_5	0	1	0	1	1	1	0	0
I_6	0	0	1	0	0	1	0	1
I_7	0	1	1	0	0	0	0	1
I_8	1	0	0	1	0	0	0	1
I_9	1	1	0	0	1	0	1	0

布尔数据集中的每行都表示一个事务，也就是超市的购买记录；列为项，也就是购买的商品名称；值取 0 意味着该事务未出现在对应的项中，也就是说在该购买记录中，没有购买该商品，否则为 1。下面我们介绍如何在布尔数据集基础上进行关联规则挖掘，包括一对一关联规则挖掘和多对一关联规则挖掘。

(1) 一对一关联规则挖掘。一对一关联规则是指规则的前件和后件都只有一项，该关联规则的挖掘相对简单，能用关联规则支持度和置信度的计算公式直接计算出。下面介绍 Python 的实现方法。具体计算流程及思路为：

①事务数据集转化为布尔（0、1）值数据表。算法如下：

首先，定义一个空的字典 D，以及包含全部商品的列表 item＝['西红柿', '排骨', '鸡蛋', '茄子', '袜子', '酸奶', '土豆', '鞋子']。

其次，定义一个长度与数据集长度（事务个数）相同的一维全零数组 z，循环操作商品列表 item，搜索每个商品所位于的事务序号（行号），把事务序号对应的 z 位置修改成 1，同时把商品用作键，z 用作值，添加到字典 D 中。

最后，把 D 转化成数据框。执行结果如图 6-9 所示。

Data - DataFrame

Index	土豆	排骨	茄子	袜子	西红柿	酸奶	鞋子	鸡蛋
0	0	1	0	0	1	0	0	1
1	0	0	1	0	1	0	0	0
2	0	0	0	1	0	0	0	1
3	0	1	1	0	1	0	0	0
4	0	1	0	1	1	1	0	0
5	0	0	1	0	0	1	0	1
6	0	1	1	0	0	0	0	1
7	1	0	0	1	0	0	0	1
8	1	1	0	0	1	0	1	0

图 6-9　执行结果

②挖掘两项间的关联规则，并将结果导出到 Excel 文件中。通过关联规则的置信度和支持度定义，挖掘两项之间的关联规则，然后把结果导出到 Excel 文件中（表 6-4）。

表 6-4　一对一关联规则挖掘示例结果

ID	Rule	Support	Confidence
0	排骨—西红柿	0.444 444 444	0.8
1	茄子—排骨	0.222 222 222	0.5
2	茄子—西红柿	0.222 222 222	0.5
3	茄子—鸡蛋	0.222 222 222	0.5
4	袜子—鸡蛋	0.222 222 222	0.666 666 667
5	西红柿—排骨	0.444 444 444	0.8

（2）多对一关联规则挖掘。多对一关联规则是指前件有多个项，而后件只有一个项的关联规则。它在实际应用中有着十分积极的作用，但它的挖掘难度很大，尤其是在大型问题中，要找到感兴趣的关联规则，可能要费大量的计算时间和精力。Apriori 算法是一种经典的关联规则挖掘算法，适合中小型规模的关联规则挖掘的问题。下面介绍 Apriori 算法的基本原理。

Apriori 算法由 Agrawal 和 Srikant 于 1994 年提出，核心思想是找到事务数据集中最大频繁项集，并用最大频繁项集和预先设定的最小置信度阈值，生成强关联规则。具体算法过程如下：

Step1：设置预定的最小支持度阈值和最小置信度阈值。

Step2：通过接步和剪枝步互相融合，在研究数据的过程中找到全部频繁项集（支持度必须大于或等于给定的最小支持度阈值），最后获得最大频繁项集 L_k。

连接步。目标是找出 K 项集。对于给定的最小支持度阈值，分开对 1 项候选集 C_1，去掉小于该阈值的项集获得 1 项频繁集 L_1；下一步由 L_1 本身连接生成 2 项候选集 C_2，将 C_2 中符合约束条件的项集得到 2 项频繁集保留，记为 L_2；再根据 L_2 与 L_2 连接生成 3 项候选集 C_3，将 C_3 中符合约束条件的项集得到 3 项频繁集保留，再根据 L_3……如此循环下去，就能获得最大频繁项集 L_k（在此应用于关联规则中的置信度和支持度的计算公式）。

剪枝步。连接步后的步骤，在生成候选项 C_k 的过程中，它能实现缩小搜索空间的目标。因为 C_k 是 L_{k-1} 与 L_{k-1} 连接产生的，按照 Apriori 的性质，频繁项集的全部非空子集都需是频繁项集，全部不符合该性质的项集不会出现在 C_k，此过程就是剪枝。

Step3：通过频繁项集生成强关联规则，通过 Step2 可以发现，没有超出预定的最小支持度阈值的项集已被去掉，若剩余的规则又符合了预定的最小置信度阈值，则挖掘出了强关联规则。

综上所述，通过支持度和置信度两个指标，我们能够对某条关联规则进行精确而稳定的度量，所以，要按实际情况设定对应的最小支持度和最小置信度，才能筛选出满足我们需求的关联规则。

以下是根据表 6-3 中的数据来描述 Apriori 算法的执行过程，其执行过程如下：

Step1：扫描数据集，对于每个候选计数设置最小支持度为 3，从而获得候选 1 项集 C_1 和频繁 1 项集 L_1。

Step2：通过 L_1 与 L_1 相连接，获得候选 2 项集 C_2 与频繁 2 项集 L_2。

Step3：通过 L_2 与 L_2 相连接，获得候选 3 项集 C_3 与频繁 3 项集 L_3，这里 L_3 是空集，并且该算法结束。

图 6-10 显示了候选项集和频繁项集的产生过程。

C_2

项集	支持度计数
土豆，排骨	1
土豆，茄子	0
土豆，袜子	1
土豆，西红柿	1
土豆，酸奶	0
土豆，鸡蛋	1
排骨，茄子	2
排骨，袜子	1
排骨，西红柿	4
排骨，酸奶	1
排骨，鸡蛋	2
茄子，袜子	0
茄子，西红柿	2
茄子，酸奶	1
茄子，鸡蛋	2
袜子，西红柿	1
袜子，酸奶	1
袜子，鸡蛋	2
西红柿，酸奶	1
西红柿，鸡蛋	1
酸奶，鸡蛋	1

C_1

项集	支持度计数
土豆	2
排骨	5
茄子	4
袜子	3
西红柿	5
酸奶	2
鞋子	1
鸡蛋	5

L_1

项集	支持度计数
土豆	2
排骨	5
茄子	4
袜子	3
西红柿	5
酸奶	2
鸡蛋	5

L_2

项集	支持度计数
排骨，茄子	2
排骨，西红柿	4
排骨，鸡蛋	2
茄子，西红柿	2
茄子，鸡蛋	2
袜子，鸡蛋	2

C_3

项集	支持度计数
排骨，茄子，西红柿	1
排骨，茄子，鸡蛋	1
排骨，茄子，袜子	0
排骨，西红柿，鸡蛋	1
排骨，西红柿，袜子	1
排骨，鸡蛋，袜子	0

图 6-10 候选项集和频繁项集的产生过程

4 文本与 Web 挖掘

随着 Internet 和 Web 技术的迅速发展与普及，人们对信息的采集也由手工获取发展到了目前的利用互联网获取。要从海量的文字和文本中寻找自己想要的信息，就必须要有工具，可以在页面或者文本中找到隐藏信息的工具，文本挖掘技术便由此出现。它通过分类学习、关联挖掘和聚类分析等多种挖掘方法，能够有效地处理在网页和文本里存在的多种复杂类型的数据对象，便于从海量的互联网与文本信息里，挖掘出每一种需要的信息和知识。例如，招聘作为人力资源管理工作的一部分，能够在文本挖掘帮助下快速对应聘人员的简历进行区分，找到优质的简历。

4.1 文本挖掘

文本挖掘一词于 1998 年在第 10 届欧洲机器学习大会上提出。根据 Kodratoff 的说法，文本挖掘的目的是尝试从具有一定的理解水平的文本集合中提取尽可能多的知识。文本挖掘是基于计算机语言学和统计数理分析的理论，将自身的学习与信息检索技术相结合，从文本数据中找出并提取独立于用户信息需求的在文档里集中的隐含知识。简而言之，文本挖掘是从海量文本数据中提取以前未知、有用、可理解、可操作、有价值的知识的过程，这些知识能用来更好地组织信息。

文本数据包括技术报告、文本集、新闻、电子邮件、网页、用户手册等，它不仅从文本中提取关键字，还提取事实以及作者的意图、期望和主张等。与数据挖掘相比，它的对象是半结构化或非结构化的数据。

从功能上的分类，文本挖掘包括文本信息检索、文本分类和文本聚类。文本分类是有监督的挖掘算法，而文本聚类是无监督的挖掘算法。文本信息检索泛指用户从含有不同信息的文档集中，搜寻所需信息或知识的过程，包括信息检索模型、信息检索的性能评价、基于相似性的检索和文档间相似性计算举例。

文本分类是一种典型的机器学习方法，它根据预定义的分类体系把文档集合的每个文档归入某个类别。这不仅使用户更容易浏览文档，还限制了搜索范围，使文档的查找更加简单。文本分类一般分为两个阶段，即训练和分类，通常通过统计或机器学习来实现。

文本聚类是一种典型的非监督式机器学习方法，与分类的区别是聚类没有预先定义的主题类别。它的目标是将文档集合分成若干簇，同一簇内的文档相似度尽量大，聚类的结果可以用来指导分类。例如，文本聚类可为大规模文档内容做总括，识别隐藏的文档间的相似度，减少浏览相关、相似信息的过程。

文本挖掘与数据挖掘、信息检索的区别如表 6-5、表 6-6 所示。

表 6-5　文本挖掘与数据挖掘的区别

项目	数据挖掘	文本挖掘
研究对象	用数字表示的、结构化的数据	无结构或半结构化的文本
对象结构	关系数据库	自由开放的文本
目标	抽取知识、预测以后的状态	检索相关信息、提取意义、分类
方法	归纳学习、决策树、神经网络、粗糙集、遗传算法	标引、概念提取、关联分析、语言学
成熟度	从 1994 年开始得到广泛应用	从 2000 年开始得到广泛应用

表 6-6　文本挖掘与信息检索的区别

项目	信息检索	文本挖掘
方法论	目标驱动，用户需要提出明确的查询要求	用户无法预知挖掘结果
着眼点	着重于文档中的字、词、链接	着重于理解文本的结构和内容
目的	帮助用户发现资源	提取文本中隐含的知识
评价指标	查准率（Precision）、查全率（Recall）	收益（Gain）、置信度（Certainty）、简洁性（Simplicity）

可见，数据挖掘、信息检索的技术不适用于文本挖掘，或至少需要预处理。

下面分别介绍文本特征表示与提取、文本信息检索、基于关键词的关联分析、文本自动聚类、文本自动分类等技术。

4.1.1　文本特征表示与提取

文本属于半结构化数据，文本的内容表示使用自然语言，计算机难以处理理解。因此，需要使用数据挖掘技术对文本进行预处理，将其转变为结构化的计算机能理解的数据，提取代表其特征的元数据。文本特征分为：描述性特征（文本的名称、日期、大小、类型）和语义性特征（作者、机构、标题、内容）。

XML 等文档结构标准可帮助我们抽取作者、机构等特征，但内容还是难以表示的特征，还得借助自然语言处理技术，如矢量空间模型（VSM）。

矢量空间模型：将文本文档视为一组词条（T_1，T_2，…，T_n）组成的，每一词条都赋予一定的权值 W_i，这样，每个文档就被映射成由一组词条矢量张成的向量空间中的一个向量。通过上述过程，文本的匹配问题便可转化为向量空间中的向量匹配问题处理。

$$V(d) = [t_1, \ w_1(d); \ \cdots; \ t_n, \ w_n(d)]$$

　　在文本学习中，使用最多的词条权值 W_i 的处理是 TFIDF 表示法，即一种文档的词集表示法，于文档中提取全部词，而不管词间的次序和文本的结构。

$$w_i(d) = tf_i(d) \times \log\frac{N}{n_i}$$

　　$tf_i(d)$ 为 t_i 在 d 中出现的频率，N 为所有文档的数目，n_i 为含有词条 t_i 文档数目。

　　在表示文本特征后，获得的特征向量维数很高，这极大增加机器学习时间，产生类似于小规模的特征子集的学习分类结果，因此要特征提取。特征提取算法通常会构造一个评价函数，评估特征集合中的每个特征，再对每个特征打分；最后按照权值对所有特征排序，评估每个特征，选取评估分值高、提取预定数目的最优特征，作为提取结果的特征子集。显然，在这类算法中，评估函数的质量是决定文本特征提取效果的主要因素。

4.1.2　文本信息检索

　　信息检索泛指从包含不同信息的文档集中寻找信息和知识的过程。使用检索工具，用特定的检索策略从待检索的信息源中找到需要的信息。信息检索是以查准率和查全率来度量的。

　　查准率是指检索到的文档中相关文档与检索到的文档总数的比率，衡量检索系统的准确性；查全率是指检索到的文档中相关文档与相关文档总数的比率，衡量检索系统的全面性。

　　文本信息检索的常用方法包括基于模型的检索、基于相似性的检索和文档间相似性计算举例。

　　（1）基于模型的检索。信息获取方法的优势和劣势在很大程度上取决于如何对信息进行建模。检索模型由三个元素组成：文本集，用于检索的文本集合，包括目录、摘要和正文；用户提问，即用户提交的问题；文本与用户提问相匹配度。

　　布尔模型：将用户提问表示成布尔表达式，查询式则是包括用户提问和操作符 and、or、not 的表达式。

　　向量空间模型：有一特征表示集，通常为字或词。用户提问与文本表示为高维空间向量，每个维代表一个特征。每个特征用权值表示。用户提问向量的权值由用户制定。

　　概率模型：最具代表性的模型是二值独立检索模型（BIR），它根据用户的查询 Q，能将所有文档 d 分为与查询相关（集合 R）和与查询不相关（集合 N，是 R 的补集）两类。

词频矩阵：行对应关键词 t，列对应文档 d 向量。将每一个文档视为空间向量 v。向量值反应单词 t 与文档 d 的关联度（表6-7）。

表6-7　表示文档词频的词频矩阵

	d_1	d_2	d_3	d_4	d_5	d_6
t_1	322	85	35	69	15	320
t_2	361	90	76	57	13	370
t_3	25	33	160	48	221	26
t_4	30	140	70	201	16	35

（2）基于相似性的检索。对于一个文档集合 d 和一个项集合 t，每个文档在 t 维空间 R 中被表示为一个文档特征向量 v。

向量 v 中第 j 个数值是一个量度，代表相应文档的第 j 个项。若文档中不包含该项，它的取值为 0，否则简单地取 1 或取频数。

计算两个文档相似性能够使用以下公式

$$\text{sim}(v_1, v_2) = \frac{v_1 v_2}{|v_1| \, |v_2|}$$

其中，$v_1 v_2 = \sum_{i=1}^{t} v_{1i} v_{2i}$，分母中的 $|v_i| = \sqrt{v_i v_i}$。

文档间相似性是文档聚类和文档分类的基础。

（3）文档间相似性计算举例。关键词序列（词典）：北京大学、体育馆、乒乓球、团体、决赛、中国队、总比分、奥运会、金牌、女子团体、雅典奥运会、男子单打、检测数据、神舟六号、轨道舱、太空、科学试验、金融、银行、监管、市场、经营、国际、货币、人民币。

$v_1 = \{1, 1, 1, 1, 1, 1, 1, 1, 1, 1, 1, 0, 0, 0, 0, 0, 0, 0, 0, 0, 0, 0, 0, 0, 0\}$

$v_2 = \{0, 0, 0, 0, 0, 0, 0, 0, 0, 0, 0, 0, 0, 1, 1, 1, 1, 1, 0, 0, 0, 0, 0, 0, 0\}$

$v_3 = \{1, 1, 1, 0, 1, 0, 1, 1, 0, 0, 1, 0, 0, 0, 0, 0, 0, 0, 0, 0, 0, 0, 0, 0, 0\}$

$$\text{sim}(v_1, v_2) = \frac{v_1 v_2}{|v_1| \, |v_2|} = \frac{0}{\sqrt{11} \times \sqrt{5}} = 0$$

$$\text{sim}(v_2, v_3) = \frac{v_2 v_3}{|v_2| \, |v_3|} = \frac{0}{\sqrt{5} \times \sqrt{8}} = 0$$

$$\text{sim}(v_1, v_3) = \frac{v_1 v_3}{|v_1| \, |v_3|} = \frac{7}{\sqrt{11} \times \sqrt{8}} = \frac{7}{9.38} = 0.75$$

4.1.3 基于关键词的关联分析

基于关键词关联分析是将经常一起出现的项或关键字的集合收集起来，再从中找出它们的关联性。

在关联分析中，对文本数据库进行预处理以生成关键字向量，比较关键字查询向量和文档向量之间的相关度，将其结果输出文本结果，调用关联挖掘算法。在文本数据库中，每个文本被视为一个事务，文本中的关键词组可视为事务中的一组事务项。换句话说，文本数据库可表示为：｛文本编号，关键词集｝。

在文本数据库中，关键词关联挖掘的问题成为事务数据库中事务项的关联挖掘。关联分析挖掘可以用来寻找词和关键词间的关联。

4.1.4 文本自动聚类

文本聚类是根据文本数据的不同特征将文本划分为不同数据类的过程，其目的是最小化同一类别的文本间的距离，而最大化不同类别的文本间的距离。

（1）文本自动聚类的步骤。

①获取结构化的文本集。

②运行聚类算法，获得聚类谱系图。聚类算法的目的是获取可以反映特征空间样本点间的"抱团"性质。

③选取合适的聚类阈值。一旦得到聚类谱系图，领域专家就会根据经验和具体应用场合来确定阈值。

④执行聚类算法，获得聚类结果。

（2）文本自动聚类的类型。

①平面划分法。对于包含 n 个样本的样本集，构造样本集的 k 个划分，每个划分表示一个聚簇。

②层次聚类法。对于给定的样本集进行层次分解。根据层次分解的方向，区分为凝聚层次和分裂层次聚类。

③基于密度的方法。根据紧邻样本点区域的密度进行聚类，使区域内至少包含一定数据的样本点。

④基于网格的方法。使用多分辨率的网格数据结构，将样本空间量划分为数量有限的网格单元，全部聚类操作都在网格上进行。

⑤基于模型的方法。通过为每个簇假定一个模型并找到样本对给定模型的最佳拟合进行聚类。

下面主要介绍层次聚类和平面划分法。

层次聚类法。假设有 n 个待聚类的样本，对于层次聚类算法，它的步骤如下（图 6-11）。

步骤一：（初始化）将每个样本都视作一个聚类。

步骤二：计算各个聚类之间的相似度。

步骤三：寻找最近的两个聚类，将它们归为一类。

步骤四：重复步骤二、步骤三，直到所有样本归为一类。

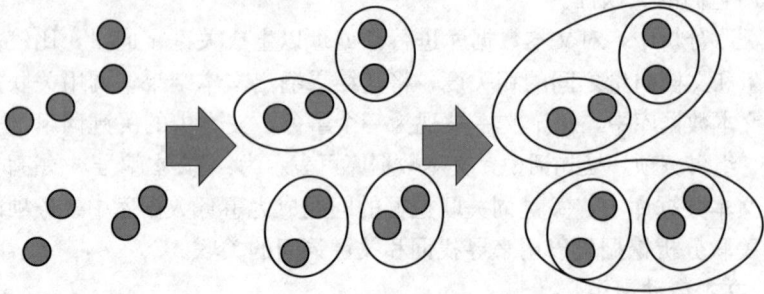

图 6-11　层次聚类法

整个过程就是构建一棵树，在此过程中，步骤四设置需要分类的类别个数，作为迭代的终止条件，因为所有都归为一类是不现实的。

平面划分法。与层次聚类法的不同之处在于，它将文档集合水平地划分为多个簇，而非生成层次化的簇树。给定的文档集合 $D = \{d_1, \cdots, d_i, \cdots, d_n\}$，该法过程如下。

步骤一：确定要生成的簇的数目 k。

步骤二：根据一定的原则，生成 k 个聚类中心，作为聚类的种子 $S = \{s_1, \cdots, s_i, \cdots, s_k\}$。

步骤三：对 D 中的每个文档 d_i，依次计算其与每个种子 s_j 的相似度 $\text{sim}(d_i, s_j)$。

步骤四：选择相似度最大的簇对 $\arg \max \text{sim}(d_i, s_j)$，将 d_i 归入以 s_j 为聚类中心的簇 c_j，从而得到 D 的一个聚类 $C = \{c_1, \cdots, c_k\}$。

步骤五：重复步骤二、三、四多次，从而获得较为稳定的聚类结果。

注意：这种方法计算速度快，但需要预先确定 k 值，而且选择的种子质量对聚类结果有很大的影响。

4.1.5　文本自动分类

文本分类使用有监督和无监督的机器学习方法，可以对语料进行训练得到一个分类模型，该模型能对未知类别的文档进行分类，得到预定义的一个或多个类别标签，标签就是该文档的类别。文本分类的基本步骤如图 6-12 所示。

文本分类的常用方法包括最近邻分类、特征选择方法、贝叶斯分类、支持向量机和基于关联分类等。

（1）最近邻分类。相似文档具有相似文档向量，将每个文档关联到相应的类标号。

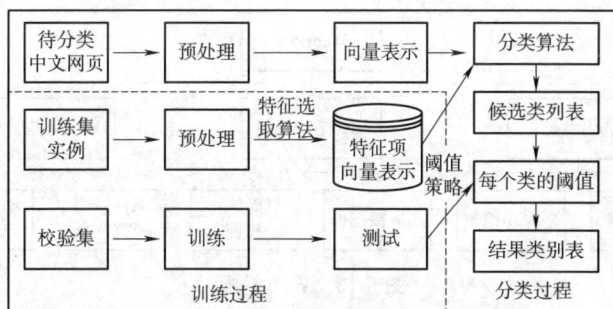

图 6-12 分类基本步骤

（2）特征选择方法。删除文档中与类标号统计不相关的非特征词。

（3）贝叶斯分类。将文档分类看作计算文档在特定类中的统计分布。

（4）支持向量机。利用数表示类，构造了从词空间到类变量的直接映射函数（在高维空间中运行良好，最小二乘线性回归方法具有很好的区分能力）。

（5）基于关联分类。基于关联的、频繁出现的文本模式集对文档分类。

4.2 Web 挖掘

Web 数据挖掘使用数据挖掘技术自动地发现和提取 Web 文档和服务器中感兴趣的信息、有用模式和隐含的信息，能查找 Web 存取模式、Web 结构规则和动态的 Web 内容。

Web 挖掘是指从 Web 文档和 Web 活动中提取有趣和潜在有用模式和隐蔽信息的过程，从大量的网络文档结构和使用集合 C 中找出隐含模型 P。若把 C 视为输入，P 视为输出，Web 挖掘的过程 ζ 代表从输入到输出映射：$C \longrightarrow P$。例如：

（1）从大量信息中寻找使用者感兴趣的信息。互联网上的信息量大，搜索引擎只能通过浏览和匹配关键词找到孤立的、无序的"表面信息"，而 Web 挖掘则能找到潜在的、丰富的相关信息。

（2）将网络上的大量信息转化为有用的知识。Web 挖掘旨在分析 Web 数据并从中提取知识。互联网包含大量信息，用户可以在页面内、页面间、页面链接、页面访问时使用这些信息，而且，这些信息的深层意义很难被用户直接利用，需要对其进行浓缩和提炼。

一般来说，Web 挖掘能够分为 Web 内容挖掘、Web 结构挖掘和 Web 使用记录的挖掘，这取决于挖掘的信息来源，如图 6-13 所示。

Web 内容挖掘（Web Content Mining）。通过对网站网页的各类信息进行集成、概化和分类等，挖掘某类信息所包含的知识类型。

图 6-13　Web 挖掘

Web 结构挖掘（Web Structure Mining）。Web 结构挖掘需要考虑网页间的关系，大多数 Web 页面包含一个或多个超链接，可以支持网页之间的链接。Web 结构挖掘主要应用于信息检索的过程和辅助 Web 内容挖掘的过程，一般情况下，分类任务要考虑到 Web 页面的内容和结构。Web 挖掘任务中结构挖掘中最普遍的特点之一是锚文本，包括使用 HTML 超链接向用户显示文本，一般锚文本会为汇总的在原始页面中没有找到的提供关键字。

Web 使用挖掘（Web Usage Mining）。Web 使用挖掘是指对 Web 服务器端留下的用户访问记录进行挖掘。通过分析日志记录规律，鉴别用户的忠实度、喜好、满意度，识别潜在用户，提高站点的服务竞争力。

4. 2. 1　Web 内容挖掘

Web 信息资源种类繁多，如今互联网信息资源已在网络信息资源中占据主导地位，但是，除了用户可以直接从网上抓取、建立索引、实现查询服务的许多资源外，大多数信息是隐藏着的数据，不能被索引，因此，不能用高效的检索方式来服务，这就需要内容挖掘。Web 内容挖掘是从 Web 文档和它的说明中获得知识，对搜索引擎的查询结果进行进一步的分析处理，获得更加准确、有效的信息，从而提高搜索引擎的内容查询功能水平。

从信息资源的表现形式看，Web 信息内容包括文本、图像、音频、视频、元数据等数据，所以我们所说的基于 Web 内容的挖掘也是一种挖掘多媒体数据的方法。

一般 Web 内容挖掘的分类方法，包括代理人方法和数据库方法。

（1）代理人方法使用软件系统（代理）完成内容挖掘，例如：

智能检索代理已经从使用简单的检索机制发展到使用关键词以外的技术，使用用户模板和兴趣等来提取信息。

信息过滤使用信息检索技术、连接结构的知识和其他方法来分析和分类文档。

个性化网络代理通过提供符合用户偏好的信息来引导他们的检索。

（2）数据库方法将所有网络数据描述为一个数据库系统。换句话说，Web

是一个多级的异构数据库系统，可以使用多种查询语言来获得并提取 Web 上的信息。

4.2.2 Web 结构挖掘

Web 结构挖掘是一种潜在的链接结构模式，用来挖掘网络，能从万维网的组织结构和链接关系中推导出知识。它可以分析网页链接的数量和对象，构建 Web 自身的链接结构模式，分类网页、总结网站和网页的结构，以获得不同网页间的相似性和关系信息。

Web 结构挖掘发现页和 Web 的结构，再分类和聚类页面，找到权威页面。PageRank 是 Google 公司提出的典型 Web 结构挖掘算法，该算法的基本思想如下：如果一个页面被引用了不止一次，也就是许多页面都有指向它的链接，那么该页面就非常重要；如果一个页面被一个重要页面引用，虽然它未被多次引用，但该页面也可能非常重要；一个页面的重要程度是被均匀分布的，并且会被传送到其所引用的页面。

PageRank 算法的实现过程如下：

页面 u 中有超链接指向页面 v，也就是有 link(u, v)。页面之间的超链接形成了一个有向图 G：对每页构成有向图 G 的节点，如果 u 中只有一个超链接到页面 v，则有 u 到 v 的有向边 (u, v)（图 6-14）。

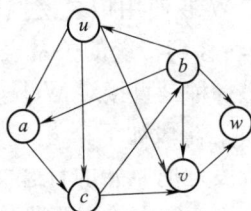

图 6-14 有向链接图 G

对节点 v 来说，节点 b、c 和 u 对 v 的权值有贡献，因为这三个节点有指向 v 的有向边。当节点有更多有向边指向，该节点（页面）质量就会越好。这个简单算法的最大缺点是只考虑链接数量（所有的链接都是等价的），而未考虑源节点本身的质量，即权值高低。Web 上往往是高质量的文档中含有高质量的超链接，在评估链接文档质量时，源节点的质量比数量上的影响重要。

为了解决链接数量和源节点的质量问题，斯坦福大学的 Brin 和 Page 提出了 PageRank 算法：Web 文档的 PageRank 值等于所有包含指向该文档的源文档的 PageRank 值与源文档链接总数之比的和，也就是

$$PR(v) = \varepsilon/n + (1-\varepsilon) \cdot \sum_{(u,v) \in G} PR(u)/\text{outlink}(u)$$

在这里面，ε 是衰减因子，通常取 $0.1 \sim 0.2$，n 表示有向图 G 中的节点数量，outlink(u) 表示节点 u 所包含的超链接数目。

Web 链接结构有一定的局限性：①不是所有超链接都被认可。有些是为了其他目的而创建的，如导航或付费广告等，这些不被认可的超链接将不会应用于结构挖掘。②在当今竞争激烈的商业世界中，很少有网页会指向竞争领域的权威页面。

4.2.3　Web 使用挖掘

在新兴的电子商务领域 Web 使用挖掘是很重要的，因为它可以将用户的商业活动和网站的访问信息可视化地记录在 log（日志）文件中，可以用来了解用户对 Web 页面的访问模式，分析日志记录中的规律，确定用户的忠实度、喜好和满意度，识别潜在用户，提高网站的服务竞争力。因此 Web 日志挖掘分析服务器的 log 文件或其他数据（如 Cookie）中用户的访问模式。Web 使用的挖掘手段有：关联规则挖掘、路径分析、聚类分析和序列模式。

Web 使用记录数据包括服务器的日志记录以及代理服务器日志、浏览器端日志、注册信息、用户会话信息、交易信息、Cookie 中的信息、用户查询、鼠标点击流等任何用户与网站之间所有可能的交互记录。显然 Web 使用记录的数据量很大，包括大量的数据类型。

根据数据源的处理方式，Web 使用记录挖掘可以分为两种类型：一种是将 Web 使用记录数据转化并转移到传统的关系表中，然后利用数据挖掘算法在关系表中开展常规挖掘；另一种是直接对 Web 使用记录的数据进行预处理，之后再挖掘。Web 使用挖掘的三阶段如下：

第一阶段，数据预处理阶段是把原始的日志文件通过一系列的数据处理，转换为易于处理的数据格式，用于数据挖掘阶段。

第二阶段，数据挖掘阶段是对数据预处理所形成的数据，用数据挖掘相关算法找到隐藏的模式、规则。

第三阶段，结果分析阶段主要是在于分析挖掘出来的模式、规则，发现用户感兴趣的模式。

目前研究最广泛的 Web 使用挖掘技术和工具大致可分为两类：模式发现和模式分析。

（1）模式发现。使用人工智能、数据挖掘和信息论等领域的成熟技术来检测用户访问模式，从 Web 使用记录中挖掘知识。在模式发现中，首要解决的问题是数据的预处理，有两个部分：数据清洗（Data Cleaning），即删除无关记录、判断是否有重要的未记录访问、识别用户等问题；交易识别（Transaction identification），即把页面访问序列划分为逻辑单元，代表 Web 业务或用户会话。

通过划分业务，可以根据具体的分析需求选取路径分析、关联规则挖掘、时序模式、聚类以及分类技术等访问模式发现技术。

（2）模式分析。若无适当的技术和工具来帮助分析人员理解多种技术挖掘出来的模式，它将会无法得到充分发挥。所以也很有必要开发不同的分析技术和工具。可视化技术已经在其他领域获得了极大成功的应用，因此，它是理解 Web 用户的行为模式一个自然的选择。

OLAP 技术还可以应用于分析模式。因为网络日志能够提供大量与 Web 有关的信息，日志文件的多维分析可以用来提供各种统计报告，用于日常管理及识别潜在的顾客和市场等。

计划挖掘（Plan Mining）可以挖掘常见的存取规律，调整 Web 连接，改进性能相关/序列存取模式分析，调整服务器的缓存、预取和交换参数的趋势分析，并了解网络的演变。此外，个性化的用户分析也可以用来为客户提供量身定制的服务。

4.3　利用协作推荐的方法实现实时个性化推荐

基于协作方法的 Web 站点实时个性化系统的结构如图 6-15 所示。

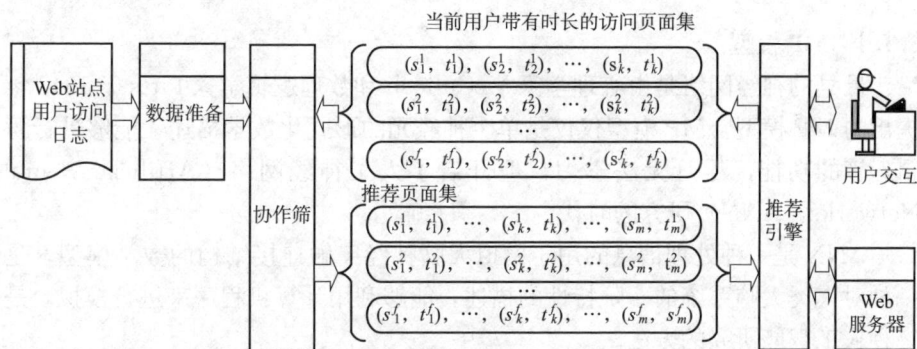

图 6-15　协作方法结构

整个处理过程分为两部分。①离线部分：包含数据准备、得到推荐池、建立协作筛。②在线部分：推荐引擎。

在设计搜索引擎等服务时，提高检索效率的一个重要部分是挖掘网页的链接结构以获得有用的知识。网页链接就像学术引用一样，一个重要的网页可能有很多网页链接到它。

假设 u 是一个网页，F_u 是 u 指向的所有网页的集合，B_u 是指向 u 的全部页面的集合。假设 $N_u = |F_u|$ 是从 u 出发的链接数，$c(<1)$ 是归一化的因子

（使所有网页的总 PageRank 为常数），则网页 u 的 PageRank 定义为

$$R(u) = c \sum_{v \in B_u} \frac{R(v)}{N_v}$$

5 基于深度学习的大数据挖掘

神经网络可用于分类或者预测问题，特别是非线性关系预测问题。当前深度学习已经在机器视觉、语音、航天等领域得到了广泛应用，也可用于解决人力资源领域面临的问题，如基于循环神经网络构建个性化推荐方案，来降低简历筛选的难度，提高筛选的效率；将提升树和卷积神经网络相结合进行推荐，提高人力资源推荐质量；基于 CNN-LSTM 混合神经网络，对开源社区开发者人力资源价值评估并预测；也可采用 RNN 神经网络构建人力资源风险预警模型，为企业人力资源管理的风险决策提供较为准确的数据，从而有效地控制管理风险。

本节主要介绍常用的深度学习算法，包含 BP 神经网络、多层神经网络、卷积神经网络和循环神经网络。

5.1 神经网络基础知识

5.1.1 MP 模型

最早的神经网络是由心理学家 McCulloch 和数理逻辑学家 Pitts 于 1943 年提出的 MP 模型，MP 模型仅仅是单个神经元的形式化数学描述，能够进行逻辑运算的功能，尽管无法学习，但开启了人工神经网络（Artificial Neural Networks，ANN）研究的时代。

ANN 是一种处理信息的用于模拟大脑神经突触连接结构的数学模型，是一种对人类大脑系统的一阶特性的描述，能够利用计算机程序来进行模拟，是一种人工智能研究的方法。

大脑是由许多的神经元构成的，人工神经网络是基于一组人工神经元的单元和节点，各个神经元间相互连接，每个连接可以向其他神经元传输信号，按照不同的连接方式可组成不同的极为复杂的神经网络。下面是大脑中一个神经元的学习训练模型，如图 6-16 所示。

x_1，x_2，$\cdots$，x_n 可以理解为 n 个输入信号（信息），w_1，w_2，$\cdots$，w_n 可以理解为对 n 个信号的加权，由此获得一个综合信号 $\Sigma = \sum\limits_{i=1}^{n} w_i x_i$（对输入信号加权求和）。神经元要对这个综合信号作出反应，也就是引入一个阈值 θ，再将其与综合信号进行比较，按照不同的比较结果，作出不同的反应，也就是输

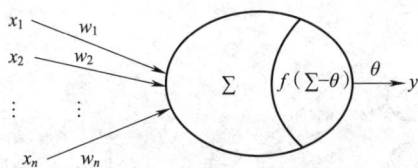

图 6-16 训练模拟

出 y。在此，我们用一个被称为激发函数的 $f(\Sigma - \theta)$ 来模拟它的反应，由此得到反应值，并对其进行判别。

若用 $\boldsymbol{X}$ 表示输入向量，用 $\boldsymbol{W}$ 表示权重向量，即

$$\boldsymbol{X} = [x_0, \ x_1, \ \cdots, \ x_n]$$

$$\boldsymbol{W} = \begin{bmatrix} w_{0j} \\ w_{1j} \\ \vdots \\ w_{nj} \end{bmatrix}$$

通过向量相乘的形式来表示神经元的输出，即

$$\text{net}_j = \boldsymbol{XW}$$

$$y_j = f(\text{net}_j) = f(\boldsymbol{XW})$$

参考人类大脑的工作原理，对网络结构进行简化，再构建数学模型来模拟其运行，因此提出了神经网络模型，较为常见的有感知机、BP 神经网络模型等。

5.1.2 感知机

感知机（Perceptron）是线性分类模型，属于监督学习算法，是一种广泛使用的线性分类器；是对生物神经元的简单数学模拟，最简单的人工神经网络，它仅有一个神经元，有与生物神经元相对应的部件，如权重（突触）、偏置（阈值）及激活函数（细胞体），输出为 +1 或 −1。

（1）感知机模型将一维向量 $\boldsymbol{x} = [x_1, \ x_2, \ \cdots, \ x_n]$ 传入模型的输入层，每个输入节点拥有各自的通过权值，之后将各个输入层的输出进行加权汇集。

（2）图 6-17 中 b 称为感知机的偏置（Bias），各个输入节点的权值构成的一维向量 $\boldsymbol{w} = [w_1, \ w_2, \ \cdots, \ w_n]$ 为感知机的权值（Weight），每个输入层的输出加权后的汇集结果，被称作感知机的净活性值（Net Activation）。

（3）利用激活函数把净活性值转化后获得活性值（Activation），最终得到二分类的结果。

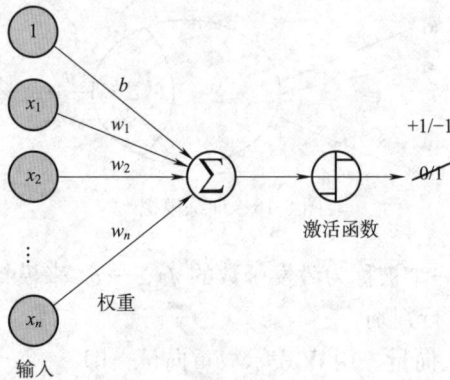

图 6-17 感知机的模型

5.2 全连接神经网络

神经网络是一种具有存储器和运用经验知识能力的大型并行分布式的处理器，可在两个方面模拟大脑：从网络获得的知识是从学习中获得的；内部神经元的连接强度，也就是突触权重，用来储存获得的知识。

相邻两层的神经元之间是全连接关系，即前一层的输出节点数与当前层的输入节点数匹配，这种由神经元相互连接而成的网络，称为全连接神经网络（Fully Connected Neural Network，FCNN）。目前常见的全连接神经网络有BP神经网络、多层感知机等。

5.2.1 BP 神经网络

神经网络由一些层组成，一层由多个节点组成，每一个节点都是组成神经网络的最基本的单元（神经元），其中只含有单一节点的感知机模型被视为最为简单的单层前向神经网络，为了解决多分类问题，在输出层设置多个节点输出，并增加隐藏层，隐藏层也是具有计算功能的输出型神经元。

在传统的神经网络中，使用迭代来训练整个网络，并通过随机设定参数来计算网络的输出，再根据当前输出与实际样本间的差来调整前面各层的参数，直至收敛，总体上是一个梯度下降法，这就是 BP 神经网络。

图 6-18 显示了 BP 神经网络的网络结构和数学模型。

x 为 m 维向量，y 为 n 维向量，隐含层有 q 个神经元。假设有 N 个样本数据，$\{y(t)，x(t)，t=1，2，\cdots，N\}$。从输入层到隐含层的权重为 V_{jk}（$j=1$，$2，\cdots，m$；$k=1，2，\cdots，q$），从隐含层到输出层的权重为 W_{ki}（$k=1，2，\cdots$，q；$i=1，2，\cdots，n$）。记第 t 个样本 $x(t)=\{x_1(t)，x_2(t)，\cdots，x_m(t)\}$ 输入网络时，隐含层单元的输出记作 $H_k(t)$（$k=1，2，\cdots，q$），输出层单元的输出

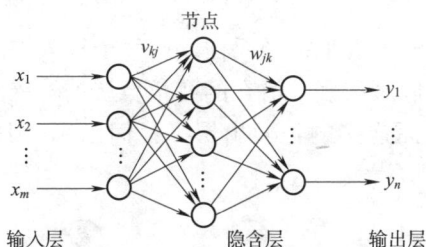

图 6-18 BP 神经网络

记作 $\hat{f}_i(t)$ $(i=1, 2, \cdots, n)$，即

$$H_k(t) = g\left(\sum_{j=0}^{m} V_{jk} x_j(t)\right) \quad k = 1,2,\cdots,q$$

$$\hat{f}_i(t) = f\left(\sum_{k=0}^{q} W_{ki} H_k(t)\right) \quad i = 1,2,\cdots,n$$

这里 V_{0k} 为对应输入神经元的阈值，$x_0(t)$ 通常为 1，W_{0i} 是对应隐含层神经元的阈值，$H_0(t)$ 一般是 1，$g(x)$、$f(x)$ 分别是隐含层、输出层神经元的激发函数。隐藏层和输出层都用于激活函数，且不同层可以使用不一样的激活函数，常见的激活函数有 Sigmoid、ReLU、LeakyReLU 和 Tanh 等，例如

$$f(x) = \frac{1}{1+e^{-ax}} \text{ 或 } f(x) = \tanh(x) \text{（双曲正切函数）}$$

从网络图中能够看到，在确定了隐含层、输出层神经元的个数和激活函数后，该网络就只有输入层到隐含层，隐含层到输出层的参数。在设定这些参数后，神经网络便确定了。这些参数是如何确定的呢？基本思路如下：利用输入的 N 个样本数据，使真实的 y 值与网络的预测值的误差降到最小，这就变为一个优化问题，记 $w = \{V_{jk}, W_{ki}\}$，则优化问题为

$$\min E(w) = \frac{1}{2} \sum_{i,t} \left[y_i(t) - \hat{y}_i(t)\right]^2 = \frac{1}{2} \sum_{i,t} \left\{y_i(t) - f\left[\sum_{k=0}^{q} W_{ki} H_k(t)\right]\right\}^2$$

怎样才能求解这个优化问题获得最优的 w^* 呢？BP 算法是一种广泛应用的求解最优化的算法。

5.2.2　多层感知机

多层感知机（Multilayer Perceptron，MLP），是在输入层和输出层之间引入了多个隐藏层（Hidden Layer）的神经网络，最简单的 MLP 仅包含一个隐层，也就是三层的结构。

多层感知机一个有向无环图，层与层之间是全连接的，即每一层都与下一层完全相连。按不同层的位置划分，第一层（底层）是输入层，中间是隐藏层，最后一层是输出层，某一层上的各个人工神经元的输出都会成为下一层若

干人工神经元的输入。

输入层由简单的输入人工神经元构成；每个输入神经元至少连接一个隐藏层的人工神经元，隐藏层表示潜在的变量；层的输入和输出都不会出现在训练集中，隐藏层后面连接的是输出层。我们以图 6-19 的方式描述了多层感知机。

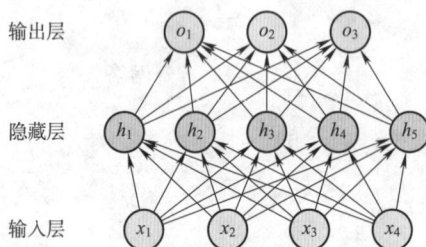

图 6-19 多层感知机网络结构

图 6-19 的多层感知机有 4 个输入、3 个输出，其中隐藏层包含 5 个隐藏单元，网络层数是 2。输入层不涉及任何计算，因此，该网络的输出通过隐藏层和输出层的计算得到。隐藏层与输出层均为全连接层，隐藏层的神经元与输入层的输入完全连接，输出层的神经元与隐藏层中的每个神经元也完全连接。因此，在多层感知机中，每个输入都会对隐藏层中的每个神经元产生影响；而在隐藏层，每个神经元都会对输出层的每个神经元产生影响（图 6-20）。

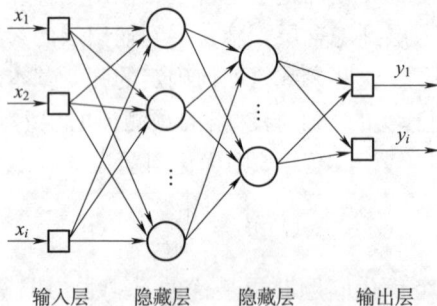

图 6-20 多层神经网络结构

i 表示神经网络的层数，M_i 表示第 i 层神经元的个数，$f_i(\cdot)$ 表示第 i 层神经元的激活函数，$W^{(i)} \in R^{M_i \times M_{i-1}}$ 表示第 $i-1$ 层到第 i 层的权重矩阵，$b^{(i)} \in R^{M_i}$ 表示第 $i-1$ 层到第 i 层偏置，$z^{(i)} \in R^{M_i}$ 表示第 i 层神经元的净输入，$a^{(i)} \in R^{M_i}$ 表示第 i 层神经元的输出。因此，推出多层神经网络的数学模型结构。令 $a^{(0)} = x$，通过以下公式的不断迭代来实现多层神经网络的信息传递。

$$z^{(i)} = W^{(i)} a^{(i-1)} + b^{(i)}$$

$$a^{(i)} = f_i(z^{(i)})$$

根据第 $i-1$ 层神经元的活性值 $a^{(i-1)}$ 计算第 i 层神经元的净活性值 $z^{(i)}$，然后经过一个激活函数计算的第 i 层神经元的活性值，故上面两个公式可以合并写成如下形式

$$z^{(i)} = W^{(i)} f_{i-1}(z^{(i-1)}) + b^{(i)}$$

或者

$$a^{(i)} = f_i(W^{(i)} a^{(i-1)} + b^{(i)})$$

从上述公式可知，通过逐层神经元来实现多层神经网络的信息传递，获得网络最终的输出 $a^{(i-1)}$，整个网络可以看作一个复合函数 $\phi(x: W, b)$，把向量输入 x 当作第一层的输入 $a^{(0)}$，第 i 层的输出 $a^{(i)}$ 当作整个函数输出，也就是它的参数传递过程由以下公式表示

$$x = a^{(0)} \rightarrow z^{(1)} \rightarrow a^{(1)} \rightarrow z^{(2)} \rightarrow \cdots \rightarrow a^{(i-1)} \rightarrow z^{(i)} \rightarrow a^{(i)} = \phi(x: W, b)$$

在这里面，W、b 分别描述了多层感知机网络中所有层的连接权重和偏置。然而，具有全连接层的多层感知机的参数开销可能会高得令人望而却步，即使在不改变输入和输出大小的情况下，也可能促使在参数节约和模型有效性之间进行权衡。

5.2.3　全连接神经网络优缺点

（1）全连接神经网络的优点。因为结构较为简单，所以更容易实现；通过增加隐藏层的层数能使得全连接网络更为灵活，能够应用于大部分的分类问题，具有广泛的应用领域。

（2）全连接神经网络的缺点。需计算每层每个节点对应的权重参数，权重和参数随着层数和节点的增加而增加；特别是对于图像数据而言，由于采用全连接神经网络，它需要计算众多的权重和参数，这将会大大增加内存和计算量的消耗，同时更多的权重和连接也会引起过拟合的问题。

5.3　卷积神经网络

卷积神经网络（Convolutional Neural Network，简称 CNN 或 ConvNet）是一种具有局部连接、权重共享、池化汇聚等特性的多层神经网络，用于对具有类似网络结构的数据进行处理的神经网络，是一种深度学习模型。

卷积神经网络是含有卷积层的神经网络，它具备了全连接神经网络和卷积操作的特点，与全连接神经网络相比，它有更多的卷积层和池化层，并对他们进行了改进。全连接神经网络存在计算量过大、参数过多等问题；卷积神经网络通过局部连接和权值共享，降低网络的复杂性，由于同一层的参数相同，可能降低参数的数量，并且可实现并行学习。

使用全连接网络进行处理图像存在：参数太多、局部不变形特征的问题，

卷积神经网络最初主要用于图像信息的处理。卷积神经网络，是由卷积层、池化汇聚层和全连接层交叉堆叠而成的全连接神经网络，在结构上具有如下局部连接、权重共享以及汇聚等特性，这些特性使得卷积神经网络在一定程度上具有平移、缩放和旋转不变性。

卷积神经网络广泛应用于图像和视频分析的各种任务（如图像分类、人脸识别、物体识别、图像分割等）上，它的准确率通常也大大超过其他神经网络模型。近年来，卷积神经网络在自然语言处理、推荐系统等领域也得到了广泛的应用，相继出现 LeNet、AlexNet、ZFnet、VGG-Net、GoogLeNet、ResNet 等卷积神经网络。本部分主要介绍最基本的卷积神经网络的卷积运算、池化（pooling）、全连接等操作。

5.3.1 卷积层计算

卷积层（Convolution Layers）的作用是提取一个局部区域的特征，不同的卷积核相当于不同的特征提取器。卷积，也叫褶积，是分析数学中一种重要的运算，运用在信号处理或图像处理中，卷积的"卷"是指翻转平移操作，"积"是指积分运算，它的一维卷积数学表达式为

$$(f * g)(n) = \int_{-\infty}^{\infty} f(\tau) g(n-\tau) d\tau \quad （连续形式）$$

$$(f * g)(n) = \sum_{\tau=-\infty}^{\infty} f(\tau) g(n-\tau) \quad （离散形式）$$

例如，一维卷积是用于计算信号的延迟积累，是信号处理中常用的一种方法。假设一个信号发生器每个时刻 t 产生一个信号 x_t，它的信息衰减率是 $\bar{\omega}_k$（表示在 $k-1$ 个时间步长后信息是原来的 $\bar{\omega}_k$ 倍），假设 $\bar{\omega}_1 = 1$，$\bar{\omega}_2 = 0.5$，$\bar{\omega}_3 = 0.25$，则在时刻 t 收到的信号 y_t 是目前时刻产生的信息和以前时刻延迟信息的叠加，计算式为

$$\begin{aligned} y_t &= 1 \times x_t + 0.5 \times x_{t-1} + 0.25 \times x_{t-2} \\ &= \bar{\omega}_1 \times x_t + \bar{\omega}_2 \times x_{t-1} + \bar{\omega}_3 \times x_{t-2} \\ &= \sum_{k=1}^{3} \bar{\omega}_k x_{t-k+1} \end{aligned}$$

其中，假设滤波器长度 K，$\bar{\omega}_1$，$\bar{\omega}_2$，… 成为滤波器或卷积核（Convolution Kernel），它和信号序列 x_1，x_2，…的卷积为

$$y_t = \sum_{k=1}^{K} \bar{\omega}_k x_{t-k+1}$$

那么，信号序列 x 和滤波器 $\bar{\omega}$ 的卷积可以定义为

$$y = \bar{\omega} * x$$

其中，$*$ 表示卷积运算。

二维卷积计算，需要对一维卷积进行扩展，通常用于图像处理。给定一个

图像 $X \in \mathbb{R}^{M \times N}$ 和滤波器 $W \in \mathbb{R}^{U \times V}$，通常 $U \ll M$，$V \ll N$，根据上述公式，有

$$y_{i,j} = \sum_{u=1}^{U} \sum_{v=1}^{V} \bar{\omega}_{uv} x_{i-u+1, j-v+1}$$

一个输入信息 X 和滤波器 W 的二维卷积定义为

$$Y = W * X$$

其中 $*$ 表示二维卷积计算。

在图像处理中，对一幅图像进行卷积操作后，主要用于特征提取，计算的结果称作特征映射（Feature Map），如下例，为便于理解，讨论单通道输入、单卷积核的情况，输入 X 为 5×5 的矩阵，卷积核为 3×3 的矩阵，首先卷积核大小的感受野（输入 X 左上方粗线框）与卷积核对应元素相乘，如图 6-21 所示。

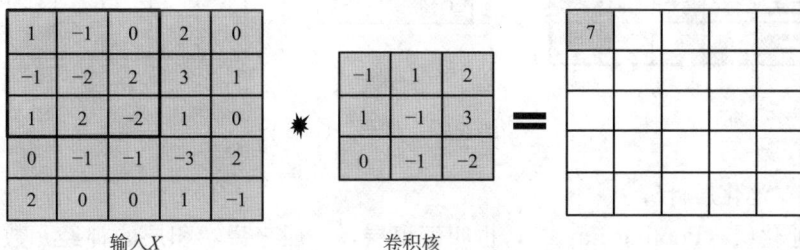

图 6-21　二维卷积计算

展开计算得

$$\begin{vmatrix} 1 & -1 & 0 \\ -1 & -2 & 2 \\ 1 & 2 & -2 \end{vmatrix} * \begin{vmatrix} -1 & 1 & 2 \\ 1 & -1 & 3 \\ 0 & -1 & -2 \end{vmatrix} = \begin{vmatrix} -1 & -1 & 0 \\ -1 & 2 & 6 \\ 0 & -2 & 4 \end{vmatrix}$$

得到 3×3 的矩阵后，将该矩阵的 9 个元素值全部相加，得

$$-1 - 1 + 0 - 1 + 2 + 6 + 0 - 2 + 4 = 7$$

得到的值 7，写入输出矩阵的第一行第一列，如图 6-21 所示。

在完成第一个感受野区域的特征提取后，感受野窗口向右移动一个步长单位（Strides，默认 1），用同样的计算方法，如图 6-22 所示。

根据上述过程，每次感受野向右移动 1 个步长单位，如果超过了输入的边界，就会向下移动 1 个步长单位，然后返回到行首，直至感受野移动至最右边、最下方位置，如图 6-23 所示。

同理，多通道输入、多卷积核是深度神经网络的计算，简单来说是上述例子计算的重复，注意在多通道输入的情况下，需要考虑到卷积核的通道数量与输入的通道数相匹配等。

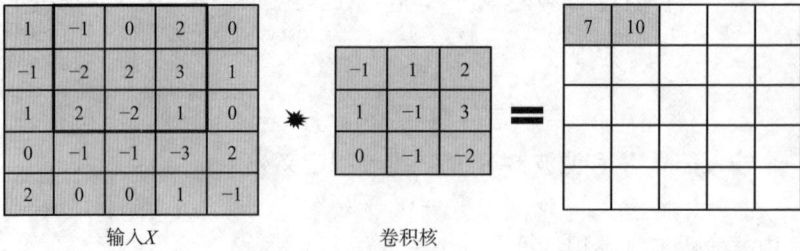

图 6-22　移动步长

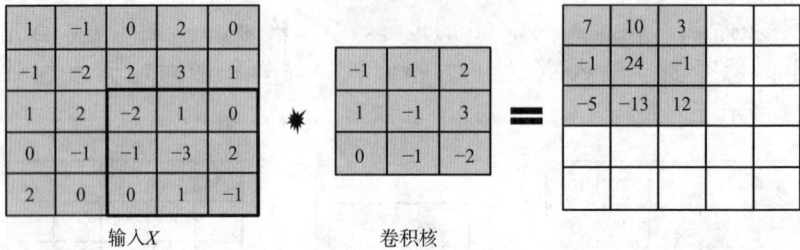

图 6-23　移动步长

5.3.2　池化层计算

池化层（Pooling Layer），也叫汇聚层，一般来说卷积层的神经元数量过多，可能出现过拟合。为了解决该问题，可在卷积层后，增加一池化层以降低特征维数，从而减少参数数量和避免过拟合。因此，池化层能帮助 CNN 处理任何尺度的图像，又可避免 cropping 和 warping 操作而造成一些信息的丢失，具有非常重要的意义。

池化层以局部相关性的思想为基础，对一组局部相关的元素进行采样或信息聚合，生成新的元素值。注意有两种计算方法：

（1）最大池化（Max Pooling）。对于一个区域 $R_{m,n}^d$，选择这个区域内所有神经元的最大活性值作为这个区域的表示，x_i 表示区域内每个神经元的活性值。

$$y_{n,m}^d = \max_{i \in R_{n,m}^d} x_i$$

（2）平均池化（Average Poling）。一般是取区域内所有神经元活性值的平均值。

$$y_{n,m}^d = \frac{1}{|R_{n,m}^d|} \sum_{i \in R_{n,m}^d} x_i$$

例如，将 5×5 矩阵当作信息输入 X 的最大池化层，考虑池化的感受野窗口（Receptive Fields）大小为 2×2 矩阵，步长为 1 的情况，如图 6-24 所示。

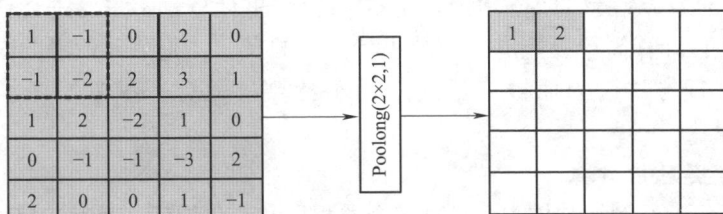

图 6-24 例子

虚线方框表示第一个感受野的位置，感受野元素集合是
$$[1, -1; -1, -2]$$
用最大池化采样的计算方法，得
$$x' = \max[1, -1; -1, -2] = 1$$

计算完当前位置的感受野后，该感受野的框类似卷积计算一样，按步长为 1 向右移动，见图 6-24 的粗线方框，用同样的最大池化采样计算得
$$x' = \max[-1, 0; -2, 2] = 2$$

同理，逐渐移动感受野窗口至最右边，直到窗口到达矩阵的边缘；与卷积层相同，感受野窗口向下移动一个步长，返回到行首，继续计算，如图 6-25 所示。

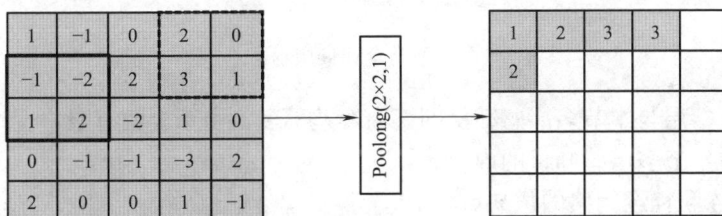

图 6-25 移动步长

循环计算，直到最下方、最右边，从而得到最大池化层的输出，长宽为 4×4，比输入 X 的矩阵略小，如图 6-26 所示。

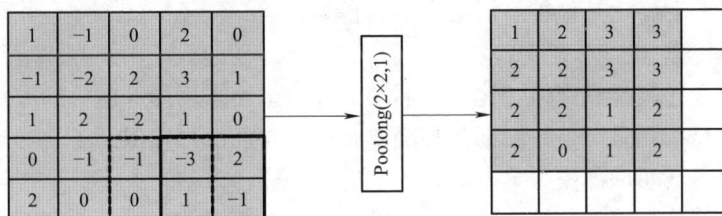

图 6-26 循环结果

由于池化层在计算时根据上一层的参数权重计算，不需要进行任何参数的学习，且计算简单，能有效地减小特征图的尺寸，是一种理想的图片类型数据的处理方法，因而被广泛地应用于计算机视觉、图像处理等相关任务中。

5.3.3 全连接层计算

在卷积神经网络结构中，经过多个卷积层和池化层后，最后连接着 1 个或 1 个以上的全连接层（Fully Connected Layers，简称 FC Layers），该层类似于多层神经网络，每一个节点（神经元）都与前一层的所有结点（神经元）进行全连接，从而把卷积层和池化层的输出展开成一维形式，在后面接上与普通网络结构相同的回归网络或者分类网络，因此，在整个卷积神经网络中全连接层起到"分类器"的作用，图 6-27 是它的一个简单示意图。

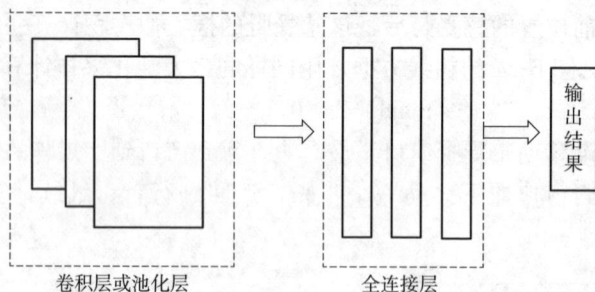

卷积层或池化层　　　　　全连接层

图 6-27　全连接层示意

全连接层与本节多层感知机网络内容差不多，由于篇幅有限，理论内容部分请查看本节多层感知机的内容。

5.3.4 卷积神经网络的优缺点

卷积神经网络是计算机视觉、图像处理几乎都在使用的一种深度学习模型，常用于分析视觉图像，如图像数据（可视为二维的像素网格数据）和时间序列数据（时间轴上有规律地采样形成的一维网络数据）；在图像和视频分析的各种任务（如人脸识别、物体识别、图像分类与分割等）上，它的准确率在大部分情况下要比其他神经网络模型高得多。

（1）优点。

①与全连接神经网络相比，不同层的神经单元采用局部连接的方式，即每一层的神经单元只与前一层部分神经单元相连，局部感知保证了学习到的卷积核对输入的空间局部模式具有最强的响应。

②通过共享的卷积核，卷积神经网络易于对高维数据进行处理，降低了网络模型的复杂度，减少了权值的数量。

③不需手动特征提取，通过训练后能够自行获得较好特征及分类效果。

（2）缺点。

①卷积神经网络需要手动调整超参数，且要求训练样本量足够多，在小规模样本上表现不好。

②通过使用 GPU 计算才能有效提升训练速度，且训练出的模型为"黑箱"模型，其卷积层提取的特征解释性不佳。

5.4 循环神经网络

循环神经网络（Recurrent Neural Network，RNN）可以使用带自反馈的神经元处理任何长度的时序数据，它是一种递归神经网络，以序列数据为输入，根据前一个时间步长的信息，沿着序列演化的方向进行递归，将所有节点链式连接。多层感知机通过添加隐藏状态变化循环神经网络，是随着时间推移有重复发生的结构，能够短期记忆神经网络。它不仅从其他神经元接收信息，而且从自身接收信息，形成一个带有环路的网络结构，因而得名循环神经网络。它并不死板地记忆全部一定长度的序列，而是使用隐藏状态来存储以前时间步长的信息。

一般而言，循环神经网络最适合用于处理序列数据的神经网络，就像卷积网络比较适合于处理网格化数据，如图像的神经网络，它让网络有短期记忆来处理一些时序数据并使用过去的信息。

5.4.1 RNN 结构及数学模型

循环神经网络模型是一类具有内部循环的神经网络，简化理解如图 6-28 所示，输入层 x、输出层 y、隐藏层 S 与多层神经网络相同，U 是从输入层到隐藏层的权重，V 是从隐藏层到输出层的权重，区别的是中间隐藏层部分多了一个返回的箭头，这就是循环神经网络特有的特征，其权重矩阵为 W。

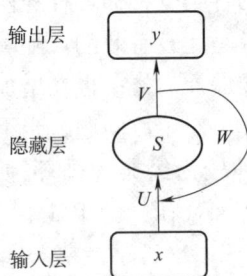

图 6-28　RNN

循环神经网络对每个输入时间给出一个与模型当前状态相关的输出，隐藏层的节点之间存在连接，隐藏层的输入包括输入层的输出以及隐藏层在前一时间的输出。

因此，循环神经网络的隐藏层 S 权重矩阵不仅取决于当前的输入层 x，还取决于上一个隐藏层的权重，而权重矩阵 W 就是上一个隐藏层的权重作为当前输入的权重。

具体来说，对于图 6-28，按时间线把该循环神经网络扩展开来，如图 6-29 所示。

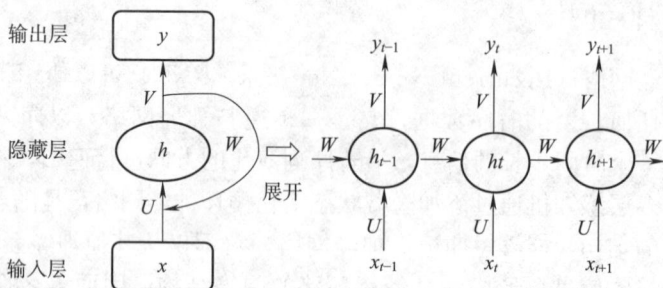

图 6-29　网络展开

在这个简单的循环神经网络中，t 时刻接收到输入 x_t 后，隐藏层的神经元活性值是 h_t，输出是 y_t，隐藏层的值 h_t 不仅取决于输入层的 x_t，还取决于上一个隐藏层 h_{t-1}，循环神经网络的计算方法如下

$$z_t = Uh_{t-1} + Wx_t + b$$
$$y_t = f(z_t)$$

其中，z_t 代表隐藏层的净输入，b 代表偏置向量，$f(\cdot)$ 代表非线性激活函数，通常用 Logistic 函数或 Tanh 函数，上述公式也可直接写成

$$y_t = f(Uh_{t-1} + Wx_t + b)$$

基于简单循环神经网络的各类变种循环神经网络有很多，对于简单循环神经网络来说处理一些简单任务是比较有效的，随着循环神经网络变得越来越复杂，梯度在学习过程中消失或爆炸的概率也在增加，这使得它很难对长时间间隔的状态之间的依赖关系建模，对于该问题，当下有不少学者提出各种比较实用的改进方法，下面介绍一种较为经典的循环神经网络——长短期记忆网络（Long Short-Term Memory Network，LSTM）。

5.4.2　长短期记忆网络

长短期记忆网络是经典版本的一个循环神经网络，是一种特殊的 RNN，可以有效地解决循环神经网络的梯度爆炸或消失问题。LSTM 网络主要有两个改进方向，一是定义了新的内部状态（Internal State），二是增加了门控机制（Gating Mechanism）来控制信息传递的路径，从而有效解决这些问题。

（1）新的内部状态。LSTM 网络引入新的内部状态 $c_t \in \mathbb{R}^D$ 负责传递线性的循环信息，同时（非线性地）输出信息给隐藏层的外部状态 $h_t \in \mathbb{R}^D$，其计算如下

$$c_t = f_t \odot c_{t-1} + i_t \tilde{c}_t$$
$$h_t = o_t \odot \tanh（c_t）$$

其中，$f_t \in [0, 1]^D$，$i_t \in [0, 1]^D$ 和 $o_t \in [0, 1]^D$ 为控制信息传递的路径的三个门（Gate），$\odot$ 代表向量元素乘积，c_{t-1} 是上一时刻的记忆单元，$\tilde{c}_t \in \mathbb{R}^D$ 是非线性函数得到的候选状态。

$$\tilde{c}_t = \tanh(U_c h_{t-1} + W_c x_t + b_c)$$

在每个时刻 t，LSTM 网络的内部状态 c_t 记录了当前时刻为止的历史信息。

（2）门控机制。在数字电路中，门是二值变量 $\{0, 1\}$，0 指定传输信息的关闭状态，1 指定传输信息的开放状态。LSTM 网络引入门控机制来控制信息的传递路径，上述公式计算 c_t 和 h_t 中，三个门是输入门 i_t、遗忘门 f_t 和输出门 o_t，这三个门的作用分别是：输入门 i_t 控制当前时刻在候选状态 $\tilde{c}_t$ 应该保存的信息量，遗忘门 f_t 控制上一时刻的内部状态 c_{t-1} 需要遗忘的信息量，输出门 o_t 控制当前时刻在内部状态 c_t 需要输出给外部状态 h_t 的信息量。

特别地，当 $f_t = 0$，$i_t = 1$ 时，记忆单元将历史信息清空，并将候选状态向量 $\tilde{c}_t$ 写入，此时记忆单元 c_t 依然会与上一时刻的历史信息相关；当 $f_t = 1$，$i_t = 0$ 时，记忆单元将复制上一时刻的内容，不写入新的信息。

LSTM 网络中的门取值在 $0 \sim 1$，代表凭借一定的比例允许信息通过，这三个门的计算公式如下

$$f_t = \sigma(U_f h_{t-1} + W_f x_t + b_f)$$
$$i_t = \sigma(U_i h_{t-1} + W_i x_t + b_i)$$
$$o_t = \sigma(U_o h_{t-1} + W_o x_t + b_o)$$

其中，$\sigma(\cdot)$ 表示 Logistic 函数，其输出范围是 $(0, 1)$，x_t 为当前时刻的输入，h_{t-1} 表示上一时刻的外部状态。

LSTM 的计算过程：利用上一时刻的外部状态 h_{t-1} 和当前时刻的输入 x_t，计算出上述三个门和 $\tilde{c}_t$；结合遗忘门 f_t 和输入门 i_t 更新记忆单元 c_t；结合输出门 o_t，将内部状态信息传递到外部状态 h_t。计算过程如图 6-30 所示。

LSTM 循环单元允许在网络中建立长距离的时序依赖关系，它的隐藏层状态 h 存储了历史信息，可以看作一种记忆。在简单的循环神经网络中，每个时刻都会重写隐藏层状态，从而能够将其视为一种短期记忆（Short-Term Memory），而在 LSTM 网络中，保存信息的周期要比短期记忆长，因为记忆单元 c 有能力捕捉关键信息，并将此关键信息保存一定的时间间隔。但它又比

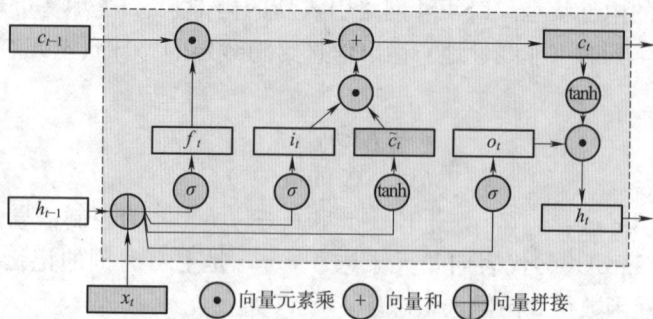

图 6-30 LSTM 示意

长期记忆（Long-Term Memory，可以看作网络参数，隐含了从训练数据中学习的信息，更新周期远远慢于短期记忆）短得多，因此称为长短期记忆。

5.4.3 循环神经网络的优缺点

（1）优点。循环神经网络的出现成功解决了输入数据序列化的问题，利用加入上一时刻隐藏层的输出，可以对时序问题进行有效处理。

（2）缺点。由于循环神经网络仅能保存序列中较为短暂的内容，若序列较长，序列在前的信息对后面序列的作用会逐渐削弱，也就是梯度消失。而长短期记忆神经网络通过引入门机制，可以遗忘掉一些梯度，大大降低梯度消失的概率。

6 数据挖掘在人力资源管理中的应用实例

本节重点介绍了在招聘、培训、薪酬等方面数据挖掘技术的具体运用。可运用强有力的数据挖掘技术来建立一个完整的人力资源数据仓库，对企业的人力资源进行有效管理，提高工作效率，以提高企业的人才招募和发展能力。并以此为基础，建立一个以数据为基础的智慧企业 HRM 体系。

6.1 数据驱动方法在招聘系统中的应用

简历筛选是招聘制度中的一个重要环节，候选人的简历选择好坏将直接影响到公司的人才素质。在大数据时代，互联网招聘的快速发展，有利于从大量的简历中找出每个应聘者的特征，以达到企业与人才的共赢。数据驱动的思维方式给企业的招聘带来了新的变化。首先，由 HR 部门制定员工的工作需要，包括性格、技能、工作经历等方面的要求，建立员工的特征图；其次，从应聘者的个人信息中抽取出应聘者的特点，构建出符合应聘者特点的机器学习模型。通过所建立的模型，得出求职者与所处职位的匹配度，以确定其能否胜任这一职位，并对其进行后续的面试、录用。采用数据驱动的方式，可以有效地提升招聘效率，为企业的招聘工作提供数据支撑。

6.2 数据驱动方法在培训系统中的应用

传统的训练方法忽略了员工的特点，训练方法也不够明确。在大数据的今天，集中式的训练可以有效提升员工的工作能力，使训练的效果得到极大的提升。数据聚类是数据挖掘的一个重要技术，它能根据数据的特性将数据集划分成不同的类型，并对其进行深入的研究。首先，从数据仓库中抽取出各个雇员的特点，然后利用数据聚类的方法，对不同职位的新雇员进行聚类分析，将具有相同特点的人员归类，并针对不同岗位的新雇员制定相应的培训计划，从而有效地提升培训效果。

6.3 数据驱动方法在薪酬系统中的应用

薪酬管理在企业的人力资源管理中具有重要作用，而薪酬管理体系的科学性建立将直接影响到企业的核心竞争力和凝聚力。在大数据环境下进行薪酬管理，其关键在于如何构建科学、合理的薪酬制度，用客观的数据和模型对其进行评价。统计中有许多统计分析的方法，能够根据不同的统计模型，对员工的工资状况进行统计和预测。

人力资源部门可以建立一个多变量的线性回归模型，从而科学地估算出员工的报酬。首先抽取员工的各项信息，包括绩效信息、工作效率、日常表现、社会行为等，并在每个评价指标中设置权重，建立薪酬与雇员的整体状况的多元线性回归模型，以便在此基础上进行薪酬的测算。另外，公司还可以根据时间序列信息，建立一个基于时间序列的员工报酬模型，并利用时间序列模型对其进行预测。将数据挖掘中的统计模型与已有数据、预测数据相结合，对企业的薪酬制度进行优化，保证公司的公平性。

6.4 数据驱动方法在企业人力资源管理中的其他应用

企业除了注重以数据为导向的方法在招聘、培训、薪酬等方面的运用，还应充分发挥大数据的优势，建立起有效的员工工作交流与反馈机制。在企业内部进行员工的回馈，既能增进双方的理解与信任，又能激发员工的积极性。在HRM 系统中，可以建立一个员工的工作反馈子系统。在招聘、培训、薪酬、绩效等方面，雇员可以在工作回馈系统中提出自己的意见。在数据仓库中存储建议和意见，利用文字挖掘技术，从大量的文字资料中挖掘有用的建议和观点，为企业决策提供依据。

习题:

(1) 什么是监督学习和非监督学习算法?

(2) 什么是回归? 什么是回归模型? 什么是线性回归?

(3) 简述 k-最近邻算法过程。

(4) 什么是聚类? 聚类与分类有什么异同?

(5) 普通卷积神经网络具体结构是怎样的? 各层作用是什么?

(6) 循环神经网络与卷积神经网络的区别是什么?

第七章　数据可视化技术

在过去的 20 年中，随着社会产生数据的大量增加，对数据的理解、解释与决策的需求也随之增加，人类的大脑必须学会理解和处理这些日益增加的数据信息。对于阅读者而言，最理想的状态是"一图胜千言"。因此，面对数量、规模和复杂性不断增加的大数据环境，优秀的数据可视化变得尤为重要。

本章主要介绍数据可视化技术的相关概念、方法、工具软件和在人力资源管理中的应用实例，学习目标如下：

【知识目标】

理解数据可视化的概念；掌握数据可视化美学特征的具体内容；了解不同数据类型的特征；了解数据可视化的作用和意义；掌握数据可视化的基本原则，以及常见数据图表的设计标准；掌握印刷比例、颜色使用、图表标题、数据与上下文、背景网格、3D 使用的注意事项。

【技能目标】

认识常见数据可视化商业软件和开源软件；掌握各软件的特点和适用领域；能够利用可视化工具软件的选择原则，选择适用于不同场景的软件工具；能够熟练掌握至少一种数据可视化工具软件。

【能力目标】

熟练掌握各类数据可视化方法的常用手段，掌握不同方法的适用场景、图表设计特点；了解人力资源管理中常见的数据可视化应用实例，初步了解人力资源报告的可视化呈现效果。

1　数据可视化概述

本节主要介绍数据可视化的概念、美学特征、作用和意义、基本原则和常见数据图表的设计标准。

1.1　数据可视化的概念

人类对图形的理解能力非常独到，能够从图形中发现数据的一些规律、信息等。在大数据时代，数据规模变得非常大且烦琐，并且数据处于不断变化中。如果想要发现这些繁杂数据背后的信息，可视化是有效的途径之一。

什么是数据可视化呢？"可视"不仅仅是可以看见，它更多是指"可理解"，是使繁杂抽象的数据变得具体易懂，以便于传播、交流和研究。数据可视化可以将单一数据或复杂数据以视觉的形式呈现出来，从而精简又高效地传递某一些信息或知识。它还能够将一些抽象的、冗余的，甚至毫无联系的信息整合起来，并将它们转换为图形、符号或者概念模型。因此，数据可视化是利用图形、图像处理、计算机视觉以及用户界面等技术，通过表达、建模以及对立体、表面、属性或动画的显示，对数据加以可视化的解释。数据可视化是全面分析数据的关键，同样也是深层次理解数据的关键。通俗地说，数据可视化即通过可理解的图形表达或传达与文字资料意思一致的信息。

数据可视化的内涵随着科学技术进步和经济社会发展进程不断得到充实和完善。现代数据可视化基础奠定于19世纪上半叶，随着数据受到关注和重视，统计数据和概念图呈爆炸式增长，包括直方图、饼图、折线图、时序图、雷达图等；在19世纪中期，数据可视化在军事活动中大放异彩；在19世纪下半叶，数据可视化因适用于解决科学问题而广泛流行，并在传染病排查、信息分析、信息传播、知识表达等方面得到了深入应用。到了20世纪，受制于数据可视化单向传输信息的局限，人们开始探索动态交互式的数据可视化模式创新，计算机的诞生和应用也为数据可视化的途径和工具提供了新的活力。同时，科研工作者开始意识到图形的显示方式为航空航天、物理学、天文学、生物学领域的科学和工程提供了新的认知途径，科学家率先开始从多维定量数据的静态图来表示静态数据向动态统计图表进行探索和尝试，试图实现动态的交互式数据可视化。20世纪的探索为数据可视化工具的开发和完善提供了广泛的经验，并逐渐引领数据可视化向着动态、交互、智能的主题发展。直至21世纪，互联网的诞生和快速发展开启了大数据时代，此时的数据可视化方法已经成为辅助处理巨量数据的不二法宝。随着大数据对社会宏观、中观、微观企业和个体生活影响的逐渐增强，基于大数据处理的可视化技术也变得愈发重要。

1.2 数据可视化的美学

为了实现信息的有效传达，数据可视化需要综合考虑美学呈现形式与功能需要，通过直观地传达数据关键特征，实现对数据集的深入洞察。

1.2.1 数据可视化的美学特征和类型

美学特征描述一个给定图形元素的各个方面，包括它的位置（position）、形状（shape）、大小（size）、颜色（color）等，如图7-1所示。首先，位置是每个可视化元素至关重要的属性，它主要描述了该元素应当放在哪里。在标准二维图形中，一般会用 x-y 坐标系来描述位置；当然，通过使用其他坐标系，将二维图形使用一维或者三维可视化也是可行的。其次，所有的图形元素都会有形状、大小和颜色的属性。在常见的印刷物中，可能更多地需要我们提供一个黑白图，例如，图片背景为白色时元素为黑色，若背景为黑色则元素为白色——黑白本身也即图形元素的可见颜色。而随着无纸化的流行和电子出版物的普及，彩色图形变得越来越多，也为数据可视化的呈现效果带来了质的飞跃，此时，我们就会遇到更多其他的美学特征。例如，如果想要显示文本，可能必须指定字体簇、字体和字体大小，如果图形对象重叠，可能还要指定它们是否部分透明。

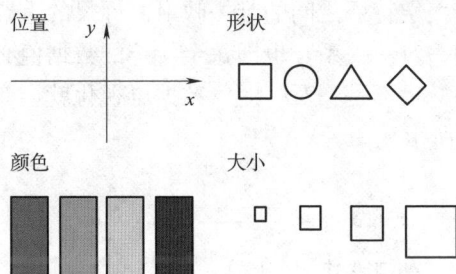

图 7-1　数据可视化中常见的美学特征：位置、形状、大小和颜色

这些美学特征可以分为两组：能表示连续数据的特征和不能表示连续数据的特征。连续数据是指这些值存在任意小的中间值。例如，持续时间就是一个连续值；与之相反，人数就是一个离散值。在美学特征中，位置、大小、颜色都可以用于呈现连续数据，而形状则通常只能表示离散数据。连续数据和离散数据是数据类型中最常见的两种，其他数据形式诸如离散类别、日期或时间、文本等也是应用较为普遍的数据类型。在数据可视化的过程中，要考虑的是我们希望在数据可视化中呈现的数据类型。可以用数字量化的数据一般称之为定量数据，而表示类别、级别、顺序等属性的数据一般称为定性数据。在典型的数据可视化场景中，我们一般会遇到"连续变量（定量）""离散变量（定量）""分类无序变量（定性）""分类有序变量（定性）""日期或时间变量""文本变量"等，见表 7-1。

表 7-1　常见数据可视化中的变量类型

变量类型	适用范围	示例
连续变量（定量）	连续	2.6、7.3、95、2.8×10^3
离散变量（定量）	离散	1、2、3、4
分类无序变量（定性）	离散	猫、狗、鸟
分类有序变量（定性）	离散	优秀、良好、合格、不合格
日期或时间变量	连续或离散	2022 年 6 月 24 日，14：00
文本变量	离散	文本变量

1.2.2 数据标尺

要把数据映射为美学特征，需要指定哪些数据值对应哪些特定的美学特征值。在这个一一对应的过程中，数据标尺是十分重要的工具。例如，如果图形中有一个 x 轴，我们就要指定哪些数据值要落在这个轴上的哪些特定位置。类似地，为了让不同的变量呈现得更加分明，需要指定哪些数据值由特定的形状或颜色来表示。这种数据值与美学特征之间的映射关系则是由标尺呈现的，且标尺定义了数据与美学特征之间的唯一映射。标尺的重要性在于，它代表了数据值、美学特征的一对一关系，也即每个特定的数据值必须只有一个美学特征，反之亦然；如果标尺不是一对一的，数据可视化就会变得模糊不清。常见的数据标尺如图 7-2 所示。

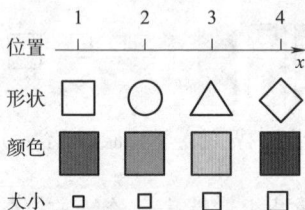

图 7-2　与美学特征一一映射的数据标尺

1.3　数据可视化的作用和意义

结合本书的主旨，对于人力资源管理而言，数据可视化的作用和意义表现在以下三个方面。

1.3.1　直观地呈现结论有助于管理层进行可信赖的决策

视觉信息处理是人脑的最主要功能之一，正是由于人们处理视觉获取的信息比较容易，所以数据可视化可以帮助我们更好地传递信息。可视化技术可以使数据直观展现，通过多个属性或变量进行分析以迅速发现数据背后的规律和重要信息。例如，在宏观方面，我们知道一个国家（地区）的人口年龄结构会直接影响劳动力市场的劳动力供给，通过可视化图表制作历次人口普查的人口性别、年龄"金字塔"，就可以一目了然地观察到我国人口年龄结构的变化趋势，从而预测未来劳动力供给变化态势。又如，在企业微观层面，通过可视化可有效支持企业管理者把握全局，运筹帷幄，精准决策；以简洁直观的页面、以多种图表类型充分分析和展现企业人力资源数据，为管理者和分析人员提供决策的依据，帮助洞察企业问题并发现商机。甚至，数据可视化使企业决策者可以用一个仪表板处理所有事务，监视来自整个组织以及全部应用的重要数据。

1.3.2　发掘行为数据背后的关联有助于提升人力资源部门的工作效率

组织中的绩效管理是一项庞大且复杂的工作，数据可视化可以使员工的绩效情况更加清晰直观。在企业人力资源管理活动中，可以通过可视化方式有效洞察近年的每个员工绩效、发展潜力等信息，一目了然地展现公司人才培养状况，从而进行有效的人才盘点。同时，通过数据可视化的分析可以更加直观地看出员工的绩效情况，更容易区分出绩效优秀的员工。运用可视化功能（图表、筛选器），还可以通过可视化对企业关键岗位市场薪酬进行动态监测、分析，为企业薪酬设计的外部竞争性提供依据。因此，数据可视化分析提升了人力资源管理的效率。

1.3.3 可交互的数据呈现有助于满足员工的个性化需求

数据可视化还可以帮助公司以直接方式与数据进行直接交互。通过交互过程则可实现信息的传达和双向沟通，将传统过程中单向被动获取信息的方式转变为双向互动的方式，提高使用者的参与度。企业人力资源部门可以通过一系列的技术手段，对人们的行为以及情绪的变化进行细节性的观测，这样就能够发现一般员工的行为习惯、爱好和选择，进而通过可视化和数据分析从复杂的数据库中挖掘出符合员工偏好的一些福利产品或团建项目，根据员工的喜好对现有的福利产品和服务进行调整，从而更好地服务于企业人力资源保留与开发。

1.4 数据可视化基本原则

数据可视化的操作过程中，在遵循数据可视化目的的前提下，以内容为基础，在数据可视化设计上进行加强，才可以达到数据可视化的最终结果。数据可视化设计要遵循以下基本原则。

1.4.1 依据明确的需求进行可视化设计

数据可视化设计是为了更好地将内容传达给受众，让受众理解数据陈列的目的和能够呈现的内容，并可以迅速读取重点信息，以更好地实现沟通的过程。因此，在进行数据可视化的设计过程中，不能脱离数据分析的目的和数据分析的结果，要依据明确的需求进行数据可视化设计，这是数据可视化设计最重要的一条准则。

1.4.2 可视化过程要有可读性和易读性

在数据可视化工作中，使用适当的形式和方式呈现数据背后的观点和结论是至关重要的。使用可视化图表的目的在于直观地呈现数据，故在图表类型的选择上要合适、简洁、明了，以使数据可视化的结果可以被受众读懂。同时，进行数据可视化设计是为了让视觉的效果更好，设计的结果必须是非常容易理解的，即便是不了解专业知识的人也应当能迅速看懂。很多时候，数据可视化结果是用来作报告的，这些报告有可能是对内的也有可能是对外的，此时，让可视化报告变得容易理解也是很重要的。总之，可读性和易读性是保证可视化过程有效的基本原则。

1.4.3 可视化结果要重点突出

数据可视化的设计不在于图表类型的多样化，而在于如何能在简单的一页之内让用户读懂数据之间的层次与关联，这就关系到对数据可视化美学的灵活应用。数据可视化的设计就是对已经初步形成的数据可视化的结果进行润色，在润色的过程中要更好地将隐藏的信息表现出来，数据分析人员了解数据设计的整个过程，也知道哪些数据是没有在结果中体现出来的，在设计过程中，如果这些信息是关键的、重要的，就要学会将这些信息表现出来。可视化结果中，重点突出、要点明确是重要的可视化设计原则。

1.5 常见数据图表的设计标准

在业务流程的数据图表设计中，要追求图表的标准化，也即图表设计的美学特征（包括颜色、版式、字体、布局等）需要保持标准化的布局，并可以根据所在企业的标识和主题色来设计适合公司主题及数据应用场景的图表形式。基于数据可视化的基本原则，数据图表应遵循统一配色、图表简洁、观点明确、细节完美的设计标准。

1.5.1 统一配色

在生成数据报表时，结果文件中包含了各种不同的图表，考虑到数据可视化的美学特征，不同图表也会由不同的颜色组成。判断数据报表是否标准化的一个指标就是该结果文件中所有图表的整体配色是否统一。

图表的颜色分为主色和辅助色，在设计图表时要优先考虑图表的主色调。由于数据报表的第一使用场景是企业内部的展示与汇报，因此选择图表主色调的基本原则之一即使用企业 LOGO 的主色调。与此相对的是，辅助色的选择也是以公司 LOGO 的辅助色为首选，这样生成的数据报表则能显示出一定程度的专业性。反之，在阅读数据报表时，也可以根据其 LOGO 的色系和数据可视化结果的匹配程度来初步判断该报表是否专业。比如某个企业，它的LOGO 的主色调为蓝色，辅助色是白色和深灰色，那么在生成数据图表时，整体的配色方案则按照这种颜色配比来执行。

此外，色彩美学中不同的颜色会传达给受众不同的情感体验，因此也可以按照行业中主流的配色方案来进行配色。不同行业有不同的主流颜色，称之为主题色，以下列举一些常见行业的主题色：①医疗行业——绿色；②餐饮行业——黄色；③互联网行业——蓝色；④服装行业——红色；⑤党政类——红色、黄色；⑥科技行业——黑色。

1.5.2 图表简洁

在制作数据表时，基本原则是用最简洁的图表来表达数据背后最直接的含义，因此图表中不宜有过多的冗杂元素，针对干扰图表阅读的元素需要进行逐一删除。在具体的执行中，以柱状图为例，可以从以下几个方面逐一检查图表中的元素是否做到简洁、直观：

（1）图表的背景是否简洁。一般采用纯色的图表背景，不宜采用渐变色。

（2）数据标签与坐标轴是否重复。在添加了数据标签时，图表中的 Y 轴一般可以省略。

（3）零刻度线是否突出。零刻度线突出符合阅读图表的基本习惯，有助于受众直接锁定坐标系所呈现的数据内容和规模，特别是正负数同时存在的坐标系，零刻度线有助于明显分隔正负数据。

（4）X 轴的刻度是否与数据图像冲突。在正负数据同时存在的柱状图中，X 轴的坐标很容易被负值数据的图形遮挡或干扰，需要进行合理布局。

1.5.3 观点明确

每个数据图表中的数据陈列都要服务于呈现目的，对图表内容最直观的呈现方式即体现在图表标题上，因此，图表的标题一定要观点明确。一般而言，图表都会有一个主标题用以呈现该图表想要表达的意义。同时，为了使图表的观点更加明确，还可以添加一个副标题对主要图形做出辅助说明，如某项数据占比最大、某项数据绝对值最小、某项数据增长率最高等，这样会使受众在阅读数据图表时有明确的重点。

1.5.4 细节完美

数据是图表中的主要呈现内容，为了增强受众的阅读体验，需要追求每个数据表中的细节完美。数据图表里的细节包含网格线、数据标签、图例、数据标记等，这些细节不会影响数据的呈现内容，但仍然能够体现出图表制作者的专业程度。例如，数据标签的位置和类型的选择，当意图突出某个数据时，在制作数据标签时便会用该数据的真实值进行标注，这种数据标注与其他的数据标签不同，它会以数据框和内容填充的组合形式来显示重点的数据。

2 数据可视化方法

本节主要介绍常用的数据可视化方法，包括数量可视化方法、分布可视化方法、比例可视化方法、相关关系可视化方法，并具体介绍图表设计的注意事项。

2.1 数据可视化方法概述

数据可视化方法是直观呈现数据特征和背后规律的方法，也即使用多种图表对不同类型的数据进行可视化呈现。根据呈现数据类型的不同划分，数据可视化方法包括数量可视化方法、分布可视化方法、比例可视化方法、相关关系可视化方法。在本节的概述部分对以上方法进行简介，并在后续对应小节内进行具体内容的阐述。

2.1.1 数量

图 7-3 展示了常见的数量可视化方法。要实现数量可视化，最常用的方法是使用柱状图，用以显示一组分类变量的数量值。柱状图中的条柱可以垂直摆放，也可以水平摆放，还可以在相应条柱的重点位置放置点，将柱状图转化为点图。在常见的人力资源管理可视化报告中，柱状图可用于呈现薪酬支持、人力成本、招聘指标完成、各部门的人员流动等信息。点图在数据样本较多时会作为柱状图的替代，但在人力资源管理可视化过程中，点图很少单独使用，一般会在数据点之间用折线或趋势线连接形成折线图。

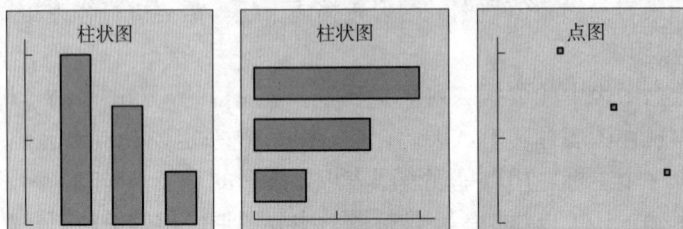

图 7-3 常见数量可视化方法

2.1.2 分布

数据分布一般用直方图和密度图呈现，可以很好地为分布数据提供直观的可视化表示。在呈现分布时往往会涉及参数的设置，而用直方图和密度图描述分布时只能给出直观的形状，不能设置准确的参数；为了弥补分布准确性的缺失，可以采用累积密度图和分位数—分位图（Q-Q 图）展示真实的数据，但在图表解释中会存在一定困难。分布可视化在人力资源管理可视化的应用并不常见，偶尔在呈现薪酬结构对比、成本结构年度对比、人效数据呈现等方面应用。在更广泛的商业场景中，最常用的分布可视化方法为直方图和密度图。常见的分布可视化方法如图 7-4 所示。

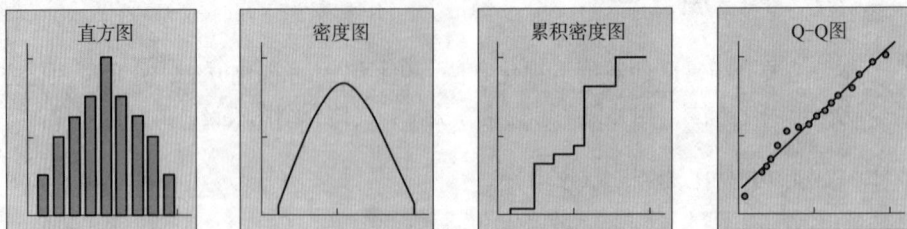

图 7-4 常见分布可视化方法

2.1.3 比例

可视化比例的方法有很多，可以根据需求选择饼图或柱状图进行呈现。饼图的特点是可以直观地显示出"各个部分构成同一整体以及各部分在整体中的占比"这一事实，而柱状图多用于比较各个部分在整体中占比的大小。使用柱状图呈现比例时，与呈现数量特征类似，条柱可以采用水平放置，也可以采用垂直放置。

呈现比例的可视化方法会随着需求的精细化而衍生出多种更为具体的图表工具。例如，当涉及多组比例的比较或比例随条件的变化进行可视化时，饼图的空间利用率可能不高，而且不能有效地体现各部分之间的关系，此时可以采用堆叠柱状图呈现。在人力资源管理领域的可视化报告中，比例可视化的应用非常广泛，诸如呈现薪酬结构、成本构成、各部门费用、人员成分等方面；最常用的比例可视化方法为饼图和堆叠柱状图；在不强调各部分比例构成的总体时，一般的柱状图也颇为受用。常见的比例可视化方法如图 7-5 所示。

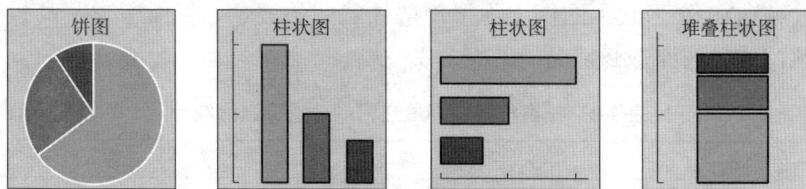

图 7-5　常见比例可视化方法

2.1.4　相关关系

当需要显示一个定量变量相对于另一个定量变量的关系时，多采用散点图作为数据可视化方法。根据定量变量的数据特征，散点图也可以演化为气泡图或折线图。气泡图适用于有 3 个定量变量的情况，可以将其中 1 个定量变量的美学特征映射为点的大小。折线图则适用于 X 轴描述的是时间或严格递增数量的情况，通过折线或平滑曲线连接各数据点来呈现大数据集的变化趋势。在人力资源管理领域可视化报告中，相关关系的呈现一般用于人效数据分析、人员流动分析。人效数据分析中，需要关注人力成本投入和相应收益、利润之间的相关关系，并且会关注这一指标的相对变化，此时会用到折线图或是散点图；而人员流动分析中，折线图多用于呈现企业或某部门的人员流动幅度与自然月之间的关系。常见的相关关系可视化方法如图 7-6 所示。

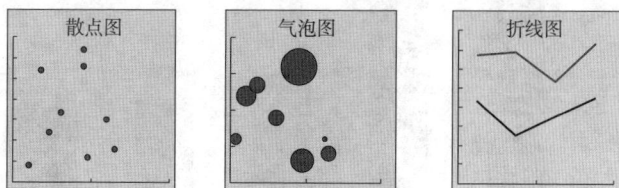

图 7-6　常见相关关系可视化方法

2.2 数量可视化

在很多情况下，我们仅需关注一组数字的大小。比如，可视化同一品牌不同系列产品的总销量，或者不同部门的平均收入水平，或者进行不同项目部员工的年龄可视化等。在这些类似的情况下，会有一组类别（如系列、部门、项目）和对应各个类别的定量值。这类重点在于定量值大小的可视化场景可以统称为数量的可视化。在这种业务场景下的标准方法即为柱状图，它有基本图例和衍生图例（如分组柱状图和堆叠柱状图）。

2.2.1 柱状图

柱状图使用水平或垂直的色柱显示类别之间的数据比较，一般用于描述分类数据，并统计每一类别下的数量。柱状图的基本构成包括：X 轴（横轴）、Y 轴（纵轴）、矩形块、图例。为了理解柱状图的概念，下面考虑某高校某学期最热门的公选课选修情况，见表 7-2。

表 7-2　某高校某学期最热门的公选课选修统计

排名	课程名称	选修人数
1	创业管理	432
2	网络营销	268
3	Python 编程基础	137
4	小说文学	102
5	养生与健康	98

这种数据通常使用垂直柱状图进行可视化。对于每一门课程，会画出一个色柱，起点从零刻度线开始，一直延伸到该课程的选修人数，这便是数量可视化中的柱状图，如图 7-7 所示。

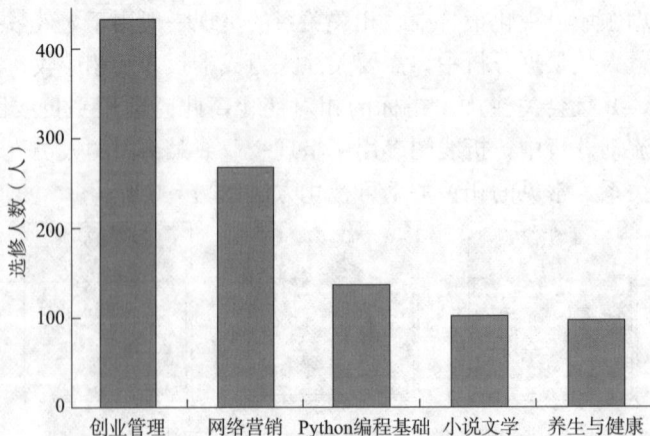

图 7-7　某高校某学期最热门选修课

使用垂直柱状图时最显著的问题在于标识各个色柱的标签会占据大量的水平空间，因此需要将图片画得特别宽，并在色柱之间留出足够的空间以使得类别的名称之间不会相互重叠。当类别过多或版面受限时，可以考虑缩短色柱之间的距离并使标签旋转（图 7-8）——但这种处理方式往往只能解决部分问题，并且在类别过多时收效甚微——堆叠的数据标签会使柱状图毫无美观可言。

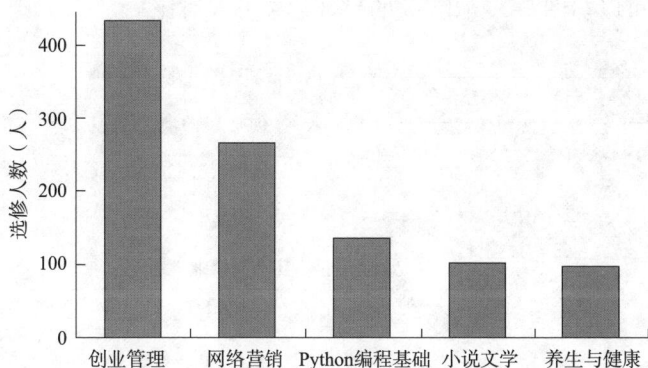

图 7-8　某高校某学期最热门选修课（旋转标签）

对于长标签而言，更好的解决办法是交换 X 轴和 Y 轴的内容，使色柱处于水平方向。交换坐标轴之后，可以得到一个布局紧凑且便于阅读的图，因为包括文本在内的视觉元素都呈现为水平方向，如图 7-9 所示。

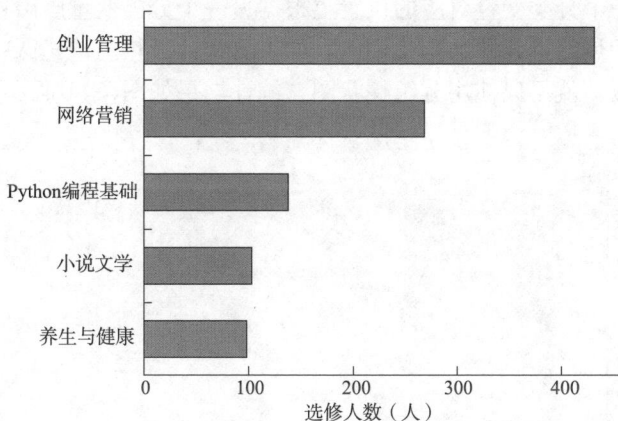

图 7-9　某高校某学期最热门选修课（水平柱状图）

在使用柱状图时也要注意色柱的摆放顺序。在常见的排列规则中，会按照标签名称的首字母进行排序，这样虽然有一定的逻辑性，但会使色柱显得随意摆放。这种排序方法布局的条形图会让人很难看出数据所呈现的逻辑，并不直观。特别是在这个案例中，无论是垂直柱状图还是水平柱状图，对"热门课程"的关注默认了数据应当按照热度进行排序，按照数量从大到小进行排序，既可以使受众看出课程的受欢迎程度，也直观呈现出了图表的内在逻辑。当然，这种按照表达意图重新排列色柱的方法也并不总是适用，特别是当类别数据服从一个自然顺序（也就是说 X 轴或 Y 轴是有序变量）时，柱状图则应当遵循这一自然顺序，如时间、年份、年龄等。图 7-10 就是布局并不美观的柱状图示例，可以与图 7-7、图 7-9 的呈现效果形成对比。

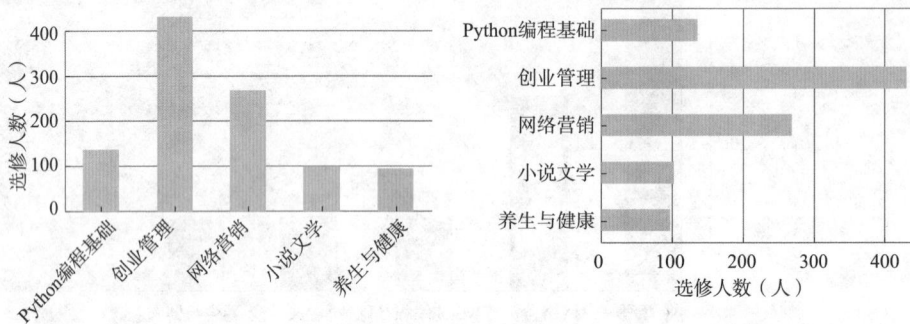

图 7-10　某高校某学期最热门选修课（并不美观的示例）

2.2.2　分组柱状图

当对两个分类变量感兴趣时，则可以使用分组柱状图进行变量的可视化。分组柱状图是对柱状图功能的细化，操作时需要将一个分类变量按顺序置于 X 轴上，在每一个分类变量对应的位置上根据另一个分类变量画出各个色柱。以某高校某学期热门选修课数据集为例，如果要统计最热门选修课中每个年级学生的选修人数，就可以使用分组柱状图，统计结果如图 7-11 所示。

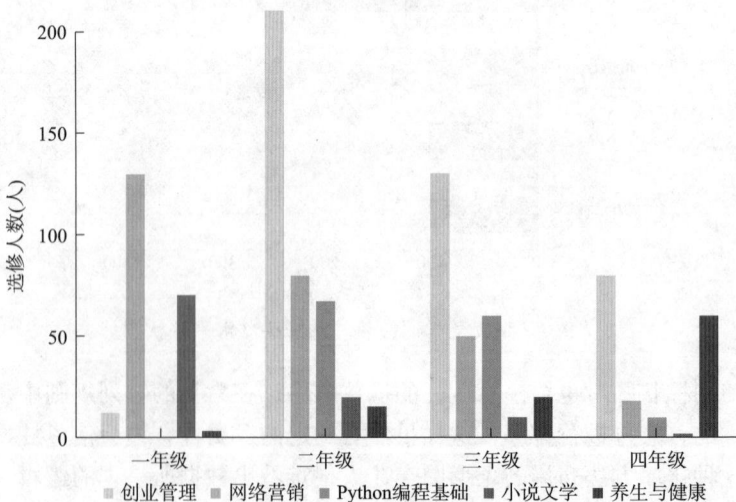

图 7-11　最热门选修课中每个年级学生的选修人数

分组柱状图可以一次显示出大量信息，不过也可能带来混乱。因为分组柱状图需要用不同颜色的色柱来区别分类变量的组别，此时，按照位置编码阅读图表十分容易，而按照色柱颜色编码阅读图表则需要花费额外的精力，因为我们必须在头脑中把色柱的颜色与图例的分组情况对应起来。在版面允许的情况下，将分组柱状图转化为几个单独的常规柱状图会使得两个类别变量的呈现都变得直观、易于阅读，当然，这也会占用更大的篇幅来呈现同样的数据内容。具体如何做选择，可以根据图标使用场景、个人需求甚至个人偏好来决定。

2.2.3 堆叠柱状图

柱状图的另一衍生应用是堆叠柱状图，适用于某项编码内的数据加总也是有真实意义的量的情况。堆叠柱状图是将某一分类变量不同类别的色柱堆叠起来，用不同的颜色区分同一色柱内的不同类别变量。比如，在具有人口学统计特征的样本中，若性别作为其中的一个类别变量，则可以分别统计男性人数和女性人数，也可以统计不记性别的人口总数——如若把代表女性人数的色柱置于表示男性人数的色柱之上，便形成了一个堆叠的色柱，该合成的条柱高度表示的即为不区分性别特征的人口总数。以某高校某学期热门选修课数据集为例，堆叠柱状图的呈现效果如图 7-12 所示。

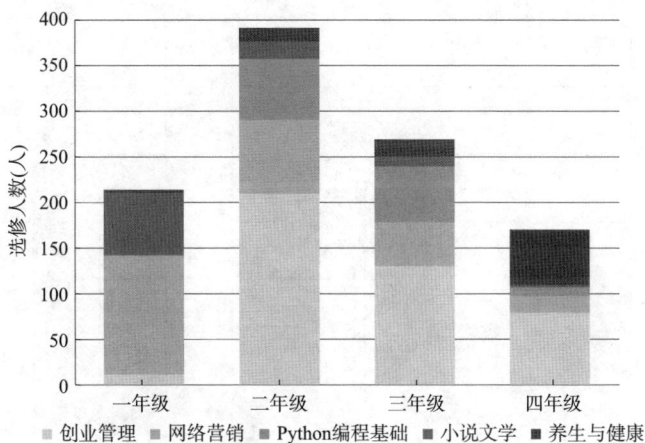

图 7-12 最热门选修课中每个年级学生的选修人数

2.3 分布可视化

数据分布图表主要显示数据集中的数值及其出现的频率或者分布规律，包括数据直方图、密度曲线图、堆叠直方图、金字塔图等。对一组数据的极值、峰谷值、数值区间和分布情况进行了解，有助于快速了解数据样本的基本情况并对数据总体进行简单描述；通过分布可视化技术实现对原始数据和概要统计之间对照，更有助于发现数据背后的种种问题。

2.3.1　单一分布的可视化

当要执行某一个变量分布情况的可视化时，直方图是最常用的方法。直方图是由一系列高度不等的纵向矩形或线段表示数据分布的情况，呈现的是某一定量变量数值数据分布的精确图形。一般而言，直方图的横轴表示数据类型，纵轴表示分布情况。在构建直方图时，首先要将数量值的范围分段，形成若干个等长度的间隔，然后分别统计或计量每个间隔对应区间中的数值量。由于直方图是将数据分组为区间生成的，它的具体外观取决于所选择的组距大小。大多数由现代工具生成的直方图都会默认选择一个组距，不过对于不同的数据样本，默认的组距并不一定都是最合适的。出于可视化效果和美学特征的考虑，绘制直方图一定要尝试不同的组距以确认直方图易于阅读且能反映出真实的数据分布特征。在设置组距时，如果组距过小，直方图就会出现过多的峰值，且分布看上去十分拥挤，有可能掩盖数据分布的主要趋势；反之，如果组距过大，数据分布中比较细微的特征就可能被其他数据掩盖。以某带有人口学统计信息的数据集为例，该数据集中的年龄直方图见图 7-13。

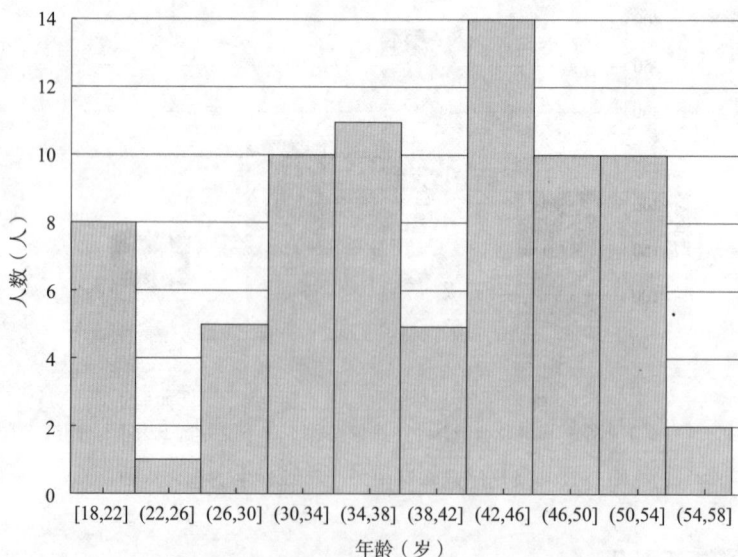

图 7-13　某带有人口学统计信息数据集中的年龄直方图

电子计算设备功能的日益强大使得分布统计图的绘制变得更加便捷、精准，直方图也逐渐被密度图取代。密度图常用于描述连续变量的密度分布特征，它是用一个适当的连续曲线来对数据的底层概率分布进行可视化。整体曲线是由固定带宽的小段曲线拼接而成，而每一个小段的曲线都需要用密度估计的方式来获得——不过不必担心，带宽和密度估计函数都已经内置在了可视化工具中，不会为密度图的生成带来太大的困扰。与直方图一样，密度图的具体外观取决于所选择的估计函数和带宽。带宽参数的表现就类似直方图中的组距。如果带宽过小，密度估计就会有太多峰值，看起来很拥挤，而且可能掩盖数据的主要趋势。如果带宽过大，数据分布中较小的特性就会消失。另外，所选择的估计函数会影响密度曲线的形状。一般来讲，数据集中的数据点越多，所选择估计函数对曲线形状的影响就越小。因此，对于大数据集，密度图往往很可靠，能提供丰富的信息，不过如果数据集中只有很少的几个点，就可能产生误导。以上述某带有人口学统计信息数据集为例，密度图的呈现效果见图 7-14。

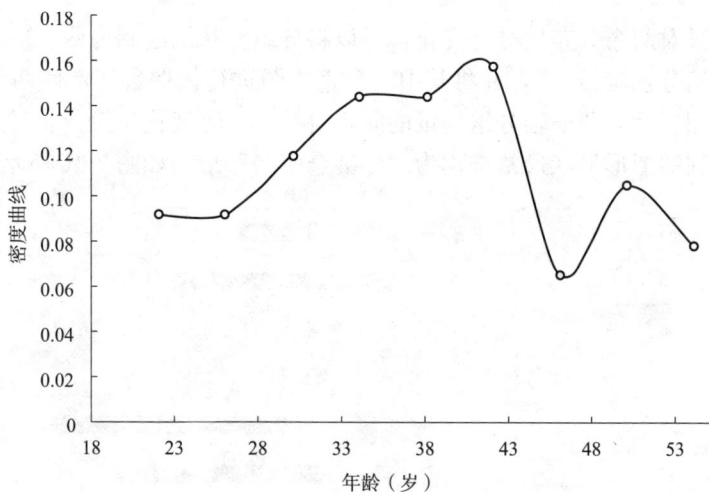

图 7-14 某带有人口学统计信息数据集中的年龄密度曲线

2.3.2 多个分布的可视化

有些情况下，我们可能需要对多个变量的分布同时进行可视化。例如，在涉及人口统计特征的数据样本中，想要统计男性和女性的年龄分布以观察不同性别的人口年龄是否大致相同，或者用以验证男性与女性之间是否有年龄差。在这种情况下，常用的可视化策略是堆叠直方图。然而，堆叠直方图此时可能会出现两类问题：一是位于上半部分的变量看上去并非从 0 开始的（实际上是），二是位于上半部分的变量值无法直接进行比较。同样以某带有人口统计学信息的数据集为例，同时可视化数据集中的年龄和性别，使用堆叠直方图呈现的可视化效果如图 7-15 所示。

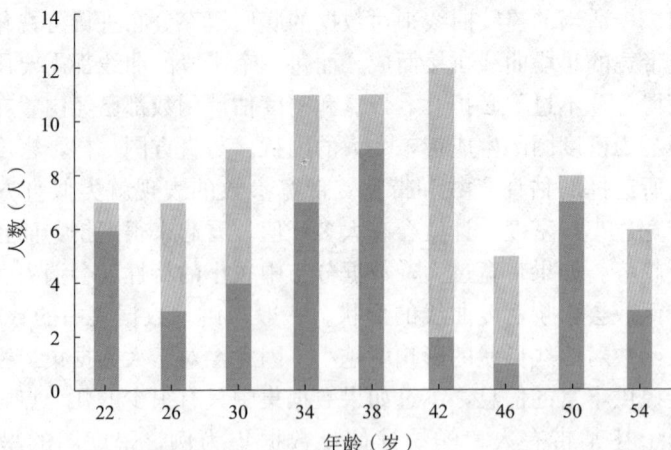

图 7-15 某带有人口学统计信息数据集中的年龄直方图（以性别维度分层）

如果只对两个分布进行可视化，可以将分组柱状图绘制为两个单独的直方图，将它们分别旋转 90°，并将其中一个直方图进行镜像翻转，使两个不同的分布方向相反后按照横轴分组变量的间距拼接——可视化年龄分布时常用这种技巧，得到的图形形状通常被称为"年龄金字塔"形，如图 7-16 所示。

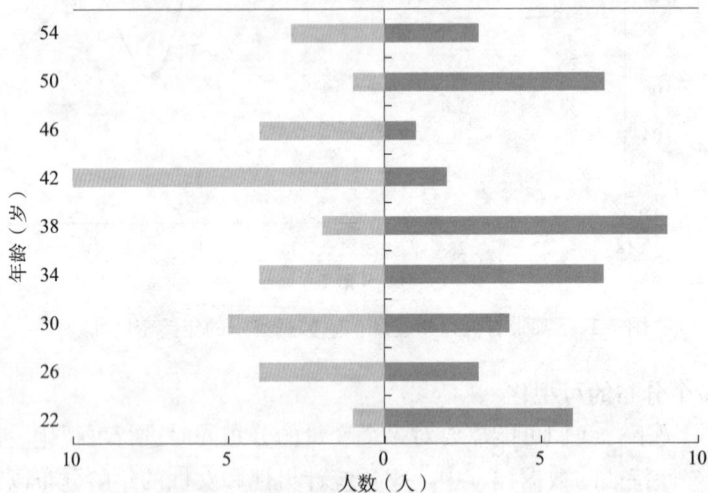

图 7-16 某带有人口学统计信息数据集中的"年龄金字塔"（以性别维度分层）

2.4 比例可视化

很多情况下，我们需要显示某个群体、实体或数量如何划分为不同部分，每个部分分别表示为整体的一个比例。例如，人群中男性和女性的比例，公司的市场份额，或者对某项决议的投票结果等。相较于数量和分布的可视化而言，比例的可视化更具有难度，特别是当整体要划分为很多不同的部分时，或是了解比例在不同条件下的变化时，可视化会变得更加困难。目前，没有一种通用的方法可以满足比例在任何需求情境下的可视化，需要根据不同的展示目的和业务场景选择适当的比例可视化方法。较为典型的数据可视化方法有饼图、堆叠柱状图和并排柱状图，它们在商业演示中无处不在。

制作饼图时，是将一个圆形划分为多个部分，使得每个分片的面积与它表示的所占总体比例呈正比；如果是在一个矩形上完成相同的操作，将会得到一个堆叠柱状图——当采用垂直方式或水平方式切分矩形条柱时，可以分别得到垂直堆叠柱状图和水平堆叠柱状图；在水平堆叠柱状图的基础上，如果将每个比例部分的条柱单独取出且并排放置而非堆叠的话，将会得到一个并排柱状图。以某高校某学期最热门选修课数据集为例，分别绘制饼图、堆叠柱状图、并排柱状图，见图7-17。

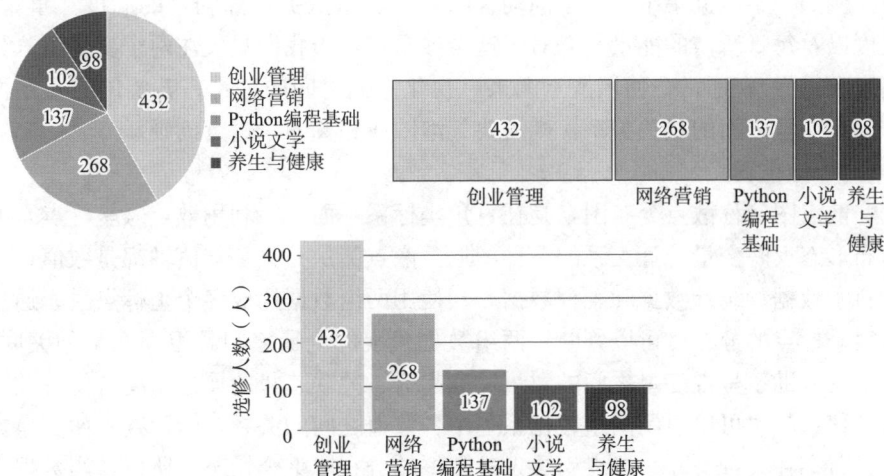

图 7-17　某高校某学期最热门选修课组成（饼图、堆叠柱状图、并排柱状图）

饼图、堆叠柱状图、并排柱状图在不同业务场景中各有优势，每个方法都无法在所有情况下完美适用。如何选择可视化方法取决于数据集的特性以及关于这个数据集想要表达的具体观点。总体来说，如果目标是强调简单的比例关系，如1/2、3/5、2/7等，饼图就很适用；如果数据集非常小，饼图也会奏效。简单的饼图会比只有一列的堆叠柱状图更加简单直观。而堆叠柱状图适用于多个条件下或一个时间序列中的相互比较；如果需要将各个比例值进行直接的比较，则需要并排柱状图。当然，与饼图和堆叠柱状图相比，并排柱状图无法清楚地看出各个色柱与总体之间的关系。饼图、堆叠柱状图、并排柱状图在比例可视化方法中的优缺点小结如表7-3所示。

表 7-3 　比例可视化常见方法的优缺点对比

优缺点	饼图	堆叠柱状图	并排柱状图
呈现整体比例	√	√	×
比较相对比例	×	×	√
强调简单比例	√	×	×
适用于小数据集	√	×	√
适用于多部分划分	×	×	×
适用于时间序列	×	√	×

2.5　相关关系可视化

当数据集包含两个或多个定量变量，我们可能对这些变量的相互关系感兴趣。例如，某数据集中包含不同动物的定量测量数据，如动物的高度、重量、长度以及每日所需的能量——对于这个数据集，当我们只关注两个变量时（如高度和重量），通常会使用散点图来可视化它们之间的关系；若要同时显示两个以上变量之间的相关关系，则需要气泡图或相关图来进行刻画。

2.5.1　散点图

散点图又称散点分布图，是在直角坐标系平面上，利用散点（坐标点）的分布形态反映变量统计关系的一种图形。散点图的分类轴与值轴都是数值，例如科学数据、统计数据和工程数据。当使用两组数据构成多个坐标点时，通过考察坐标点的分布，可以判断这两组数据代表的变量之间是否存在某种关联。散点图有助于呈现变量之间的数量关联趋势、关联趋势的属性、离群值等关键统计信息，也可以显示两组数据系列中各数值之间的关系，辅助判断两变量之间是否存在某种关联，或者引导发现数据的分布或聚合情况。所以，当数据点数量比较大时，适合散点图与散点动画图。散点图中包含的数据越多，比较的效果就越好。以某电商平台某类产品价格与销量的数据集为例，绘制销量相对于价格的关系图。在这个图中，价格沿 X 轴显示，每个产品表示为一个点，如图 7-18 所示。

散点图的优点在于可以直观表现出影响因素和预测对象之间的总体关系趋势，能通过直观醒目的图形方式反映变量间的相关关系情况，以便于模拟变量之间的关系。散点图的缺点在于当无法很好地呈现变量之间的相关关系、分布情况或聚合情况时，图形会显得比较散乱，无法呈现其他的相关信息。散点图需要有足够多的数据点，并且数据之间有相关性时才能呈现很好的结果。

在散点图中，如果有两个类别变量，则需要另外的美学特征来映射新的类别。常用的方法是用点的大小不同来代表新引入的类别变量，这样得到的可视

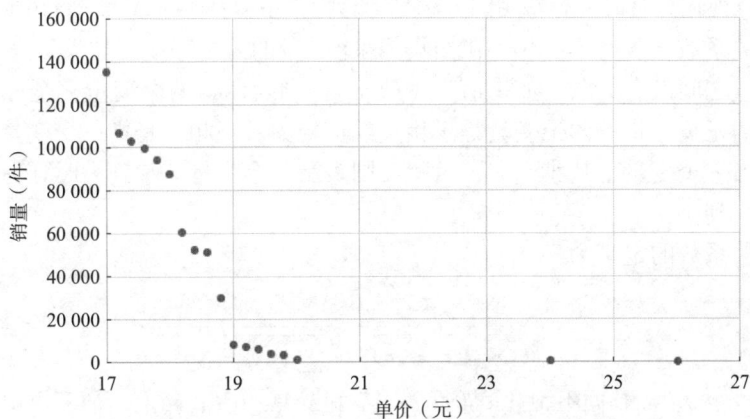

图 7-18　某电商平台某类产品价格与销量关系

化图形可以称为气泡图。气泡图在散点图中加入了一个新的信息维度，实现了相同篇幅下呈现更多信息，但这也会在一些情况下为读者带来困扰。因为气泡图有两种不同类型的标尺（坐标系中的位置和点自身的大小）来显示同一类型的定量变量的数据特征，这会从视觉上弱化不同变量之间关联强度的呈现。此外，在用大小标尺映射数据特征时，也需要谨慎选择：如果数据离差很小，则气泡之间的大小差异会非常小，可能几乎看不出来。以某电商平台某类产品价格与销量的数据集为例，绘制销量相对于价格的关系图，以商品评价星级为分类变量生成气泡图，如图 7-19 所示。

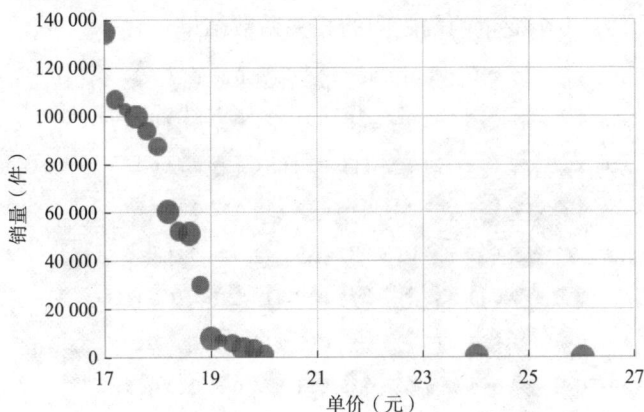

图 7-19　某电商平台某类产品价格与销量关系

注：气泡由大到小表示商品评价星级由高到低。

2.5.2　相关性图

　　如果有 3 个以上的定量变量，多对多散点图矩阵很快就会变得难以处理。在这种情况下，更有用的做法是定量表示变量对之间的关联量，并对这些关联量进行可视化。对此一种常用的方法是计算相关系数（correlation coefficients）。

相关系数 $r \in [-1, 1]$，用来测量两个变量的协变程度。如果 $r=0$，说明两个变量之间没有关联，如果值为 1 或 -1，则表示这两个变量完全相关。相关系数的正负号指示两个变量是正相关或负相关。正相关是指一个变量从小到大时，另一个变量也从小到大；负相关则表示一个变量从小到大时，另一个变量却从大到小。

相关系数的定义为

$$r = \frac{\sum_i (x_i - \overline{x})(y_i - \overline{y})}{\sqrt{\sum_i (x_i - \overline{x})^2} \sqrt{\sum_i (y_i - \overline{y})^2}}$$

这里 x_i 和 y_i 是两个观测值的集合，$\overline{x}$ 和 $\overline{y}$ 是相应的样本均值。可以根据此数学定义看出相关系数的一些性质。第一，公式中 x_i 和 y_i 是对称的，这意味着 x 和 y 的相关系数与 y 和 x 的相关系数是相同的。第二，x_i 和 y_i 只作为与各自样本均值之差为基本单位进入公式，所以如果将整个数据集进行某个常量的偏移，即 x_i 和 y_i 替换为 $x_i + C$ 和 $y_i + C$，相关系数仍然保持不变。第三，如果缩放数据，即 x_i 和 y_i 替换为 Cx_i 和 Cy_i，经过数学计算可知相关系数也保持不变。

相关系数的可视化结果即为相关性图。相关性图可以呈现出数据之间的重要模式或影响规律，但也隐藏了底层的数据点，而且非常抽象；单纯地使用相关图可能会导致阅读者得出错误的或与呈现目的相悖的结论。因此，更好的做法是可视化原始数据作为补充，通过基础数据和加工过的抽象数据的可视化结果之间的平衡来准确呈现表达意图。图 7-20 给出了一个相关关系图的示例，相关性图显示了 11 个变量两两之间的相关系数结果。

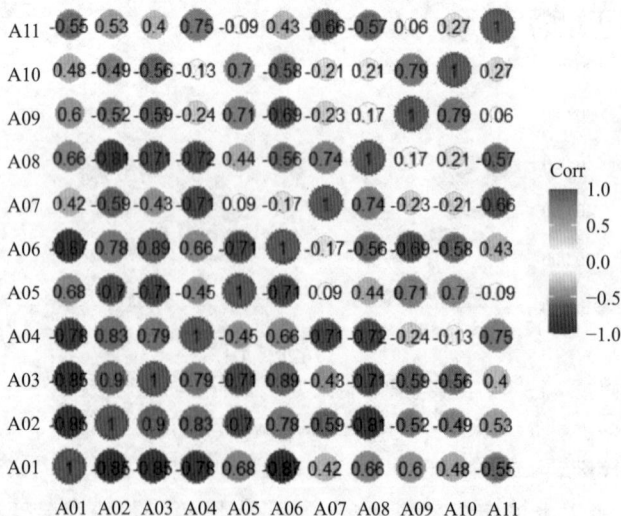

图 7-20　相关性图示例

2.5.3 成对数据

多元（多变量）定量数据有一种特殊情况，即成对数据：这些数据包含同一个量在稍微不同的条件下的两个或多个测量值。这方面的例子包括对各个对象的两个可比测量（如一个人右臂和左臂的长度），不同时间点对同一个对象的重复测量（如一个人在一天中两个不同时间的体重），或者对两个紧密相关的对象的测量（如两个双胞胎的身高）。对于成对数据，我们有理由认为：与属于其他对的测量值相比，同属于一对的两个测量值相互之间更为相似。两个双胞胎的身高可能大致相同，而与其他双胞胎的身高不同。因此，对于成对数据，我们要选择能强调成对测量值之间差异的可视化方法。以某高校某班级本科生体重数据为例，入学体检和毕业体育测试分别记录了学生入学时和毕业时的体重数据，如图 7-21 所示。这个例子显示出成对数据的两个共同特点。第一，数据都分布在对角线附近，尽管学生个体体重之间差异明显，但在四年的时间跨度内，每个学生的体重变化幅度并不太大。第二，这些点相对于对角线系统性向上方偏离，这意味着大部分学生在本科阶段的体重有所增加。

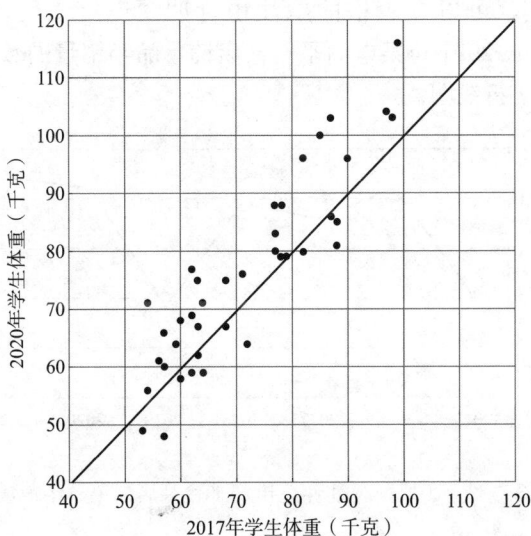

图 7-21　2017 年和 2021 年某高校某本科生班级学生体重

对于这种情况，一个很好的选择是在一条标记 $Y=X$ 的对角线上画一个简单散点图。在这样一个图中，如果每对的两个测量值之间唯一的区别是随机噪声，那么样本中所有的点会对称地分散在这条线两侧。相比之下，如果成对测量值之间存在系统差异，则可以从数据点相对于对角线向上或向下的偏移看出。

2.5.4　时间序列

在散点图中，我们可以画出一个定量变量相对于另一个变量的关系。如果其中一个变量可以看作时间，这就产生了一种特殊情况，因为时间会为数据赋予额外的结构。现在数据点有了一种固有的顺序，我们可以按时间递增的顺序排列数据点，并为每个数据点定义一个前驱和一个后继。我们常常要对这种时序数据进行可视化，为此可以使用折线图。不过，折线图并不仅限于时间序列。只要一个变量为数据赋予了某种顺序，折线图都适用。例如，在一个受控实验中，可能有意将一个处理变量设置为某个范围内一系列不同的值，这种情况下也可以使用折线图。如果有多个变量依赖于时间，可以绘制单独的折线图，也可以绘制一个常规的散点图，然后画线连接时间上相邻的点。

在使用折线图描述时间序列数据时，关于是否需要用线连接相邻的数据点也值得讨论。在折线图中，用实线连接相邻的数据点以从视觉上呈现顺序或趋势是最为常见的做法，但是，从客观事实出发，这些连接线并不能表示观测数据。具体来讲，如果只有少量间隔很远的观测数据，那么两个间隔之间的观测数据未必会正好落在现有连接线上。因此，从某种程度上讲，这些线甚至会被称为"虚构数据"。为了保证使用连接线以增强视觉效果的方法不会违背数据观测的客观事实，可以在表格的题注中标明"连接线仅用来引导视线"。图 7-22 是以 2015—2021 年某电商平台某店铺单品年销量的数据集为例制作的店铺单品的年销量折线图。

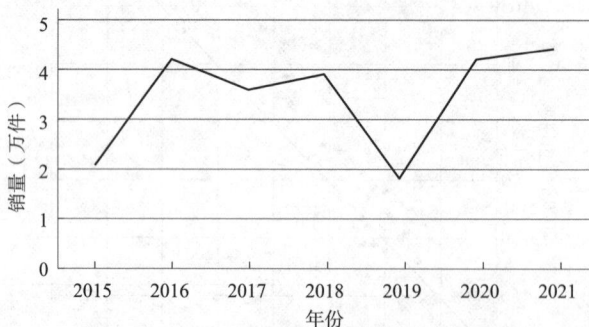

图 7-22　2015—2021 年某电商平台某店铺单品年销量

2.6　图表设计注意事项

图形、图表呈现数据的目的在于清晰有效地传达与沟通信息，优秀的可视化图表绝对不是数据图表的堆叠，而是以使用者体验为主导充分考虑图表设计细节，体现出"使数据便于轻松理解"的可视化价值。这就需要在设计图表时兼顾美学形式和图表功能，通过紧抓数据的关键特征和结构、去除图表中的冗杂元素，从而实现对海量数据的深入理解和洞察。在进行图表设计时，应逐一考虑以下注意事项。

2.6.1　印刷比例

在很多不同的可视化场景中，我们会用一个图形元素的范围表示数据值。例如，在柱状图中，我们会画出一条或几条从零刻度线开始的色柱，色柱会延伸到所表示的数据值结束。在这种情况下，数据值不仅编码为色柱的端点位置，还编码为色柱的高度或长度。如果所画的色柱不是从 0 开始，那么其长度和端点就会表达不同的信息。只要使用诸如色柱、矩形、任意形状的阴影区域或者有明确视觉范围的任何其他等图形元素，就会出现类似的问题，这些图形元素的视觉范围可能与所示的数据值一致，也可能不一致。在所有这些情况下，我们都要确保数据值和其对应的美学特征应当比例一致。

2.6.2　颜色使用

使用颜色可以增强数据可视化的呈现效果，但如果颜色选择或使用不当，则可能产生相反的效果，使原本很好的可视化效果趋于平淡。因此，使用颜色要基本遵循有用、清晰、不喧宾夺主的原则。在数据可视化中，颜色主要有三种用途：区分组别、标示数值、强调数据。

我们经常使用颜色作为一种区分方法，来区别没有特定顺序的离散数据项或组，如地图上的不同国家，或者某个产品的不同制造商。在这种情况下，我们会使用一个定性型颜色标尺。这种标尺包含一组有限的特定颜色，所选择的颜色要保证各个颜色彼此明显不同，同时还要保证相互等价。另外，这些颜色不应让人产生一种有顺序的印象，如一个逐渐变浅的颜色序列就存在这种问题。这些颜色会使着色的数据项之间出现一种明显的顺序，尽管根据定义那些数据项原本并没有顺序。

颜色还可以用来标示定量的数据值，如收入、气温或速度。在这种情况下，需要使用序列型颜色标尺。这种标尺含有一个可以清晰指示数值之间大小关系的颜色序列，它可以显示数值之间的差异程度，而且在数值范围内可以均匀变化。在选择序列型标尺时，可以基于一个色调或多个色调：选择一个色调时，颜色遵从由浅及深的顺序；采用多色调作为标尺时，色调之间往往遵循光谱和颜色梯度。此外，在现实地理区域数值变化时，用颜色表示数据值会特别有效——在地图上将数据值分别着色，生成等值区域地图，可以很好地将不同区域统计指标的水平呈现在图表上。

颜色也可以作为有效的方法来强调数据中的特定元素。对于某些含有特定信息或者能传达出关键信息的数据值，可以在图表中使用颜色向阅读者传递并强调这种信息。使用颜色进行关键信息传递比较便于操作，仅需用与其余部分截然不同的一种或一组颜色对这些元素进行着色。在使用颜色进行强调时，要注意强调色和基本色的配合，基本颜色在符合美学特征的基础上不能过度抢夺注意力，也避免使用过多的强调色。

在使用颜色的过程中，需要注意以下问题：

第一，当数据项或类别变量中的分类编码太多时，用颜色作为唯一的美学特征进行标注会显得十分混乱。这是因为过多的数据分类需要有大量的图例，阅读者需要在图表中的颜色、图例中的颜色和颜色代表的具体信息之间来回匹配，十分费神；同时，人眼容易识别的颜色极其有限，有些相近的颜色在图例中相对容易分辨出不同，对应到图表中却很难辨识清楚。此时，使用颜色是为了增强图表的呈现效果、使图表更易于阅读，但过多使用颜色则反而使数据的表达变得模糊。一般而言，如果有 3～5 个不同类别，那使用颜色标尺是最为适用的。一旦需要标注的数据类别多于 8 个，从可视化呈现效果和易读性而言，使用颜色都会适得其反。当处理较多的类别编码时，可以借用颜色来标注具体类别的所属大类，并使用文字直接表明具体类别对应的图表对象。

第二，不需为了着色而着色。美学特征的使用都要有一定的目的，图表追求的是可读性、易读性、简洁直观，而不服务于此类目的的颜色使用都可能是过度使用。颜色的渐变会增加图表的趣味性，但不能提供额外任何有用的信息；大量不同的颜色使用会使图片呈现绚烂但混乱；用过于饱和、过于强烈的颜色填充较大的图片区域，会造成视觉疲劳、影响图表阅读。

2.6.3 标题、题注和表格

图表的标题、题注和标注是与可视化内容联系最紧密的文字表述，应当做到准确、简洁、直接。

图题和题注是每个图的重要组成部分。在任何可视化报告中，图都需要一个准确的标题，以向受众正确地传达这个图的主旨和内容。图题的位置没有固定的要求，一般置于图片上方或下方居中放置，也可以根据具体需求进行调整，但要确保在一份可视化报告中图题的位置和风格保持一致。另外需要注意的是，图题和题注的不同风格会适用于不同的应用领域，基本原则是一个图只能有一个图题，可以结合到主图中，也可以作为题注的第一个要素。传统的图书或者文章排版一般会要求每个图的下方都配有一个规范的题注，此时图题则必然出现在题注的第一项。而一些在线报告、网页等非正式电子印刷品内容中，图片很多时候会用作独立的信息图，此时将图题、题注等融合到主图中会比较合适。

表格也是可视化数据的一个重要工具，也需要标题和题注。表标题与图标题大体遵循类似的规则，但也有一个重要的区别：图标题的常规做法是将标题和题注置于图内容的下方，而表标题通常将标题和题注放在表格的上方。这一区别遵循的是内容易读性的原则：在阅读图时，往往先看图片展示的内容，然后再阅读题注并结合上下文内容进行理解；而阅读表格时，会先阅读标题和题注以明确表格和上下文的关系，如果将标题置于表格的下方则会影响受众的阅读顺序和阅读体验，对表格内容的呈现也没有太大帮助。

此外，表格的设计应当遵循以下规则：①不使用垂直的表格线；②不在数据行之间使用水平线，但可以作为字段标题之间或标题与第一行数字之间的分隔；③文本列左对齐；④数字列右对齐，数字精度水平应保持一致；⑤包含单个字符的列居中对齐；⑥字段标题与数据对齐，也即文本列的字段标题左对齐，数据列的字段标题右对齐。

2.6.4 平衡数据和上下文

可以宽泛地将所有可视化中的图形元素划分为表示数据的元素和不表示数据的元素。前者包括类似散点图中的点、直方图或柱状图中的条柱或者热图中的阴影区域等元素。后者包括类似图坐标轴、轴刻度和标签、轴标题、图例和图标注等元素，这些元素通常会为数据提供上下文和为图提供视觉结构。设计一个图表时，需要考虑数据元素和非数据元素的篇幅占比。一般的建议是减少非数据元素的占用篇幅以得到更简洁、更优雅的可视化表示。与此同时，上下文和视觉结构也很重要，如果过度减少提供上下文和视觉结构的图元素，得到的图可能难以阅读、令人困惑或者不太令人信服。

2.6.5 背景网格

图背景中的网格线可以帮助读者辨认数据值，还有助于将图中一个部分中的值与另一个部分中的值进行比较。但与此同时，网格线也会增加视觉噪声，特别是当网格线很突出或者很密集时。如需要在一个灰色背景上使用相当突出的白色背景网格线时——支持这种灰色背景的意见认为，这样不仅有助于读者把整个图片看作单个视觉实体，还可以避免图片看上去像是深色文本包围的一个白色方块；而反对的声音也有存在，他们认为灰色背景会干扰对实际数据的注意力，同时呈现主网格线和次网格线也会使图片显得过于密集，因此这种灰底白线的网格并不具有吸引力。

同时，人们感知的文本暗度取决于字体大小、字体和行间距，而感知的图暗度取决于所用墨水的绝对数量和颜色。例如，使用 10 号 Times New Roman 字体的密集型科学论文版面看起来要比使用 14 号 Palatino 字体、1.5 倍行距的精装大开本画册版面暗得多。类似地，包含 5 个黄色数据点的散点图看起来会比包含 10 000 个黑色数据点的散点图亮得多。如果你希望一个图使用灰色背景，就要考虑前景的颜色强度，还要考虑期望的布局以及图周围文本的排版，并相应地调整所选择的灰色背景。否则，很有可能你的图看上去是一个颜色很深的方块，在周围的浅色文本当中显得格格不入。另外，还要记住绘制数据所使用的颜色要与灰色背景搭配。对于不同的背景，我们对颜色的感知会有所不同，与白色背景相比，灰色背景需要更深更饱和的前景色。

3 数据可视化软件与工具

本节主要介绍数据可视化常见的软件和工具，主要包括商业软件和开源软件，同时介绍数据可视化工具软件的选择原则。

3.1 商业软件

商业软件一般是指被作为商品进行交易的计算机软件，它一般具有使用收费、授权严格、有技术支持、无二次开发等功能特点。在数据可视化软件中，Microsoft Excel、WPS Office、Power BI、Tableau 等是较为常见的可视化工具。

3.1.1 Microsoft Excel

Microsoft Excel 是微软公司开发的一款办公软件。它能够方便地制作出各种电子表格，使用公式和函数对数据进行复杂的运算；用各种图表来表示数据直观明了；利用超级链接功能，用户可以快速打开局域网或 Internet 上的文件，与世界上任何位置的互联网用户共享工作簿文件。

该软件通过工作簿来存储和分析数据，输入一定数据之后，在菜单栏单击"图表"的选项就可以生成想要的图表。Excel 提供了 14 类 100 多种基本的图表，包括柱形图、饼图、条形图、面积图、折线图、气泡图以及三维图等。Excel 具有以下特点：

(1) 具有强大计算功能。它的内部函数包括对数函数、三角函数工程函数、字符串函数及逻辑函数等，它支持公式的编辑、复制、粘贴；支持 Visual Basic 编程，通过宏和 Visual Basic 可以定义用户自定义函数。

(2) 具有强大的数据库功能。它可以对数据进行修改、插入、删除、查询、替换、排序、筛选、链接等操作。

(3) 计算结果自动更新。更改原始数据后，计算结果自动更新。

3.1.2 WPS Office

WPS Office 是由金山软件开发的一款办公软件。它与 Microsoft Excel 的功能和界面类似。与 Microsoft Excel 相比，WPS Office 具有以下特点：

(1) 软件安装包较小，但包含了日常办公所需的所有基本功能。

(2) 结合国内办公环境特点，对部分可视化功能进行优化，更符合国内业务需求。

3.1.3 Power BI

Power BI (Business Intelligence) 是微软公司出品的可视化软件，可连接各种主流数据源，对数据进行编辑、建模和可视化展示，还能将可视化图表发布到企业组织内部或手机端进行分享。其数据分析的主要功能是由 Power Query、Power Pivot 和 Power View 三个模块组成，分别对应数据查询（清理）、数据分析（建模）和数据图表（展示）。

Power BI 的桌面版（Power BI Desktop）是可以免费下载和使用的，而且数据分析的常用功能全部具备。基于迭代开发的理念，目前 Power BI 每月都有更新，完善现有功能或应用新功能。其操作也非常简单，通过鼠标拖拉拽就可以完成大部分操作，有近 200 种样式的图表可供选择，以匹配不同的场景使用。

Power BI 的一个优点就是操作简单、易于上手。Power BI 使用 Microsoft Office 产品系列中熟悉的功能区菜单，将许多选项置于前端和中心位置。如果熟悉 Excel，首次使用 Power BI 时会感觉很容易上手操作。Excel 和 Power BI 都是微软公司产品，界面有一定相似性，但也有不同：Excel 更专注于数据分析；而 Power BI 则比较精简且更专注于报表可视化。

Power BI 有丰富的图表样式，除了预置图表，许多比较炫酷的可视化组件可以到 Power BI 市场下载安装。Power BI 的可视化图表可以多层钻取，图表或报表之间可以交互式分析，可以呈现动态分析的效果。生成的可视化图表可以在电脑端和移动端与团队成员进行实时共享。

3.1.4 Tableau

Tableau 主要面向企业提供数据可视化服务，包括多种产品，如 Tableau Desktop、Tableau Server、Tableau Public、Tableau Online 和 Tableau Reader 等，常用的主要是 Tableau Desktop、Tableau Server 和 Tableau Reader。

Tableau Desktop 可以帮助企业/个人生动地分析实际数据，可以快速生成美观的图表、坐标图、仪表盘与报告。利用 Tableau Desktop 简便的拖放式界面，可以自定义视图、布局、形状、颜色等，有效展现数据背后的信息。

Tableau Server 是一款企业智能化应用软件，是基于浏览器的数据分析和图表生成，将 Tableau Desktop 中最新的交互式数据转换为可视化内容，仪表盘、报告与工作簿的共享变得迅速便捷。用户可以通过 Web 浏览器发布与合作，或将 Tableau 视图嵌入其他 Web 应用程序中，生成所需各类报告。

Tableau Reader 可以帮助实现数据可视化结果与团队成员的共享。它可以打开 Tableau Desktop 所创建的报表、视图、仪表盘文件等，团队成员之间可以使用按过滤、排序及调查得到的数据分析结果进行交流、分享。

Tableau 简单易用，通过拖拽就可以快速实现数据图表制作分析。无须编程即可深入分析，因此初学者可以快速上手。同时，其职能仪表板中集合多个数据视图，可供选择以进行丰富、深入的数据分析。同时对于数据，通过实时连接获取最新数据或者根据指定的日程表获取自动更新。最后，还可以通过瞬时共享，发布仪表板，可与上级决策者或其他部门同时在网络和移动设备上实现实时共享。

3.2 开源软件

开源软件全称是开放源代码（open-source）软件，顾名思义，它一般被定义为其源代码可以被公众使用的软件，具有使用免费、授权相对宽松、无技术支持、二次开发方便等功能特点。目前，ECharts、Python、R 语言是数据可视化工具中普遍使用的开源软件。

3.2.1 ECharts

ECharts 是百度公司推出的一款可视化开源开发框架。它使用 JavaScript 技术以 Canvas 绘图为主要的图表绘制方式，在 PC 和移动设备上都可以运行，底层依赖轻量级的矢量图形库 ZRender，提供直观、交互丰富、可高度个性化定制的数据可视化图表。ECharts 提供了常规的折线图、柱状图、散点图、饼图、K 线图，以及用于统计的盒形图，用于地理数据可视化的地图、热力图、线图，用于关系数据可视化的关系图、树图、旭日图等，多维数据可视化的平行坐标，还有用于 BI 的漏斗图，仪表盘，并且支持图与图之间的混搭。ECharts 包括以下特点：

（1）支持直角坐标系、极坐标系、地理坐标系等多种坐标系的独立使用和组合使用。

（2）对图表库进行简化，实现按需打包。同时，ECharts 的移动端交互也比较人性化，如移动端小屏上适于用手指在坐标系中进行缩放、平移，PC 端也可以用鼠标在图中进行缩放、平移等。

（3）提供了 legend、visualMap、dataZoom、tooltip 等组件，增加图表附带的漫游、选取等操作，提供了数据筛选、视图缩放、展示细节等交互操作功能。

（4）借助 canvas 的功能，支持大规模数据显示。

（5）多维可视化设计。配合视觉映射组件，以颜色、大小、透明度、明暗度等不同的视觉通道方式支持多维数据的显示，如三维地球、三维建筑群、三维人口分布柱状图等。对线数据、点数据等地理数据有很强的可视化效果。

（6）以数据为驱动，通过图表的动画方式展现动态数据。

（7）可无障碍访问，自动根据图表配置项智能生成图表描述和贴花图案，视力障碍人士在朗读设备的帮助下了解图表内容，读懂图表背后的故事。

3.2.2 Python 数据可视化包 Matplotlib

Python 以其强大的可扩展性广泛流行，其可视化模块兼容并包、有着丰富的可视化工具集合，可以用于绘制折线图、柱状图、散点图、饼图、K 线图、盒形图，地理数据可视化的地图、热力图、线图，用于关系数据可视化的关系图、树图、旭日图等。Python 可视化模块常用静态库为 Matplotlib 资源包。

Matplotlib 是 Python 中的一个二维绘图包，能够非常简单地实现数据可视化。下面详细介绍 Matplotlib 图像构成、Matplotlib 图像基本绘图流程、中文字符显示、坐标轴字符刻度标注等基本绘图知识。Matplotlib 图像大致可以分为以下四个层次结构：

（1）canvas（画板），位于最底层，导入 matplotlib 包时就自动存在。

（2）figure（画布），建立在 canvas 之上，从这一层就能开始设置其参数。

（3）axes（子图），将 figure 分成不同块，实现分面绘图。

（4）图表信息（构图元素），添加或修改 axes 上的图形信息，优化图表的显示效果。

为了方便快速绘图，Matplotlib 通过 pyplot 模块提供了一套和 Matlab 类似的 API，将众多绘图对象所构成的复杂结构隐藏在 API 中，这些绘图对象对应每一个图形的元素（如坐标轴、曲线、文字等），pyplot 模块给每个绘图对象分配函数，以此对该图形元素进行操作，而不影响其他元素。创建好画布后，只需调用 pyplot 模块所提供的函数，仅几行代码就可以实现添加、修改图形元素或在原有图形上绘制新图形。

Python 在数据可视化方面的特点包括：API 设计十分简洁，使用便利，支持链式调用；常见图表模板齐全，囊括常用图表类型 30 余种；支持主流编译环境，可轻松集成主流 Web 框架；可选配置项高度灵活，可以轻松地搭配出适合不同业务场景的精美图标；使用文档和示例十分详尽，可以帮助使用者快速上手。

3.2.3 R 语言工具

R 是用于统计分析、绘图的语言和操作环境。R 是属于 GNU 系统的一个自由、免费、源代码开放的软件，它是一个用于统计计算和统计制图的优秀工具。R 的功能是通过一个个库（package），也就是我们常说的工具包实现的。

在数据可视化方面，R 语言有两大绘图系统：基础绘图系统和 Grid 绘图系统，两者相互独立。基础绘图系统直接在图形设备上画图；而 Grid 系统将界面分成矩形区域，每个区域有自己独立的坐标体系，并且相互可以嵌套，使得 Grid 系统可以画出更复杂的图形。基础绘图系统依赖于 graphics 包，而基于 Grid 系统的包有 grid、lattice、ggplot2 等。

在业务场景中，最常用的绘图包即为 ggplot2，它是 R 语言最为强大的作图软件包，强于其自成一派的数据可视化理念。当熟悉了 ggplot2 的基本操作后，数据可视化工作将变得非常轻松而有条理。ggplot2 包的目标是提供一个全面的、基于语法的、连贯一致的图形生成系统，允许用户创建新颖的、有创新性的数据可视化图形。该工具包具有以下特点：

（1）ggplot2 的核心理念是将绘图与数据分离，数据相关的绘图与数据无关的绘图分离。

（2）ggplot2 保有命令式作图的调整函数，使其更具灵活性。

（3）ggplot2 将常见的统计变换融入了绘图中。

（4）ggplot2 是按图层作图。

3.3 可视化工具软件的选择

工具软件服务于数据可视化的最终目的，在遵循所有适当的数据可视化原则之后，人们会习惯使用自己了解的绘图工具，并对新软件和新工具敬而远之。其实，并没有哪一款工具软件可以适合所有人以及所有业务场景，因为每个人在开始系统性学习数据可视化之前有着不同的经验基础，在学习数据可视化之后也会在使用工具时出现不同偏好，否则，本章也不需介绍并陈列如此多的数据可视化工具和软件供大家参考。当开始从事数据可视化项目时，如果有工具软件选择的困惑，最重要的原则就是选择适合自己的绘图工具，并可以使用该工具画出自己想要的图。

即便如此，这里还是列举一些基本原则来判断数据可视化工具和软件是否适合你所在的业务场景和需求。这些原则包括：可复现原则、阶段性原则和内容分离原则。

3.3.1 可复现原则

在科学试验背景下，对于一项研究工作，如果另一个不同的研究小组进行相同类型的研究，主要科学发现仍保持不变，我们就称这个研究工作是可再现的；相比之下，如果同一个人在相同的仪器上重复完全相同的测量过程，得到的测量结果非常相似或者完全相同，那么这项工作就是可重复的。

参考类似的概念设定，数据可视化过程中的可复现原则同时包含了可再现性和可重复性。如果可以得到绘图数据，而且明确指定了绘图前可能应用的所有数据变换，这个可视化就是可再现的。例如，如果你作了一个图，然后把绘图使用的数据原样发给我，我再利用这些数据生成一个图，这个图看起来与你的图本质上相似，那么这个可视化就是可再现的。我们可能使用了稍有不同的字体、颜色或点大小来显示同样的数据，所以这两个图可能并不完全一样，不过你图和我的图传递了同样的信息，因此它们是彼此的再现。另外，如果能够由原始数据重新创建完全相同的视觉外观，具体到每一个像素，那么这个可视化就是可重复的。严格说来，可重复性要求即使图中有随机元素，那些元素也要以一种可重复的方式指定，而且将来可以用同样的方式重新生成。对于随机数据，可重复性通常要求我们指定一个特定的随机数生成器，我们要为这个随机数生成器设置并记录一个种子。

使用交互式绘图软件时，可再现性和可重复性都很难得到。很多交互式程序允许你变换或处理数据，但并不跟踪你完成的每一个数据变换，而只记录最终结果。如果使用这种程序作一个图，然后有人要求你再现这个图，或者用一个不同的数据集创建一个类似的图，你可能很难做到。通过编程生成的图通常都是可重复的，任何人只要得到你的生成脚本和你使用的编程语言和特定库，都能重复得到你生成的图。

3.3.2 阶段性原则

数据可视化有两个不同阶段，它们的需求完全不同。第一个阶段是数据探索。在处理一个新的数据集时，需要从不同的视角查看这个数据集，并尝试多种不同的方法进行可视化，从而对数据集的关键特性有所了解。在这个阶段，速度和效率是至关重要的。你要尝试不同类型的可视化、不同的数据变换以及不同的数据子集。能够更快地用各种不同方法查看数据，就能做更多的探索，也更有可能注意到数据中原本可能被忽视的重要特性。第二个阶段是数据表示。一旦了解了这个数据集，并且知道了希望向读者展示数据的哪些方面，你就进入了第二个阶段。这个阶段的主要目的是制作一个达到出版水平的高质量的图，可以刊登在文章或图书里，包含在演示文稿里，或者可以在互联网上发布。

在探索阶段，你所作的图是否美观是次要的，即使没有轴标签、图例混乱或者符号过小，只要你能分析评估数据中的各种模式，就是可以接受的。不过，最重要的是，你要能够轻松地改变显示数据的方式。要想真正探索数据，你应当能够很快地从散点图变为重叠密度分布图，还可以改为箱形图再到热图。所有可视化都包含从数据到美学特征的映射。设计良好的数据探索工具应该允许你轻松地改变显示方式，可以改变将哪些变量映射到哪些美学特征，而且会在一个一致的框架内提供大量不同的可视化选择。不过，很多可视化工具（特别是用于编程生成图形的图库）并没有做到这一点。相反，它们会按图类型来组织，各种不同类型的图要求的输入数据会有些不同，而且有各自的特殊界面。这种工具会影响你探索数据的过程，因为很难记住所有这些不同图类型的工作方式。如果更多情况下它会妨碍你的工作，那么最好考虑使用其他可视化方法。

一旦确定希望如何可视化数据，想要完成哪些数据变换，以及要使用哪种类型的图，我们通常希望制作一个达到出版水平的高质量的图。在这里，我们有多条道路可以选择。第一，可以使用之前探索数据时所用的同一个软件平台来完成这个图。第二，可以改用另一个平台，这个平台允许我们更细粒度地控制最终产品，尽管它可能不适合数据探索。第三，可以用可视化软件生成一个草图，然后用一个图像处理或绘图程序手动地完成后期处理。第四，可以用纸笔或者使用一个绘图程序从头手动地重绘整个图。

所有这些方法都是合理的。不过，要提醒一点，不要在例行数据分析工作流中手动改图，对于科学出版物也不要手动改图。如果在制图工作流中加入手动步骤，这会使图的重复或再现非常困难，而且也很耗费时间。在研究过程中，我们可能要重新做试验，扩大原来的数据集，或者要对条件稍加修改将试验重复多次。当我们以为一切都已经完成并且尘埃落定时，最后可能又要对如何分析数据做一个很小的调整，然后所有的图都必须重画。在类似的情况下，有可能决定不再重做分析或者不再重画这些图，原因只是这样做太费劲，或者只是因为原先画那些图的人已经不在了。在所有这些情况下，都有一个过于复杂的数据可视化工作流，这是不必要的，而且不可再现，会严重妨碍更好地进行科学研究。

3.3.3　内容分离原则

好的可视化软件应当允许操作者分开考虑图的内容和设计。这里所说的内容是指显示的特定数据集，应用的数据变换（如果有），数据到美学特征、标尺和轴的映射，以及图类型（散点图、折线图、柱状图、箱形图等）。另外，设计则描述了诸如前景和背景色，字体规范（如字体大小、字体和字体簇），符号形状和大小，图是否有背景网格以及图例、轴刻度、轴标题和图标题的设置等特性。一旦确定了内容，就可以调整设计，以在更大的工作背景下为图提供一致的外观。

内容与设计的分离还允许数据科学家和设计师各自关注他们最擅长的领域。大多数数据科学家不是设计师，因此他们关心的主要是数据，而不是可视化的设计。类似地，大多数设计师不是数据科学家，他们应当能够为图提供一种独特而美观的视觉语言，而不必操心具体的数据、适当的变换等。实际上，出版界（图书、杂志、报纸和网站）很早就开始遵循内容与设计分离的原则，即作者提供内容，而布局和设计由另外一些该领域的专业人士处理，他们将确保出版物以一种一致而美观的风格呈现。这个原则很合理也很有用，不过在数据可视化领域还不是那么普及。

总之，选择你的可视化软件时，要考虑能否轻松地再现这些图以及用更新或变更的数据集重新作图，是否能快速探索相同数据的不同可视化表示，另外是否能够独立于图内容生成来调整视觉设计。取决于你的技术水平以及对编程的熟悉程度，数据探索和数据表示阶段可以使用不同的可视化工具，这可能很有好处，另外你可能希望交互地或手动地完成最后的视觉调整，特别是如果使用的软件不会跟踪你应用的所有数据变换和视觉调整时，就需要仔细记录各个图的绘制过程以保证所有工作是可再现的。

4 数据可视化在人力资源管理中的应用实例

本节主要介绍数据可视化方法和工具在人力资源管理中的应用案例，包括年度薪酬分析报告、年度培训数据分析、人力成本分析、招聘数据分析、人员流动数据分析。

4.1 年度薪酬分析报告

年度薪酬数据分析报告是对一年的薪酬数据作汇总分析，从以下几个维度进行数据分析报告的呈现：年度薪酬汇总、薪酬结构的数据分析、各部门薪酬数据分析。

以 A 公司财务数据及人力资源部门运营数据为例，制作年度薪酬分析报告，可视化结果见图 7-23、图 7-24、图 7-25。

年份	月度支出（元）												
	1月	2月	3月	4月	5月	6月	7月	8月	9月	10月	11月	12月	总计
2020	87 950.13	80 925.44	79 635.27	89 064.35	92 584.05	87 950.13	87 950.13	82 148.66	84 251.23	87 950.13	80 514.88	82 564.60	1 023 489.00
2021	97 624.64	87 399.48	75 653.51	93 517.57	88 880.69	99 383.65	85 311.63	88 720.55	94 361.38	96 745.14	75 683.99	74 308.14	1 057 590.00

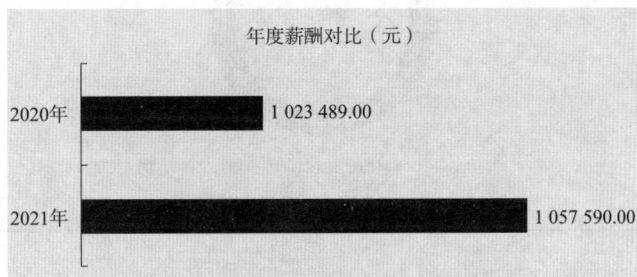

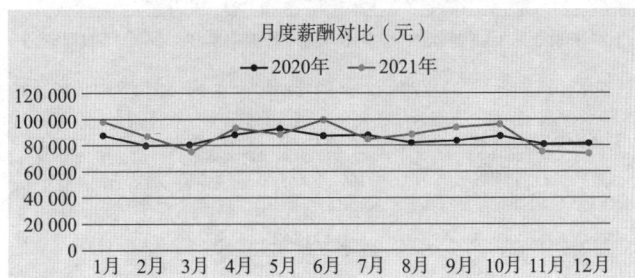

图 7-23　A 公司 2020 年和 2021 年年度薪酬汇总

年份	工资 （元）	奖金 （元）	法定福利 （元）	公司福利 （元）	总计 （元）
2020	818 791.20	102 348.80	71 644.23	30 704.67	1 023 489.00
2021	846 072.00	105 759.00	74 031.30	31 727.70	1 057 590.00

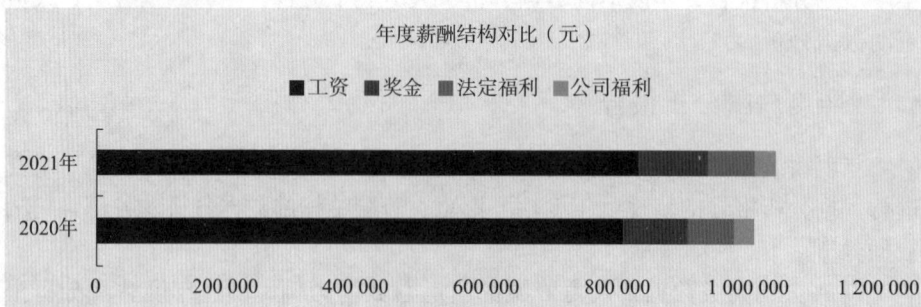

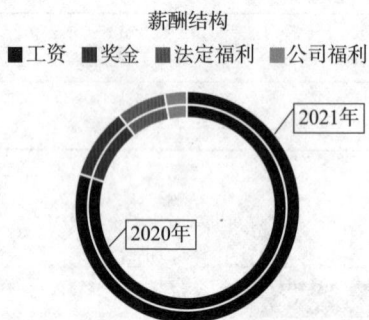

年度薪酬结构对比（元）

■工资 ■奖金 ■法定福利 ■公司福利

薪酬结构

■工资 ■奖金 ■法定福利 ■公司福利

图 7-24　A公司薪酬结构的数据分析

部门	人数 （人）	2021 年（元）					
		工资	五险一金	奖金	福利	薪酬	平均工资
财务部	3	107 386.06	25 504.19	13 423.26	13 423.26	134 232.58	35 795.35
采购部	2	71 590.71	17 002.79	8 948.84	8 948.84	89 488.38	35 795.35
行政部	5	178 976.77	42 506.98	22 372.10	22 372.10	223 720.96	35 795.35
技术部	2	71 590.71	17 002.79	8 948.84	8 948.84	89 488.38	35 795.35
人力部	1	35 795.35	8 501.40	4 474.42	4 474.42	44 744.19	35 795.35
销售部	10	380 730.40	90 423.95	47 591.55	47 591.55	475 915.50	38 073.24
总计	23	846 072.00	200 942.10	105 759.00	105 759.00	1 057 590.00	36 785.74

部门	人数（人）	2020 年（元）					
		工资	五险一金	奖金	福利	薪酬	平均工资
财务部	3	103 923.50	24 681.83	12 990.44	12 990.44	129 904.37	34 641.17
采购部	2	69 282.33	16 454.55	8 660.29	8 660.29	86 602.92	34 641.17
行政部	5	173 205.83	41 136.38	21 650.73	21 650.73	216 507.29	34 641.17
技术部	2	69 282.33	16 454.55	8 660.29	8 660.29	86 602.92	34 641.17
人力部	1	34 641.17	8 227.28	4 330.15	4 330.15	43 301.46	34 641.17
销售部	10	368 456.04	87 508.31	46 057.01	46 057.01	460 570.05	36 845.60
总计	23	818 791.20	194 462.91	102 348.90	102 348.90	1 023 489.00	35 599.62

部门	增长比例（%）					
	工资增长（元）	工资增长幅度	薪酬增长（元）	薪酬增长幅度	2021 年薪酬占比	2020 年薪酬占比
财务部	3 462.56	3.33	4 328.20	3.33	12.69	12.69
采购部	2 308.38	3.33	2 885.47	3.33	8.46	8.46
行政部	5 770.94	3.33	7 213.67	3.33	21.15	21.15
技术部	2 308.38	3.33	2 885.47	3.33	8.46	8.46
人力部	1 154.19	3.33	1 442.73	3.33	4.23	4.23
销售部	12 276.36	3.33	15 345.45	3.33	45.00	45.00
总计	27 280.80	3.33	34 101.00	3.33		

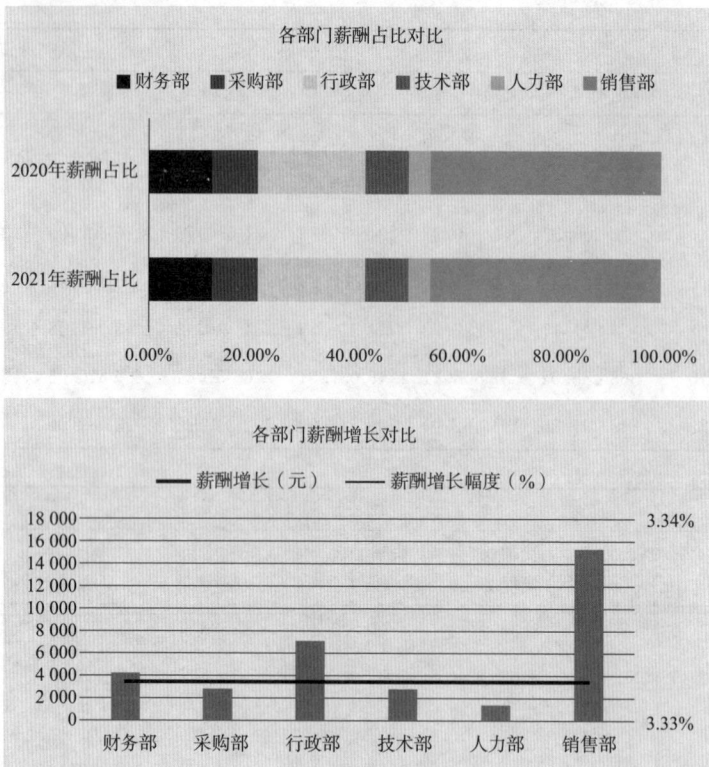

图 7-25　A公司各部门薪酬数据分析

4.2　年度培训数据分析报告

以 B 公司为例统计其年度培训数据分析报告。B 公司近两年的年度培训数据见表 7-4、表 7-5。

根据表 7-4、表 7-5 的内容进行年度培训数据分析，结果可视化如图 7-26 所示。

B 公司 2021 年度培训总场次为 102 场，比 2020 年增加了 15 场；2021 年培训人次为 2 360 人次，比 2020 年增加了 374 人次；2021 年人均培训时长 10.02 小时，较 2020 年减少了约 35 分钟。结合数据和企业运营情况来看，2021 年度培训组织的场次和人数比 2020 年高了很多，主要原因是员工逐渐接受新冠疫情常态化的趋势，积极配合地方防疫政策和公司防疫要求；同时，新冠疫情带来的经济增长放缓和就业压力增加使员工意识到积极参与培训以强化工作技能、提高业务能力、培养自我驱动意识对于胜任工作岗位、提升综合竞争力的重要作用；此外，人力资源管理部门结合疫情常态化的特征对员工职业发展计划进行了有效调整。

表 7-4 B 公司 2020 年度培训数据

培训编号	各部门参与培训人数(人)								时长(小时)	参加人数
	财务部	产品部	研发部	人力部	行政部	市场部	销售部	IT部		
1	0	3	0	0	0	0	13	2	8	18
2	2	7	1	0	0	3	11	2	4	26
3	0	7	1	0	2	9	11	0	16	30
4	0	0	1	0	0	10	13	0	16	24
5	0	0	0	2	0	0	12	0	4	14
6	0	3	2	0	0	7	18	1	8	31
7	2	3	0	0	0	1	17	0	4	23
8	0	0	2	0	0	1	8	3	4	14
9	1	7	0	0	0	10	12	3	8	33
10	0	7	2	2	0	4	17	3	4	33
11	5	6	2	2	0	8	20	0	16	43
12	0	5	0	0	0	7	5	2	16	19
13	0	3	3	0	0	5	0	3	16	14
14	5	4	1	0	0	5	0	0	16	15
15	0	0	1	0	0	2	20	2	16	25
16	3	3	2	1	0	0	19	0	16	28
17	0	0	0	0	0	10	18	0	16	28
18	4	3	3	0	0	0	11	0	4	18
19	5	4	1	0	0	9	11	3	8	33
20	1	6	0	0	0	4	16	0	4	28
21	0	3	0	0	0	0	8	0	12	11
22	1	5	0	0	0	1	7	1	12	15

培训编号	各部门参与培训人数(人)								时长(小时)	参加人数
	财务部	产品部	研发部	人力部	行政部	市场部	销售部	IT部		
23	0	0	2	0	1	0	15	2	4	20
24	0	5	3	0	0	7	7	0	8	22
25	0	4	3	0	0	2	19	1	16	29
26	0	0	1	0	0	0	13	0	12	14
27	4	4	0	0	0	6	13	1	8	24
28	4	0	1	1	0	0	8	0	8	15
29	5	0	1	0	1	4	10	0	12	19
30	0	5	0	2	0	5	5	0	12	17
31	0	5	0	0	0	3	10	0	12	18
32	5	4	3	1	0	4	0	1	16	13
33	5	5	3	0	0	1	17	0	8	31
34	0	0	0	1	0	5	10	2	8	18
35	0	3	0	2	0	1	8	3	16	19
36	3	0	1	0	0	0	19	3	4	26
37	0	3	0	1	0	7	13	2	12	26
38	4	6	1	0	0	0	0	0	4	11
39	0	4	1	0	0	10	13	0	8	27
40	7	7	2	1	0	3	15	0	4	27
41	4	0	2	0	0	7	0	2	16	16
42	1	7	0	0	0	0	8	0	12	16
43	4	4	0	0	0	7	12	2	4	25
44	0	0	0	2	0	4	8	0	8	18

（续）

培训编号	各部门参与培训人数（人）								时长（小时）	参加人数
	财务部	产品部	研发部	人力部	行政部	市场部	销售部	IT部		
45	0	5	0	2	0	9	17	2	16	35
46	5	3	2	0	0	1	11	0	16	22
47	0	0	0	0	0	0	18	1	8	19
48	1	5	0	1	0	9	20	3	16	39
49	0	0	2	0	1	2	13	0	4	18
50	0	4	0	0	0	8	19	1	12	32
51	1	0	0	0	0	0	0	2	8	3
52	3	4	2	0	0	6	11	0	8	26
53	3	0	3	2	0	4	15	1	12	26
54	4	0	3	0	0	6	19	2	16	36
55	1	7	1	0	0	9	15	0	16	32
56	3	6	3	0	0	10	16	0	8	35
57	3	3	2	1	0	4	0	2	12	15
58	0	3	3	0	0	0	12	3	16	25
59	0	0	0	0	0	5	7	0	12	12
60	3	0	0	0	0	3	6	0	8	12
61	0	6	0	0	0	1	5	2	12	14
62	3	0	3	0	0	7	16	3	8	32
63	5	5	0	2	0	6	11	0	12	27
64	0	0	0	2	0	2	20	0	16	23
65	0	0	0	1	0	4	15	0	16	19
66	0	7	1	0	0	0	15	3	4	27
67	0	0	0	2	0	5	16	3	8	26
68	1	0	1	2	0	0	11	2	8	17
69	0	7	0	0	0	0	12	0	8	19
70	0	3	1	0	0	0	0	0	12	4
71	3	6	1	1	0	8	18	3	4	37
72	3	3	1	1	0	0	0	2	8	11
73	0	0	1	2	0	4	12	0	16	19
74	1	0	3	1	0	0	0	2	12	10
75	5	4	1	2	0	8	18	0	8	39
76	0	6	2	0	0	10	7	0	12	25
77	3	6	0	1	0	10	20	0	16	40
78	0	0	1	0	0	0	11	1	12	13
79	0	6	0	2	0	7	19	3	12	36
80	4	3	1	0	0	9	7	3	4	27
81	0	0	0	0	0	6	10	3	8	19
82	5	7	2	0	0	1	8	0	12	23
83	4	0	2	2	0	8	6	0	16	20
84	4	6	0	0	0	0	7	2	8	22
85	0	0	2	2	0	5	17	1	8	28
86	2	4	0	0	0	9	0	0	12	13
87	3	5	3	1	0	9	11	1	16	33

表 7-5 B公司 2021 年度培训数据

培训编号	各部门参与培训人数（人）								时长（小时）	参加人数
	财务部	产品部	研发部	人力部	行政部	市场部	销售部	IT部		
1	3	0	3	0	0	2	9	2	4	19
2	2	0	1	1	0	3	5	3	16	15
3	0	0	1	0	0	9	15	0	12	25
4	4	7	0	1	1	1	14	2	12	29
5	0	0	2	0	0	0	15	1	12	18
6	3	0	0	0	1	0	20	2	8	33
7	4	7	0	0	0	7	15	0	16	33
8	3	0	2	0	2	1	19	0	12	27
9	5	2	2	0	0	1	16	1	4	25
10	0	4	0	0	0	3	10	0	16	17
11	0	0	0	0	0	9	7	0	12	18
12	4	4	0	2	0	0	12	0	8	22
13	0	5	1	0	0	2	7	0	12	19
14	4	0	0	1	0	7	7	1	8	14
15	0	0	3	0	0	3	17	1	8	15
16	0	0	1	1	0	3	15	0	4	23
17	0	6	2	2	0	4	13	0	16	29
18	0	5	0	1	2	0	6	0	16	21
19	3	6	1	2	0	7	19	0	8	25
20	0	0	0	0	0	6	11	1	8	25
21	5	6	3	0	1	3	6	0	4	28
22	2	0	0	1	0	9	16	3	8	21
23	5	5	2	1	0	9	6	3	4	36
24	4	4	2	0	0	0	6	0	4	12
25	0	3	3	2	0	2	9	2	8	19
26	0	0	3	0	0	10	0	1	8	14

培训编号	各部门参与培训人数（人）								时长（小时）	参加人数
	财务部	产品部	研发部	人力部	行政部	市场部	销售部	IT部		
27	2	7	0	2	0	4	0	2	8	17
28	0	0	2	2	0	10	16	0	16	30
29	5	0	1	0	0	8	10	0	16	24
30	2	6	2	0	0	2	8	0	8	20
31	0	4	1	2	0	0	9	1	16	17
32	0	5	0	2	0	10	5	3	12	25
33	3	3	3	2	0	0	14	0	12	25
34	3	0	2	1	0	10	18	0	8	34
35	0	6	3	0	2	4	19	0	8	34
36	1	4	2	0	0	9	7	2	8	18
37	3	3	2	0	0	10	7	3	8	25
38	3	0	1	1	0	7	7	0	16	18
39	2	7	1	0	0	2	11	3	8	26
40	0	4	0	1	0	7	12	0	8	19
41	3	3	3	2	0	3	13	3	4	28
42	3	3	1	0	0	0	5	1	8	13
43	1	6	1	1	0	5	7	2	4	16
44	5	6	3	1	0	0	12	2	16	29
45	1	4	0	0	0	7	5	2	8	20
46	2	4	0	2	0	0	5	0	16	11
47	0	4	0	0	0	3	10	0	16	14
48	0	3	3	1	0	6	20	1	16	35
49	0	3	3	1	0	1	15	0	4	16
50	4	0	2	0	0	0	7	2	16	11
51	4	3	2	1	0	1	19	1	16	28
52	1	0	0	0	0	8	18	2	4	29

（续）

培训编号	各部门参与培训人数（人）								时长（小时）	参加人数
	财务部	产品部	研发部	人力部	行政部	市场部	销售部	IT部		
53	0	0	1	0	0	0	16	0	12	17
54	0	5	0	0	0	10	19	0	12	34
55	3	3	3	1	0	4	12	0	16	26
56	0	0	2	0	0	2	16	2	12	22
57	4	4	0	2	0	8	19	0	16	33
58	3	3	0	2	0	0	10	2	8	17
59	0	6	0	0	0	0	17	1	4	24
60	1	0	2	0	0	8	19	0	12	30
61	5	3	2	0	0	0	6	1	8	17
62	4	7	0	1	0	3	11	2	12	28
63	4	3	2	0	0	4	0	3	4	16
64	0	5	3	0	0	8	0	0	16	16
65	0	0	0	0	0	7	12	1	4	22
66	0	0	0	0	0	0	12	2	4	14
67	7	7	0	0	0	6	17	2	4	32
68	5	4	3	0	0	0	15	0	12	27
69	0	4	3	0	0	0	18	3	4	28
70	0	4	3	2	0	0	17	0	16	28
71	6	6	2	1	0	9	14	2	8	34
72	5	5	0	0	0	3	18	3	8	34
73	0	6	1	1	0	7	7	0	16	22
74	1	0	0	0	0	0	6	0	8	9
75	0	6	2	0	0	2	17	2	12	39
76	0	0	3	0	0	6	14	3	4	23
77	4	3	0	2	2	7	19	2	4	39

培训编号	各部门参与培训人数（人）								时长（小时）	参加人数
	财务部	产品部	研发部	人力部	行政部	市场部	销售部	IT部		
78	0	4	3	2	0	7	19	0	16	35
79	0	0	0	0	0	5	6	2	8	13
80	0	0	3	0	0	0	13	2	16	18
81	1	4	2	2	0	4	20	2	16	36
82	2	7	3	1	0	0	18	0	4	31
83	0	4	0	0	0	4	16	2	12	26
84	3	4	0	1	0	0	6	2	4	16
85	5	3	0	1	0	9	7	1	4	26
86	0	0	2	0	0	2	0	3	4	7
87	2	5	0	0	0	8	17	3	12	35
88	0	0	0	0	0	10	6	3	16	19
89	0	6	0	0	0	10	18	3	4	41
90	0	3	0	0	0	8	14	2	3	27
91	0	6	0	0	0	0	13	0	4	19
92	3	7	3	2	0	4	19	0	12	38
93	5	0	1	1	0	2	7	0	16	16
94	1	5	1	0	0	8	8	2	12	27
95	5	3	1	1	0	0	14	0	16	24
96	4	0	1	0	0	4	11	0	8	20
97	0	0	1	1	0	3	20	0	16	25
98	0	7	0	0	0	0	9	3	12	19
99	2	5	0	1	0	0	17	0	12	23
100	2	0	0	0	0	2	0	0	16	2
101	0	0	0	0	0	3	10	0	4	13
102	0	7	0	1	0	1	0	2	16	11

指标	2021 年	2020 年
培训场次（场）	102	87
培训人次（人次）	2 360	1 986
人均时长（小时）	10.02	10.61

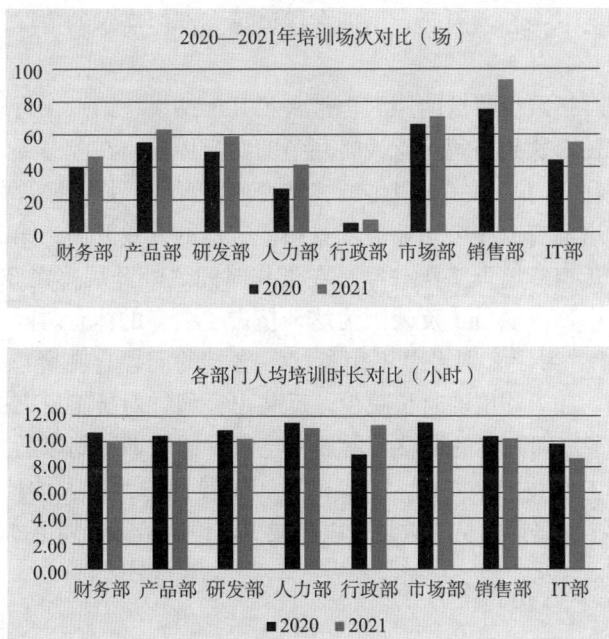

图 7-26 B 公司 2020—2021 年培训数据分析

就人均培训时长来看，2021 年的人均时长较 2020 年略短，该指标的降低有两方面的原因：一是线上培训的广泛开展，二是公司运营战略的调整。2019 年起，公司培训开始受新冠疫情影响，为配合和适应新冠疫情常态化的现状和动态清零的疫情防控政策，公司培训开始由线下转为线上。统计表中未体现出 B 公司培训的开展方式，据了解，B 公司 2021 年度线上培训 94 场，线下培训 8 场；2020 年度线上培训 70 场，线下培训 17 场——在线下培训规模缩减的情况下，B 公司 2021 年的培训总数比 2020 年仍有增长，这说明组织线上培训的强度和覆盖面都有所提升。在此大背景下，线上培训的开展不要求出差和特定物理场所，因此可接受培训的员工岗位不设限，在一些常年出差或常年坐班的岗位员工中，线上培训的方式很受欢迎，在有限的培训安排中，参与培训的员工数量增多了，这是导致平均培训时长减少的原因之一。此外，公司战略的调整也是影响人均培训时长指标的因素。公司根据运营战略和疫情情况调整了员工发展计划，重点培养员工线上销售场景的能力、网络直播场景的销售技能和网络渠道拓展等相关内容。2020 年，公司仍在适应疫情背景下的业务场景开拓和转型，因此，培训开展的重点部门是市场部、业务部、产品部，相关培训基本达到了重点部门重点人员实现疫情背景下的业务思维转型，且市场、业务、产品三个核心盈利部门目标一致。2021 年，培训的重点仍然于此，但战略已不再是疫情背景下的业务转型，而是整个公司对疫情背景下的业务场景认同一致、上下一心，因此，培训在保证重点部门需求的情况下开始向其他部门倾斜。

人均培训时长减少背后的原因也带来了其他结果。第一，行政部门人均培训时长明显增长，这是公司运营战略调整的明显体现，在业务部、市场部、产品部等核心盈利部门基本完成思维模式转变的情况下，以行政部门为代表的非营利部门参与培训有助于公司业务场景拓展工作的有效开展。第二，减轻了具体员工的培训负担。培训工作一般是在工作时间之外开展，在 2020 年培训重点开展的过程中，不少员工反映因为培训挤占了太多的休息时间，而且对"每次培训都有我""为什么别人总不用参加"之类的问题存在疑惑。2021 年度，培训场次增多，而人均培训时长减少，反映出公司针对员工反馈的问题和整体运营策略进行了培训方案的调整，增加一定数量的培训计划以适应有需求的员工进一步提升工作技能，同时，培训的员工覆盖面增大、人均培训时长减少，这意味着每次参加培训的员工数量较以往减少，说明培训计划更加精准、灵活。

4.3 人力成本分析报告

C 公司人力成本与人效数据分析报告可视化结果如图 7-27、图 7-28、图 7-29、图 7-30 所示。

项目	2017 年	2018 年	2019 年	2020 年	2021 年
1. 营业收入（万元）	178 000	206 000	152 000	248 000	549 000
2. 净利润（万元）	9 200	10 600	8 400	12 700	28 900
3. 成本/费用总额（万元）	162 000	180 000	143 000	224 000	513 000
营收增长率（%）		15.73	−26.21	63.16	121.37
净利润增长率（%）		15.22	−20.75	51.19	127.56
成本增长率（%）		11.11	−20.56	56.64	129.02

成本构成	2017 年	2018 年	2019 年	2020 年	2021 年
营业成本（万元）	72 900	81 000	64 850	56 000	153 900
管理费用（万元）	16 200	18 000	14 300	22 400	51 300
营销费用（万元）	64 800	72 000	57 200	134 400	282 150
资产减值（万元）	8 100	9 000	7 150	11 200	25 650

2017—2021年净利润（亿元）

公司收入成本对比（万元）

■ 营业收入　　■ 成本/费用总额

主要财务指标增长率

■ 营收增长率　■ 净利润增长率　■ 成本增长率

成本构成及增长对比（万元）

■ 营业成本　■ 管理费用　■ 营销费用　■ 资产减值

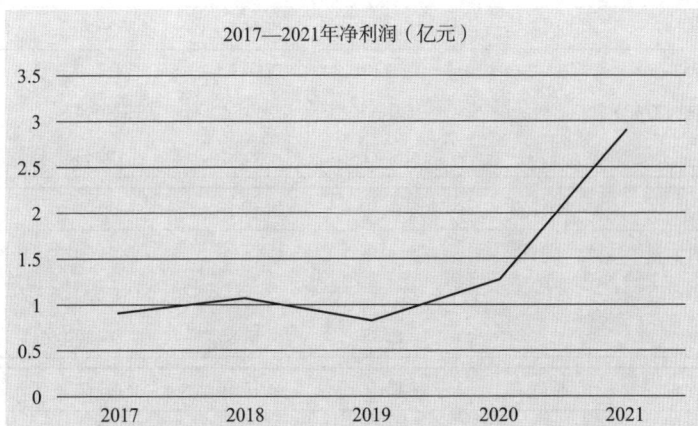

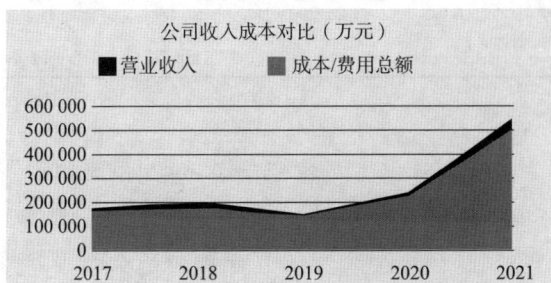

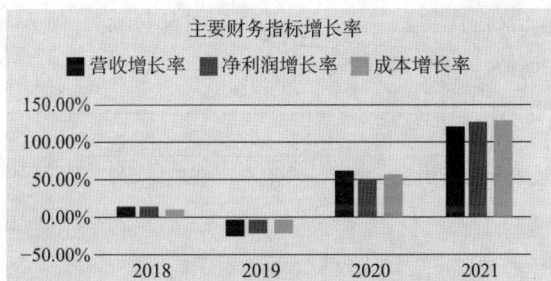

图 7-27　C 公司财务数据分析

指标	2017 年	2018 年	2019 年	2020 年	2021 年
在岗人数（人）	1 203	1 318	1 400	1 580	2 600
人力成本总额（万元）	21 600	24 000	26 000	31 000	49 000
人均人力成本（万元）	17.96	18.21	18.57	19.62	18.85

指标	2017 年	2018 年	2019 年	2020 年	2021 年
营业收入（万元）	178 000	206 000	152 000	248 000	549 000
人力成本总额（万元）	21 600	24 000	26 000	31 000	49 000
人力成本效率	8.24	8.58	5.85	8.00	11.20

指标	2017 年	2018 年	2019 年	2020 年	2021 年
净利润（万元）	9 200	10 600	8 400	12 700	28 900
人力成本总额（万元）	21 600	24 000	26 000	31 000	49 000
人力成本利润率（%）	42.59	44.17	32.31	40.97	58.98

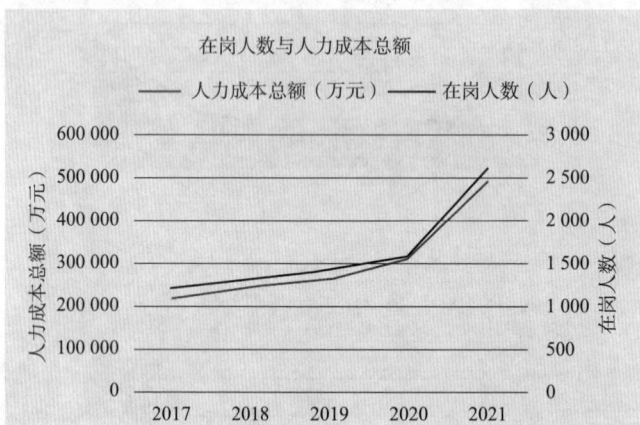

在岗人数与人力成本总额

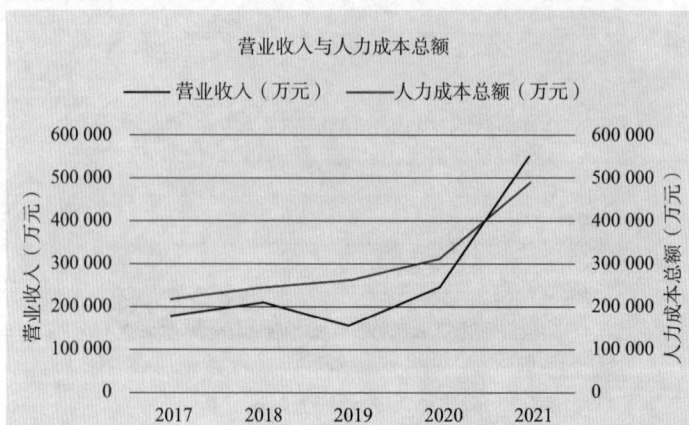

营业收入与人力成本总额

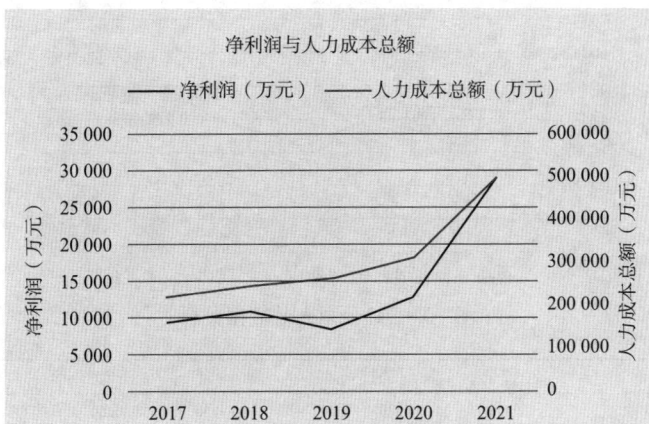

图 7-28　C公司人效关键指标数据

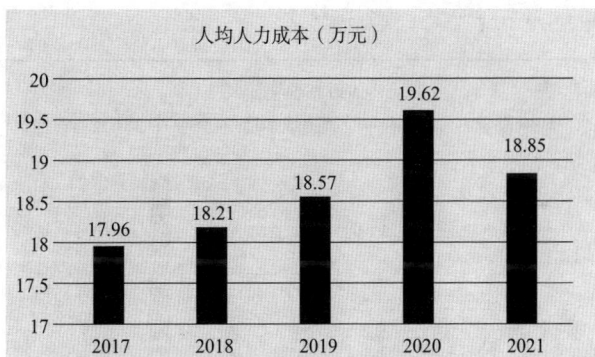

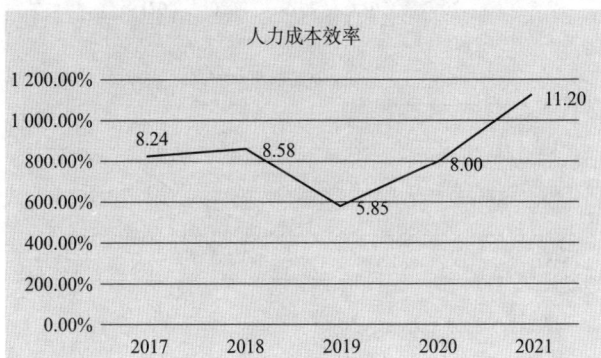

图 7-29　C 公司人效数据分析

指标	2017 年	2018 年	2019 年	2020 年	2021 年
总成本（万元）	162 000	180 000	143 000	224 000	513 000
人力成本总额（万元）	21 600	24 000	26 000	31 000	49 000
人力成本占比（%）	13.33	13.33	18.18	13.84	9.55

指标	2017 年	2018 年	2019 年	2020 年	2021 年
净利润（万元）	9 200	10 600	8 400	12 700	28 900
公司人数（人）	1 203	1 318	1 400	1 580	2 600
全员劳动生产率	7.65	8.04	6.00	8.04	11.12

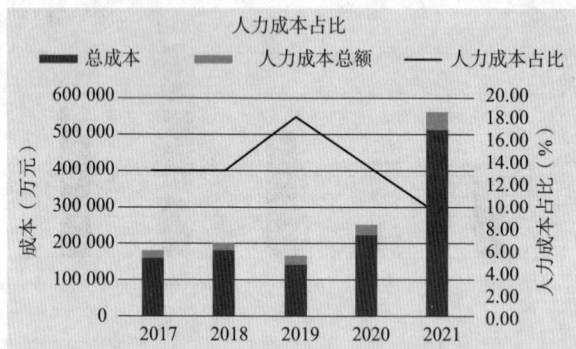

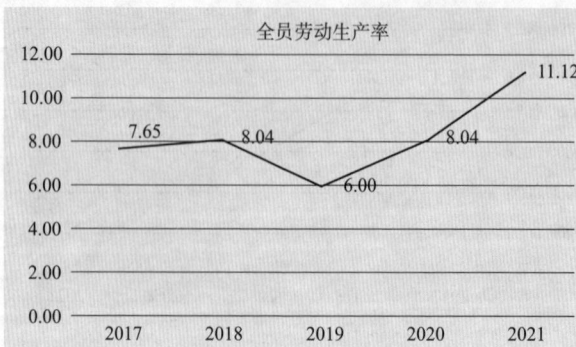

图 7-30　C 公司人力成本占比分析报告

4.3.1 公司财务数据分析

2021 年公司的营收为 54.9 亿元，比 2020 年增长了 121.37％，相对于前几年增长率明显升高；2021 年的净利润为 2.89 亿元，比 2020 年的净利润增长了 127.56％，2021 年成本为 51.3 亿元，成本增加了 129.02％。在成本投入成倍增加的情况下，营业收入和净利润都得到了同样规模的增加，但增幅不及成本增幅说明利润率未得到明显提升。

4.3.2 人效关键指标分析与相关数据分析

与 2020 年相比，2021 年 C 公司在岗人数 2 600 人，增加了 1 020 人，大部分为销售人员；销售人员的薪酬中基本工资较低、绩效奖励较高，因此在年终结算时人力成本总额增幅不及在岗人数总额的增幅，同时销售人员的激增也拉低了在岗员工的平均人力成本，从 2020 年的 19.62 万元降低至 2021 年的 18.85 万元。

同时，从人力成本效率的角度来看，大量招聘销售人员使公司人力成本效率大幅度提高，相较于近几年水平为 8 左右的效率，2021 年的人力成本效率达到了 11.20。从人力成本数据看，销售人员大幅度增加却未能达到以往整个系统的平均薪资水平，说明可能存在三个潜在问题：一是公司薪酬制度并未偏向于销售人员，二是公司的激励方式未能激发销售人员的工作热情，三是产品已经在市场上达到饱和状态而无法进一步突破。

在人力成本利润率上，2021 年的人力成本利润率为 58.98％，即单位人力成本的投入产出的净利润为 0.589 8，该数据水平远高于近几年的相关水平，可以作为衡量公司投入产出中要素水平的参考指标。

4.3.3 人力成本占比分析

2021 年人力成本占公司总成本的比例为 9.55％，远低于近几年的人力成本占比，这可能与新冠疫情给企业发展带来的影响有关。公司 2021 年人均人力成本略低于 2020 年，但基本持平，而人力成本总额降低幅度远大于人均人力成本降幅，因此企业在其他成本方面的投入大幅增加，导致了人力成本占比降低。

2021 年公司的全员劳动生产率为 11.12，相比 2020 年提高了 3.08，主要原因是公司大量招聘销售人员，并通过薪酬制度和激励机制调整了销售人员的收入构成，导致了净利润增长率高于人力成本增长率，因此全员劳动生产率得以提高。然而，在同行业里，公司的全员劳动生产率比行业平均水平 9.08 仅高出 2.04，仍有较大的优化空间。

4.4 招聘数据分析月度报表

以 D 公司的某季度招聘数据集为例，呈现招聘数据分析报告，数据来源及可视化结果见表 7-6、图 7-31、图 7-32、图 7-33。

表 7-6　D 公司季度招聘数据分析

部门	职位	需要人数（人）	简历数（份）	初筛合格简历数（份）	有效简历率（%）	电话邀约到场人数（人）	初试通过人数（人）	初试通过率（%）	复试通过人数（人）	录用人数（人）	复试录用合格率（%）	到岗人数（人）	到岗率（%）	招聘计划完成率（%）	应聘比（%）	试用期通过人数（人）	试用通过人数占比（%）
办公室	董事长助理	3	78	50	64.10	40	20	50.00	7	2	28.57	1	50.00	33.33	26.00	1	100.00
工程管理中心	工程经理	3	60	40	66.67	30	18	60.00	9	2	22.22	2	100.00	66.67	20.00	1	50.00
项目管理部	合同项目经理	3	56	33	58.93	25	5	20.00	4	2	50.00	2	100.00	66.67	18.67	1	50.00
营销中心	售后服务	5	89	48	53.93	30	6	20.00	5	3	60.00	3	100.00	60.00	17.80	2	66.67
市场部	产品经理	2	75	46	61.33	30	5	16.67	2	1	50.00	0	0.00	0.00	37.50		
生产中心	技术工程师	2	50	6	12.00	5	0	0.00	0	0	0.00	0	0.00	0.00	25.00		
计财部	计财部经理	3	50	30	60.00	20	2	10.00	1	1	100.00	1	100.00	33.33	16.67	1	100.00
计财部	财务人员	2	80	50	62.50	40	5	12.50	3	1	33.33	0	0.00	0.00	40.00		
总务部	文秘	2	55	35	63.64	20	5	25.00	3	1	33.33	0	0.00	0.00	27.50		
研发中心	研发工程师	4	90	60	66.67	20	4	20.00	2	2	100.00	2	100.00	50.00	22.50	1	50.00
网络系统部	网络工程师	6	70	50	71.43	25	5	20.00	3	2	66.67	2	100.00	33.33	11.67	2	100.00
网络系统部	售前支持	2	50	30	60.00	25	10	40.00	4	2	50.00	1	50.00	50.00	25.00	1	100.00
网络仪表部	仪表工程师	5	50	35	70.00	20	4	20.00	2	2	100.00	1	50.00	20.00	10.00	1	100.00
小计		42	853	513	60.14	330	89	26.97	45	21	46.67	15	71.43	35.71	20.31	10	66.67

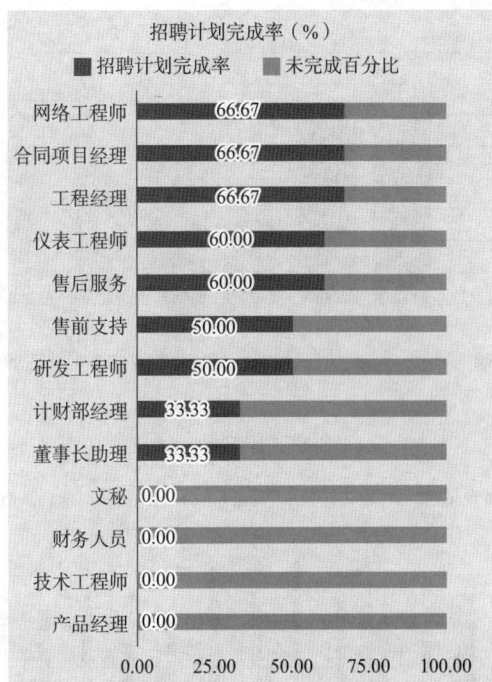

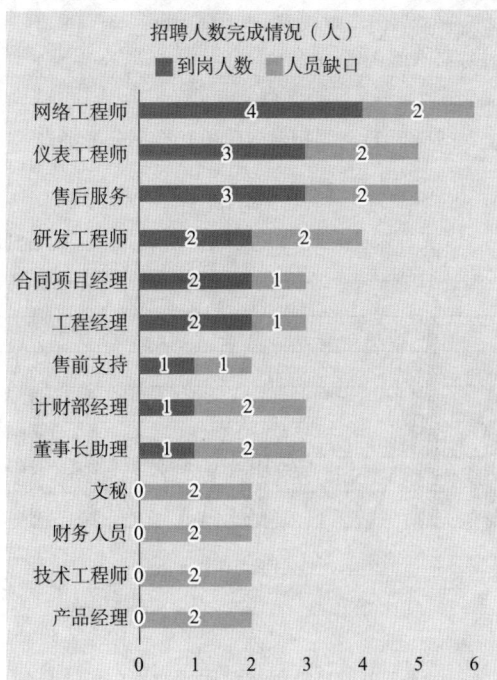

图 7-31 D公司岗位招聘计划完成率分析报告

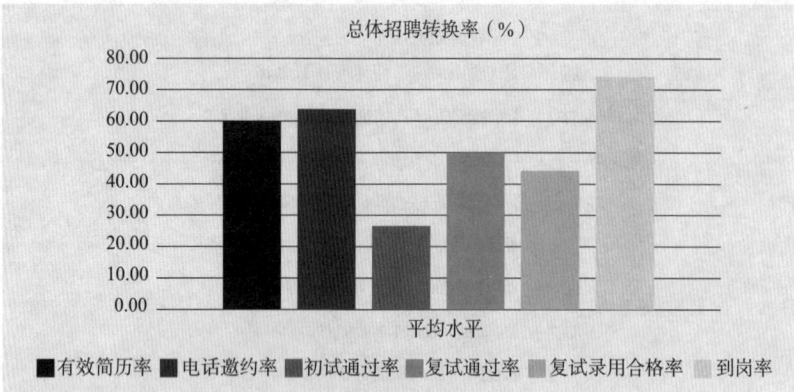

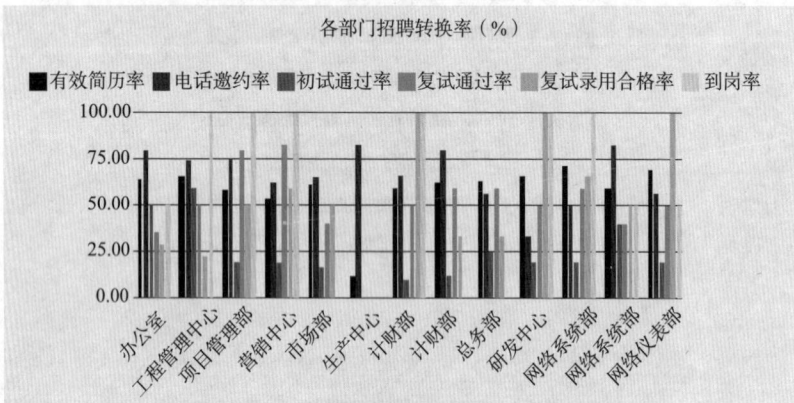

图 7-32　D公司招聘各阶段转换率分析报告

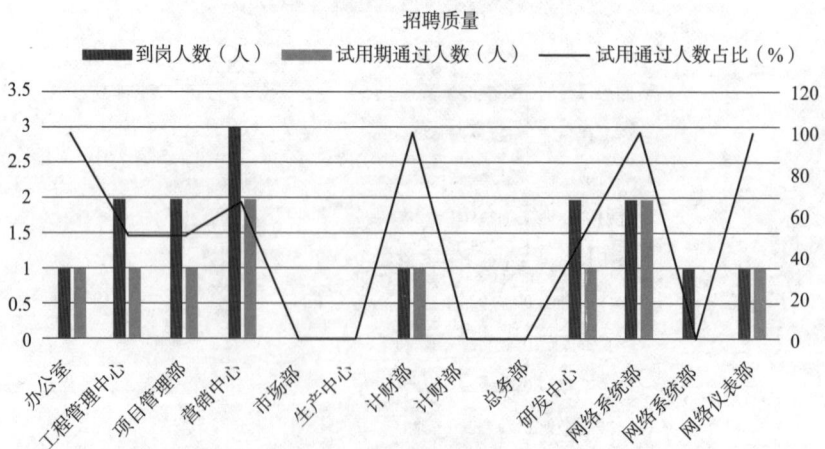

图 7-33　D公司招聘质量数据分析

4.4.1 招聘转换率数据分析

在公司的招聘转化率的汇总上，在初始通过率上的转换率最低，原因可能是在简历的筛选和电话邀约上对简历质量的把控和判断性不高，还有就是招聘专员在和用人单位沟通岗位的信息上有偏差，导致在初试的时候淘汰人员比较多，所以需要和用人单位进行详细的岗位沟通，确认用人标准。

这个季度招聘完成率是 0 的岗位为产品经理、技术工程师、文秘和财务人员。经了解，D公司产品经理为新设岗位，招聘专员和用人单位对这个岗位都比较陌生，所以在用人的标准上没有很详细的信息，导致该岗位在初试通过率上数据比较低。D公司会在下次招聘前研究同行业内产品经理的岗位需求，搜集岗位信息，设计用人标准，以辅助人力资源专员更加精确地寻找简历及人员。

4.4.2 招聘质量数据分析

招聘岗位质量上售前支持工程师的通过率为 0，该岗位到岗人数为1人，试用期未转正，主要原因是该员工的岗位技能不符合业务需求。在下阶段招聘过程中需要更加明确该岗位所需的职业技能，在面试中重点考察这块。在应聘比上，办事处财务人员、产品经理的应聘比最高，但是这两个岗位的招聘完成率是最低的。

4.5 人员流动数据分析

以 E 公司内部人员流动数据集为例，完成人员流动的可视化报告与数据分析，可视化结果见图 7-34。

部门	年初人数（人）	年末人数（人）	增长人数（人）	增长率（%）	离职率（%）
财务部	4	5	1	25.00	44.44
采购部	1	1	0	0.00	0.00
操作部	1	1	0	0.00	0.00
技术部	2	2	0	0.00	0.00
客服部	6	8	2	33.33	52.94
人力资源部	5	17	12	240.00	22.73
商品部	3	6	3	100.00	0.00
市场部	8	12	4	50.00	0.00
物流部	4	2	−2	−50.00	71.43
项目拓展部	3	7	4	133.33	0.00
业务支持部	5	5	0	0.00	16.67
运营部	14	24	10	71.43	31.43
招商部	5	5	0	0.00	66.67
综合部	8	5	−3	−37.50	54.55
数据汇总	69	100	31	44.93	30.08

年份	年度人数（人）	入职人数（人）	离职人数（人）	离职率（%）	流动率（%）
2020	61	98	46	42.99	134.58
2021	100	82	43	30.08	87.41
数据增幅	39	−16	−3	−12.91	−47.17

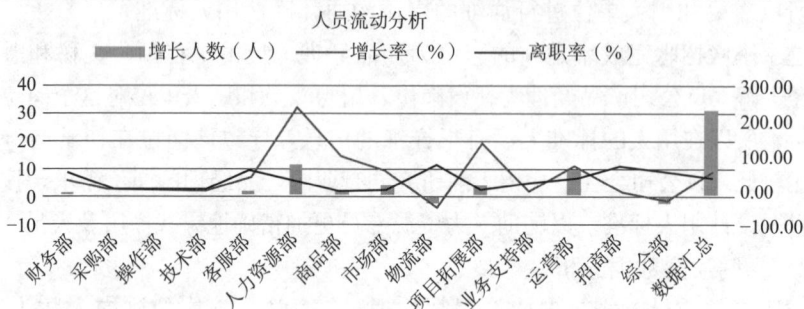

图 7-34　E公司年度人员流动数据分析

4.5.1　公司人员流动

2021 年公司的员工人数比 2020 年增加了 31 人，增长率为 44.93%，离职率下降了 12.91%，人员流动率下降了 47.17%，主要原因是 2021 年公司的运营模式逐渐清晰，并且对岗位有了清晰的定位，相对 2020 年来说人员比较稳定。

从人员流动数据分析来看，人员主要增加在人力资源、运营、市场和项目拓展部门，这与公司 2021 年的战略有关。2021 年公司的业务重点放在线上的平台搭建和运营，所以需要对运营和项目拓展团队进行人员的扩展；同时，为了更好地为线下作铺垫，需要市场人员。到了 2022 年，服务于公司全国扩张的战略需求，各个区域需要人力资源团队，所以人力资源部人员增长比较迅速，并会继续增长。

4.5.2　公司人员离职

2021 年总共离职 43 人，离职率约为 30%，比 2020 年降低了 12.91%，电商行业 30% 的离职率处于正常的离职率范围。离职率比较高的部门有物流部、招商部和客服部。物流部因为人数基数比较小，所以数据比率偏大；客服部主要人员采用的是外包方式，人员流动不可控制；招商部的人员流动主要是因为企业转型过程中，传统的招商业务员不适应互联网电商的招商，导致招商人员前 3 个月离职比较多。

4.5.3　公司人员增长

在公司的人员增长上，人力资源部和运营部的增长人数最多，这主要是由公司的战略和部门定位决定的，综合部和物流部都处于人员负增长的状态，这个对于公司 2022 年线下的扩张有很大的影响。线下业务扩张需要招商部充足的前期铺垫，而招商专员在岗数量零增长与公司战略发展方向不符，因此需要在未来的招聘工作中重点关注。与之相反，目前物流部的人员负增长不会产生较大的影响，但在未来业务网络铺开之后则需要物流部提供产品交付的硬性保障，因此物流部的人才储备是现阶段的工作侧重点。其他部门的人员增长基本上可以满足日常工作的开展。

习题：

（1）什么是数据可视化？

（2）数据可视化的常见方法可用于可视化哪些类型的数据？试举例说明。

（3）常用的数据可视化方法有哪些？

（4）常见的数据可视化工具软件有哪些？它们各有什么特点？

（5）选择一个真实的人力资源管理数据集，利用数据可视化方法和工具完成相关分析数据的可视化工作。

实 践 篇

第八章　基于金蝶 s-HR 系统的实践

本章以综合案例的形式，讲解了基于金蝶 s-HR 平台处理人力资源管理业务问题的实践，包括招聘管理、薪酬管理、绩效管理、考勤管理以及管理者分析这五个人力资源管理工作中的重要模块。首先介绍各个模块的主要学习目标和实践任务；其次引入人力资源管理相关的案例背景，详细演示平台的处理流程和步骤。

金蝶 s-HR 是一款功能齐全的人力资源管理工具，让业务人员能够全程通过系统参与管理工作。金蝶 s-HR 实操平台网址：http：//139.159.186.88：8888/shr/。登录实操平台前，请务必切换数据中心至对应学校，账号密码请查阅教材获取。

1　金蝶 s-HR 系统介绍

1.1　集团企业 HR 发展趋势

随着时代的发展和科技的进步，我国集团企业正处于发展壮大和转型的关键时期，这对集团企业 HR 模块也提出了新的要求。目前我国集团企业 HR 所处的管理环境特点可以概括为以下六方面：

（1）规模大型化。越来越多的集团型企业正在快速跻身于千亿级、万亿级企业俱乐部。

（2）分布全球化。企业及分支机构遍布全国/世界各个地区。

（3）生产敏捷化。云计算、大数据、物联网、人工智能等技术在企业生产和服务领域正在获得广泛应用。

（4）资本结构/产业多元化。多数集团型企业同时涉足相关/非相关多个行业领域，形成以产业、投资多种关联关系的企业纽带。

（5）组织结构网络化。传统的金字塔型组织结构正在坍塌，平台型组织、服务型组织、虚拟组织正在兴起。

（6）管控差异化。面对不同类别的下属企业，需要采用灵活多样的管控模式。

针对当下集团企业 HR 所处的环境，开发数据集中规范、业务充分协作、管控灵活调整、稳健安全的一体化 HR 管理平台至关重要。

1.2　金蝶 s-HR 系统介绍

金蝶 s-HR 系统运用人工智能、大数据、云计算等信息技术，为招聘、薪酬、考勤、绩效等人力资源管理不同模块提供多个数据模型和报表，实现了人力资源管理的智能化和战略决策的科学化。金蝶 s-HR 系统的关键创新点归纳如下：

一是以业务组织为基础的柔性化管控模式。金蝶 s-HR 系统将业务组织与组织特性和功能特性相结合，为不同的组织设立不同的管理政策。如对大型企业集团下的不同公司设立不同的薪酬业务组织和社保业务组织等。

二是以共享/隔离策略为基础的管控力度灵活调整（分级/分层/分领域）。即政策、制度、规则等由总部制定，下发给各单位使用，各单位只可在集团允许的范围内进行修改和调整，同时可以按需对政策制度设定使用范围，可按层级往下分配。

三是以人为核心的业务协作。业务核心从"岗位"转向"人"，实现个体管理关系灵活分配，结合业务组织实现一人在多公司同时处理 HR 业务。

四是更为精细化的权责体系管理。清晰界定每个人的权利和责任，加强集团管控和业务协作，防止出现问题无人跟进的情况发生。

通过以上四个关键创新，金蝶 s-HR 系统全面提升了系统对大型企业集团多业务组织下人力资源政策制度多样性和复杂的 HR 管理事务的适应能力，从而为在集团型企业中更好地进行 HR 管控奠定了坚实的基础。

金蝶 s-HR 系统的产品特性如图 8-1 所示。

图 8-1　金蝶 s-HR 产品应用特性

金蝶 s-HR 系统能够同时满足企业人力资源业务的三大视角，即 HR 视角、管理者视角、员工视角。

（1）HR 视角。对于 HR，金蝶 s-HR 系统是一款功能齐全的人力资源管理工具，让业务部门的负责人能够借助系统全程参与员工管理过程，从面试招聘、试用期评价、排班考勤、薪酬、考核和培训，到员工劳动合同续签、调动和离职，每一个环节都可以在系统平台上完成。HR 视角下的金蝶 s-HR 系统如图 8-2 所示。

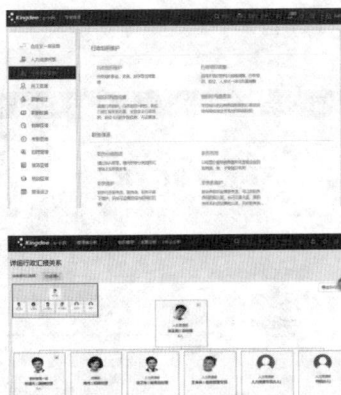

图 8-2　HR 视角下的金蝶 s-HR 系统

（2）管理者视角。对于企业管理者，金蝶 s-HR 是一款具有战略思维和全局洞察能力的人力资源管理软件，能帮助企业家更加直观和实时地掌握企业组织和人力资源的全貌，快速聚焦其中潜藏的风险和问题，充分发掘和利用人力资源数据的价值，让企业的决策更及时、更精准。企业管理者在金蝶 s-HR 系统能够进行综合分析，包含组织健康分析、员工结构模型、离职分析模型、招聘效率模型、薪酬云分析等。管理者视角下的金蝶 s-HR 系统如图 8-3 所示。

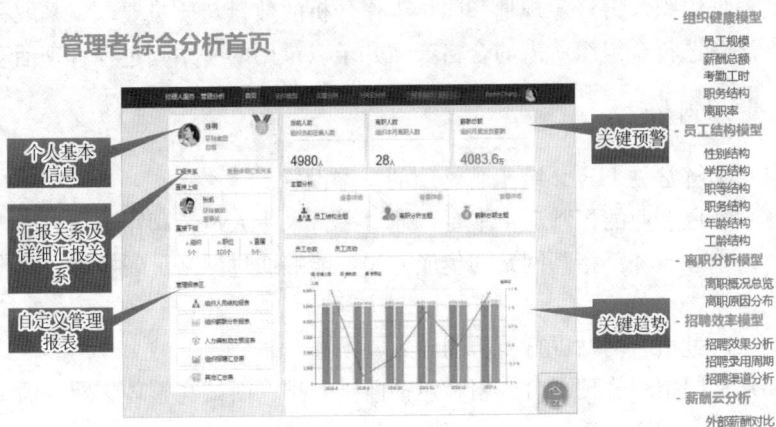

图 8-3　管理者视角下的金蝶 s-HR 系统

（3）员工视角。对于企业员工，金蝶 s-HR 是一个好帮手，员工在公司里每一天的工作和进步都被记录下来，可以为员工提供最真实、最准确的信息。金蝶 s-HR 系统为员工查阅个人档案、申请打印各类证明、查询考勤和工资明细、提出休假和出差等各种申请提供了极大的便利。员工视角下的金蝶 s-HR 系统如图 8-4 所示。

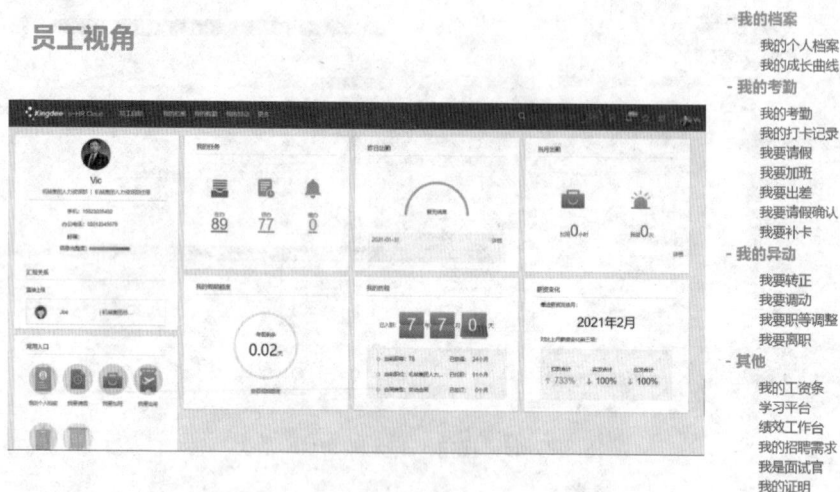

图 8-4　员工视角下的金蝶 s-HR 系统

2　招聘管理实践

企业招聘管理是人才管理的起始和最重要的环节，是基于组织生存和发展需要，根据组织人力资源规划和岗位工作分析的数量与质量要求，采取科学有效的方法甄选符合组织所需的合格人才并予以录用的一系列过程管理活动。

2.1　学习目标

（1）了解常见 HR 系统招聘管理的基本设置。

（2）掌握企业的招聘需求平台，通过平台采集人员招聘需求信息。

（3）掌握与外部招聘网站的集成方法，能够通过网络、新媒体技术发布招聘职位信息。

（4）通过招聘网站进行简历的导入、筛选。

（5）掌握招聘管理平台应用，包括面试安排、面试官管理、网络面试、面试结果录入、通知发布等。

（6）掌握 HR 系统录用操作，设置拟入职部门、拟入职职位，用于提交录用审批流程。

（7）掌握 HR 系统关于开展集团企业内部竞聘的方法。

（8）能够运用信息化手段对招聘活动评估指标进行统计。

（9）能够运用招聘数据对人员招聘工作进行评估。

2.2 实践任务

（1）进入"职位日常维护"功能节点，新增需招聘的新设职位。

（2）进入"需求管理"功能节点，新增招聘需求单据。

（3）进入"简历筛选"功能节点，进行候选人简历筛选。

（4）进入"面试官管理"功能节点，进行面试官录入。

（5）进入"面试"功能节点，对候选人及面试官进行面试邀约。

（6）面试官进入"待办通知"与"员工自助—我是面试官"中接收到面试邀约，并查看面试信息；面试结束后录入面试结果。

（7）招聘专员进入"面试"功能节点，进行最后面试结果确认。

（8）进入"录用报批"功能节点，对待录用员工进行录用报批。

（9）进入"offer"功能节点，发送 offer，并转录用人至预入职。

（10）进入"预入职"功能节点，提交生效预入职单，并关联生成入职单。

（11）进入"招聘工作台"功能节点，对招聘数量及效果进行查看。

（12）进入"竞聘岗位"功能节点，发布竞聘需求。

（13）进入"竞聘记录"功能节点，录入竞聘记录并生效职位调动。

2.3 案例实操

2.3.1 招聘需求管理

企业招聘需求管理是用人部门提交招聘需求申请，并一览招聘进度的功能节点。其包含两种方式，一是部门负责人或招聘岗位上级直接提出招聘需求，二是 HR 代提招聘需求。

案例一：某集团处于人力资源信息化快速转型阶段，出现新岗位需求，急需对外招聘一名人力资源信息系统经理，以管理集团人力资源系统、推进集团人力资源信息化进程。人事专员首先需要在 HR 系统中新设"人力资源信息系统经理"岗位，由本部人力资源总监在员工自助平台中提出招聘需求，并直接上级审批。

案例二：因集团本部"预算经理"岗位出现缺编情况，需要招聘预算经理以支持集团本部财务部正常运行，经沟通，由本部招聘专员代提招聘需求，并直接上级审批。

（1）案例一（负责人直接提出"人力资源信息系统经理"招聘需求）。

①新增"人力资源信息系统经理"职位。根据集团"人力资源信息系统经理"新岗位需求，人力资源职位库里尚未存有"人力资源信息系统经理"岗位，因此根据招聘需求，首先需要在职位库中新增录入"人力资源信息系统经理"职位。

操作角色：本部人事专员，账号密码为"BB03.学号"。

操作路径："行政组织管理"—"职位维护"—"职位日常维护"（图 8-5）。

图 8-5　"职位日常维护"进入路径

操作步骤：使用本部人事专员账号登录 HR 系统，进入"职位日常维护"功能节点，点击"创建"，按照图 8-6 信息填写职位创建表单，确认无误后点击"保存"。

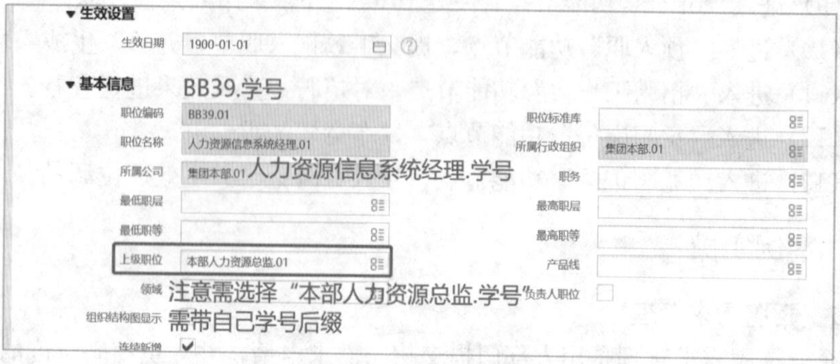

图 8-6　创建"人力资源信息系统经理"职位表单

注意"上级职位"处需选择带自己学号后缀的"本部人力资源总监.学号"职位，可在搜索框输入"本部人力资源总监.学号"直接按职位名称搜索得出，如图 8-7 所示。

图 8-7　"上级职位"搜索方式

②提出"人力资源信息系统经理"招聘需求。在本案例中，招聘需求由本部人力资源总监在员工自助平台自主发起。

操作角色：本部人力资源总监，账号密码为"BB02.学号"。

操作路径："员工自助"—"更多"—"我的招聘"—"我的招聘需求"（图8-8）。

操作步骤：使用本部人力资源总监账号登录HR系统，进入"我的招聘需求"功能节点，点击"创建"—"创建需求"，按照图8-9可直接搜索带学号后缀的"招聘业务组织"，填写招聘需求单后，点击"提交工作流"。

图 8-8 "我的招聘需求"进入路径

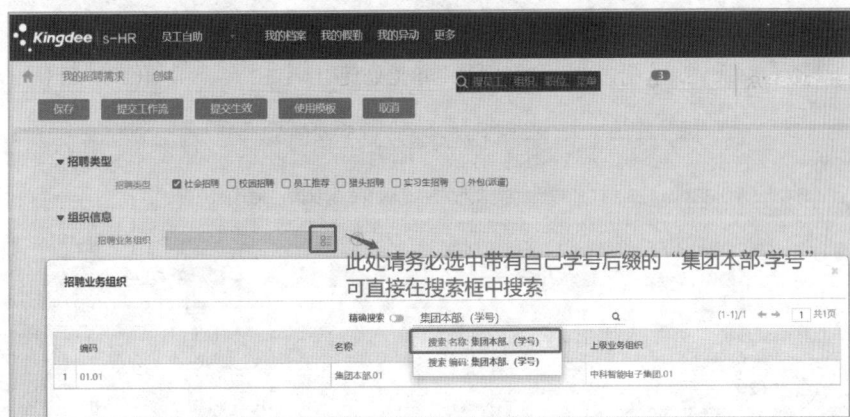

图 8-9 "组织信息"搜索方式

③招聘需求工作流审批。

操作角色：本部总经理，账号密码为"BB01.学号"。

操作路径：员工待办通知。

操作步骤：根据工作流设置，系统自动将本部人力资源总监发起的招聘需求推送至一级审批人，即推送至直接上级本部总经理处。

使用本部总经理"BB01.学号"账号登录HR系统，点击待办通知图标，可显示招聘需求单据已推送至个人待办处，在工作流栏处点击"查看详情"，如图 8-10 所示。勾选待审批单据，点击"处理"按钮（图 8-11），进入单据审批界面，左边为招聘需求原单据，右边为审批处理单，勾选"同意"，并点击"提交"，完成对招聘需求单的审批，如图 8-12 所示。

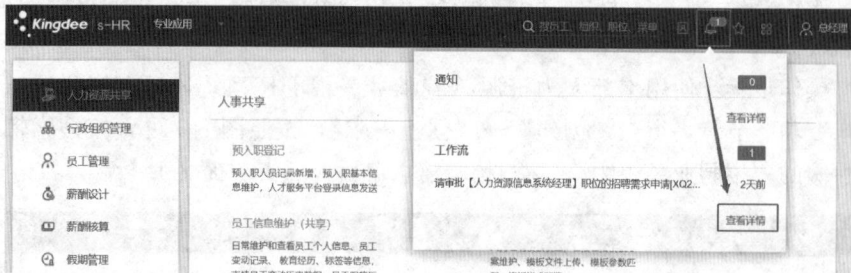

图 8-10　待办任务

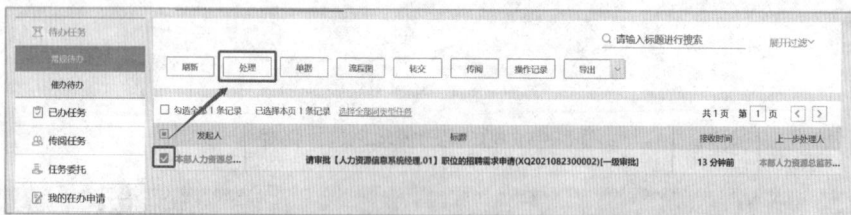

图 8-11　单据处理

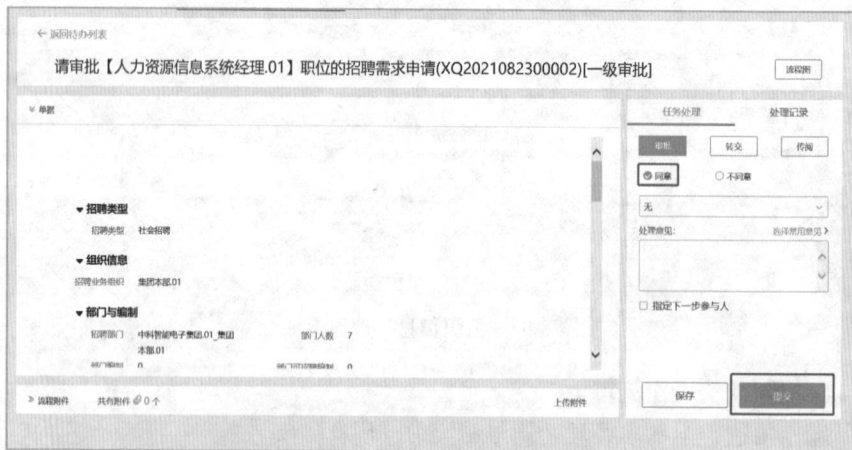

图 8-12　招聘需求单据审核

（2）案例二（招聘专员代发起"本部预算经理"招聘需求）。

①创建"本部预算经理"招聘需求单。由于系统已存在"预算经理"岗位，非新设岗位，因此不需新增岗位，可直接引用该岗位制定招聘需求。

操作角色：本部招聘专员，账号密码为"BB07．学号"。

操作路径："招聘管理"—"招聘计划"—"需求管理"。

操作步骤：使用本部招聘专员账号登录 HR 系统，进入"需求管理"功能节点，如图 8-13 所示。点击"创建"下拉列表中的"创建需求"。根据招聘部门（本部财务部．学号）的招聘需求数据，完善需求单信息后点击"提交工作流"（图 8-14）。

②根据工作流设置，系统自动将本部招聘专员发起的招聘需求推送至一级审批人，即直接上级本部人力资源总监处，最后由人力资源总监在个人待办处审批工作流。

图 8-13 "需求管理"进入路径

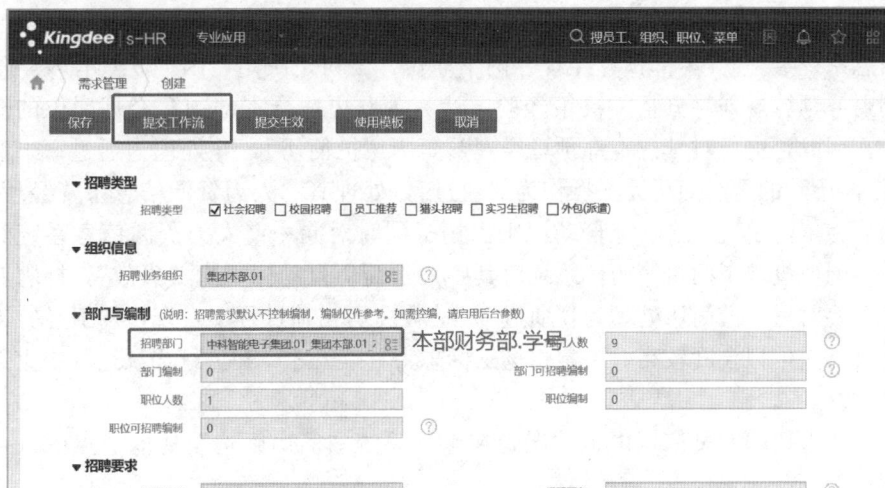

图 8-14 "本部预算经理"招聘需求表单

2.3.2 招聘过程管理

（1）简历筛选。人力资源系统简历筛选，可实现通过招聘网站投递回收、智能导入（简历解析）等多种方式创建简历，对简历进行快速的筛重、给简历标记重点人才或黑名单，给出筛选通过、不通过、待定的结果。简历可以查看基本信息、应聘记录、联系记录、评语、操作记录、黑名单记录等信息。

案例：招聘需求申请审核通过后，招聘专员依据招聘需求撰写"人力资源信息系统经理"和"本部预算经理"的岗位介绍与工作职责描述，对外发布岗位；应聘者投递简历后，系统将实现对简历的自动收集与对接（本 HR 系统教育版本未与外部招聘网址对接，需要手动导入简历）。对于发布的招聘需求，共收到李英、陈林、孙欣、杨玉 4 位应聘者的简历，需要招聘专员通过"简历筛选"功能节点进行初步简历筛选。

简历投递情况：a. 李英投递人力资源信息系统经理岗位，工作经验为 3年。b. 陈林投递人力资源信息系统经理岗位，工作经验为 4 年。c. 孙欣同时投递了人力资源信息系统经理、本部预算经理两个岗位的简历，工作经验为 5年。d. 杨玉投递了人力资源信息系统经理岗位两次，工作经验为 6 年。

简历初筛情况：a. 人力资源系统按照招聘需求设置过滤条件，经系统自动筛选，投递"人力资源信息系统经理"岗位的李英、陈林因工作经验不满足应聘要求，系统智能筛选并标记为"不符合"。招聘专员需对该部分简历处理为"不通过"。b. 经招聘专员复审简历及与部门经理沟通决定，认为陈林虽然不满足人力资源信息系统经理要求，但符合本部预算经理岗位招聘要求，经与陈林沟通并征得其同意，将陈林转为本部预算经理招聘行列；转岗应聘完成后，对该简历处理为"通过"。c. 系统自动识别出孙欣同时投递了"人力资源信息系统经理""本部预算经理"两个职位，经讨论决定，因孙欣具有较丰富的财务预算规划、分析、决策经验，认为孙欣更适合本部预算经理岗位的需求，因此，进行对其"本部预算经理"简历"抢简历"，并处理为通过；未经"抢简历"的重复简历无法操作为"通过"，处理其"人力资源信息系统经理"简历为"待定"。d. 系统自动识别出杨玉同时对同一"人力资源信息系统经理"岗位投递了两份简历，系统对其中一份简历自动标识为"失效"，招聘专员需要对另一份简历处理为"通过"。e. 在简历初筛过程中发现，杨玉经验丰富且与岗位拟合度较高，决定将杨玉标志为重点人才，在后续面试过程中重点关注。

本部招聘专员依据以上情况，在 HR 系统"简历筛选"功能节点中进行简历初筛。

操作角色：本部招聘专员，账号密码为"BB07. 学号"。

操作路径："招聘管理"—"应聘管理"—"简历筛选"（图 8-15）。

操作步骤：

导入简历。HR 系统教育版本未与外部招聘网址对接，需要手动导入简历。

使用本部招聘专员账号登录 HR 系统，进入"简历筛选"功能节点。可点击"创建"手动录入简历信息。

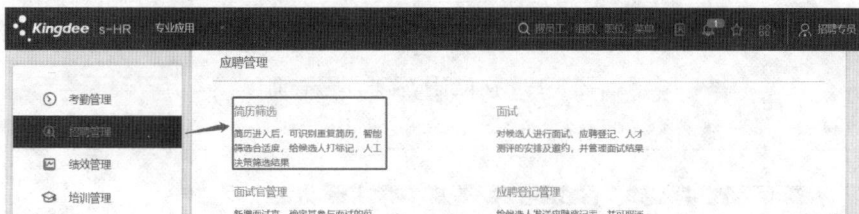

图 8-15 "简历筛选"进入路径

简历导入亦可使用 Excel 模板批量导入。需完成以下操作：①进入"简历筛选"功能节点，点击"导入导出"—"导入"—"模板下载"，下载"简历导入"模板（图 8-16、图 8-17）；②进入"招聘管理"—"招聘计划"—"需求管理"，删除默认筛选条件后，在列表中找到招聘岗位和对应的需求单号，如图 8-18 所示；③补充"简历导入"模板内容，保存模板，其中前三项信息为必录项；④进入"简历筛选"功能节点，点击"导入导出"—"导入"—"上传文件"，将修改后的模板导入 HR 系统，导入的简历如图 8-19 所示。

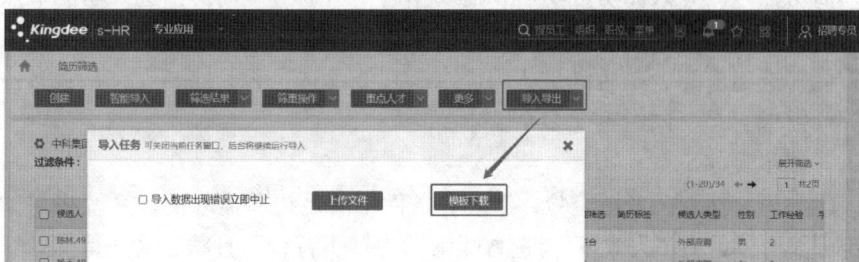

图 8-16 简历导入模板下载路径

图 8-17 简历导入模板初始样式

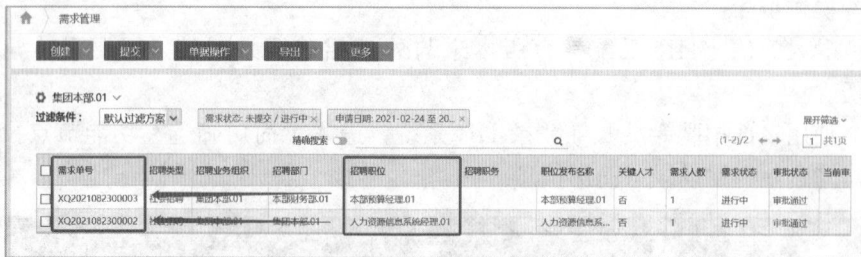

图 8-18　岗位对应需求单号查询

图 8-19　简历筛选列表

简历筛选。导入简历成功后，需要招聘专员通过"简历筛选"功能节点对简历进行初步筛选。简历筛选与招聘需求单号作关联，系统将会根据招聘需求单智能筛选出应聘者是否满足招聘需求、智能筛选是否为同一人、是否多次投递同一需求、是否同时投递多个需求。

具体步骤如下：

①学历、性别、工作经验、年龄等条件不满足招聘需求的，系统将自动对该部分简历标示为"失效"；勾选智能筛选为"不符合"且状态为"待筛选"的简历，点击"筛选结果"—"不通过"，补全不通过原因，点击"确定"，即把这部分简历处理为"不通过"，如图 8-20 所示（在操作过程如果出现"可能原因：1. 未对此页面授权业务组织范围……"这样的报错提示，可不作处理）；

②为同一人投递的，系统将自动对该部分简历以"👤"符号标示；

③多次投递同一需求的，系统将自动对该部分简历以"》》"符号标示；

④同时投递多个需求的，系统对该部分以"⇄"符号标示；

⑤如上述情况同时出现，则将叠加标示；

⑥对于一人多投的情况，可通过点击"筛重操作"—"确认失效/取消失效/抢简历/简历解锁/重新筛选"进行筛重处理。一人多投的简历一旦被某个岗

位"抢简历",即被该岗位锁定,其他岗位无法对此候选人的简历执行"通过";

⑦可通过点击"重点人才"—"重点关注/取消重点关注"进行重点人才标识;

⑧可通过点击"更多"—"转发简历"进行简历转发;

⑨如果候选人简历适合其他职位,可点击"更多"—"转其他职位"进行对应聘者转岗筛选,转岗完成后,简历序列簿将新增候选人的新岗位简历,此时勾选该新增简历,点击"筛选结果"—"通过",即可将该候选人的新简历招聘状态跳转为"待面试"(图 8-21)。

图 8-20 简历筛选不通过步骤

图 8-21 简历筛选通过步骤

提示:

①简历筛选通过后,系统自动将简历推送至"面试"环节;简历筛选不通过,则该简历流程终止,但仍会备份于"企业简历库"中,如需对不通过简历进行重新操作,需进入"企业简历库"发起。

②在简历通过后，如因操作失误等原因需将简历由"筛选通过"转为"筛选不通过"，先选中具体待操作行，点击"更多"—"撤回简历"后，再次点击"筛选结果"—"不通过"，则招聘状态转为"筛选不通过"。

③如需将简历由"筛选不通过"转为"筛选通过"，需进入"招聘管理"—"简历库"—"企业简历库"，选中具体简历进入详情页面，点击页面上方"发起应聘"，则该简历重新进入"简历筛选"，又因"简历筛选"中已存在该应聘者原份简历，则该步骤将会使系统智能识别出该应聘者为"系统识别为同一人"与"多次投递同一需求"，且自动归为"失效"，此时需要点击"筛重操作"—"取消失效"—"筛选结果"—"通过"，将简历由"失效"转为"筛选通过"。

④对系统智能筛选为不符合的简历，亦可对该部分简历进行通过。此场景适用于虽部分条件与招聘需求不符，但综合素质优秀，企业希望破例面试的人员。

⑤针对多次投递同一需求的简历：可以操作取消失效、确认失效。即系统会保存第一份投递的简历，后面投递的同一人的简历系统会自动标注"失效"。可以点击"取消失效"，或者将其再次"确认失效"。

⑥针对投递不同职位的同一人简历：通过操作"抢简历"先抢先得，未抢到简历的职位无法给出通过的结果。抢到简历的职位进行"筛重操作"—"简历解锁"操作后，其他职位才能使用该简历。

⑦如筛选结果为"待定"，则该简历不会被推送至进一步的面试流程，亦不会被终止流程，如需对该份简历重新操作，则需对简历进行"筛重操作"—"重新筛选"操作。

⑧在简历筛选环节，可点击"重点人才"—"重点关注/取消重点关注"，将应聘者标识为重点关注对象或取消重点关注，标识为重点关注后可在"招聘管理"—"简历库"—"重点人才"中查看。

⑨在简历库中，实现对候选人的全流程管理，招聘人员可以看到每份简历所处的招聘环节，如在筛选环节、面试环节、录用报批环节、offer环节、待入职环节等。同时，可以看到简历在每个环节的招聘状态，如筛选不通过、待面试、面试中、面试不通过、待报批、待入职、已入职等。

（2）面试官管理。面试官管理用于添加面试官，确定其参与面试的行政组织或业务组织。在面试环节可以按照参与面试的范围选择该面试官面试。其中，面试的范围可包括行政组织、业务组织、面试职位，支持对面试官的移除和删除。

案例：招聘专员进行简历初筛后，筛选通过的简历自动进入待面试行列。在正式进入面试环节前，需要对参与面试的面试官进行设置，如表8-1所示。

招聘专员首先需要进入"面试官管理"节点中新增面试官，确定面试官参与面试的范围。

表 8-1　面试官设置

面试环节	面试官
初试	本部招聘专员
复试	本部人力资源总监
终试	本部总经理

操作角色：本部招聘专员，账号密码为"BB07．学号"。

操作路径："招聘管理"—"应聘管理"—"面试官管理"。

操作步骤：使用本部招聘专员账号登录 HR 系统，按照图 8-22 中的路径进入"面试官管理"功能节点。点击"新增"—"批量新增"，进入面试官列表维护界面，界面中有"新增面试官""参与面试范围"两处可维护。

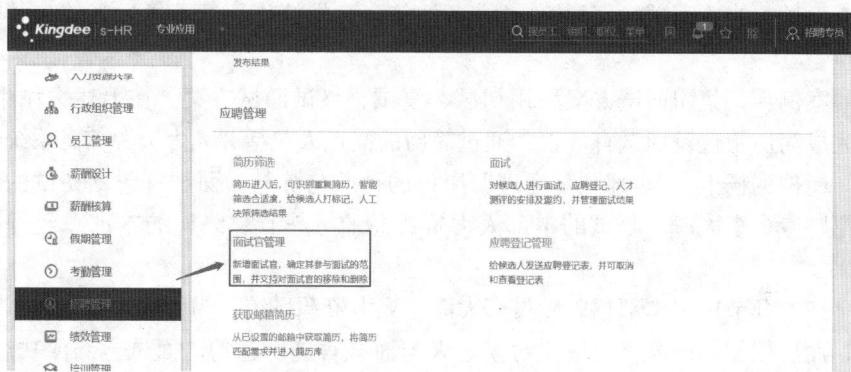

图 8-22　"面试官管理"进入路径

首先需要在上方"新增面试官"处点击"新增"，添加"本部总经理胡山兴""本部人力资源总监苏毕丘""本部招聘专员李大海"，并维护其"可维护行政组织""手机号码""邮箱"信息；而后在下方"参与面试范围"处点击"新增"，维护"选择面试范围"为行政组织、"参与面试组织"为集团本部、"包含下级组织"为"是"。

最后点击"保存"，详细步骤如图 8-23 所示。

（3）面试。对于通过简历初步筛选的候选人，系统自动推送至面试环节。面试用于对候选人的面试安排及邀约，并进一步管理面试结果。

面试在线下进行，线上记录面试结果，面试官可在待办通知及"员工自助"—"我是面试官"中接收面试信息；在面试过程中，支持将候选人标志为重点人才、黑名单。

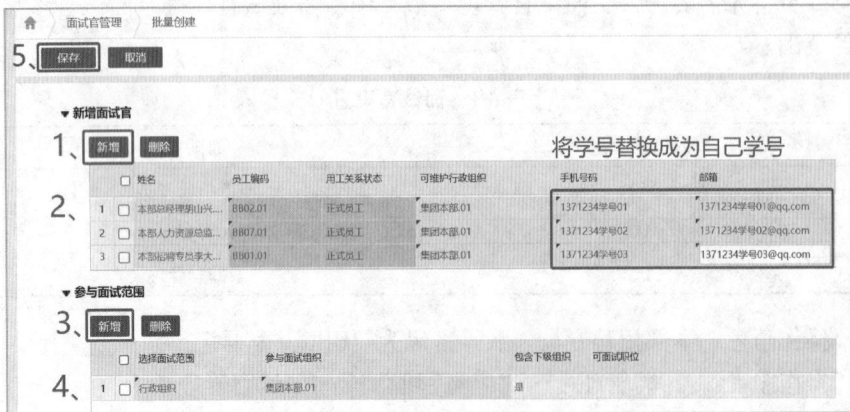

图 8-23　新增面试官步骤

面试结束后，对应面试官可维护候选人面试结果（待定、通过、不通过、放弃面试、终止面试）、面试分数、备注信息，支持将面试不通过者转入其他职位。

案例：某集团面试方案采用初试、复试、终试面试方案。在上述案例中，已完成简历筛选及面试官设置：通过简历的候选人包括"人力资源信息系统经理"岗位的杨玉、"本部预算经理"岗位的孙欣与陈林，面试官包括初试的本部招聘专员李大海、复试的本部人力资源总监苏毕丘、终试的本部总经理胡山兴。

在本环节中，本部招聘专员李大海在人力资源系统上为候选人录入面试方案，而后根据面试顺序，逐一对候选人与面试官进行邀约。面试邀约成功后，候选人与面试官以电话、邮箱形式收到面试邀约，且面试官可以于个人账号的"待办通知"与"员工自助—我是面试官"中接收到面试邀约。

①维护面试安排。

操作角色：本部招聘专员，账号密码为"BB07. 学号"。

操作路径："招聘管理"—"应聘管理"—"面试"。

操作步骤：使用本部招聘专员账号登录人力资源系统，进入"面试"功能节点，如图 8-24 所示。选中待面试者杨玉，点击"面试安排"，注意此处一次只能选中一位待面试者进行面试安排，不支持同时多人操作。具体步骤如图 8-25 所示。进入面试安排后，使用通用面试方案，首先点击"编辑"，参考表 8-2 填写面试安排，填写完毕后，点击"保存"，如图 8-26 所示。

简历筛选通过的候选人已自动推送至"面试"环节，在列表"面试状态"与"面试环节"列中可实时跟进候选人的面试状态。招聘专员按照表 8-2 面试安排表录入面试信息，此处仅以杨玉为例进行演示操作。

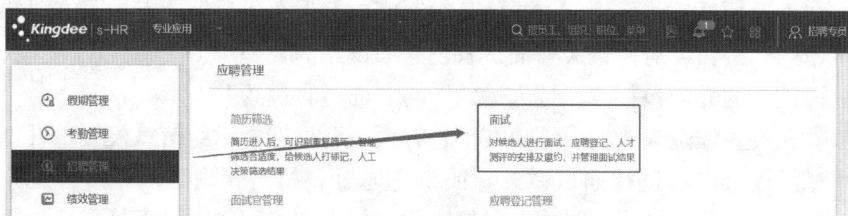

图 8-24 面试功能节点进入路径

图 8-25 面试安排进入路径

表 8-2 面试安排信息

应聘岗位	候选人	面试环节	面试时间	面试地点	面试官	面试公司
人力资源信息系统经理	杨玉	初试	2020-01-15 09：00	集团大厦	本部招聘专员李大海	集团本部
		复试	2020-01-17 09：00	集团大厦	本部人力资源总监苏毕丘	集团本部
		终试	2020-01-20 09：00	集团大厦	本部总经理胡山兴	集团本部

图 8-26 面试安排表填写

②发送面试邀约。面试安排信息填写完成并保存成功后，点击下方"新建面试邀约"按钮，对候选人与面试官发送面试邀约。

面试邀约界面包括"候选人邀约"与"面试官邀约"。

首先设置候选人邀约，需要在"选择模板"处选择邀约信息模板，可直接使用邀约模板内容进行面试邀约，或事先通过"招聘管理"—"招聘业务设置"—"邮箱与邮件模板设置"设置邀约模板，在本案例中，直接引用预置模板即可，具体步骤如图 8-27 所示。

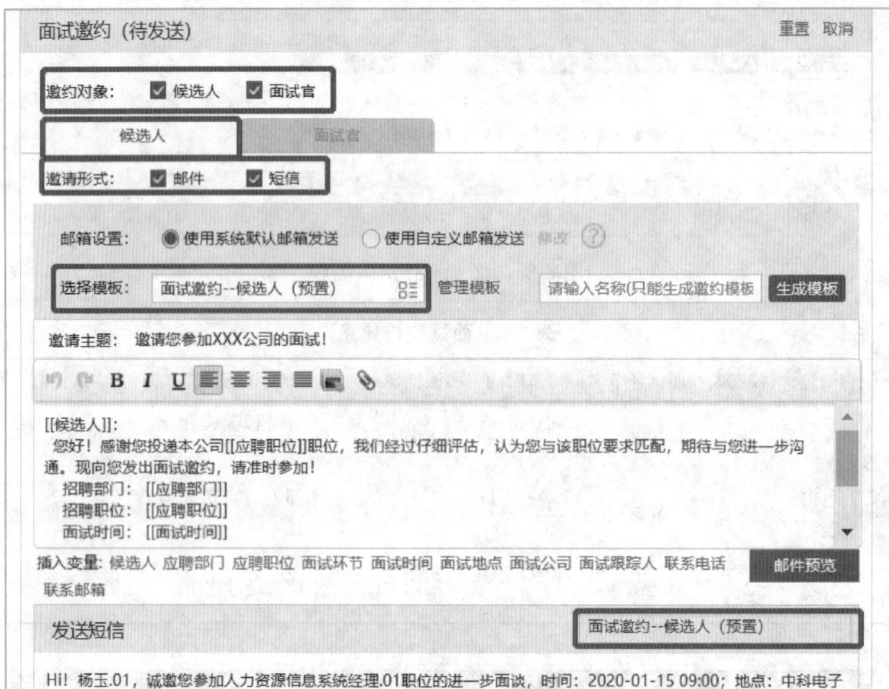

图 8-27　候选人面试邀约

候选人邀约设置完毕后，切换至面试官邀约界面，选择邀约模板，最后点击"发送邀约"，具体步骤如图 8-28 所示。

因本案例中候选人和面试官的电话号码与邮箱为虚拟，且未实际产生流量进行发送服务，因此本步骤不在现实中发生效果，未实际发送邮箱与短信，只需模拟实验步骤即可。点击"发送邀约"后将会出现图 8-29 报错提示，只需关闭即可。

完成初试邀约后，在左边面试流程栏中点击"复试"，切换至复试安排界面（图 8-30），同样地，完成复试面试安排设置，保存后，对候选人与面试官发送面试邀约（图 8-31）。

图 8-28　面试官面试邀约

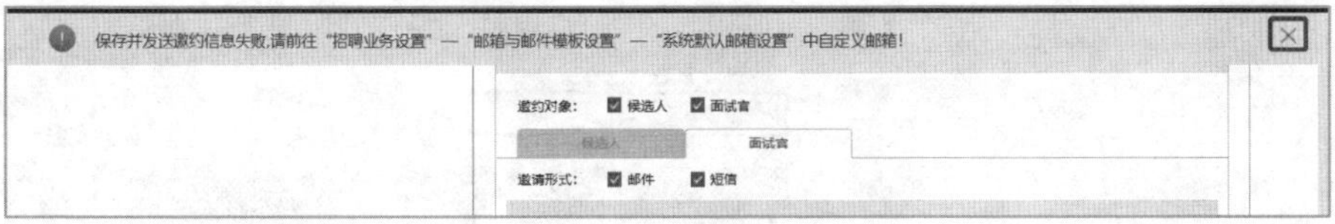

图 8-29　发送邀约提示信息

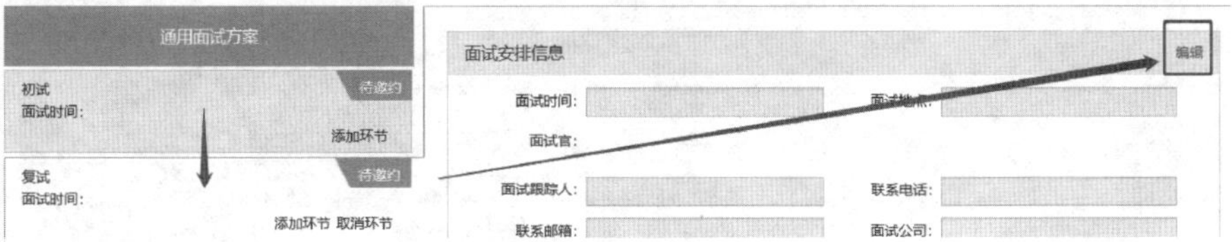

图 8-30　切换至复试安排

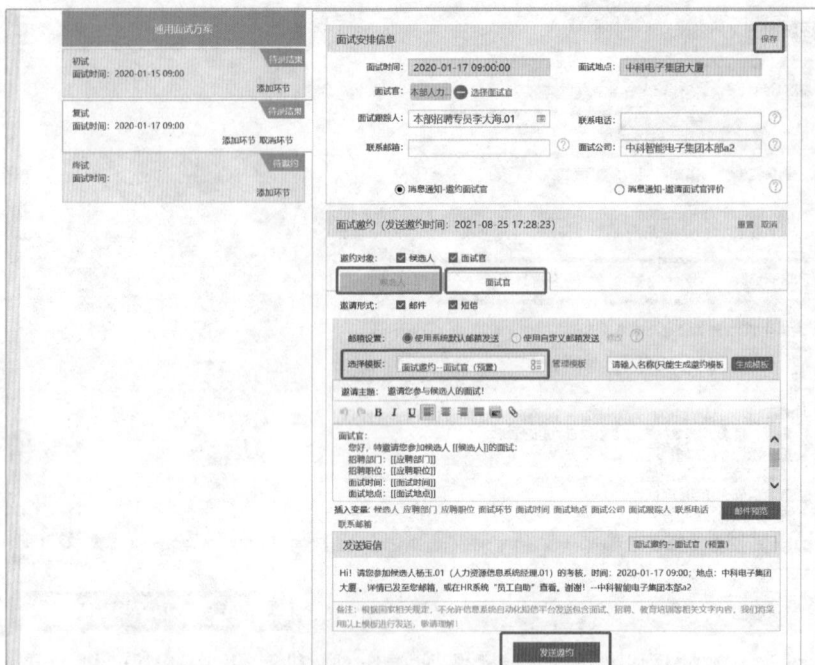

图 8-31　复试面试安排界面

完成复试的面试安排后，最后切换至"终试"安排界面，以相同的形式完成对终试的面试安排，并对候选人与面试官发送面试邀约（图 8-32）。

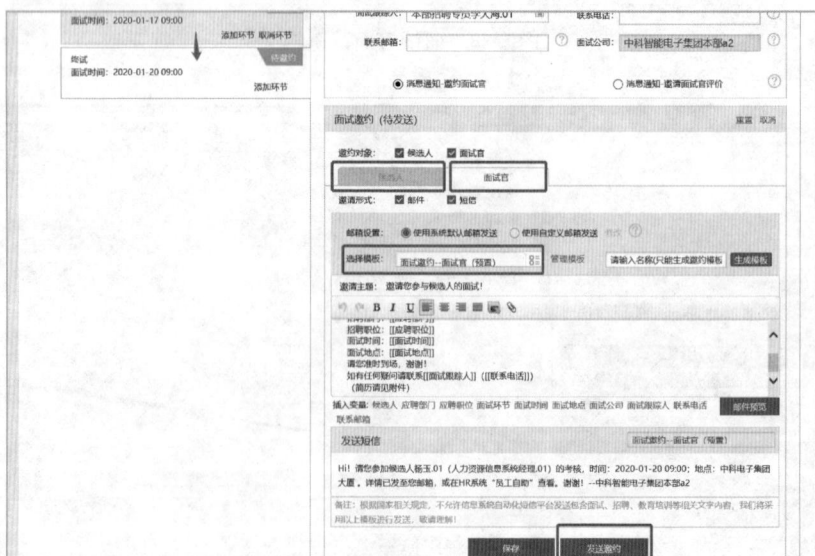

图 8-32　终试面试安排界面

至此，候选人杨玉的初试、复试、终试的面试安排及邀约设置完毕，其"招聘状态"转为"面试中"，"面试环节"转为"初试"，"面试状态"转为"待录结果"（图 8-33），意为面试已邀约成功，并且邀约通知已推送至面试官平台中，待面试及录入面试结果。

图 8-33 面试安排设置成功界面

③面试官查看邀约通知。

操作路径："待办通知"/"员工自助"—"更多"—"我是面试官"。

操作步骤：系统自动将面试通知发送至面试官"待办通知"及"员工自助"—"我是面试官"中，使用面试官的账号登录人力资源平台，可查看面试邀约通知（图 8-34、图 8-35）。

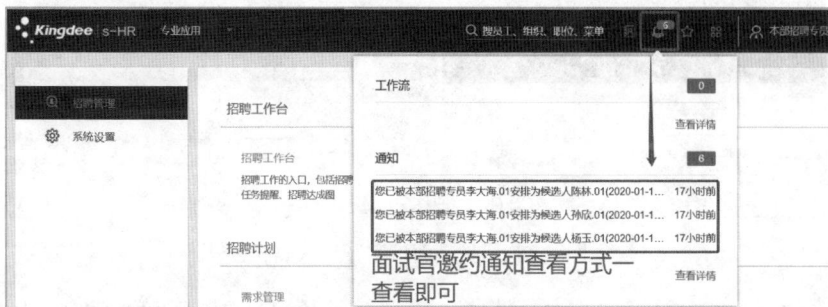

图 8-34 在"待办通知"中查看面试通知

④录入面试结果。根据面试流程，初试、复试、终试对应面试官依次于个人平台中录入面试结果。

若面试官给出的面试结果为"通过"，则面试状态从"待定"跳转为"通过"，并且候选人进入下一轮面试；若面试官给出的面试结果为"不通过"，则面试状态从"待定"跳转为"不通过"，且候选人面试流程终止。当初试—复试—终试面试结果全部录入完毕后，需要招聘专员在 HR 系统中作最后的面试结果确认，作为候选人的最后面试结果。

初试、复试、终试录入面试结果的操作步骤相同，仅有操作角色的不同。

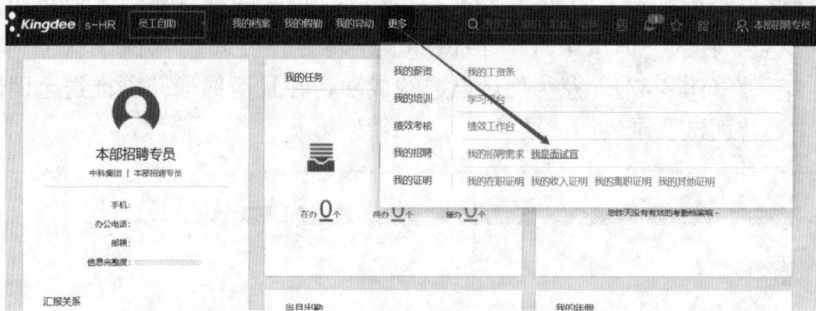

图 8-35　在"我是面试官"中查看面试通知

操作角色：

初试：本部招聘专员，账号密码为"BB07. 学号"。

复试：本部人力资源总监，账号密码为"BB02. 学号"。

终试：本部总经理，账号密码为"BB01. 学号"。

操作路径："员工自助"—"更多"—"我的招聘"—"我是面试官"。

操作步骤（以初试为例）：在前面面试官设置环节中，已设置本部招聘专员李大海为初试面试官，使用本部招聘专员李大海的账号"BB07. 学号"登录HR系统，按照图 8-36 路径进入员工自助平台"我是面试官"功能节点。

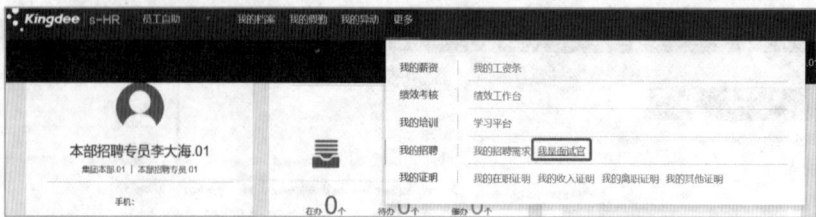

图 8-36　"我是面试官"进入路径

如图 8-37 所示，进入面试结果录入界面，将候选人初试面试分数信息录入 HR 系统当中，并点击"提交"，初试结果录入具体步骤如图 8-38 所示。

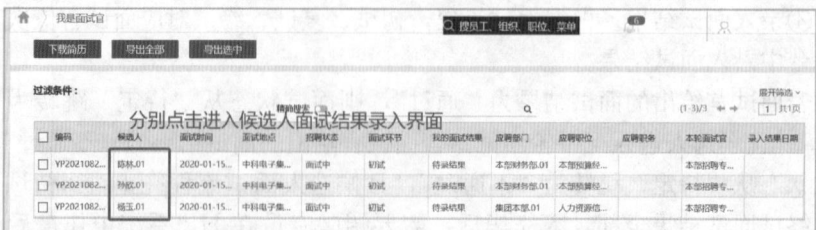

图 8-37　面试结果录入界面进入路径

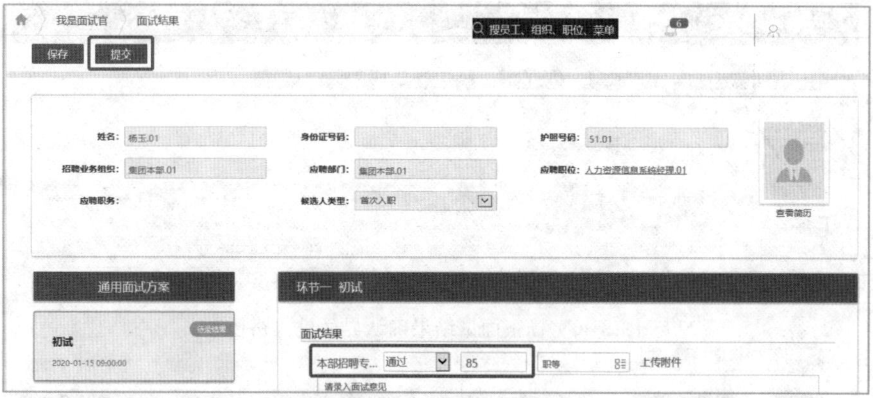

图 8-38　初试面试结果录入步骤

返回"我是面试官"列表界面，可查看候选人"我的面试结果"列中已标示录入的面试结果，如图 8-39 所示。如未标示，则点击进入重新录入面试结果。

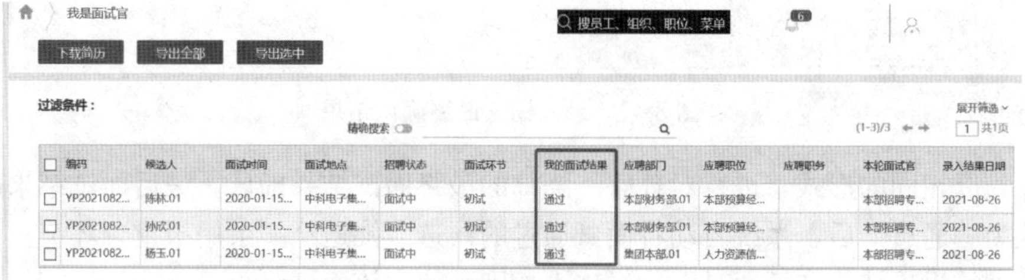

图 8-39　面试结果录入成功界面

⑤确认最终面试通过/不通过。所有环节面试结果录入完毕后，需要招聘专员进入 HR 系统中确认最终面试结果。面试最终确认结果可以设置为待定/通过/不通过/放弃面试/终止面试；系统分别根据各面试环节中面试官的成绩录入，自动生成各面试环节的平均分。

在上述案例中，杨玉、孙欣全部面试环节通过，需要招聘专员作最终面试结果确认；陈林在终试环节中面试结果不通过，面试环节终止。

操作角色：本部招聘专员，账号密码为"BB07. 学号"。

操作路径："招聘管理"—"应聘管理"—"面试"。

操作步骤：使用本部招聘专员账号密码登录 HR 系统，根据图 8-24 路径进入"面试"功能节点，勾选杨玉，并点击"面试结果"，如图 8-40 所示。

点击左侧"终试"环节，在右侧的面试确认结果为"通过"，并点击"保存"，如图 8-41 所示。结果确认之后，面试结果由"待定"转为"通过"。

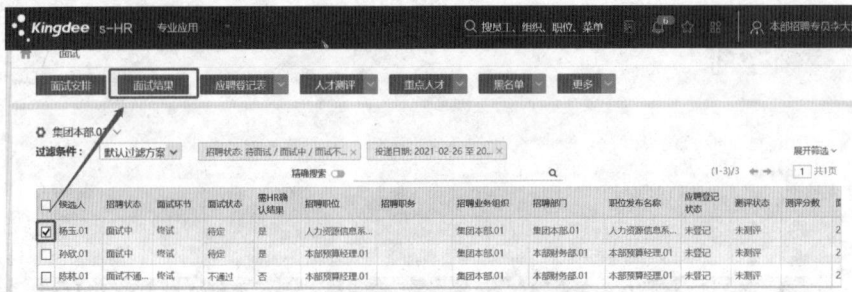

图 8-40　杨玉面试结果确认界面进入路径

图 8-41　录入杨玉最终确认结果

以相同的形式，进行对孙欣、陈林的最终面试结果确认。最后面试结果确认为"通过"后，系统自动将面试通过的候选人推送至"录用报批"环节；而面试结果确认为"不通过"的候选人，则系统中该面试终止。

提示：

在面试环节，可根据候选人表现，在"面试"功能节点，将候选人进行"重点关注/取消重点关注""加入黑名单/移除黑名单"操作。进入"重点人才"或"黑名单"后，可分别通过"招聘管理"—"简历库"—"重点人才"以及"招聘管理"—"简历库"—"黑名单"查看。

可通过"招聘管理"—"招聘业务设置"—"面试方案设置"新建面试方案，并引用至"面试"的面试方案字段选择之中。

可将最终面试不通过的候选人通过"面试"—"面试结果"—"转其他职位"转到其他招聘职位。

如果当前环节已有面试结果，则面试官不能修改上一个环节的面试结果。

若最终面试确认结果录入错误，可通过"更多"—"撤回简历"按钮，将面试通过的面试者从"待报批"状态撤回到面试最后一个环节。

可通过"面试"—"更多"—"查看简历"/"下载简历"，实现在面试环节查看或下载面试者简历。

2.3.3 录用管理

（1）录用报批。在录用报批单据中，可填写薪酬、福利等信息；报批通过的候选人会自动进入"offer"环节，可通过系统邮件发送 offer 给候选人。

案例：杨玉、孙欣顺利通过面试后，单据自动进入"录用报批"环节。本部招聘专员李大海在"录用报批"节点中对候选人进行录用报批，并对其报批资料进行完善、提交工作流审核；审批人为本部人力资源总监苏毕丘。

①录入录用报批单据。

操作角色：本部招聘专员，账号密码为"BB07. 学号"。

操作路径："招聘管理"—"录用管理"—"录用报批"。

操作步骤（以杨玉为例）：使用本部招聘专员账号登录人力资源系统，进入"录用报批"节点。勾选待录用报批人杨玉，点击"报批"，如图 8-42、图 8-43 所示。进入具体信息页面后，点击"编辑"，参考表 8-3 的录用报批数据，完善录用报批单据（图 8-44）后，点击"提交工作流"，招聘状态转为"报批中"。

图 8-42 "录用报批"进入路径

图 8-43 杨玉报批单据创建步骤

表 8-3　员工录用报批数据

姓名	月薪 （元）	社保种类	社保基数 （元）	公积金基数 （元）	用工关系	试用期 （月）
杨玉	22 000	养老保险、医疗保险、工伤保险、失业保险、生育保险、公积金、商业保险	22 000	22 000	试用员工	3

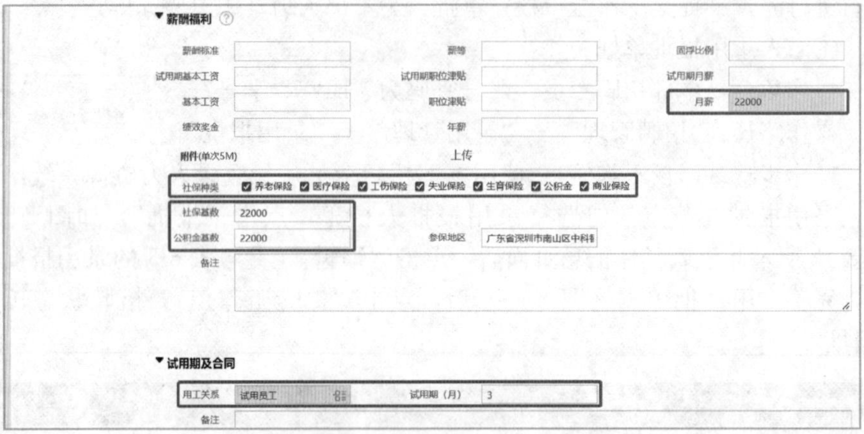

图 8-44　完善录用报批单据

提示：

处于"未审批"和"审批中"状态的报批单据可通过"单据操作"—"撤回"进行撤回报批。

已审核的报批单据可通过"单据操作"—"反审批"进行反审批。

可通过"单据操作"—"终止报批"终止报批流程。

处于"终止报批"状态的报批单据可通过"单据操作"—"重新报批"进行单据重新报批。

在录用报批环节，可将候选人进行"重点关注/取消重点人才""加入黑名单/移除黑名"操作。进入"重点人才"或"黑名单"后，可分别通过"招聘管理"—"简历库"—"重点人才"和"招聘管理"—"简历库"—"黑名单"查看。

审批不通过的候选人可转到其他招聘职位。

②录用报批单据审批。录用报批单据提交工作流后，推送至本部人力资源总监苏毕丘个人待办处，并需要对单据进行审批。

操作角色：本部人力资源总监，账号密码为"BB02. 学号"。

操作路径：个人待办通知。

操作步骤：使用人力资源总监账号登录 HR 系统，点击待办通知图标，可显示杨玉、孙欣录用报批单据已推送至本部人力资源总监苏毕丘的个人待办处，在"工作流"栏处点击"查看详情"（图 8-45）。进入详情页（图 8-46），勾选待审批单据，点击"处理"按钮，进入单据审核界面。单据审核界面左边为原转正单据，右方为审批处理单。勾选"同意"，并点击"提交"，完成录用报批申请单据的审批（图 8-47）。

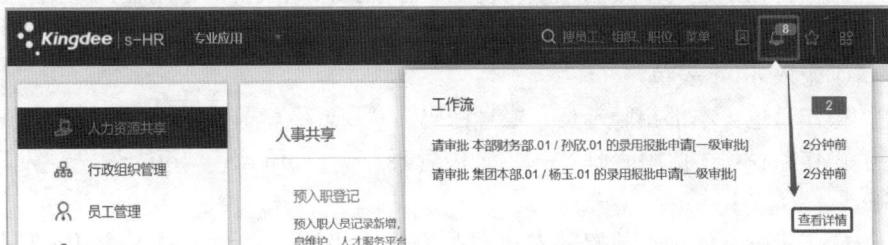

图 8-45　人力资源总监待办通知

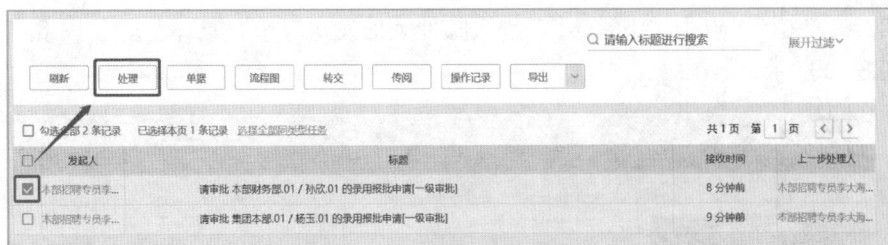

图 8-46　录用报批单据处理

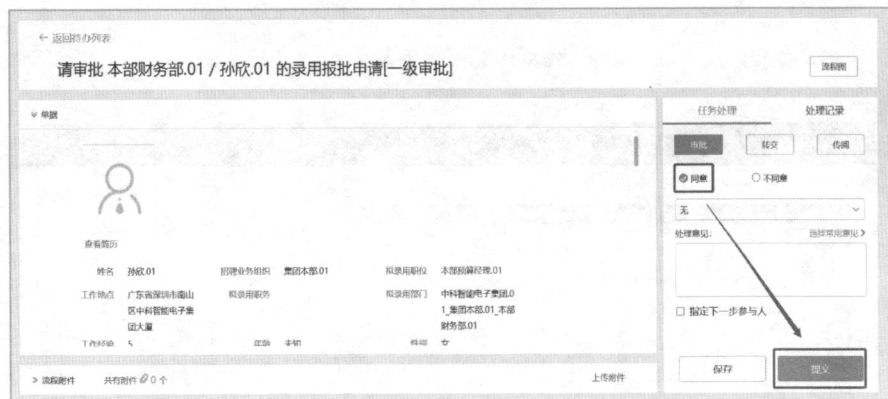

图 8-47　录用报批单据审核

以相同的形式，完成其他面试通过候选者的录用报批单据的审批，审核通过消息自动推送至招聘专员李大海处，招聘状态转为"待入职"，并且系统自动将候选人推送至"offer"环节。

（2）发送 offer。报批通过的候选人自动进入 offer 环节，在 offer 环节可通过邮件、短信形式给待录用人发送 offer，候选人可转预入职或工作流直接入职。

案例：在上述环节中已完成对杨玉、孙欣的录用报批，录用报批单据经上级审核通过后，需要招聘专员对录用人发送 offer，完成招聘流程。

①录入 offer 表单。

操作角色：本部招聘专员，账号密码为"BB07. 学号"。

操作路径："招聘管理"—"录用管理"—"offer"，"offer"—"发送offer"。

操作步骤：使用本部招聘专员账号登录人力资源系统，进入"offer"节点（图 8-48），该节点支持多选对 offer 进行批量发放；批量勾选待录用人，点击"offer"—"发送 offer"按钮，填写录用公司名称，预入职日期为"2020-02-01"，点击"下一步"，进入邮件短信发送环节，具体步骤如图 8-49、图 8-50 所示。

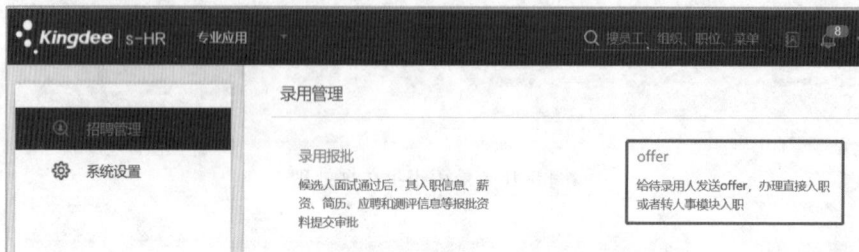

图 8-48　offer 进入路径

图 8-49　发送 offer 界面进入路径

图 8-50 offer 相关信息填写界面

②邮件短信发送。按照图 8-51 所示，点击页面（图 8-50）顶端导向条中的"2 邮件短信发送"，进入 offer 邮件短信发送设置界面。在"选择模板"处选中系统自带的 offer 模板，将会显示发送 offer 的邮件、短信信息，最后点击页面底端的"发送 offer"，完成对 offer 的发送，如图 8-52 所示。

图 8-51 邮件短信发送进入路径

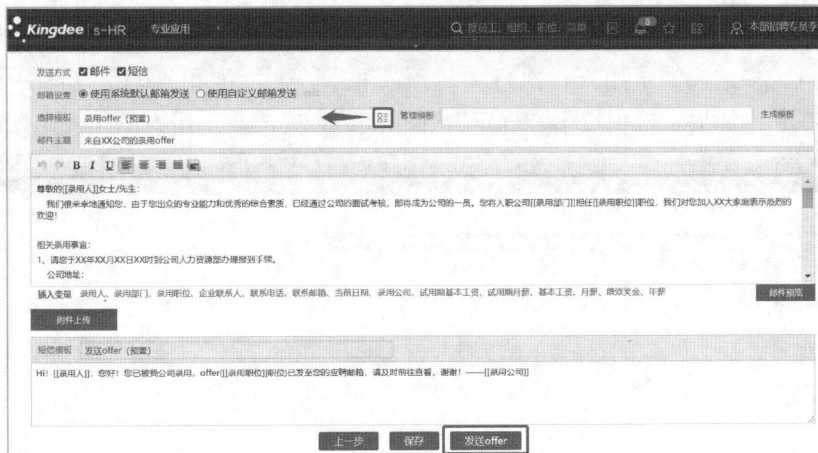

图 8-52 offer 邮件短信发送设置

因本案例中录用人的电话号码与邮箱为虚拟，且未产生实际流量费用进行发送服务，因此本步骤不在现实中发生效果，未实际发送邮箱与短信，只需模拟实验步骤即可。点击"发送 offer"后将会出现如图 8-53 的报错提示，只需关闭即可。

图 8-53　发送 offer 邮件短信提示信息

提示：

"待入职"招聘状态的数据可通过"更新预入职日期"更新预入职日期。

若待录用人不接受 offer 或接受 offer 后不入职，则选择"更多"—"放弃入职"，预入职菜单中也同步更新放弃入职状态；若在发放 offer 前后企业因各种原因不能让待录用人员入职，则选择"更多"—"终止入职"状态，亦可通过"反终止"进行重新操作。

待录用人进入"预入职"列表后，在后续操作中，通过人事模块"入职"进行预入职转入职。

（3）offer 转预入职。在"offer"环节，将已确定入职的候选人通过"转预入职"功能推送至人事模块的"预入职"节点，也可通过"工作流入职"进行直接入职。简历上的部分信息直接写入员工信息。

操作角色：本部招聘专员，账号密码为"BB07. 学号"。

操作路径："招聘管理"—"录用管理"—"offer"。

操作步骤：使用本部招聘专员账号登录人力资源系统，进入"offer"功能节点。多选选中录用人，执行"转预入职"—"标准预入职"（图 8-54），最后在弹出的提示框中点击"确定"（图 8-55），完成对录用人的预入职操作。

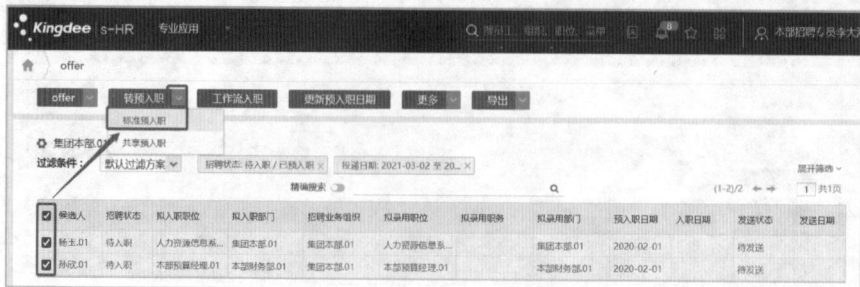

图 8-54　标准预入职操作（1）

图 8-55　标准预入职操作（2）

转预入职后，录用人状态由"待入职"转为"已预入职"，如图 8-56 所示。

图 8-56　转预入职状态

（4）预入职转入职。在"offer"环节为录用人发送 offer 并进行标准预入职后，系统自动将待录用人档案推送至"预入职"当中，入职当天人事专员只需要在"预入职"列表中直接对录用人进入入职操作即可。

①生效预入职单据。

操作角色：本部人事专员，账号密码为"BB03. 学号"。

操作路径："员工管理"—"员工变动管理"—"预入职"。

操作步骤（以杨玉为例）：使用本部人事专员的账号登录 HR 系统，根据图 8-57 路径进入"预入职"功能节点。如图 8-58，点击录用人杨玉进入预入职单据界面。点击"编辑"—"提交生效"，完成对杨玉预入职单进行生效操作（图 8-59、图 8-60）。

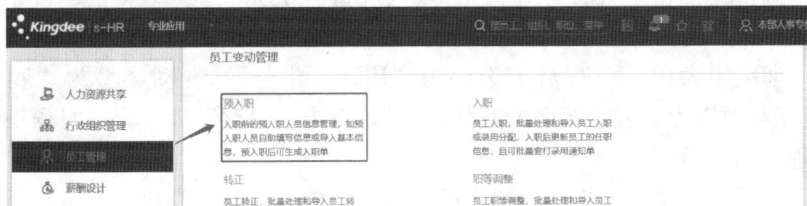

图 8-57　预入职进入路径

图 8-58　进入预入职单详情界面步骤

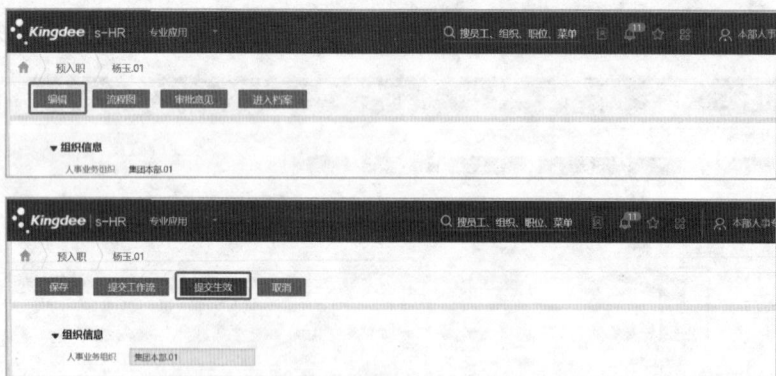

图 8-59　生效预入职单据步骤

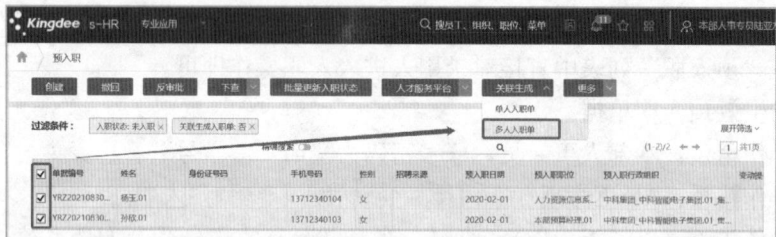

图 8-60　关联生成入职单

　　②关联生成入职单。进入"预入职"功能节点，全选待入职员工，按照图 8-60 步骤，点击"关联生成"—"多人入职单"，来到入职表单的编辑界面。

　　入职员工的入职表单要逐一编辑。首先勾选入职员工杨玉，点击"编辑"，弹出入职编辑表单，填写员工编码为"BB39. 学号"、变动类型为"雇佣入职"、变动原因为"公开招聘的其他人员"，点击"保存"后，完成对杨玉的入职处理（图 8-61）。

　　以相同的形式，完成其他预入职人的入职单据编辑。完成后点击页面顶端的"提交生效"，如图 8-62 所示。

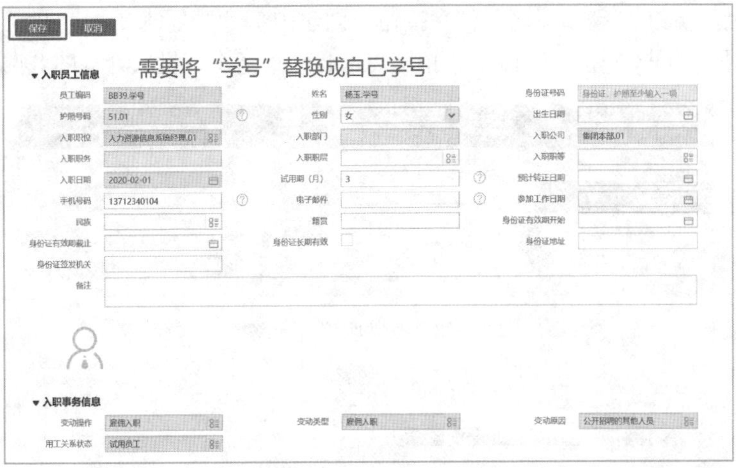

图 8-61　入职单编辑

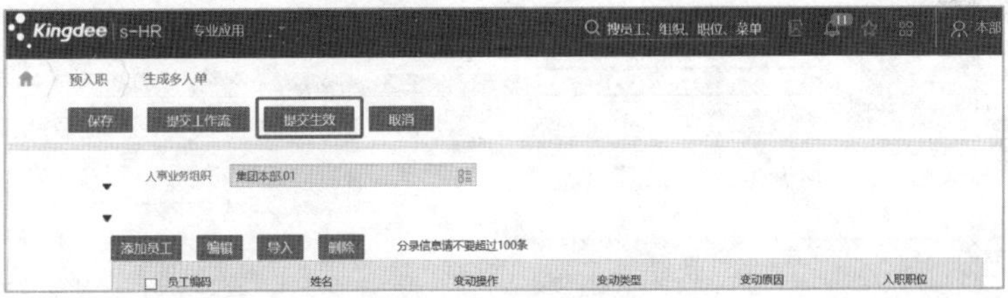

图 8-62　提交生效

至此，完成招聘管理中"招聘计划提出—发布职位—收集简历—设置面试官—发送面试邀约—面试—面试结果录入—录用报批—发送 offer—预入职—入职"的招聘全过程。

2.3.4　内部竞聘

（1）竞聘岗位。内部竞聘可以盘活企业内部人才市场。用人部门可以申请内部竞聘需求，审批通过的竞聘需求可以进行发布，全员可自荐。

案例：深圳销售公司因业务扩大，原销售专员已不能满足正常业务开展需求，出现岗位短缺状况。为了能够快速招聘到熟悉公司业务的销售专员，决定采用内部竞聘的形式招聘深圳公司销售专员，要求工作经验三年及以上。深圳公司销售部将内聘需求反馈给招聘专员，并由内聘专员统一发布。其中，审批人为直接上级，即深圳公司人力资源总监。

①录入内部竞聘需求单。

操作角色：深圳招聘专员钟流丽，账号密码为"SZ07.学号"。

操作路径："招聘管理"—"内部竞聘"—"竞聘职位"。

操作步骤：使用深圳公司招聘专员账号登录人力资源系统，进入"竞聘职位"节点。点击"新增竞聘职位"按钮，创建内部竞聘需求单据，并录入信息，维护完成后点击"提交工作流"，招聘需求自动推送至审批人处（图8-64）。

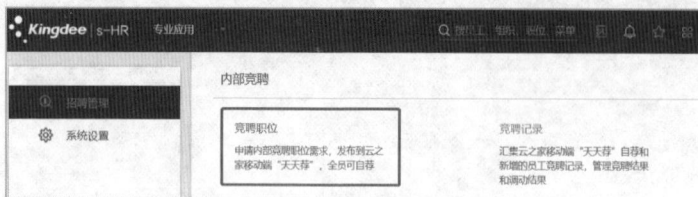

图 8-63　竞聘职位进入路径

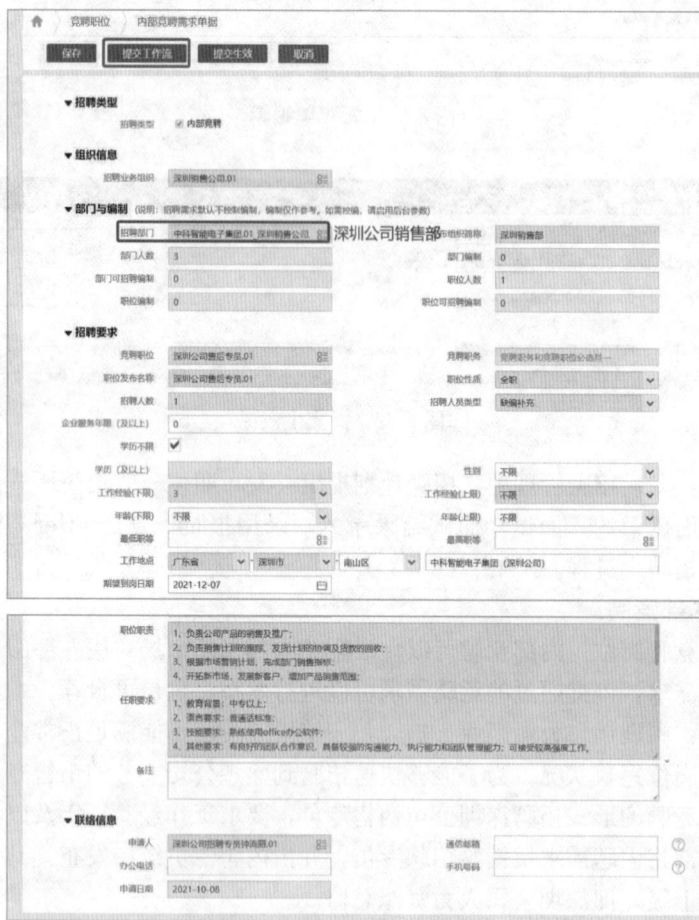

图 8-64　内部竞聘需求提交界面

②内部竞聘需求工作流审批。

操作角色：深圳公司人力资源总监，账号密码为"SZ02. 学号"。

操作路径：员工待办通知。

操作步骤：根据工作流设置，系统自动将内部招聘需求单据推送至审批人，即直接上级深圳公司人力资源总监吴泉。

使用深圳公司人力资源总监吴泉账号登录 HR 系统，点击待办通知图标，可显示内部招聘需求单据已推送至个人待办处，在工作流栏处点击"查看详情"，如图 8-65 所示。

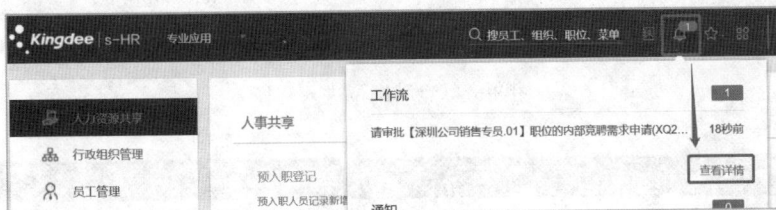

图 8-65 待办任务

勾选待审批单据，点击"处理"按钮，进入单据审批界面。单据审批界面左边为内部招聘需求原单据，右方为审批处理单。勾选"同意"，并点击"提交"，完成对内部招聘需求单的审批，如图 8-66 所示。

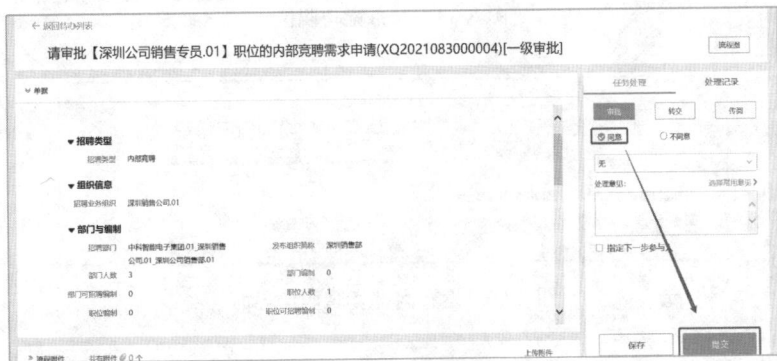

图 8-66 单据审核

③内部竞聘职位发布。

操作角色：深圳公司招聘专员，账号密码为"SZ07. 学号"。

操作路径："招聘管理"—"内部竞聘"—"竞聘职位"。

操作步骤：使用深圳公司招聘专员钟流丽的账号登录 HR 系统，根据图 8-67 路径进入"竞聘职位"节点。在"竞聘职位"界面，首选删除默认筛选条件，而后勾选内部招聘需求，执行"发布"—"发布竞聘岗位"，如图 8-68 所示。

在弹出的发布详情维护界面，填写跟踪人手机，并勾选发布范围为"集团可见"，最后点击"发布职位"，即可完成对竞聘职位的发布（图 8-69、图 8-70）。

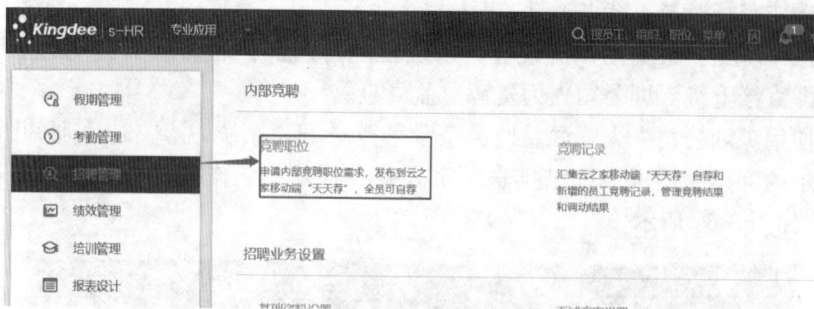

图 8-67　竞聘岗位进入路径

图 8-68　发布竞聘职位

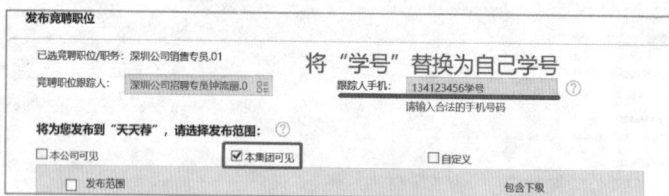

图 8-69　发布内部竞聘职位界面

图 8-70　内部竞聘职位发布成功界面

提示：

修订：可点击进入竞聘职位单据详情页面，通过"修订"修改竞聘职位需求单据内容。

撤回：可通过"单据操作"—"撤回"，撤回工作流中未审批、审批中状态的竞聘职位需求。

反审批：可通过"单据操作"—"反审批"，将审批通过且未发布的竞聘职位反审批到未提交状态，可删除或修改后再提交。

终止：可通过"单据操作"—"终止竞聘"将进行中的竞聘职位需求终止。

修改跟踪人：可通过"更多"—"修改跟踪人"，修改竞聘职位跟踪人及对应的跟踪人手机。

发布详情：可通过"发布"—"查看发布详情"，跟踪发布人/时间、撤销发布人/时间、终止竞聘人/时间、终止原因等信息。

撤销发布：可通过"发布"—"撤销发布"，撤销已发布的竞聘职位。

（2）竞聘记录。竞聘记录用于汇总自荐和新增的员工竞聘记录，管理竞聘结果和调动结果。

案例：深圳招聘专员钟流丽发布内部竞聘职位后，收到员工竞聘申请和相关记录，并根据面试和调动情况录入竞聘结果和调动结果。竞聘完毕后，终止发布的竞聘岗位。

操作角色：深圳公司招聘专员，账号密码为"SZ07.学号"。

操作路径："招聘管理"—"内部竞聘"—"竞聘记录"。

操作步骤：使用招聘专员钟流丽账号登录 HR 系统，根据图 8-71 路径进入"竞聘记录"功能节点。竞聘职位发布成功后，"竞聘记录"功能节点将汇集由员工在移动端发起的自荐，并新增员工竞聘记录。由于教学版本 PC 端未对接移动端，未能实现自动汇总功能，因此只需模拟内部竞聘过程即可，在"竞聘记录"中直接新增竞聘记录。

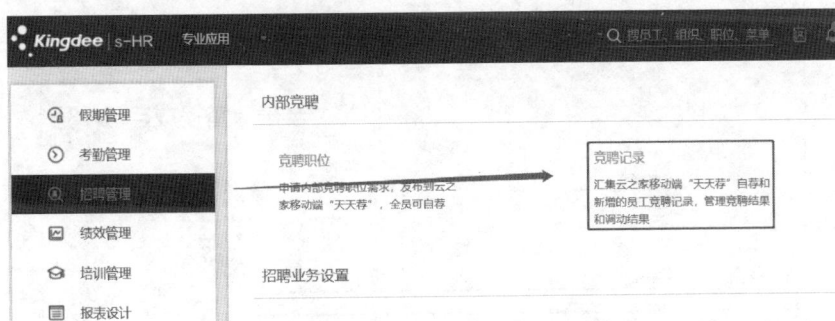

图 8-71　竞聘记录进入路径

首先点击"新增竞聘记录"，进入竞聘员工录入界面；上步骤发布的竞聘岗位自动关联至"竞聘需求"字段。录入内部竞聘人信息至竞聘记录表，注意选择"竞聘需求"时，需要点击至深圳公司销售部，才能显示该部门的招聘需求，最后点击"保存"—"确定"。具体步骤如图 8-72、图 8-73、图 8-74 所示。

图 8-72　新增竞聘记录

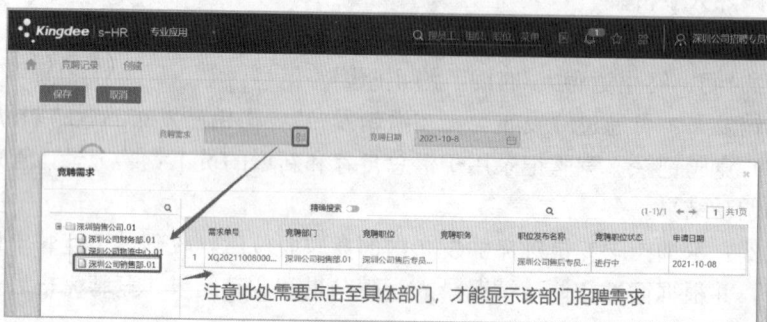

图 8-73　竞聘需求选取方式

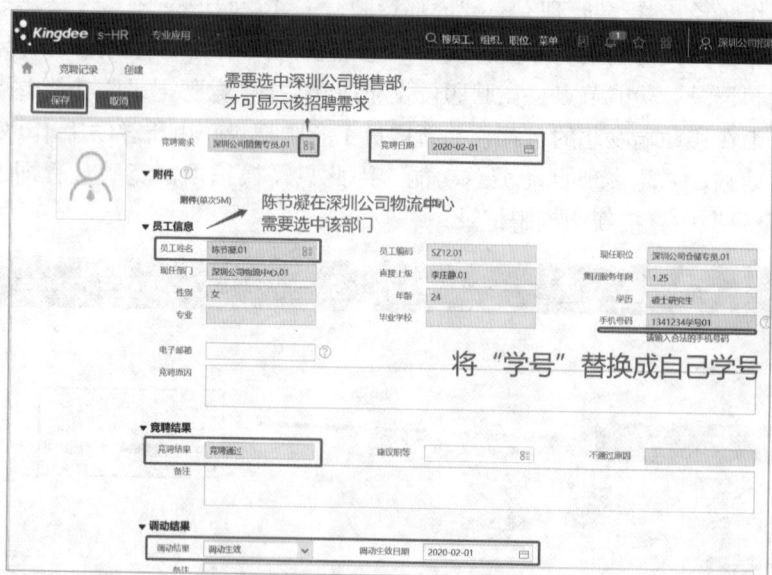

图 8-74　竞聘记录表

提示：

竞聘记录支持联查员工信息、查看竞聘简历，查看到参与竞聘的员工在公司的员工信息记录，同时为了便于面试官面试。

竞聘记录支持在系统中录入面试结果，可录入通过、不通过、终止、放弃的面试结果。

对竞聘通过的员工可根据实际在人事模块调动的情况录入调动结果。

2.3.5 招聘活动评估

招聘工作台支持对招聘计划、应聘管理、招聘工作流、录用管理、入职跟踪、内部竞聘数据的查看及处理，并可通过任务数据跳转进入具体环节处理，处理完后可直接返回到工作台界面继续下一个任务的处理（如点击待筛选的数量，跳转到简历筛选菜单下）。右侧"招聘达成图"可支持三级部门展示，可展开伸缩；通过进度条进入需求管理中该部门查看详细的招聘数据。

操作角色：本部招聘专员，账号密码为"BB07. 学号"。

操作路径："招聘管理"—"招聘工作台"—"招聘工作台"。

操作步骤：使用本部招聘专员李大海的账号登录 HR 系统，按照图 8-75 路径进入"招聘工作台"功能节点，即可完成对招聘数据及效果的查看，如图 8-76 所示。

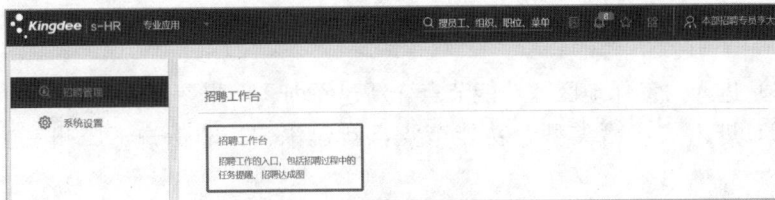

图 8-75　招聘工作台进入路径

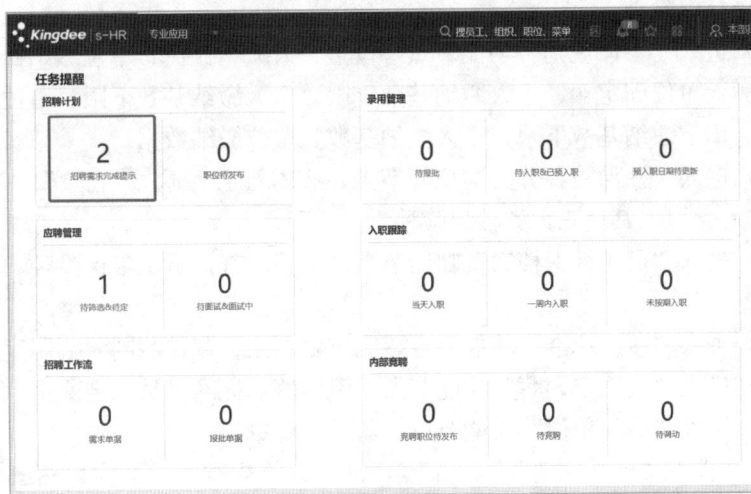

图 8-76　任务工作台界面

3 薪酬管理实践

3.1 学习目标

（1）了解常见 HR 系统薪酬管理的基本设置。

（2）能够在 HR 系统中设置社保基础信息，包括户籍类型、参保地区、社保险种、参保规则、社保险种分类。

（3）能够在 HR 系统中设置及更新员工的社保档案，办理社保迁入迁出流程。

（4）能够在 HR 系统中进行员工福利管理。

（5）能够在 HR 系统中进行五险一金及补充保险汇算。

（6）能够在 HR 系统中设置薪酬结构，包括薪点制和宽带薪酬制度。

（7）能够在 HR 系统中建立员工薪酬档案。

（8）能够依据员工的薪酬结构、假勤状况、绩效结果、参保规则等数据，核定员工薪酬。

3.2 实践任务

（1）进入"参保地区"功能节点，新建深圳、广州参保地。

（2）进入"户籍类型"功能节点，新建深户、非深户、广州三大户籍类型。

（3）进入"社保险种"功能节点，查看失业保险、生育保险、医疗保险、养老保险、工伤保险、住房公积金，并新增"企业年金"和"重大疾病医疗补助"两个社保险种。

（4）进入"参保规则"功能节点，设置个人缴纳比例、单位缴纳比例、个人固定额、单位固定额、个人缴纳基数上限、个人缴纳基数下限、单位缴纳基数上限、单位缴纳基数下限、个人缴纳基数、单位缴纳数据。

（5）进入"社保险种分类"功能节点，查看社会保险（"五险"）、住房公积金（"一金"）、其他三大类社保险种。

（6）进入"员工社保档案"功能节点，维护和查询员工参保险种、参保基数等信息。

（7）进入"薪酬标准"功能节点，制定薪点制、宽带薪制薪酬制度。

（8）进入"员工定调薪"功能节点，引用薪酬标准对员工定薪。

（9）进入"纳税单位"功能节点，新增纳税单位。

（10）进入"计算规则"功能节点，创建计算规则表，并完成薪酬项目引入及计算公式设置。

（11）进入"薪酬核算向导"功能节点，按照步骤向导进行薪酬核算，分别为选择薪酬核算表、选择核算员工、进行薪酬核算、进行薪酬发放、结账。

（12）进入"员工薪酬查询"功能节点，查询以员工个人为维度的员工薪酬报表。

（13）进入"薪酬汇总表"功能节点，查询以单位组织为维度的薪酬汇总表。

3.3 案例实操

3.3.1 社保福利管理

（1）户籍类型。

案例：某集团架构包括集团本部（注册地为深圳）、深圳销售公司（注册地为深圳）、广州销售有限责任公司（注册地为广州）。根据深圳市及广州市的社保政策规定，深圳市以深户、非深户为投保类型划分，广州市实行统一投保政策，不以户籍类型划分；因此，需要在人力资源系统中设置参保户籍类型为深户、非深户、广州三大户籍类型。

使用集团薪酬专员角色在人力资源系统中完成对所需户籍类型的设置。

操作角色：集团薪酬专员，账号密码为"JT11. 学号"。

操作路径："系统设置"—"薪酬数据设置"—"社保基础数据"—"户籍类型"。

操作步骤：使用集团薪酬专员账号登录 HR 系统，按照图 8-77、图 8-78 路径进入"社保基础数据"功能节点，在"户籍类型"的"可维护基础资料"处点击对应数字进入维护界面。点击"创建"，根据表 8-4 户籍类型表单信息分别创建深户、非深户、广州的户籍类型，并点击"保存"，如图 8-79 所示。

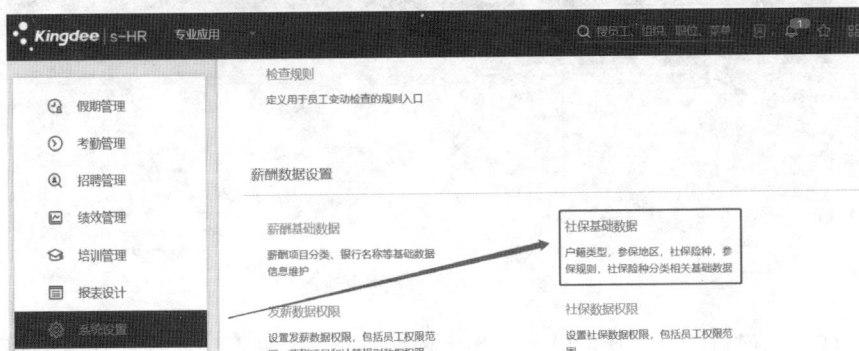

图 8-77 社保基础数据进入路径

图 8-78　户籍类型进入路径

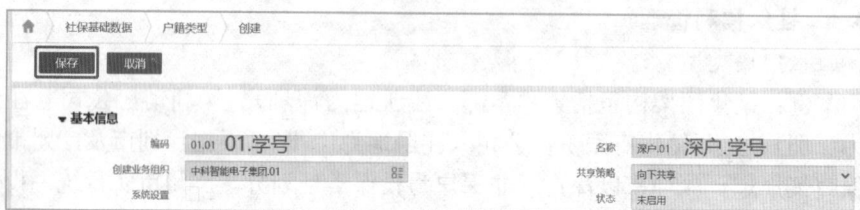

图 8-79　户籍类型新建表单（以深户为例）

表 8-4　户籍类型表单信息

编码	名称	创建业务组织	共享策略
01. 学号	深户 . 学号	集团 . 学号	向下共享
02. 学号	非深户 . 学号	集团 . 学号	向下共享
03. 学号	广州 . 学号	集团 . 学号	向下共享

所有户籍类型创建完毕后，返回户籍类型列表，全选新建完成的户籍类型，并点击"启用"—"启用"，如图 8-80 所示。

图 8-80　启用新创建的户籍类型

（2）参保地区。上述案例中，集团依据本部及分子公司工作所在地分别将参保地区设为深圳与广州。

操作角色：集团薪酬专员，账号密码为"JT11. 学号"。

操作路径："系统设置"—"薪酬数据设置"—"社保基础数据"—"参保地区"。

操作步骤：进入"社保基础数据"功能节点，在"参保地区"的"可维护基础资料"处点击对应数字进入维护界面，如图8-81所示。点击"创建"，根据表8-5参保地区表单信息分别创建深圳、广州的户籍类型，并点击"保存"，如图8-82所示。

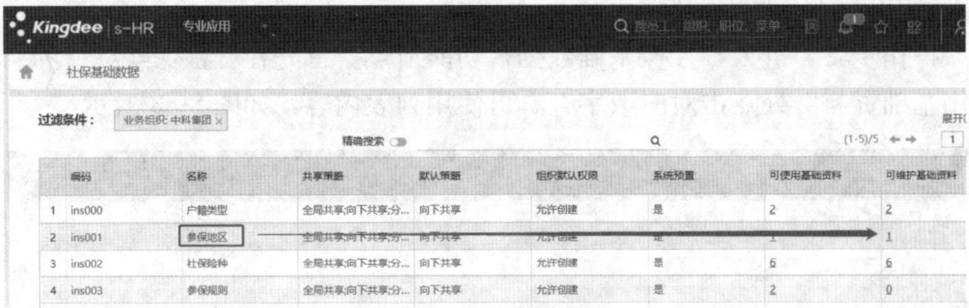

图8-81 参保地区进入路径

表8-5 参保地区表单信息

编码	名称	创建业务组织	共享策略
01. 学号	深圳. 学号	集团. 学号	向下共享
02. 学号	广州. 学号	集团. 学号	向下共享

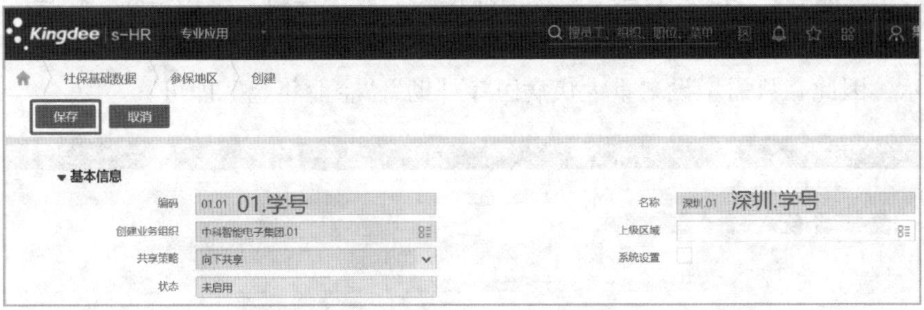

图8-82 参保地区新建表单（以深圳为例）

所有参保地区创建完毕后，返回参保地区列表，全选新建完成的参保地区，并点击"启用"—"启用"。

（3）社保险种。

案例：按照劳动法规定，企业需为员工购置社会保险与住房公积金。根据地方性社保及公积金政策，深圳社会保险及住房公积金包含五险一金，即失业保险、生育保险、医疗保险、养老保险、工伤保险、住房公积金；而广州除五险一金外，还需购置重大疾病医疗补助。

集团对全集团员工提供企业年金作可选补充福利，公司缴纳比例为工资总额的 8%，个人缴纳比例为工资的 4%。

请集团薪酬专员在 HR 系统中完成对社保险种的增设工作。

操作角色：集团薪酬专员，账号密码为"JT11. 学号"。

操作路径："系统设置"—"薪酬数据设置"—"社保基础数据"—"社保险种"。

操作步骤：进入"社保基础数据"功能节点，首先在"社保险种"的"可使用基础资料"处点击对应数字查看可使用列表内容，如图 8-83 所示。

图 8-83　社保险种可使用基础资料进入路径

进入社保险种可使用基础资料列表中，可以看到 HR 系统已内置常用的五险一金，即失业保险、生育保险、医疗保险、养老保险、工伤保险、住房公积金，而缺"重大疾病医疗补助""企业年金"两项所需的社保险种，如图 8-84 所示。因此，只需增设"重大疾病医疗补助""企业年金"即可。

图 8-84　已内置的社保险种

返回"社保基础数据"界面，点击"社保险种"的"可维护基础资料"对应的数字进入维护界面。点击"创建"，根据表 8-6 的社保险种表单信息分别创

建"重大疾病医疗补助""企业年金"社保险种,并点击"保存",如图 8-85
所示。

表 8-6 社保险种表单信息

编码	名称	创建业务组织	共享策略	险种分类
01. 学号	企业年金. 学号	集团. 学号	向下共享	其他
02. 学号	重大疾病医疗补助. 学号	集团. 学号	向下共享	其他

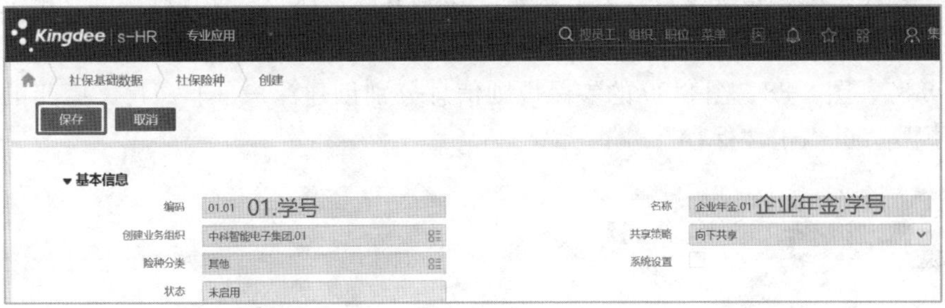

图 8-85 社保险种创建表单(以企业年金为例)

所有社保险种创建完毕后,返回社保险种列表,全选新建完成的社保险
种,并点击"启用"—"启用"。重新进入社保险种可使用基础资料列表中可
查看,新增的社保险种已进入可使用列表内,如图 8-86 所示。如未出现,则
返回上一步检查是否已新增并启用。

图 8-86 社保险种可使用列表

(4)参保规则。

案例:某集团参保地包括深圳及广州,根据两地社保缴纳规定,需要设置

不同的缴纳规则，薪酬专员进入 HR 系统进行参保规则设置，完成深圳及广州的参保规则表。

操作角色：集团薪酬专员，账号密码为"JT11. 学号"。

操作路径："系统设置"—"薪酬数据设置"—"社保基础数据"—"参保规则"。

参保规则支持手动创建与直接导入形式。

①手动创建。

操作步骤：进入"社保基础数据"功能节点，在"参保规则"的"可维护基础资料"处点击对应数字进入参保规则可维护列表。点击"创建"，按照图 8-87、图 8-88、图 8-89 的参保规则信息分别创建深户、非深户、广州的参保规则，并点击"保存"。

编码	01.01		名称	深户参保规则.01
创建业务组织	中科智能电子集团.01		共享策略	向下共享
系统设置	否		参保地区	深圳.01
户籍类型	深户.01		顺序	0
生效日期	2020-01-01			
描述				

	社保险种	个人缴纳比例(%)	单位缴纳比例(%)	个人固定额	单位固定额	个人缴费基数上限	个人缴费基数下限	单位缴费基数上限	单位缴费基数下限	个人缴费基数	单位缴费基数
1	失业保险	0.3	0.7	0	0	2200	2200	2200	2200	0	0
2	生育保险	0	0.45	0	0			34860	2200	0	0
3	医疗保险	2	5.2	0	0	34860	6972	34860	6972	0	0
4	养老保险	8	15	0	0	22941	2200	22941	2200	0	0
5	工伤保险	0	0.14	0	0			22941	2200	0	0
6	住房公积金	10	10	0	0	34860	2200	34860	2200	0	0
7	企业年金.01	4	8	0	0	100000		100000		0	0

图 8-87　深户参保规则

编码	02.01		名称	非深户参保规则.01
创建业务组织	中科智能电子集团.01		共享策略	向下共享
系统设置	否		参保地区	深圳.01
户籍类型	非深户.01		顺序	0
生效日期	2020-01-01			
描述				

	社保险种	个人缴纳比例(%)	单位缴纳比例(%)	个人固定额	单位固定额	个人缴费基数上限	个人缴费基数下限	单位缴费基数上限	单位缴费基数下限	个人缴费基数	单位缴费基数
1	失业保险	0.3	0.7	0	0	2200	2200	2200	2200	0	0
2	生育保险	0	0.45	0	0			34860	2200	0	0
3	医疗保险	0.2	0.6	0	0	11620	11620	11620	11620	0	0
4	养老保险	8	14	0	0	22941	2200	22941	2200	0	0
5	工伤保险	0	0.14	0	0			22941	2200	0	0
6	住房公积金	10	10	0	0	34860	2200	34860	2200	0	0
7	企业年金.01	4	8	0	0	100000		100000		0	0

图 8-88　非深户参保规则

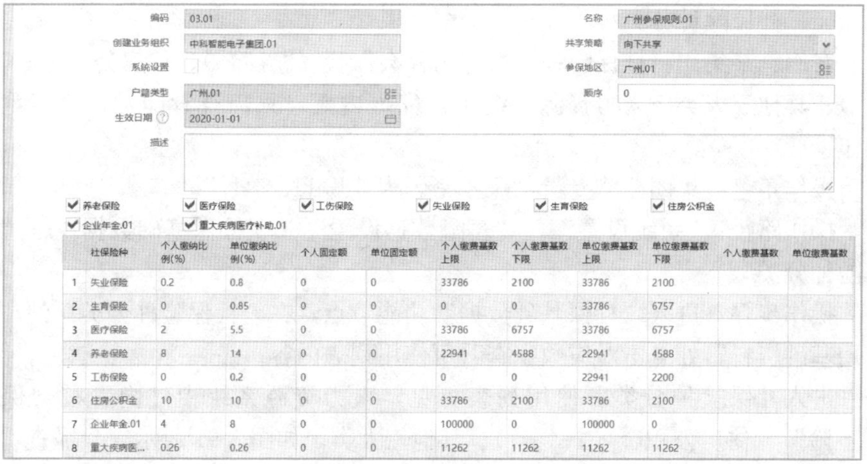

	社保险种	个人缴纳比例(%)	单位缴纳比例(%)	个人固定额	单位固定额	个人缴费基数上限	个人缴费基数下限	单位缴费基数上限	单位缴费基数下限	个人缴费基数	单位缴费基数
1	失业保险	0.2	0.8	0	0	33786	2100	33786	2100		
2	生育保险	0	0.85	0	0	0	0	33786	6757		
3	医疗保险	2	5.5	0	0	33786	6757	33786	6757		
4	养老保险	8	14	0	0	22941	4588	22941	4588		
5	工伤保险	0	0.2	0	0	0	0	22941	2200		
6	住房公积金	10	10	0	0	33786	2100	33786	2100		
7	企业年金.01	4	8	0	0	100000	0	100000	0		
8	重大疾病医...	0.26	0.26	0	0	11262	11262	11262	11262		

图 8-89　广州参保规则

所有社保规则创建完毕后，返回社保规则表，全选新建完成的社保规则，并点击“启用”—“启用”。

②模板导入。

操作步骤：进入“社保基础数据”功能节点，首先在“参保规则”的“可维护基础资料”处点击对应数字进入维护界面。点击“导入”—“导入模板下载”下载导入模板，按照图 8-87、图 8-88、图 8-89 完善参保规则模板；再次点击“导入”—“上传数据文件”进行模板上传。

提示：教材配套材料已配有该案例中的数据模板，亦可参考或直接引用配套材料包中的“参保规则导入模板”模板，点击“导入”—“上传数据文件”进行数据导入，注意需要把模板中的“学号”全部替换为个人匹配的学号再导入。数据模板如图 8-90 所示。

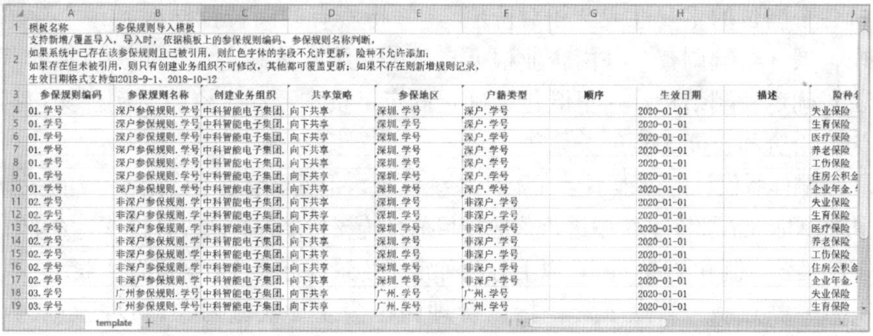

模板名称　参保规则导入模板

支持新增/覆盖导入，导入时，依据模板上的参保规则编码、参保规则名称判断，
如果系统中已存在该参保规则且已被引用，则红色字体的字段不允许更新，险种不允许添加；
如果存在但未被引用，则只有创建业务组织不可修改，其他都可覆盖更新；如果不存在则新增规则记录，
生效日期格式支持如2018-9-1、2018-10-12

参保规则编码	参保规则名称	创建业务组织	共享策略	参保地区	户籍类型	顺序	生效日期	描述	险种
01. 学号	深户参保规则. 学号	中科智能电子集团.	向下共享	深圳. 学号	深户. 学号		2020-01-01		失业保险
01. 学号	深户参保规则. 学号	中科智能电子集团.	向下共享	深圳. 学号	深户. 学号		2020-01-01		生育保险
01. 学号	深户参保规则. 学号	中科智能电子集团.	向下共享	深圳. 学号	深户. 学号		2020-01-01		医疗保险
01. 学号	深户参保规则. 学号	中科智能电子集团.	向下共享	深圳. 学号	深户. 学号		2020-01-01		养老保险
01. 学号	深户参保规则. 学号	中科智能电子集团.	向下共享	深圳. 学号	深户. 学号		2020-01-01		工伤保险
01. 学号	深户参保规则. 学号	中科智能电子集团.	向下共享	深圳. 学号	深户. 学号		2020-01-01		住房公积金
01. 学号	深户参保规则. 学号	中科智能电子集团.	向下共享	深圳. 学号	深户. 学号		2020-01-01		企业年金.
02. 学号	非深户参保规则. 学	中科智能电子集团.	向下共享	深圳. 学号	非深户. 学号		2020-01-01		失业保险
02. 学号	非深户参保规则. 学	中科智能电子集团.	向下共享	深圳. 学号	非深户. 学号		2020-01-01		生育保险
02. 学号	非深户参保规则. 学	中科智能电子集团.	向下共享	深圳. 学号	非深户. 学号		2020-01-01		医疗保险
02. 学号	非深户参保规则. 学	中科智能电子集团.	向下共享	深圳. 学号	非深户. 学号		2020-01-01		养老保险
02. 学号	非深户参保规则. 学	中科智能电子集团.	向下共享	深圳. 学号	非深户. 学号		2020-01-01		工伤保险
02. 学号	非深户参保规则. 学	中科智能电子集团.	向下共享	深圳. 学号	非深户. 学号		2020-01-01		住房公积金
02. 学号	非深户参保规则. 学	中科智能电子集团.	向下共享	深圳. 学号	非深户. 学号		2020-01-01		企业年金.
03. 学号	广州参保规则. 学号	中科智能电子集团.	向下共享	广州. 学号	广州. 学号		2020-01-01		失业保险
03. 学号	广州参保规则. 学号	中科智能电子集团.	向下共享	广州. 学号	广州. 学号		2020-01-01		生育保险

图 8-90　参保规则导入模板

导入成功后，全选导入的参保规则，点击“启用”—“启用”。

（5）社保险种分类。

案例：某集团将社保险种分类分为社会保险（"五险"）、住房公积金（"一金"）、其他三大类。人力资源系统中已完成内置，只需查看即可，无需重复操作。

操作角色：集团薪酬专员，账号密码为"JT11. 学号"。

操作路径："系统设置"—"薪酬数据设置"—"社保基础数据"—"社保险种分类"。

操作步骤：进入"社保基础数据"功能节点，在"社保险种分类"的"可使用基础资料"处点击对应数字查看可使用列表内容。

进入社保险种分类可使用列表可见，人力资源系统中已内置社会保险（"五险"）、住房公积金（"一金"）、其他三大类，如图 8-91 所示，只需查看即可，无需重复操作。

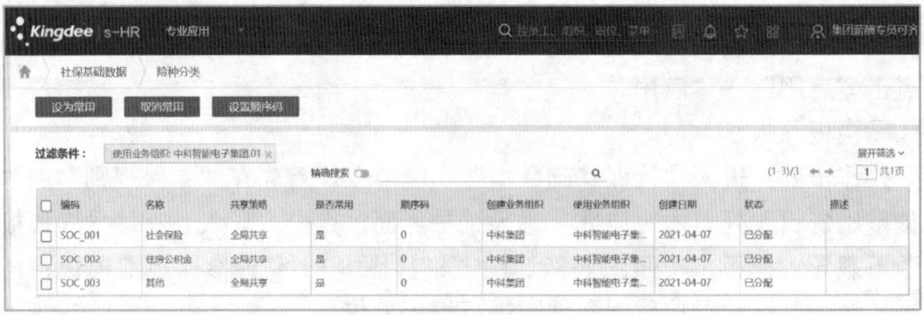

图 8-91　社保险种分类列表

3.3.2　薪酬设计

依据岗位支付的薪酬体系中，一般需要先进行薪酬设计。薪酬设计的主要业务流程如下：建立相关岗位的岗位说明书；建立一套科学的岗位评价方法，评价各个岗位的重要性或"相对价值"，并将所有的岗位都纳入到一个薪酬系统中；展开薪酬调查，并由企业根据自己的薪酬政策确定每个工资级别的薪酬定位；确定薪酬结构，这里既包括确定固定工资和浮动工资的比例，又包括确定岗位工资和技能工资的关系等。

薪酬体系设计的过程不会在 HR 系统体现，但薪酬体系的结果形成的薪酬结构和薪酬标准需要在系统中进行落地。目前系统支持多种薪酬设计模式，企业用得最多的是薪点制和宽带薪酬，以下分两种常用场景进行系统方案设置实践。

（1）**薪点制。**薪点工资是指以管理岗位为主要实施对象，以薪点数为标准，根据企业经济效益情况，按企业结算工资总额确定薪点值，以岗位贡献为依据，以员工贡献大小为基础，确定岗位劳动报酬的一种弹性工资分配制度。

案例：以本部人事专员月薪为例，将人事专员划分为初级（C）、中级

（B）、高级（A）三个薪等，又将3个薪等分别划分为1、2、3三个薪级，共形成A1、A2、A3、B1、B2、B3、C1、C2、C3九个月薪薪点值，结构示意如表8-7所示。

表8-7 人事专员薪点制

薪等	固浮比例	薪级	基本工资（元）
		A3	10 000
A	1	A2	9 500
		A1	9 000
		B3	8 500
B	1	B2	8 000
		B1	7 500
		C3	7 000
C	1	C2	6 500
		C1	6 000

使用集团薪酬专员角色，根据以上案例，在HR系统中完成对薪点制的设置。

操作角色：集团薪酬专员，账号密码为"JT11.学号"。

操作路径："薪酬设计"—"薪酬标准"—"薪酬标准"。

操作步骤：使用集团薪酬专员账号登录HR系统，根据图8-92路径进入"薪酬标准"功能节点。点击"创建"，按照表8-8信息创建人事专员岗薪点制度（图8-93），并点击"保存"后，再点击"启用"。

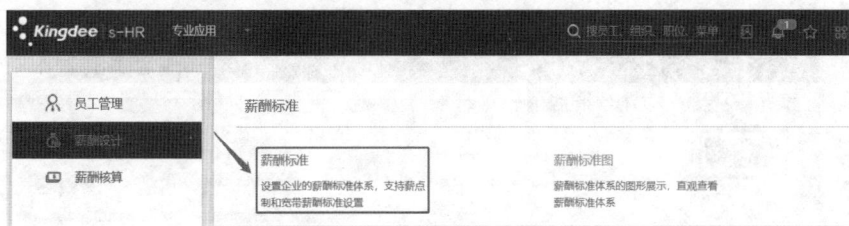

图8-92 薪酬标准进入路径

表8-8 薪点制基础表单信息

编码	名称	创建业务组织	年/月薪标准	生效日期	共享策略
01.学号	人事专员岗薪点制度-月薪.学号	集团.学号	月薪标准	2020-01-01	向下共享

注意：请勿填写"所属行政组织"，否则意为只能该行政组织可使用该薪酬标准，不能实现向下共享效果。

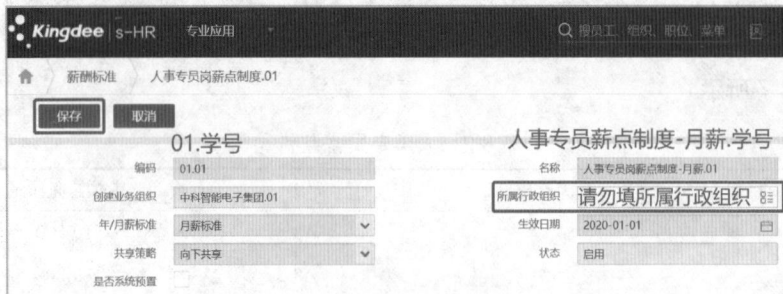

图 8-93　人事专员岗薪点制度表单信息

　　人事专员岗薪点制度基础表单新建并启用完毕后，需要基于该制度创建薪酬标准表。点击右侧"薪酬标准表"进入薪酬标准表创建界面。点击界面上方"＋"符创建薪酬标准表，按照表 8-7 信息在薪酬标准对照表中分别设置薪等薪级对应的薪点值，并点击"保存"，如图 8-95 所示。

　　至此，人事专员岗薪点制度已创建完成。

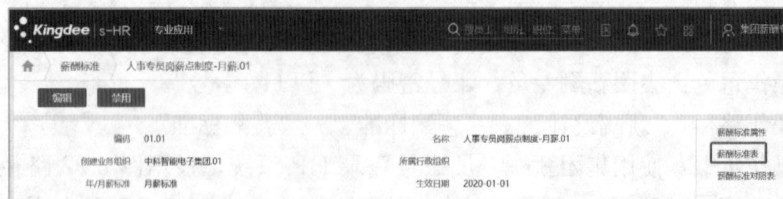

图 8-94　薪酬标准表进入路径

薪等	因浮比例	月薪		
		3	2	1
A	1	10 000	9 500	9 000
B	1	8 500	8 000	7 500
C	1	7 000	6 500	6 000

图 8-95　薪酬标准表格样式

（2）宽带薪酬。宽带薪酬设计是指在组织内用少数跨度较大的工资范围来代替原有数量较多的工资级别的跨度范围，将原来十几甚至二十几、三十几个薪酬等级压缩成几个级别，取消原来狭窄的工资级别带来的工作间明显的等级差别。

案例：以人力资源总监年薪为例，将岗位年薪划分为A、B、C三个等级，并设置各薪等的上限、中位值、下限；固浮比例设为0.9，意为固定年薪为90%，浮动工资为10%，且浮动工资作为年终奖金基数，在年末依据员工本年度内的绩效系数计算发放。具体结构示意如表8-9所示。

使用集团薪酬专员身份，在HR系统中完成对人力资源总监岗宽带年薪制的设置。

表8-9　人力资源总监岗宽带年薪制度

薪等	固浮比	基本工资基数（元）		
		上限	中位值	下限
A	0.9	625 000	400 000	225 000
B	0.9	324 000	225 000	144 000
C	0.9	196 000	144 000	108 000

操作角色：集团薪酬专员，账号密码为"JT11.学号"。

操作路径："薪酬设计"—"薪酬标准"—"薪酬标准"。

操作步骤：使用集团薪酬专员账号登录HR系统，根据图8-92路径进入"薪酬标准"功能节点。点击"创建"，按照表8-10信息创建人力资源总监岗宽带年薪制度（图8-96），并点击"保存"后，再点击"启用"。

表8-10　薪酬宽带制基础表单信息

编码	名称	创建业务组织	年/月薪标准	生效日期	共享策略
02.学号	人力资源总监岗宽带薪酬制度-年薪.学号	集团.学号	年薪标准	2020-01-01	向下共享

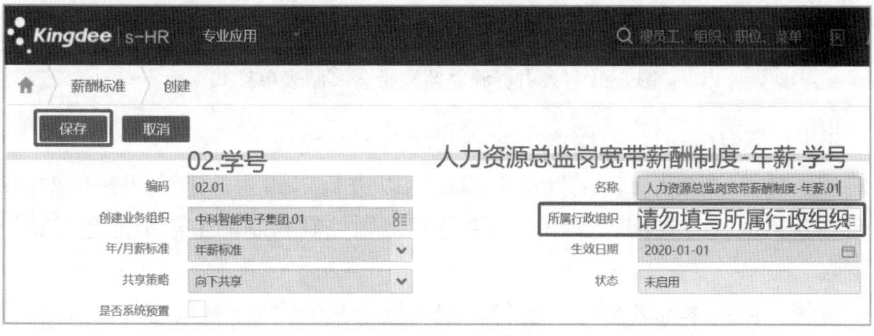

图8-96　人力资源总监宽带薪酬制度表单信息

注意：请勿填写"所属行政组织"，否则意为只能该行政组织可使用该薪酬标准，不能实现向下共享效果。

人力资源总监宽带薪酬制度基础表单新建并启用完毕后，需要基于该制度创建薪酬标准表。点击右侧"薪酬标准表"进入薪酬标准表创建界面，如图 8-94。

区别于薪点制的实践，需要先勾选"宽带薪酬"选项，并点击界面上方"＋"符创建薪酬标准表，按照表 8-9 信息在薪酬标准对照表中分别设置宽带薪酬制的对应值，最后点击"保存"，如图 8-97、图 8-98 所示。

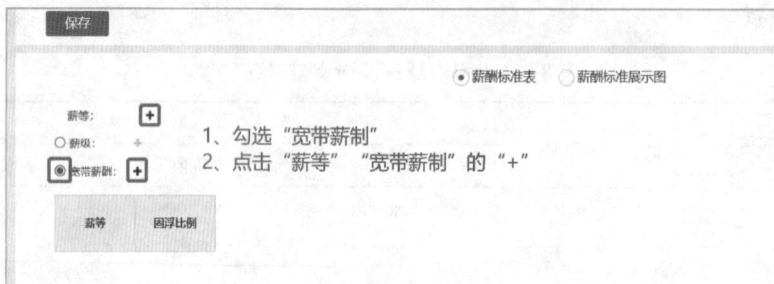

图 8-97　创建薪酬标准表格方式

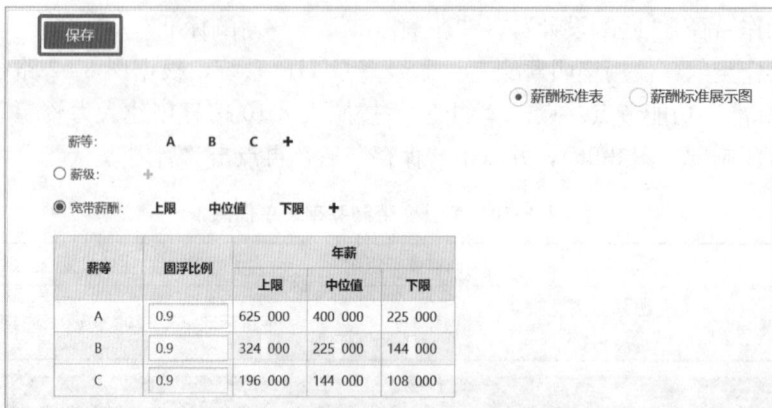

图 8-98　人力资源总监宽带薪酬制表单样式

至此，人力资源总监岗宽带薪酬制度已创建完成。

（3）员工定调薪。员工批量定调薪用以进行定调薪、定薪调薪单据修改、定薪调薪单据状态查询等操作，如果是宽带则控制薪制的金额不能超过宽带的上下限。

案例：使用本部薪酬专员身份，根据以上集团设立的薪点制及宽带薪酬制度，分别完成下述定薪操作：本部人事专员陆亚友月薪定薪为薪点制的 B2，即 8 000；本部人力资源总监苏毕丘定年薪定薪为宽带年薪制的 A 的中位值，即 400 000。

①对本部人事专员陆亚友的月薪定薪。

操作角色：本部薪酬专员，账号密码为"BB06.学号"。

操作路径："薪酬设计"—"定调薪"—"批量定调薪"。

操作步骤：使用本部薪酬专员账号登录 HR 系统，根据图 8-99 路径进入"批量定调薪"功能节点。点击"创建"，进入定调薪表单维护界面。按照表 8-11 信息创建本部人事专员陆亚友月薪定薪表单。

图 8-99　批量定调薪进入路径

表 8-11　本部人事专员月薪定薪

单据信息		
定调薪业务组织	行政组织	单据编号
集团本部.学号	集团本部.学号	01.学号

定调薪单分录（点击"批量新增"）					
员工姓名	薪酬项目	薪酬标准	薪等	金额	生效日期
本部人事专员陆亚友.学号	月薪	人事专员岗薪点制度-月薪.学号	B2	8 000	2020-01-01

首先完成上方"单据信息"的填写，而后在下方"定调薪单分录"处点击"批量新增"并完成定调薪分录单的填写，最后点击"提交生效"，具体步骤如图 8-100、图 8-101、图 8-102 所示。

图 8-100　定调薪表单据信息填写

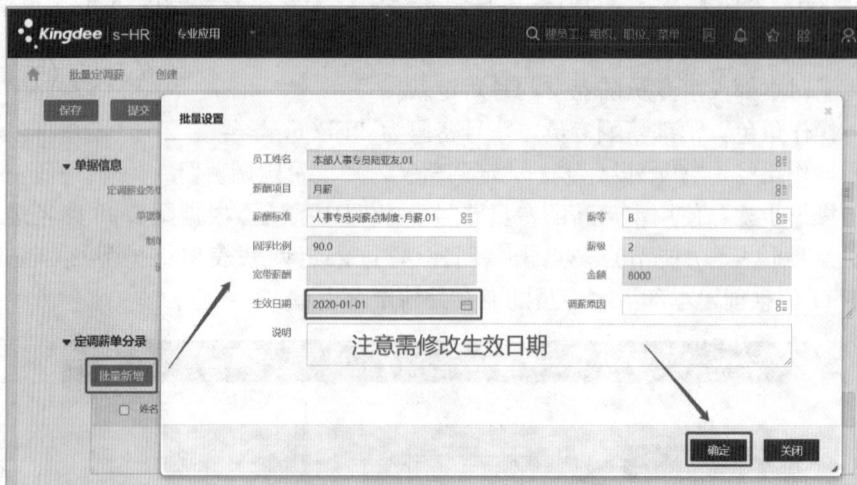

图 8-101　定调薪单据分录创建并录入

图 8-102　定调薪单据提交生效

　　注：如创建定调薪单分录时"薪酬标准"无选项，请返回"薪酬标准"节点检查是否已创建并启用月薪与年薪薪酬标准。

　　②完成对本部人力资源总监苏毕丘的年薪定薪。重新进入"批量定调薪"功能节点，点击"创建"，进入定调薪表单维护界面。按照表 8-12 信息创建本部人力资源总监苏毕丘年薪定薪表单，首先完成上方"单据信息"的填写，而后在下方"定调薪单分录"处点击"批量新增"并完成定调薪分录单的填写，最后点击"提交生效"。具体流程如图 8-103、图 8-104、图 8-105 所示。

表 8-12　本部人力资源总监年薪定薪

单据信息		
定调薪业务组织	行政组织	单据编号
集团本部.学号	集团本部.学号	02.学号
定调薪单分分录（点击"批量新增"）					

员工姓名	薪酬项目	薪酬标准	薪等	金额	生效日期
本部人力资源总监苏毕丘.学号	年薪	人力资源总监岗宽带薪酬制度-年薪.学号	A-中位值	400 000	2020-01-01

图 8-103　定调薪表单据信息填写

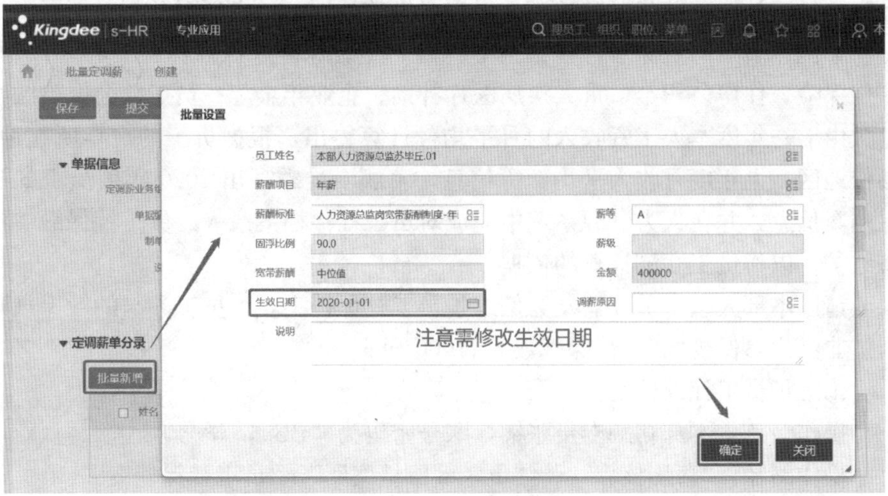

图 8-104　定调薪单据分录创建并录入

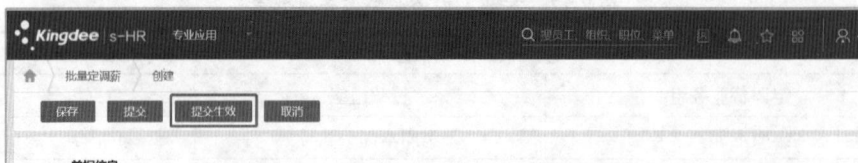

图 8-105　定调薪单据提交生效

至此，已完成对本部人事专员陆亚友的月薪、本部人力资源总监苏毕丘的年薪定薪，返回批量定调薪列表，可查看新增表单已进入列表内，如图 8-106 所示。

图 8-106　定调薪表单列表

3.3.3　薪酬核算

（1）员工社保档案。员工社保档案可维护和查询员工参保险种、参保基数等信息。在社保档案信息界面中，可以进行社保基本信息导入、社保缴纳基数导入、员工社保缴纳状况维护、社保档案失效处理、导出档案及删除档案。

案例：某集团参保险种包括失业保险、生育保险、医疗保险、养老保险、工伤保险、住房公积金、重大疾病医疗补助、企业年金等；员工社会保险缴纳基数由上一年度本人工资收入的月平均额计算得出，根据员工的户籍所在地、参保地区、上年度月收入平均额等信息，薪酬专员整理出 2020 年度员工的社保档案信息，并在人力资源系统中完成对员工社保档案录入、员工社保缴纳状态维护，以作员工薪酬计算的依据。

请以本部人事专员陆亚友为例维护员工社保档案，该员工参与的社保规则为"非深户参保规则"，社保基数为 8 000 元。

①维护员工社保档案。

操作角色：本部薪酬专员张锦，账号密码为"BB06.学号"。

操作路径："薪酬核算"—"员工薪酬档案"—"员工社保档案"。

操作步骤：使用本部薪酬专员账号登录 HR 系统，按照图 8-107 路径进入"员工社保档案"功能节点。员工社保档案初始状态为空白状态。首先需要维护本部人事专员陆亚友社保档案，在档案列表中查找到"本部人事专员陆亚友"并点击进入。点击"新增"，按照表 8-13 信息维护本部人事专员陆亚友的社保档案，并点击"保存"，具体步骤见图 8-108。

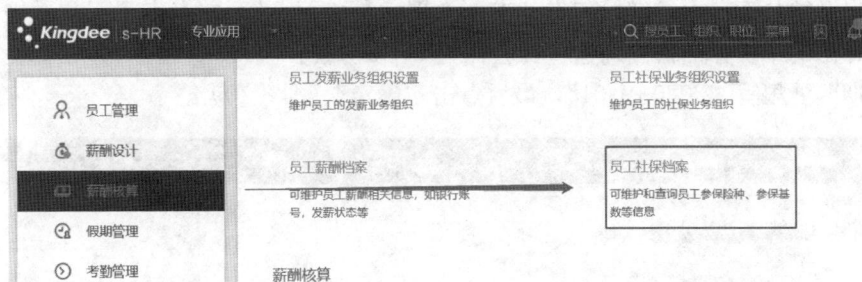

图 8-107　员工社保档案进入路径

表 8-13　本部人事专员陆亚友社保档案明细

社保主体	参保规则	参保日期
集团本部 . 学号	非深户深户参保规则 . 学号	2020-01-01
参保规则明细		
险种名称	个人基数（元）	单位基数（元）
失业保险	8 000	8 000
生育保险	0	8 000
医疗保险	8 000	8 000
养老保险	8 000	8 000
工伤保险	0	8 000
住房公积金	8 000	8 000
企业年金	8 000	8 000

图 8-108　社保档案维护步骤

②员工社保缴纳状况维护。完成对员工社保档案数据的维护后，下一步需要维护员工社保缴纳状态，以确保员工社保正常缴纳。返回员工社保档案列表，勾选"本部人事专员陆亚友"，点击"员工社保缴纳状态维护"。进入员工社保缴纳状态界面，继续勾选"本部人事专员陆亚友"，并点击"正常缴纳"；在弹出的维护界面框内勾选"社会保险""住房公积金""其他"，并在"生效日期"处填写"2020-01-01"，最后点击"确定"（图 8-109）。

图 8-109　员工社保缴纳状态维护步骤

此时，在员工社保缴纳状态列表内，分别对"本部人事专员陆亚友"的"社会保险""住房公积金""其他"共生成 3 条数据，用以记录员工不同险种分类的缴纳状态。

（2）员工薪酬档案。薪酬档案信息界面中，用户可以选中具体的员工记录来进行发薪、停薪、失效操作。

操作角色：本部薪酬专员，账号密码为"BB06. 学号"。

操作路径："薪酬核算"—"员工薪酬档案"—"员工薪酬档案"。

操作步骤：使用本部薪酬专员账号登录 HR 系统，进入"员工薪酬档案"功能节点。HR 系统已对员工薪酬档案自动生成，只需查看即可，如图 8-110 所示。

（3）纳税单位设置。纳税单位用于维护企业的纳税单位、个税数据是否允许被引用等参数的设置；纳税单位方便个税报表的过滤、申报，以及记录。

案例：请集团薪酬专员可齐心进入纳税年度设置节点，设置"中科智能电子集团本部. 学号"纳税单位。

操作角色：集团薪酬专员，账号密码为"JT11. 学号"。

操作路径："薪酬核算"—"薪酬业务设置"—"纳税单位"。

图 8-110 员工薪酬档案界面

操作步骤：使用集团薪酬专员账号登录 HR 系统，进入"纳税单位"功能节点。点击"创建"，填写"编码"为"01. 学号"，"名称"为"中科智能电子集团. 学号"，点击"保存"—"启用"，如图 8-111 所示。

图 8-111 维护纳税单位步骤

（4）薪酬项目。薪酬项目是指参与薪酬核算和发放过程中的项目，通过"薪酬项目"功能节点，可查看内置薪酬项。

操作角色：本部薪酬专员，账号密码为"BB06. 学号"。

操作路径："薪酬核算"—"薪酬业务设置"—"薪酬项目"。

操作步骤：使用本部薪酬专员账号登录 HR 系统，进入"薪酬项目"功能节点。点击进入"可使用"页签，可查看已内置于 HR 系统中的薪酬项目（图 8-112），不需重复操作。

（5）计算公式设置。计算规则主要用于结合薪酬核算过程中的项目与计算逻辑，设置成计算规则，便于重复计算规则对不同薪酬发放周期进行核算和发放。

在人力资源系统中，薪酬核算计算规则的设置包括以下步骤：创建计算规则表，计算规则—薪酬项目设置，计算规则—计算公式设置。

案例一：某集团根据各部门特性，设置不同的薪资结构，薪资结构表如表 8-14 所示。请以集团本部（直属）为例，根据以下薪酬计算公式细则，在 HR 系统中分别完成对月度薪酬计算公式。

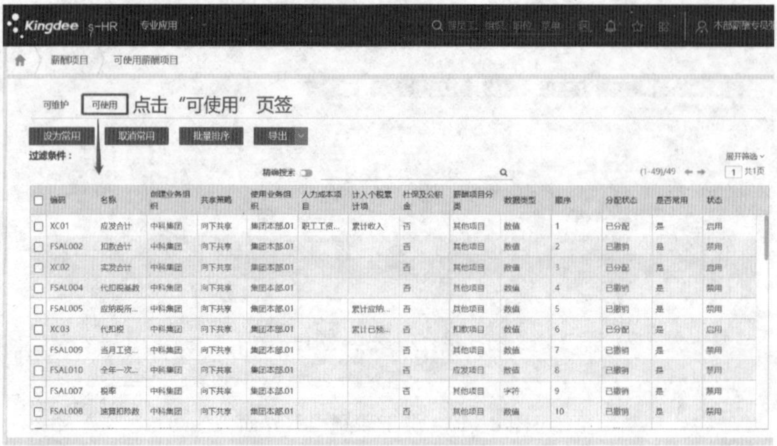

图 8-112　薪酬项目可使用列表

表 8-14　该集团薪资结构

公司	部门	薪资结构
集团本部	集团本部（直属）	"基本工资＋加班工资＋其他福利"
	本部财务部	"基本工资＋加班工资＋其他福利"
	本部物流中心	"基本工资＋岗位考核工资＋加班工资＋高温补贴＋其他福利"
	本部研发部	"基本工资＋加班工资＋其他福利"
	本部生产部	"计件工资＋岗位考核工资＋加班工资＋高温补贴＋其他福利"
	本部办公室	"基本工资＋加班工资＋其他福利"
深圳销售公司	深圳公司财务部	"基本工资＋加班工资＋其他福利"
	深圳公司物流中心	"基本工资＋岗位考核工资＋加班工资＋高温补贴＋其他福利"
	深圳公司销售部	"基本工资＋绩效提成工资＋加班工资＋其他福利"
广州销售公司	广州公司财务部	"基本工资＋加班工资＋其他福利"
	广州公司物流中心	"基本工资＋岗位考核工资＋加班工资＋高温补贴＋其他福利"
	广州公司销售部	"基本工资＋绩效提成工资＋加班工资＋其他福利"

月度薪资计算：

a. 实发工资＝应发工资＋法定节假日加班工资－病假扣除－事假扣除－"五险一金"个人扣除－个税扣除。

b. 对于"五险一金"的计算，遵循参保所在地的社保规则进行缴纳，住房公积金比例为 10%。

c. 对于个税的计算，遵循国家个人所得税法。对上一完整纳税年度内每月均在同一单位预扣预缴工资、薪金所得个人所得税且全年工资、薪金收入不超过 6 万元的居民个人，扣缴义务人在预扣预缴本年度工资、薪金所得个人所得税时，累计减除费用自 1 月份起直接按照全年 6 万元计算扣除。在其累计扣除超过 6 万元的当月及年内后续月份，再预扣预缴个人所得税。

d. 病假扣款按员工本人所在岗位正常出勤的日工资的 40%确定。

e. 事假扣除按员工本人所在岗位正常出勤的日工资的 100%确定。

f. 工作日、休息日加班的默认补偿方式为调休，法定节假日的加班工资按本人所在岗位正常出勤的日工资的 3 倍确定。

案例二：根据以下年终奖薪酬计算公式细则，在 HR 系统中分别完成对年终奖计算公式的设置。

年终奖计算：

a. 年终奖金＝年终奖金基数×绩效系数。

b. 年终奖金基数＝年薪×（1－固浮比例）。

c. 绩效系数＝绩效分数/100。

d. 员工绩效数据已通过人力资源系统自动对接至薪酬模块。

①月度薪资计算公式。

操作角色：本部薪酬专员张锦，账号密码为"BB06. 学号"。

操作路径："薪酬核算"—"薪酬业务设置"—"计算规则"。

创建计算规则表。使用本部薪酬专员张锦"BB06. 学号"账号登录 HR 系统，进入"计算规则"节点。点击"创建"，按照表 8-15 填写计算规则表格，并点击"保存"并"启用"。

表 8-15　月度薪资计算规则表数据

编码	名称	所属行政组织	纳税单位	发薪业务组织
01. 学号	集团本部（直属）月度薪资计算规则. 学号	集团本部. 学号	集团. 学号	集团本部. 学号
结账周期	起始日期	结束日期	统计年份	统计月份
月度	2020-01-01	2020-01-31	2020	1
勾选项				
取考勤数据（勾选） 取绩效考核数据（勾选） 取假期数据（勾选）				

计算规则—薪酬项目设置。计算规则基本信息维护好后，点击侧边栏"薪酬项目"（图 8-113），维护计算规则中核算发放的薪酬项目。只有添加了薪酬项目，后续环节才可引用已添加的薪酬项目进行计算公式设置。

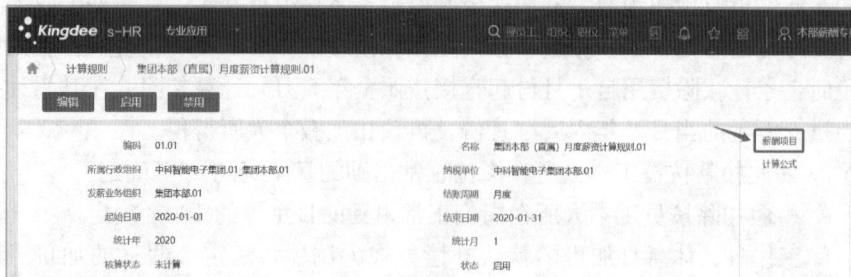

图 8-113　薪酬项目进入路径

进入选定的薪酬项目，系统默认添加了应发合计、实发合计，可以进行添加、设置、删除等操作。点击"添加"按钮，弹出薪酬项目基础资料，选中薪酬项目 XC03-XC36（注意需翻页选择）。选择完毕后点击"确定"按钮完成添加，如图 8-114 所示。

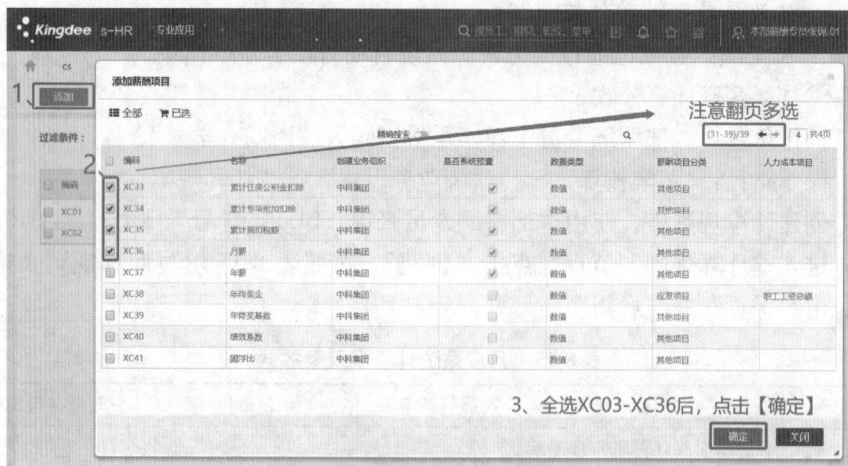

图 8-114　薪酬项目添加步骤

计算规则—计算公式设置。返回计算规则界面，点击右侧边栏的"计算公式"，进入公式新增界面（图 8-115）。按照月度计算公式在公式编辑区逐一录入公式（图 8-116）。

②年终奖计算公式设置。

操作角色：本部薪酬专员，账号密码为"BB06. 学号"。

操作路径："薪酬核算" —"薪酬业务设置" —"计算规则"。

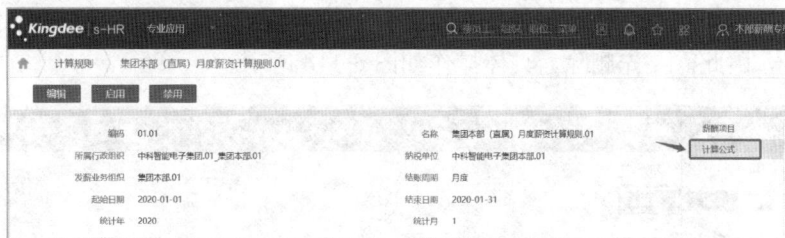

图 8-115　计算公式进入路径

图 8-116　计算公式录入步骤

创建计算规则表。使用本部薪酬专员账号登录 HR 系统，进入"计算规则"节点。点击"创建"，按照表 8-117 填写计算规则表格，注意结算周期为"年度"，并点击"保存"并"启用"。

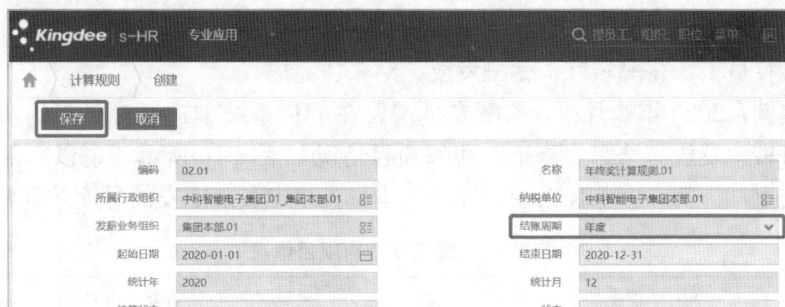

图 8-117　集团本部（直属）薪资计算规则表

计算规则—薪酬项目设置。以同样的操作，进入"薪酬项目"列表。列表内已默认添加"应发合计"与"实发合计",因在年终奖计算中无需使用该薪酬项目,因此需要先删除,具体操作如图 8-118 所示。

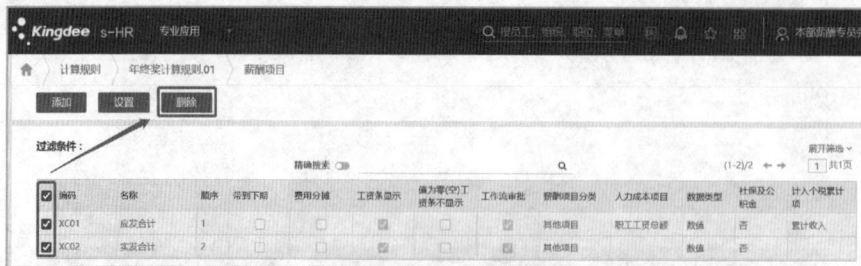

图 8-118　删除薪酬项目步骤

再点击"添加"按钮,弹出薪酬项目基础资料,选中 XC37-XC41 项目,即年终奖金、年终奖基数、绩效系数、固浮比、年薪。

计算规则—计算公式设置。返回计算规则界,并点击右侧边栏的"计算公式",进入公式新增界面,用于维护计算规则中薪酬项目的计算公式。同样的,按照年终奖计算公式在公式编辑区逐一录入公式。最终录入的公式会显示在公式列表中。

图 8-119　年终奖计算公式列表

(6)薪酬核算。薪酬核算向导是完成员工薪酬核算的主要操作界面,在此可以针对选中的员工完成薪酬的计算、审核、发放、结账等操作。

在人力资源系统中,完成薪酬核算包括以下步骤:选择薪酬核算表、加入薪酬核算员工、薪酬核算、薪酬发放、结账、完成。

案例:2020 年 2 月初,薪酬专员需要在 HR 系统中进行对员工的薪酬计算、审核、发放与结账。陆亚友薪酬项目情况如表 8-16 所示,请以本部人事专员陆亚友为例,在 HR 系统中完成对本部人事专员陆亚友的月度薪资计算。

表 8-16　陆亚友薪资项目情况

情况	结果
陆亚友月薪为 8 000 元	基本工资 8 000 元
陆亚友应出勤 22 天,实际出勤 19.76 天	出勤工资＝月薪÷应出勤天数×实际出勤天数 8 000÷22×19.76＝7 185.45(元)

（续）

情况	结果
陆亚友有一孩，为适龄学生，由陆亚友按子女教育专项附加扣除标准的 100% 扣除	子女教育专项附加扣除 1 000 元
陆亚友本人是在职研究生在读	继续教育专项附加扣除 400 元
陆亚友去年使用住房公积金贷款购买首套住房，现处于偿还贷款期间，由陆亚友进行住房贷款利息专项附加扣除	住房贷款利息专项附加扣除 1 000 元
陆亚友的父母均已满 60 岁（每月均领取养老保险金），陆亚友与姐姐和弟弟签订书面分摊协议，约定由陆亚友分摊赡养老人专项附加扣除 500 元	赡养老人专项扣除 500 元

操作角色：本部薪酬专员，账号密码为"BB06. 学号"。

操作路径："薪酬核算"—"薪酬核算"—"薪酬核算向导"。

操作步骤：使用本部薪酬专员账号登录 HR 系统，进入"薪酬核算向导"功能节点。

①选择薪酬核算表。按照图 8-120 步骤，选择"集团本部（直属）月度薪资计算规则"薪酬核算表。

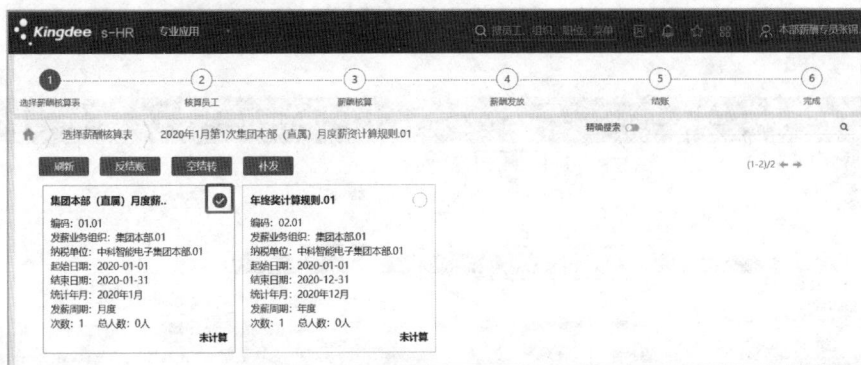

图 8-120　选择薪酬核算表步骤

注：如果在此步骤没有显示具体可选择的薪酬核算表，请返回"计算公式设置"节点检查薪酬计算规则是否已创建并启用。

②选择核算与员工。进入"核算员工"节点，选择"所有可选员工"处的"查看明细"，勾选"本部人事专员陆亚友. 学号"，并点击"添加员工"，如图 8-121 所示。

③薪酬核算。选择页面上方导向条"薪酬核算"，蓝色框内容为可填内容，按照表 8-17 薪酬项目数据录入薪酬核算表内后，全选员工，点击"计算"。检查数据无误后，点击"锁定"—"加锁"、"审核"，具体步骤如图 8-122 所示。

图 8-121　选择核算员工步骤

表 8-17　薪酬项目录入数据

上年完整纳税且不超过6万元	子女教育专项扣除（元）	赡养老人专项扣除（元）	住房贷款专项扣除（元）	住房租金专项扣除（元）	继续教育专项扣除（元）	累计依法确定的其他扣除（元）	累计免税收入（元）
是	1 000	500	1 000	0	400	0	0

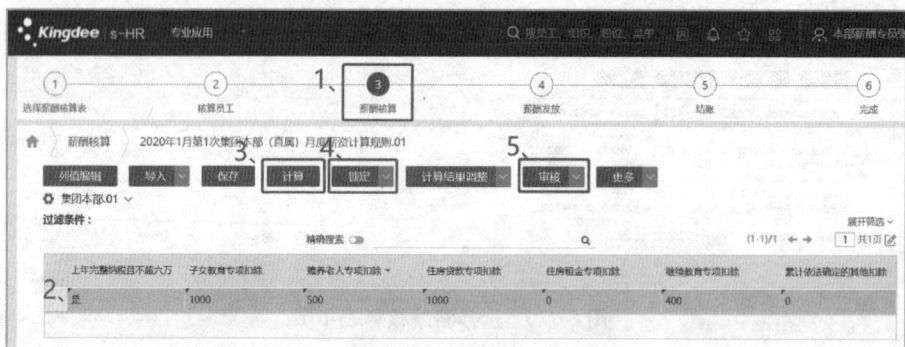

图 8-122　薪酬核算步骤

　　注：表 8-17 薪酬项目在"薪酬项目"步骤中已设置为"带到下期"项目，因此除本第一次（1月）需要录入数据外，次月（2月及以后）将会根据第一期数据自动填充，如实际数据发生变动，可在原数据基础上进行修改。

　　系统将自动关联前置规则设置、定调薪数据、假勤数据自动计算出员工的薪酬数据，前置规则设置主要包括参保规则、员工社保基数、薪酬公式等；定调薪数据为员工月薪薪额；考勤数据为应出勤天数、实际出勤天数、病假天数、事假天数、法定节假日加班天数等。

经系统计算，陆亚友主要薪酬项目数据如表 8-18 所示。

表 8-18 陆亚友薪酬计算结果

应发合计 （元）	实发合计 （元）	养老个人扣除 （元）	医疗个人扣除 （元）	失业个人扣除 （元）	社保个人扣除合计 （元）
7 185.45	5 715.61	640.00	23.24	6.60	669.84

公积金个人扣除 （元）	企业年金个人扣除 （元）	代扣税 （元）	应出勤天数 （天）	实际出勤天数 （天）
800.00	320.00	0.00	22.00	19.76

④薪酬发放、结账。选择页面上方导向条"薪酬发放"，全选员工，点击"审批"—"直接审批"。

审批后可以通过"银行代发"生成银行代发单并实行代发。因本虚拟实验不涉及实际银行代发，则不选择，如图 8-123 所示。

选择页面上方导向条"结账"，点击"按期结账"。系统将会对当前薪酬周期的核算表数据进行封存。

图 8-123 薪酬发放步骤

延伸内容：

按期结账。在薪酬计算完毕后，将自动生成下一个核算周期的薪酬核算表，如在一月核算后生成二月薪酬核算表，常用于在一个核算周期内只需要发薪一次的情况。

按次结算。则在薪酬计算完毕后，生成本核算周期内的下一薪次数据，如一月一次核算、一月二次核算，常用于在同一核算周期内需要多次发薪的情况。

4 绩效管理实践

4.1 学习目标

（1）了解常见 HR 系统绩效管理的基本设置。

（2）能够在 HR 系统中进行员工绩效组织匹配，生成员工绩效档案。

（3）能够在 HR 系统中进行员工绩效管理的规则设定，包括评分制、绩效等级、员工考核规则的制定。

（4）能够在 HR 系统中进行员工绩效管理的实施，包括员工考核计划建立、员工考核计划执行、员工绩效考核卡、员工绩效考核结果运用等。

4.2 实践任务

（1）进入"评分分制"功能节点，录入评分分制。

（2）进入"绩效等级"功能节点，录入绩效等级。

（3）进入"员工绩效档案"功能节点，开启员工档案。

（4）进入"员工考核规则"功能节点，录入考核规则。

（5）进入"员工考核计划建立"功能节点，制定考核计划。

（6）进入"员工考核计划执行"功能节点，开展绩效考核业务。

（7）进入"绩效考核卡"功能节点，查看员工的考核结果汇总。

（8）进入"员工考核结果转薪资"功能节点，对员工进行考核结果转薪资处理。

4.3 案例实操

人力资源系统绩效管理系统基于企业战略目标分解，支持企业构建绩效指标库，以及 KPI、PBC、BSC 等多种绩效模式考评和问卷评估在系统中落地执行，帮助企业对员工绩效做出客观评估，并将评估结果与薪资相结合，塑造健康良性的企业绩效文化。

系统的绩效管理实践如下：

（1）评分分制。评分分制，用于设置绩效考核分数范围。

案例：中科智能电子集团绩效考核分制采用百分制，即分数区间为 0～100 分。集团绩效专员廖嘉云需在人力资源系统中创建百分制政策。

操作角色：集团绩效专员，账号密码为"JT09. 学号"。

操作路径："绩效管理" — "绩效业务设置" — "评分制度"。

操作步骤：使用集团绩效专员账号登录 HR 系统，进入"评分制度"功能节点。点击"可维护"页签，切换至评分分制维护界面，点击"创建"。按照表 8-19 数据填写评分分制表格，点击"保存" — "启用"。

表 8-19 评估指标类型及权重

公司	部门	财务类指标	客户类指标	运营类指标	学习发展类指标
集团本部	集团本部（直属）	30	30	30	10
	本部财务部	20	30	40	10
	本部物流中心	20	30	40	10
	本部研发部	20	30	40	10
	本部生产部	20	30	40	10
	本部办公室	20	30	40	10
深圳销售公司	深圳销售公司（直属）	30	30	30	10
	深圳公司财务部	20	30	40	10
	深圳公司物流中心	20	30	40	10
	深圳公司销售部	20	30	40	10
广州销售公司	广州销售公司（直属）	30	30	30	10
	广州公司财务部	20	30	40	10
	广州公司物流中心	20	30	40	10
	广州公司销售部	20	30	40	10

（2）绩效等级。绩效等级用于设置绩效考核等级信息。

案例：某集团引用百分制评分政策，将 0～100 分为四个等级区间，分别为 S、A、B、C，其中 S 为 90～100 分，A 为 80～90，B 为 60～80，C 为 0～60（当评分为临界值时默认定为上一等级，如当评分为 90 时，默认评定为"S"），集团绩效专员需在人力资源系统中创建绩效等级政策。

操作角色：集团绩效专员，账号密码为"JT09 学号"。

操作路径："绩效管理"—"绩效业务设置"—"绩效等级"。

操作步骤：使用集团绩效专员账号登录 HR 系统，进入"绩效等级"功能节点。点击"可维护"页签，切换至绩效等级维护界面，点击"创建"，如图 8-124 所示。按照表 8-20 数据填写绩效等级表格，点击"保存"—"启用"。

图 8-124 创建绩效等级路径

表 8-20　绩效等级

创建业务组织	等级编码	等级名称	等级评分分制	等级应用	共享策略	系统等级	绩效等级	等级分数范围	对应默认分数
集团.学号	01.学号	集团绩效等级.学号	百分制.学号	考核结果整体等级	向下共享	S	优秀	90～100	95
						A	良好	80～90	85
						B	一般	60～80	70
						C	较差	0～60	40

注意：如"等级评分分制"字段无数据，请返回"评分分制"节点检查评分分制是否新建并启用。

延伸内容：等级应用包括目标评分等级与考核结果整体等级两个选项；目标评分等级应用在各目标明细打分环节，根据目标分数明细分别关联生成，即被考核员工有多少个绩效目标则生成多少个目标绩效等级；考核结果整体等级应用在最终的考核分数汇算环节，系统根据各目标明细分数汇算形成最终的考核分数结果，并根据最终分数关联生成考核结果整体等级。

（3）绩效档案。绩效档案用于管理员工绩效考核档案，当员工发生入转调离等变动操作时，系统会自动生成新绩效档案，绩效业务管理员可根据实际业务需求启用或停用相应档案来进行员工所在考核部门管理，在具体的考核计划中，选择对应的员工绩效档案。

案例：以集团本部为例，使用本部绩效专员角色进入人力资源系统中绩效档案功能节点，启用员工绩效档案。

操作角色：本部绩效专员，账号密码为"BB05.学号"。

操作路径："绩效管理"—"绩效业务"—"员工绩效档案"。

操作步骤：使用本部绩效专员账号登录 HR 系统，进入"员工绩效档案"功能节点。删除表头默认筛选条件，显示出集团本部全员绩效档案。全选员工列表，并点击"启用"，如图 8-125 所示。

图 8-125　启用员工绩效档案

（4）员工考核规则。员工考核规则主要用于实现目标管理（MBO）、KPI、BSC 等考核业务，包括引用考核规则，建立考核周期、维护评估对象、设置绩效分组、统一下达目标等步骤。

案例：使用本部绩效专员角色进入人力资源系统中员工考核规则节点，完成员工考核规则新建并执行，包含以下步骤：

第一步，创建考核规则（图 8-126）。

第二步，编辑绩效考核模板，考核模板包含员工信息区域与评估表区域。其中，员工信息区域包含员工编码、姓名、所属组织、职位，评估表区域包含指标名称、指标类型、指标描述、评价标准、权重、打分。

第三步，创建评估流程单并启用。在本案例中，一级绩效评分人为自评，权重占 20％；二级绩效评分为直接上级评，权重占 80％。

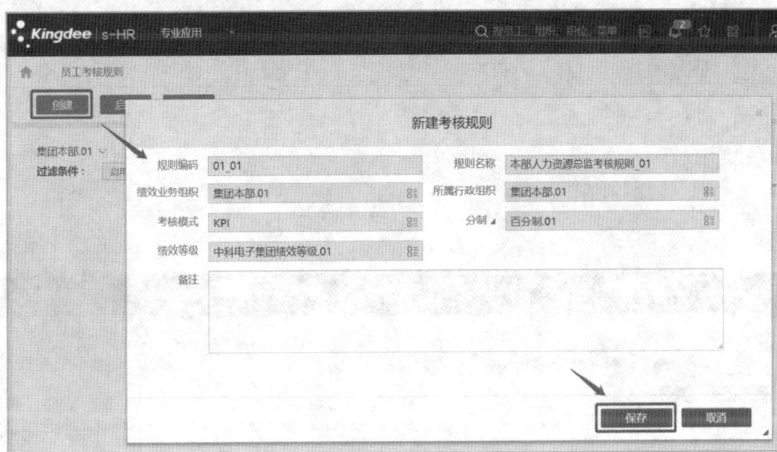

图 8-126 创建员工考核规则

操作角色：本部绩效专员，账号密码为"BB05. 学号"。

操作路径："绩效管理"—"绩效业务"—"员工考核规则"。

操作步骤：使用本部绩效专员账号登录 HR 系统，进入"员工考核规则"功能节点。点击"创建"，按照表 8-21 数据创建本部人力资源总监考核规则，并点击"保存"。点击新建的考核规则，进入编辑界面。编辑评估表单界面默认显示员工信息区域，此时需要在此模板基础上添加评估表；点击"添加区域"，勾选"评估表"，并点击"确定"，如图 8-127 所示。

评估表区域默认包含"指标名称""权重""打分区域"，此时还需新增"指标类型""指标描述""评价标准"字段，以标识绩效指标所对应的指标内容及标准。点击"编辑"，在底端"区域内容"处点击"添加字段"，勾选"指标类型""指标描述""评价标准"，并点击"确定"—"保存"。具体步骤如

图 8-128、图 8-129、图 8-130。

表 8-21　绩效等级分布

系统等级	绩效等级	等级分数范围	对应默认分数
S	优秀	90～100	95
A	良好	80～90	85
B	一般	60～80	70
C	较差	0～60	40

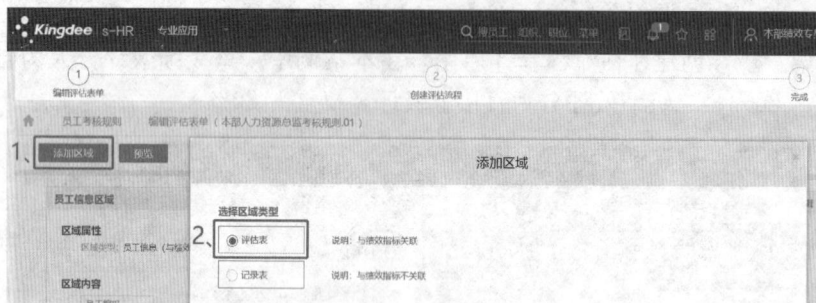

图 8-127　添加评估

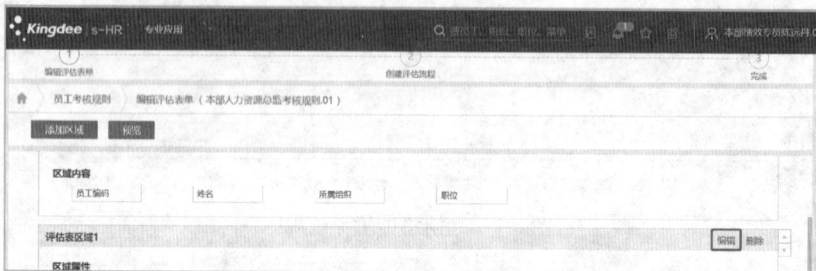

图 8-128　编辑评估

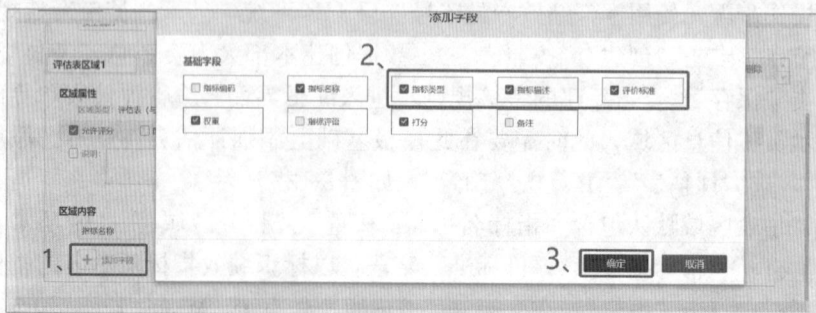

图 8-129　评估表添加字段

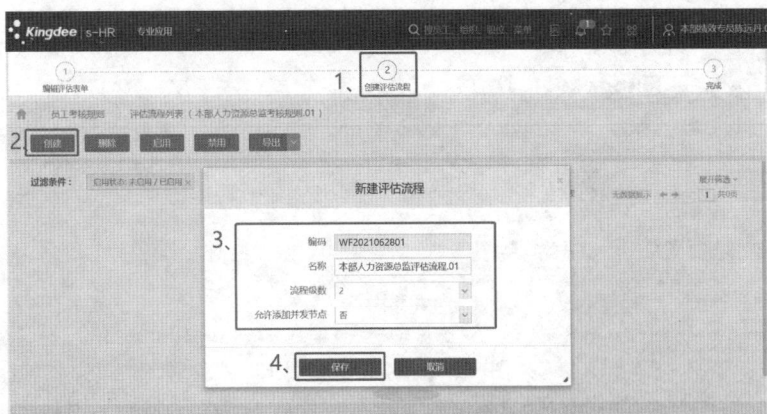

图 8-130　创建评估流程

　　在上步骤中，已完成创建评估表单步骤，接下来需在此基础上创建评估流程，以定义评估流程级数、评估人类型、评估人权重等信息。

　　点击页面上方导向条中"创建评估流程"节点，进入评估流程创建界；点击"创建"，填写评估流程名称为"本部人力资源总监评估流程 · 学号"；评估流程包含本人自评、直接上级他评两个层级，因此在"流程级数"处填写为"2"；"允许添加开发节点"默认为"否"；最后点击"保存"，如图 8-130 所示。

　　点击新建的评估流程表，进入流程编辑详情界面。第一级层处理人为本人，权重为 20%，第二层处理人为直接上级，权重为 80%；在"节点属性选项"处选择"评分"；最后点击"保存"—"确定"，如图 8-131 所示。评估流程保存后需启动。再次点击页面顶端导向条"创建评估流程"，选中评估流程表单，点击"启用"。最后点击导向条"完成"，进入考核规则表界面。勾选"本部人力资源总监考核规则 · 学号"表单，点击"启用"，即完成对考核规则的制定及启用全流程（图 8-132）。

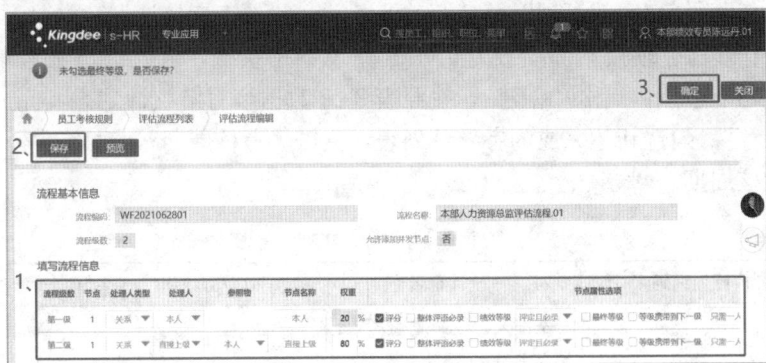

图 8-131　评估流程设置界面

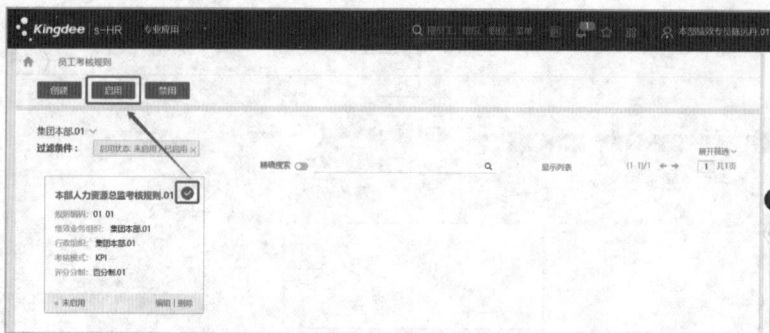

图 8-132　启用考核规则

（5）员工考核计划建立。员工考核规则主要引用考核规则，建立考核周期、维护评估对象、设置绩效分组、统一下达目标。

案例：使用本部绩效专员角色进入人力资源系统中员工考核计划建立节点，完成员工考核计划建立，其中包含以下步骤：

第一步，添加考核周期，按年度评价，每年度绩效评价一次。

第二步，添加绩效考核人员，将本部人力资源总监岗员工（即本部人力资源总监苏毕丘．学号）纳入绩效考核方案内。

第三步，添加目标下达人，即下达考核目标的员工，在本案例为被考核人直接上级作指标下达（即本部总经理胡山兴．学号）。

第四步，员工本人及直接上级添加绩效指标，并填写各指标权重，使指标总权重为 100％；其中财务类指标、客户类指标、运营类指标为直接上级下达（90％），学习发展类指标为员工本人设置（10％）。

第五步，目标下达人（即本部总经理胡山兴．学号）进入员工自助平台内，提交团队个人目标下达。

操作角色：本部绩效专员，账号密码为"BB05．学号"。

操作路径："绩效管理"—"绩效业务"—"员工考核计划建立"。

操作步骤：使用本部绩效专员账号登录 HR 系统，进入"员工考核计划建立"功能节点。点击"创建"，按照表 8-22 数据填写考核计划表，完成后点击"保存"。勾选新建完成的考核计划表，点击"考核周期"，对该考核计划表划定考核周期。

表 8-22　考核计划

考核计划编码	考核计划名称	绩效业务组织	所属行政组织
01_学号	本部人力资源总监考核计划_学号	集团本部．学号	集团本部．学号

（续）

考核规则	考核周期频度	默认评估流程
本部人力资源总监考核规则_学号	年	本部人力资源总监评估流程.学号

点击"添加考核周期"按钮（图 8-133），弹出时间周期范围设定栏；因本案例场景以 2020 年为背景，因此需要将"年"修订为"2020 年"，且需把"评估开始日期"与"评估结束日期"设定为当前年度内，以确保以当前时间可填写绩效评估（图 8-134）。

考核周期设定完成后，点击左上角处小标题处返回考核计划列表界面，最后勾选该考核计划表，点击"启用"，即可对考核计划表生效。

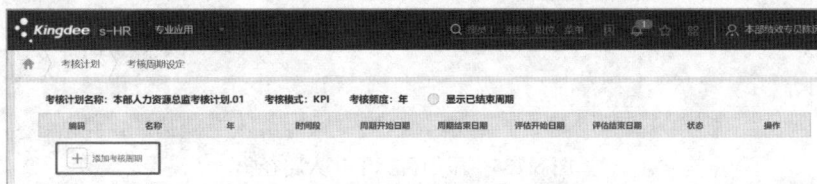

图 8-133 考核周期添加

图 8-134 考核周期修改

按照图 8-135 步骤，点击考核计划表名称进入计划设定界面，进行考核人员、目标下达人员的设定。添加被考核人：根据案例可得，在本案例中被考核人应为"本部人力资源总监苏毕丘.学号"；因此，需点击"添加人员"按钮，在"从考核档案清单中选择"处选中"本部人力资源总监苏毕丘.学号"，点击"确定"。

图 8-135 考核计划表进入路径

注意：若在此步骤选取不了被考核人，请返回"绩效档案"节点处查看是否已启用员工绩效档案。

添加目标下达人：根据案例可得，在本案例中绩效目标下达人应为被考核人的直接上级，即"本部总经理胡山兴．学号"；因此，需勾选指定被考核人，点击"目标下达人"—"添加目标下达人"按钮，选中目标下达人为"本部总经理胡山兴．学号"，最后点击"确定"（图 8-136、图 8-137）。

图 8-136　添加目标下达人路径

图 8-137　添加目标下达人步骤

指定分组：点击"统一目标下达"页签切换界面，添加指定分组，勾选考核人并点击"指定分组"，选择自带的"空白分组"，即完成对考核员工的考核分组设定。

下达考核目标：勾选考核人信息行，点击"下达统一目标"，弹出下达方式选择框，选中"统一下达目标"，并点击"确定"（图 8-138），即可进目标设定及目标下达环节。

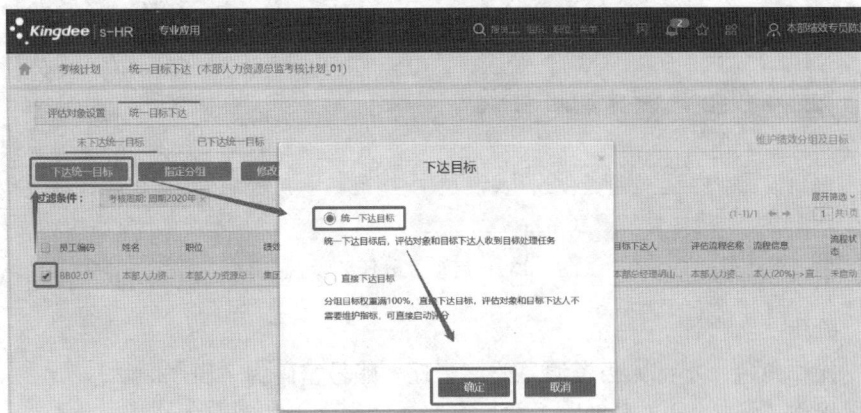

图 8-138 下达统一目标步骤

（6）员工考核计划执行。员工考核计划执行主要用于考核评分流程启动、过程监控以及考核异常情况处理。

案例：请本部绩效专员进入人力资源系统中员工考核计划执行立节点，完成员工考核执行的相关事项。其中包含以下步骤：

第一步，进入考核计划执行功能节点，查看"未下达""未发送""已发送""已评分"四大页签的绩效考核政策，并在"未发送"处启用评分任务。

第二步，启用绩效评分任务后，绩效评分任务自动推送至评分人处，即员工个人、直接上级处，分别在员工自助平台处进行绩效评分。

第三步，系统根据已设置好的权重比例，算出绩效总分。

第四步，最后结束绩效考核周期并结转，通过系统自动将绩效分数对接至薪酬核算模块，作薪酬核算使用。

阶段一：启动评分任务。

操作角色：本部绩效专员，账号密码为"BB05.学号"。

操作路径："绩效管理"—"绩效业务"—"员工考核计划执行"。

操作步骤：使用本部绩效专员账号登录 HR 系统，进入"员工考核计划执行"功能节点，并点击"本部人力资源总监考核计划.学号"进入员工考核计划表。进入"员工考核计划执行"功能节点后，可查看页面具有"未下达""未发送""已发送""已评分"四个页签。在前述步骤中，已完成目标下达人对被考核人的目标下达，因此在该步骤中，需要以绩效专员身份统一启动绩效评分任务。点击"未发送"查看未发送绩效指标界面，勾选考核人信息行，并点击"启用评分任务"，如图 8-139 所示。

图 8-139　启动评分任务步骤

阶段二：自评。

操作角色：本部人力资源总监苏毕丘，账号密码为"BB02. 学号"。

操作路径："员工自助"—"更多"—"绩效考核"—"绩效工作台"。

操作步骤：进入"绩效工作台"功能节点，在"我的考核自评"处点击相应数字，即能显示待自评任务行，点击该任务行右侧的图标按钮，进入自评界面（图 8-140）。

模拟自评环节，逐一点击左侧指标项，分别在右侧评分处进行评分（评分可自拟，此处全部以 98 分为例），点击"下一个"可快速跳转（图 8-141）。

所有绩效指标项都已评分完毕后，点击"提交"，即完成自评操作。

图 8-140　员工自评界面进入路径

阶段三：分数最终审核。

绩效评分经员工自评及上级评分完成后，系统自动根据前设规则计算得出最终分数。由于在前述已设置自评分数占比 20%，直接上级评分占比 80%，所以最终分数计算公式为：自评分×20%＋直接上级评分×80%＝最终分数。

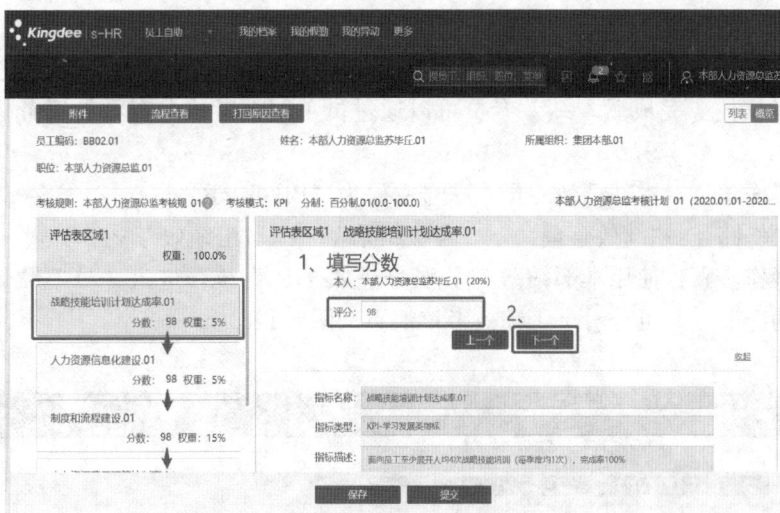

图 8-141　员工自评步骤

　　最终评分分数生成后，本部绩效专员需进入 HR 系统中进行绩效分数最终审核。

　　操作角色：本部绩效专员，账号密码为"BB05. 学号"。

　　操作路径："绩效管理"—"绩效业务"—"员工考核计划执行"。

　　操作步骤：按照点击名称进入考核计划，可查看该考核计划执行进度。点击进入"已评分"页签，在"分数"列中可查看 HR 系统已根据前置所制定的各指标项权重、各评分角色打分权重，自动计算出最终分数；并根据前置设定的绩效等级，根据最终分数匹配出最终等级。检查无误后，勾选考核人信息行，点击"审核"，如图 8-142 所示。

图 8-142　最终考核结果审核步骤

　　绩效审核无误后，最后进入结束考核周期任务环节。点击进入"已审核"页签，勾选被考核人信息行，点击"结束考核周期"，即完成绩效计划的全流程操作。

（7）绩效考核卡。绩效考核卡用于对员工考核结果汇总的查询管理。

案例：在前述环节中已完成对本部人力资源总监苏毕丘的绩效考核评分，考核任务完成后，绩效专员可以通过员工绩效考核卡查看员工考核结果汇总。

操作角色：本部绩效专员，账号密码为"BB05.学号"。

操作路径："绩效管理"—"考核结果"—"员工绩效考核卡"。

操作步骤：使用本部绩效专员账号进入 HR 系统，进入"员工绩效考核卡"功能节点，可查看员工绩效考核汇总（图 8-143）。

图 8-143　绩效考核卡

（8）员工考核结果转薪资。绩效结果转薪资主要应用于员工绩效评估周期结束后，根据绩效考核结果转换绩效奖金的过程。

案例：在上述操作当中，已完成了对"本部人力资源总监苏毕丘"的绩效评估全流程，并得出相应的绩效评估分数与等级。本部绩效专员陈远丹需要在 HR 系统中对苏毕丘进行绩效结果转薪资，以作后续年终奖核算的数据依据。

操作角色：本部绩效专员陈远丹，账号密码为"BB05.学号"。

操作路径："绩效管理"—"考核结果"—"员工考核结果转薪资"。

操作步骤：使用本部绩效专员账号登录 HR 系统，进入"员工考核结果转薪资"功能节点。勾选"本部人力资源总监苏毕丘"绩效结果行，点击"结转"，弹出结转信息维护框。由于本案例背景为 2020 年 12 月由绩效结果转年终奖，因此选择"薪资期次"为"2020 年 12 月 1 次"，填写结转单名称为"2020 年绩效转年终奖结转单.学号"，选择"行政组织"与"业务组织"为"集团本部.学号"，最后点击"生成结转单"（图 8-144）。

至此，已完成对本部人力资源总监苏毕丘的绩效结果转薪资操作，并参与后续的薪酬核算环节。

图 8-144　员工考核结果转薪资步骤

5　考勤管理实践

5.1　学习目标

（1）了解常见 HR 系统考勤管理的基本设置。

（2）能够在 HR 系统中进行员工考勤业务组织匹配，生成员工考勤档案。

（3）掌握企业考勤常见制度规定，包括取卡规则、班次设置、轮班规则、员工排班。

（4）能够在 HR 系统处理日常的考勤业务，包括加班单、出差单、请假单、打卡记录、补签卡等业务的申请及审批。

（5）能够在 HR 系统中进行员工考勤计算，并进行考勤结果与薪酬核算的数据对接。

（6）能够对员工考勤情况进行信息化管理，建立员工考勤结果明细及考勤结果汇总表。

5.2　实践任务

（1）进入"取卡规则"功能节点，进行取卡规则设置。

（2）进入"班次设置"功能节点，进行班次设置。

（3）进入"考勤制度"功能节点，进行考勤制度设置。

（4）进入"轮班规则"功能节点，进行轮班规则设置。

（5）进入"考勤业务组织设置"功能节点，完成考勤业务组织设置并生成考勤档案。

（6）进入"考勤档案"功能节点，新建员工考勤档案。

（7）进入"员工排班"功能节点，生成员工排班。

（8）进入"考勤计算"功能节点，对员工的考勤状况进行计算。

5.3 案例实操

关于考勤制度：某集团根据部门工作属性设置不同考勤制度，以集团本部为例，集团本部考勤制度详情如表 8-23 所示。集团假勤专员需要在人力资源系统中设置取卡规则、班次信息、考勤制度、轮班规则并分配给对应部门。

表 8-23 集团本部考勤制度

部门	班次设置	班次时间	轮班规则	考勤制度
本部生产部	三班倒	早班 00：00—08：00，中班 08：00—16：00，晚班 16：00—00：00	"双休＋三班倒"	①旷工起始值为 240 分钟，即迟到早退超过 240 分钟视为旷工；②工作日、休息日加班补偿方式为调休，法定节假日加班补偿方式为加班费或调休
本部研发部	限时弹性班次 & 固定加班特定日	①标准班次 09：00—18：00，上下班有一个小时弹性范围，在弹性范围内上满标准工时无异常；②每周二、四晚 19：00—20：00 固定加班（但没有加班也不算考勤异常）	"双休＋限时弹性班＋固定加班特定日"	
集团本部（直属）本部财务部 本部行政部 本部法务部	行政班	09：00—18：00	"双休＋行政班"	
本部物流中心	行政班	09：00—18：00	"大小周＋行政班"	

关于员工考勤业务：以集团本部为例，在 2020 年 1 月本部员工陆亚友发生以下考勤状况，如表 8-24 所示。本部考勤专员需在人力资源系统中处理员工考勤业务，并进行考勤计算转薪资、加班汇算转调休。

表 8-24 员工陆亚友考勤状况

姓名	出勤情况	出勤结果
本部人事专员 陆亚友	①2020 年 1 月 11 日，休息日（OT2）加班 8 小时；②2020 年 1 月 13—18 日，出差 6 天；③2020 年 1 月 20 日，请年假 1 天；④2020 年 1 月 28 日，17：00 打下班卡；⑤2020 年 1 月 29 日，10：00 打上班卡；⑥2020 年 1 月 30 日，14：00 打上班卡（迟到超过 240 分钟自动算旷工）；⑦2020 年 1 月 31 日，漏打上班卡，之后进行补卡	①加班时长 8 小时，调休 OT2 小时数 8 小时；②出差次数 6 次，出差时长 6 天；③请假时长 1 天，年假次数 1 次；④早退次数 1 次，早退 60 分钟；⑤迟到次数 1 次，迟到 60 分钟；⑥旷工次数 1 次，旷工小时数 8 小时；⑦缺卡次数 1 次，补卡次数 1 次；⑧应出勤天数 22 天，实际出勤天数 19.76 天

（1）取卡规则管控。取卡规则用于查看和维护取卡规则，设置上下班取卡的时间范围、免打卡点是否按实际打卡填充等信息，支持共享与分配。取卡规则设置分一段班、二段班、三段班，和班次设置的段次一一对应。取卡规则分成段头、段尾、段间。一段班只有段头和段尾（如取卡时间为9：00—18：00）；两段班有段头和段尾，以及一个段间（如取卡时间为9：00—12：00，14：00—18：00）；三段班有段头和段尾，以及两个段间（如取卡时间为9：00—12：00，14：00—17：00，19：00—21：00）。两段班的第一段下班和第二段的上班为段间打卡点。同理三段班的第二段下班和第三段的上班为第二个段间的打卡点。

案例：某集团根据旗下各公司及各部门特性设计不同的考勤制度，全集团包含三种取卡制度，分别为一段班取卡规则、二段班取卡规则、三段班取卡规则，如表8-25所示。请集团假勤专员孙俊登录HR系统新建全集团包含的取卡规则。

表8-25 集团取卡规则

取卡规则	适用情况	上班下班取卡规则
一段班取卡规则	适用于一段班（比如行政班两个打卡点）	上班取最早卡，下班取最晚卡，其中上班前3小时、后4小时范围内可打卡，下班前4小时后3小时范围内可打卡，其余时间段内打卡为无效卡，不计入考勤范围
二段班取卡规则	适用于二段班（比如固定加班日四个打卡点）	
三段班取卡规则	适用于三段班（比如生产班六个打卡点）	

操作路径："考勤管理"—"排班管理"—"取卡规则"。

操作角色：集团假勤专员孙俊，账号密码为"JT07.学号"。

操作步骤：使用集团假勤专员账号登录HR系统，进入"取卡规则"功能节点。点击"创建"，按照表8-26、表8-27、表8-28信息分别填写一段、二段、三段班取卡规则，填写完毕后点击"保存"—"启用"。

表8-26 一段班取卡规则设置

基本信息	
创建业务组织	集团.学号
编码	01.学号
名称	一段班取卡规则.学号
共享策略	向下共享
上班取卡提前（小时）	3
下班取卡延后（小时）	3

（续）

基本信息	
最短取卡间隔（分）	0
适用段次	一段
免卡点实际打卡控制	免卡点直接填充
跨天允许重复取卡	是
上班第一次取卡	
取卡范围开始时数	3
取卡范围结束时数	4
上班第一次取卡方式	该段最早卡
下班第一次取卡	
取卡范围开始时数	4
取卡范围结束时数	3
下班第一次取卡方式	该段最晚卡

表 8-27　二段班取卡规则设置

基本信息	
创建业务组织	集团 . 学号
编码	02. 学号
名称	二段班取卡规则 . 学号
共享策略	向下共享
上班取卡提前（小时）	3
下班取卡延后（小时）	3
最短取卡间隔（分）	0
适用段次	二段
免卡点实际打卡控制	前后有卡时自动填充
跨天允许重复取卡	是
上班第一次取卡	
取卡范围开始时数	3
取卡范围结束时数	4
上班第一次取卡方式	该段最早卡
下班第一次取卡	
取卡范围开始时数	4
取卡范围结束时数	3
下班第一次取卡方式	该段最晚卡
段间取卡规则	
分配类型	最近打卡点

表 8-28　三段班取卡规则设置

基本信息	
创建业务组织	集团 . 学号
编码	03. 学号
名称	三段班取卡规则 . 学号
共享策略	向下共享
上班取卡提前（小时）	3
下班取卡延后（小时）	3
最短取卡间隔（分）	0
适用段次	三段
免卡点实际打卡控制	免卡点直接填充
跨天允许重复取卡	是
上班第一次取卡	
取卡范围开始时数	3
取卡范围结束时数	4
上班第一次取卡方式	该段最早卡
下班第一次取卡	
取卡范围开始时数	4
取卡范围结束时数	3
下班第一次取卡方式	该段最晚卡
段间取卡规则	
段间 1—分配类型	最近打卡点
段间 2—分配类型	最近打卡点

完成三部分的取卡规则设置并启用后，返回取卡规则列表可查看列表信息，如图 8-145 所示。

图 8-145　取卡规则列表

（2）班次信息管控。班次是定义上班下班的时间及其他的控制参数，包括上下班时间点、取打卡规则的匹配、是否需要打卡等。班次可以设置一段班班次、二段班班次、三段班班次，与取卡规则的适用段次一一对应。

案例：某集团根据各公司及各部门的特征属性设计不同的班次，全集团包含行政班、早班、中班、晚班、限时弹性班、全天弹性班、固定加班日特定班，如表 8-29 所示。请集团假勤专员孙俊登录 HR 系统新建全集团包含的班次设置。

表 8-29　集团班次设置

班次设置	适用场景	取卡规则	班次时间	休息时间	是否上下班需打卡
行政班	适用于行政办公（一天打两次卡）	一段班取卡规则	09:00—18:00	12:00—13:00	是
早班	适用于 24 小时都需要有人在岗的情况（结合中班、晚班使用）	一段班取卡规则	00:00—08:00	—	是
中班	适用于 24 小时都需要有人在岗的情况（结合早班、晚班使用）	一段班取卡规则	08:00—16:00	—	是
晚班	适用于 24 小时都需要有人在岗的情况（结合早班、中班使用）	一段班取卡规则	16:00—00:00	—	是
限时弹性班	适用于上下班有一个小时弹性范围的情况，在弹性范围内上满标准工时无异常	一段班取卡规则	09:00—18:00	12:00—13:00	是
全天弹性班	适用于全天弹性上班时间的情况，一天上满标准工时（8 小时）即可	一段班取卡规则	09:00—18:00	12:00—13:00	是
固定加班日特定班	适用于晚上还需要固定加班的情况，但如果没有加班也不会算异常	二段班取卡规则	①第一段班 09:00—18:00；②第二段班 19:00—20:00（不强制约束）	12:00—13:00	是

操作路径："考勤管理"—"排班管理"—"班次设置"。

操作角色：集团假勤专员孙俊，账号密码为"JT07. 学号"。

操作步骤：使用集团假勤专员账号登录 HR 系统，进入"班次设置"功能节点。点击"创建"，分别按照表 8-29 填写行政班、早班、中班、晚班、限时弹性班、全天弹性班、固定加班日特定班的班次信息，完成后点击"保存"—"启用"。

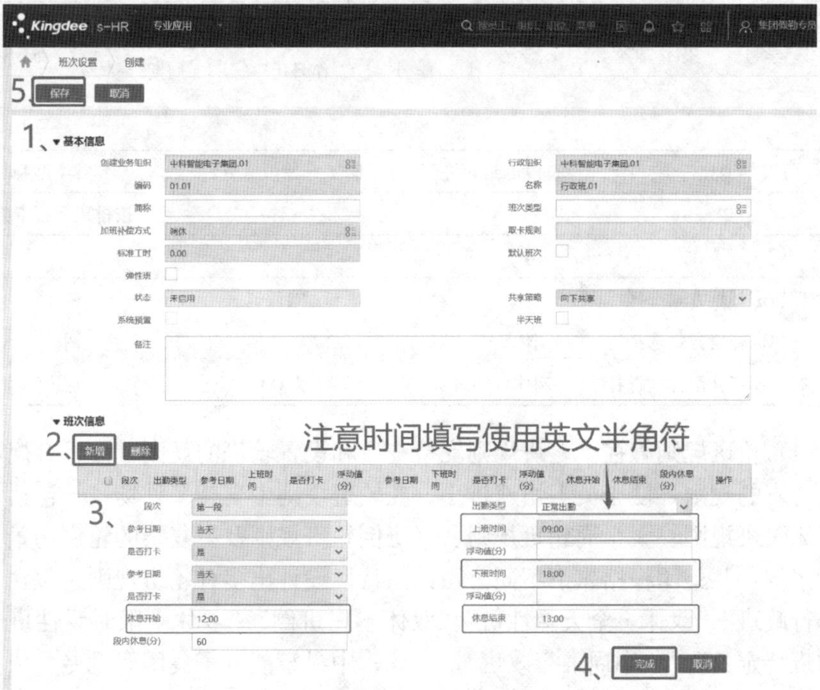

图 8-146　创建班次（以行政班次为例）

（3）考勤制度管控。考勤制度是对考勤参数的设置，可设置考勤周期、工作日历、迟到早退允许值、旷工起始值、加班补偿方式（调休、加班费）等参数，企业可通过设置不同的考勤制度对不同考勤人员划分归类并实行不同的考勤制度。

案例：某集团制定集团考勤制度，请集团考勤专员在 HR 系统考勤制度功能节点设置以下规则：旷工起始值为 240 分钟，即迟到超过 240 分钟内视为旷工；工作日、休息日加班补偿方式为调休，法定节假日加班补偿方式视国家规定为加班费、调休。

操作路径："考勤管理"—"考勤业务设置"—"考勤制度"。

操作角色：集团假勤专员孙俊，账号密码为"JT07. 学号"。

操作步骤：使用集团假勤专员账号登录 HR 系统，进入"考勤制度"功能节点。点击"创建"按钮，按照表 8-30 数据分别进入左侧"基本信息""异常""加班"页签录入考勤制度，录入完毕后点击"保存"。

表 8-30 考勤制度数据

基本信息						
创建业务组织	行政组织	编码	名称	工作日历	考勤周期	共享策略
集团.学号	集团.学号	01.学号	集团考勤制度.学号	中国大陆工作日历	自然月考勤周期	向下共享
异常			
每段早退允许值	每段迟到允许值	旷工起始值（分钟）	异常类型判断
0	0	240	按排班和打卡判断
加班			
工作日加班补偿方式选择	调休	默认值	调休
休息日加班补偿方式选择	调休	默认值	调休
法定假日加班补偿方式选择	调休，加班费	默认值	加班费

（4）轮班规则管控。轮班规则支持查看和设置轮班的规则，设置有规律重复性上班的规则，便于员工快速排班。在轮班规则中支持多种场景，包括常见的双休轮班规则、大小周轮班规则、三班倒轮班规则及更复杂的轮班场景。

案例：某集团根据旗下不同公司部门特性设计出多种轮班规则，包含"双休＋行政班""双休＋全天弹性班""双休＋三班倒""双休＋限时弹性班＋固定加班特定日""大小周＋行政班"，对此，中科智能电子集团假勤专员依据集团政策，在 HR 系统轮班规则功能节点中设置轮班规则，并分配给旗下公司企业。具体规则信息如表 8-31 所示。

表 8-31 轮班规则

轮班规则	班次时间	轮班天数
"双休＋行政班"	09:00—18:00	固定周末双休
"双休＋全天弹性班"	标准班次为 09:00—18:00，工作时长为 8 小时，则全天打卡时长满 8 小时即可	固定周末双休
"双休＋三班倒"	早班 00:00—08:00，中班 08:00—16:00，晚班 16:00—00:00	每排班 6 天休息 2 天
"双休＋限时弹性班＋固定加班特定日"	①标准班次 09:00—18:00，上下班有一个小时弹性范围，在弹性范围内上满标准工时无异常；②每周二、四晚 19:00—20:00 固定加班（建议但不强制，没有加班也不算异常）	固定周末双休
"大小周＋行政班"	09:00—18:00	单周排班 6 天休息 1 天 双周排班 5 天休息 2 天

操作路径:"考勤管理"—"排班管理"—"轮班规则"。

操作角色:集团假勤专员孙俊,账号密码为"JT07. 学号"。

操作步骤:使用集团假勤专员账号登录 HR 系统,进入"轮班规则"功能节点。点击"创建"按钮,按照表 8-31 数据分别创建"双休+行政班""双休+全天弹性班""双休+大小周""双休+限时弹性班+固定加班特定日""大小周+行政班",录入完毕后点击"保存"—"启用"。

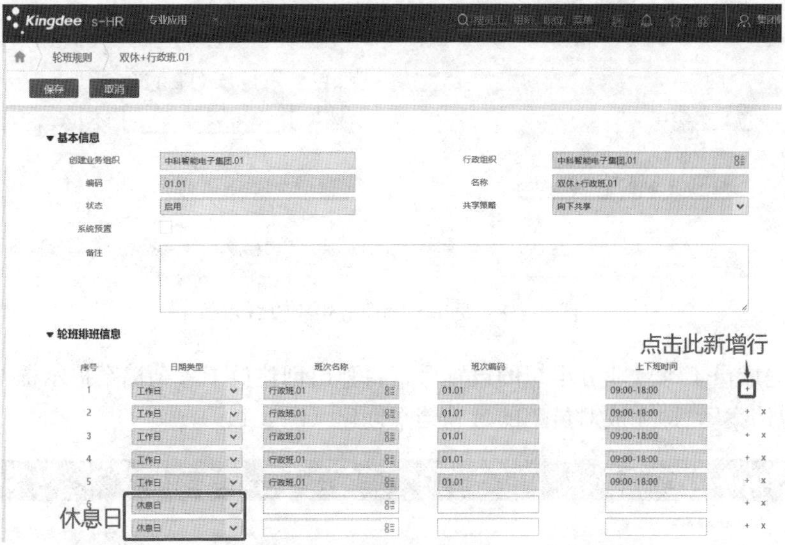

图 8-147　创建轮班规则(以"双休+行政班"为例)

(5)员工考勤业务组织设置。考勤业务组织设置维护员工的考勤业务组织,可查看员工的考勤业务管理关系,是创建员工考勤档案的前提条件。考勤业务组织设置后,员工对应的考勤业务组织可管理该员工的考勤业务。

案例:员工的考勤业务组织为公司统一管理,以集团本部为例,请本部假勤专员文发茂在 HR 系统中完成对本部员工的考勤业务组织设置。

操作路径:"考勤管理"—"日常考勤"—"考勤业务组织设置"。

操作角色:本部假勤专员文发茂,账号密码为"BB04. 学号"。

操作步骤:使用本部假勤专员账号登录 HR 系统,进入"考勤业务组织设置"功能节点。进入后可查看系统内置员工已存在考勤业务组织,而新设员工仍未设置考勤业务组织,因此,在该步骤需要把新设员工的考勤业务组织设置完成。点击工具栏的"批量设置"按钮后,第一步,点击"添加员工",除内置员工 BB01-BB07 外,其余员工全选添加(注意翻页选择);第二步,考勤业务组织选择为"集团本部 . 学号";第三步,生效日期选择为"2020-01-01";第四步,点击"生成预览";第五步,最后点击"提交并接收",具体步骤如图 8-148 所示。

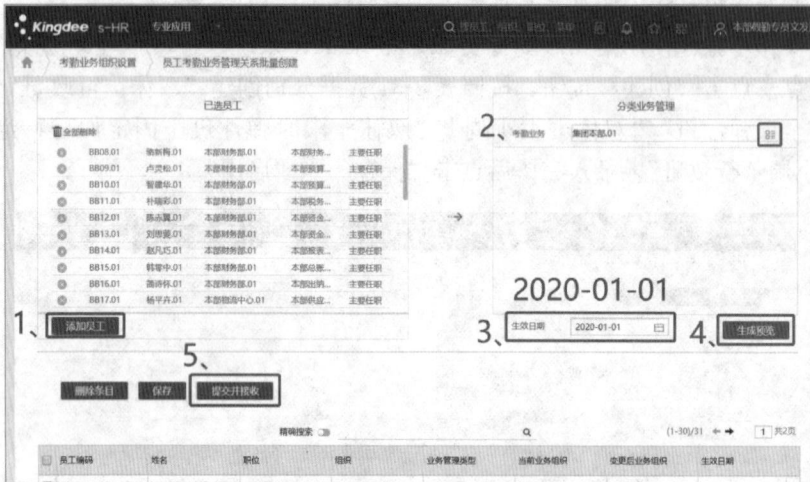

图 8-148　员工考勤业务组织设置步骤

完成员工考勤业务组织的设置后，将弹出创建员工考勤档案提示框，点击"创建档案"，即完成对员工的考勤档案创建（图 8-149）。

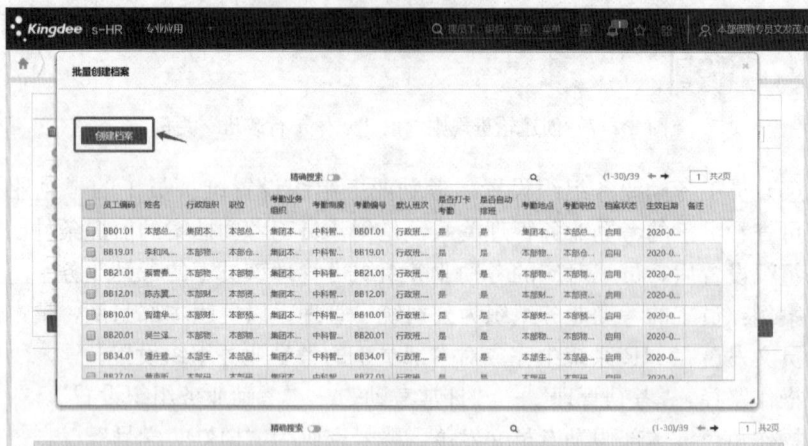

图 8-149　考勤档案创建步骤

（6）员工考勤档案维护。员工考勤档案维护用于维护员工对应的考勤编码、考勤制度、默认班次等信息。进入员工考勤档案列表时，显示的是已创建档案的列表，可以切换到未建档案列表查看没有建档案的员工，并新建员工考勤档案。

案例：在对员工进行排班前，需要在 HR 系统中新建员工考勤档案。

在上一步"员工考勤业务组织设置"节点中，已完成了对员工考勤档案的创建，因此在此步骤中查看即可，无需重复操作。

操作路径："考勤管理"—"日常考勤"—"考勤档案"。

操作角色：本部假勤专员文发茂，账号密码为"BB04. 学号"。

操作步骤：使用本部假勤专员账号登录 HR 系统，进入"考勤档案"功能节点，可查看员工考勤档案已创建，如图 8-150 所示。

图 8-150 考勤档案界面

注意：如考勤档案未创建，即查看"未建档案"页签有数据，请按照新增考勤档案的步骤重新操作。

（7）员工排班。员工排班支持日历式排班和列表样排班，通过轮班规则和批量复制排班等方式快速给员工在规定时间段内进行排班。

案例：在上述案例中，集团假勤专员已完成对取卡规则、班次设置、考勤制度、轮班规则的设置并分配给旗下企业公司，接下来以集团本部为例，引用已分配资源完成对本部员工在 2020 年 1 月 1—31 日的段内排班，排班制度如下：集团本部（直属）、本部财务部、本部行政部、本部法务部员工采用双休＋行政班排班制度。

操作路径："考勤管理"—"排班管理"—"员工排班"。

操作角色：本部假勤专员文发茂，账号密码为"BB04. 学号"。

操作步骤：使用本部假勤专员账号登录 HR 系统，进入"员工排班"功能节点。

首先在表头设置时间处，设置开始日期为"2020-01-01"，结束日期为"2020-01-31"；点击"选择员工"，分别在行政组织处选择"集团本部""本部财务部""本部行政部""本部法务部"查询并添加员工，最后点击"保存"。

　　首先完成对集团本部（直属）员工的新增，如图 8-151 所示。再次点击"选择员工"，并以相同的方式添加"本部财务部""本部行政部""本部法务部"员工，最后点击"确定"。点击"轮班规则"，选择轮班规则为"双休＋行政班．学号"，轮班规则开始序号为"4"，并点击"确定"—"保存"，详细步骤如图 8-152 所示。

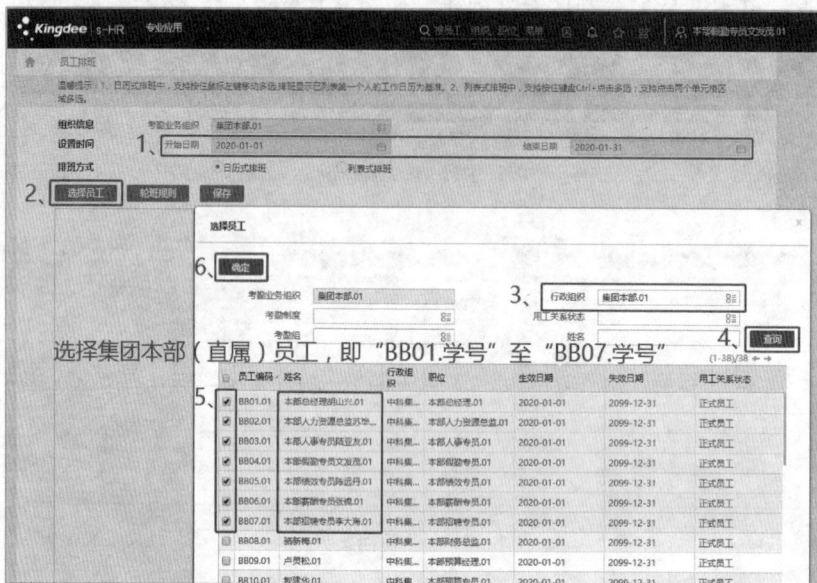

图 8-151　选择排班员工步骤

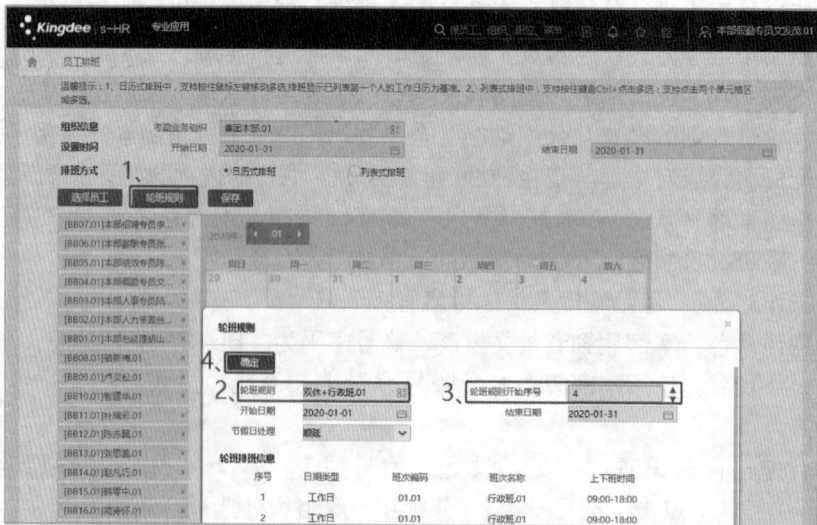

图 8-152　选择轮班规则

注意：如点击"查询"后无员工显示，请返回"员工考勤档案维护"节点中检查是否已完成员工的考勤档案生成；若轮班规则无数据，请返回"轮班规则管控"内容中，检查轮班规则是否已创建并启用。

（8）考勤结果汇算及转薪资。考勤计算具有考勤看板功能，可以查看核对员工的考勤明细及汇总数据。因人力资源系统的出现与使用，将原本烦琐的考勤计算工作缩减为一键生成，系统可自动汇集各员工的排班状况、考勤状况等数据实现快速运算，大大缩减了 HR 在考勤计算上的工作量及人力成本投入。

案例：2020 年 1 月的考勤数据（包括打卡记录、补打卡记录、缺漏卡记录、加班情况、请假情况、出差情况等）汇集于考勤专员处，2 月初，本部考勤专员文发茂对集团本部员工 1 月的考勤结果进行汇总计算、审核、转薪资，以此对薪酬计算提供依据。

请以本部人事专员陆亚友为例，完成考勤结果汇算并转薪资。

操作角色：本部假勤专员文发茂，账号密码为"BB04.学号"。

操作路径："考勤管理"—"日常考勤"—"考勤计算"。

操作步骤：进入"考勤计算"功能节点。在条件筛选栏中录入筛选条件从而筛选出目标计算员工；在"考勤制度"处选择"集团考勤制度.学号"，"考勤周期"处选择"202001"，最后点击"查询"。筛选过滤出"本部人事专员陆亚友"信息行，勾选并点击"计算选中"，该处需计算 2020 年 1 月的考勤数据，因此维护"开始时间"为"2020-01-01"，结束时间为"2020-01-31"，最后点击"确认"运行考勤计算，具体如图 8-153 所示。

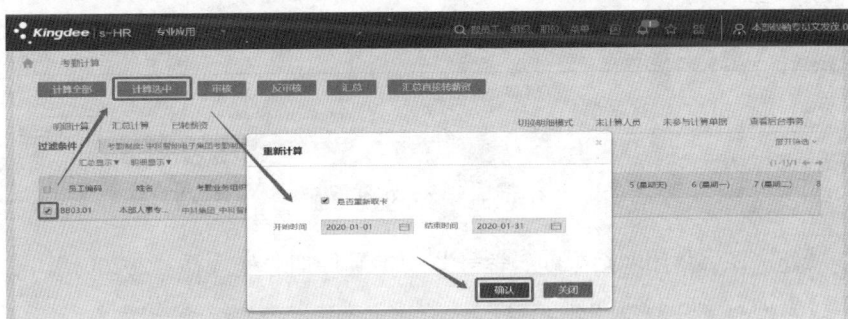

图 8-153 考勤计算

计算完毕显示出考勤结果列表；点击具体考勤员工姓名，可显示出该员工的考勤状况总览（图 8-154）；点击具体日期可显示出该员工考勤状况明细（图 8-155）。

检查考勤结果无误后，选择员工，并点击"审核"—"汇总"。点击"汇总计算"页签，在条件筛选栏中录入筛选条件从而筛选出目标员工；在"考勤

图 8-154　考勤计算

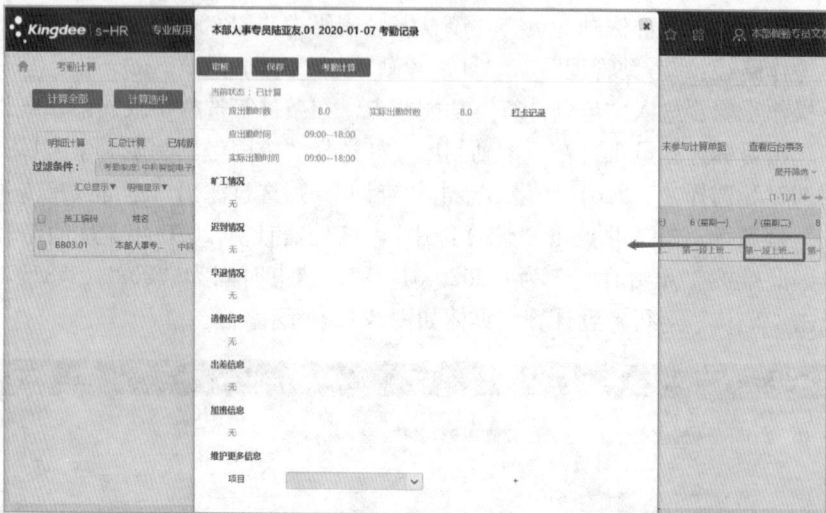

图 8-155　考勤状况明细

制度"处选择"集团考勤制度·学号","考勤周期"处选择"202001",最后点击"查询",如图 8-156 所示。

选中列表员工,点击"审核"并点击"转薪资",转薪资的周期为"2020年 1 月 1 次",代表该考勤数据关联至 2020 年 1 月的薪酬核算,最后点击"确定",具体如图 8-156、图 8-157 所示。

点击"已转薪资"界面,可查看已转薪资员工。同样在条件筛选栏中录入筛选条件从而筛选出目标员工;在"考勤制度"处选择"集团考勤制度·学号","考勤周期"处选择"202001",最后点击"查询"。查询结果如图 8-158所示。

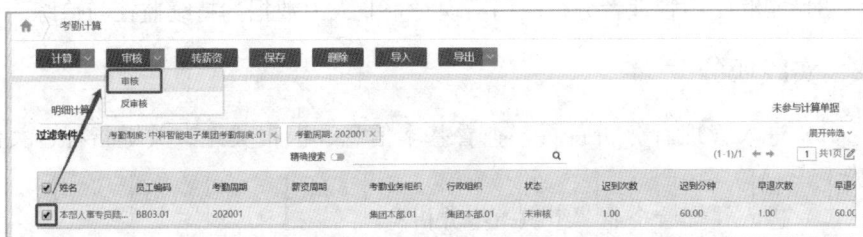

图 8-156　汇总审核界面

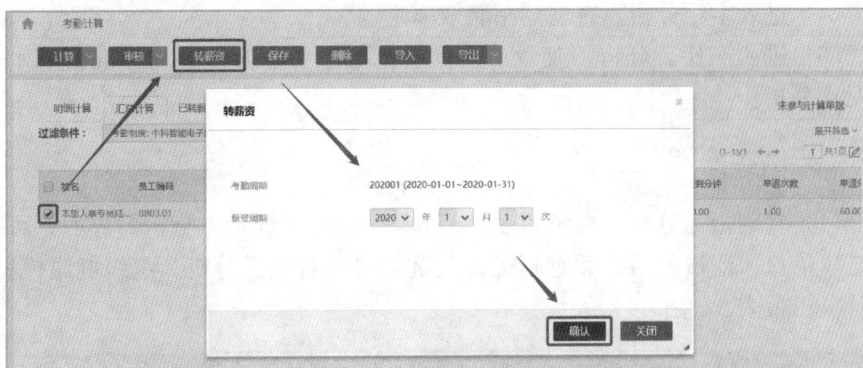

图 8-157　转薪资确认界面

图 8-158　已转薪资列表

6　管理者分析

6.1　学习目标

（1）了解管理者人力资源服务平台应用方法。

（2）以管理者视角，掌握企业人力资源系统经理人端的常用处理业务及操作方法。

（3）能够使用管理者分析应用实现对企业人力数据的持续监控与追踪。

6.2 实践任务

（1）进入管理者分析首页，查看基本信息、汇报关系、关键指标、关键趋势。

（2）进入并查看企业"组织模型分析"。

（3）进入主题分析，查看"员工结构主题"。

（4）进入主题分析，查看"离职分析主题"。

（5）进入主题分析，查看"招聘效率主题"。

（6）进入 HR 云分析，查看市、行业及与注册企业性质的标准薪酬水平的对比分析。

6.3 案例实操

（1）基础指标分析。参考图 8-159 路径，进入"管理者分析"界面，可查看基本信息、汇报关系、关键指标、关键趋势、薪酬云分析、组织健康模型、统计分析报表。

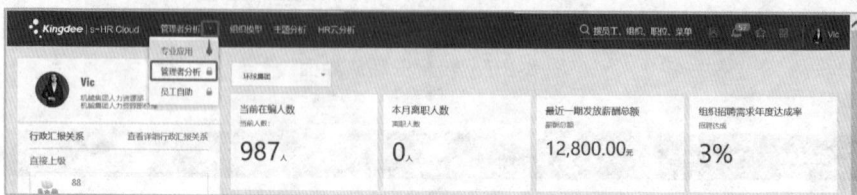

图 8-159　管理者分析进入路径

①基本信息：职位、组织、司龄勋章。

②汇报关系：点击"管理者分析首页"—"汇报关系"可查看行政组织汇报关系，包括下级组织、职位、直属人数（图 8-161）。

③关键指标：如图 8-160，关键预警部分提供当前人数、离职人数、薪酬总额关键指标的展现。

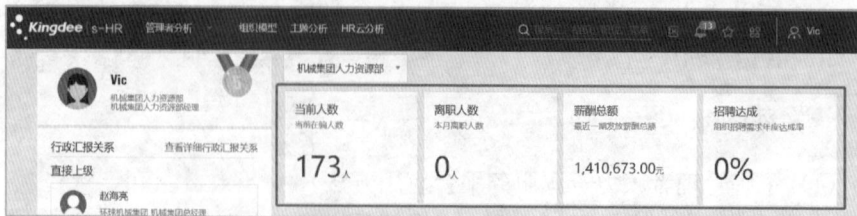

图 8-160　首页的关键指标

图 8-161 行政汇报关系

④关键趋势：点击"关键趋势"查看员工总量趋势、员工流动趋势这两个指标（图 8-162）。员工总量趋势提供近 6 个月当前组织在编人数、编制人数和编制与在编差异率趋势；员工流动趋势提供近 6 个月当前组织入职人数与离职人数的对比趋势。

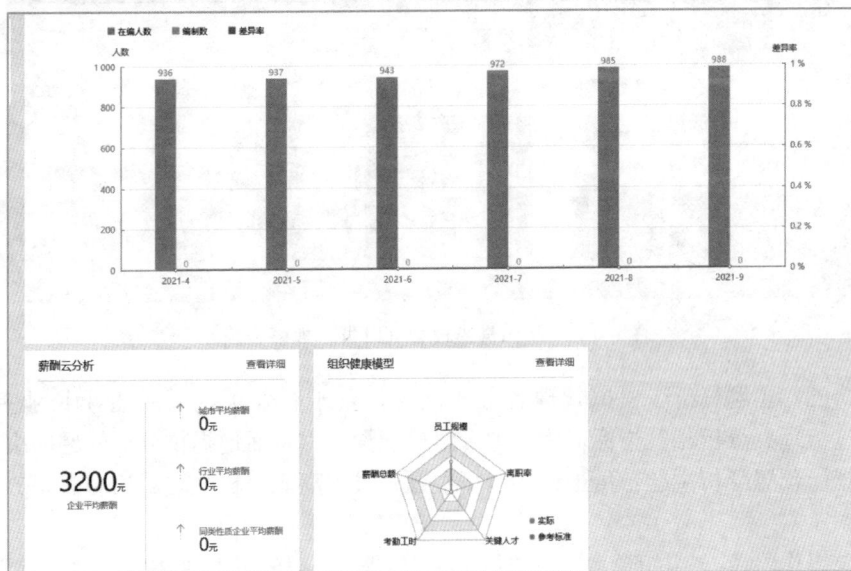

图 8-162 关键趋势

⑤组织健康模型：点击"组织健康模型"查看反映组织健康状况的相关维度指标，包括员工规模、薪酬总额、考勤工时、职务结构、离职率。

注意："管理者分析"功能除依赖菜单功能权限，需要符合相关业务范围检查要求，即只有符合系统中职位负责人和分管领导的用户才有查看该功能的权限；"组织健康模型"需获取人力编制相关指标，系统中需启用人力编制表，其中涉及的常量值如关键人才占比、离职率标准值，需要在"系统设置"—"管理者分析数据上设置"—"人事标准数据设置"中进行设置。

(2) 组织健康模型。通过梳理反映组织健康状况的相关维度指标，应用历史模型原理，以时间轴的呈现方式，通过拖动时间光标，动态展现企业领导者关注的不同时点的组织健康状态，为管理者评估组织的发展状态提供支持；指标模型包括员工规模、薪酬总额、考勤工时、职务结构、员工离职率。

注意：本功能需获取人力编制相关指标，系统中需启用人力编制表；本功能所涉及关键人才占比、离职率标准值，需要在"系统设置—管理者分析数据设置—人事标准数据设置"中进行设置。

操作路径："组织模型"—"组织健康模型"。

组织健康模型的五个相关维度指标均以趋势图的形式呈现，默认取近 6 个月的数据，如图 8-163 的员工规模数据，展现了当前组织近 6 个月的在编人数、去年同期、差异率的对比分析。

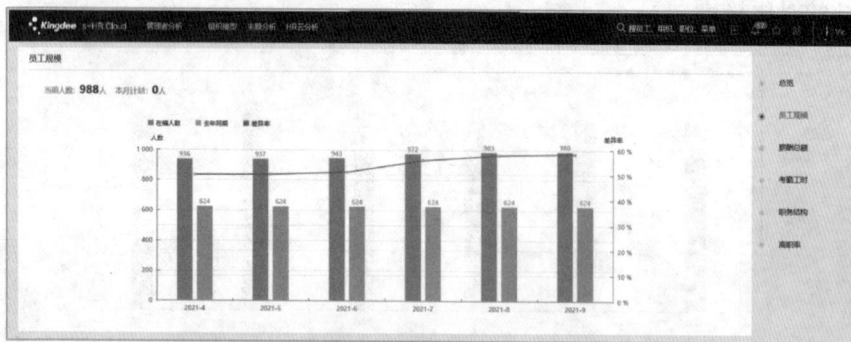

图 8-163　组织健康模型（以员工规模为例）

(3) 主题分析。模拟管理者分析路径，基于企业关注的关键 HR 业务，通过梳理、分析相关指标，为管理者尽可能深入、全面地提供分析问题的决策依据。预置分析主题：员工结构分析主题、员工离职分析主题、招聘效率分析主题。

操作路径："组织模型"—"员工结构主题/离职分析主题/招聘效率主题"。

①员工结构主题。员工结构分析主题提供组织当前员工性别、学历、工

龄、职等、职务结构等实际分布状况及与企业希望达到结构状态的对比差异（图 8-164），以支持管理者对组织当前员工结构状态合理性进行判断。

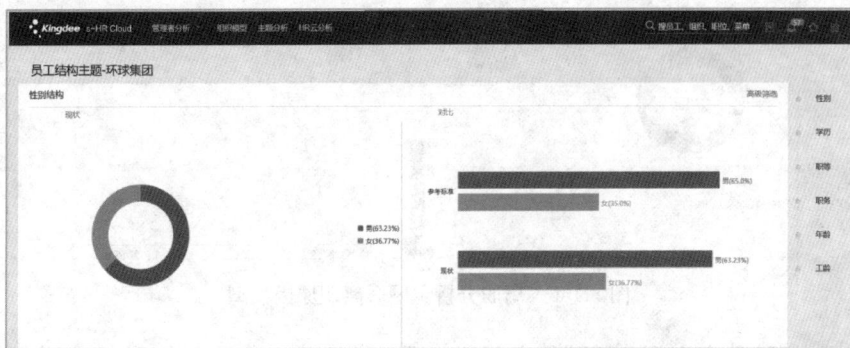

图 8-164 员工结构主题（以性别模型为例）

注意：本功能需在系统中启用职务体系。员工职等/职务族结构分析饼图中的结构项是按系统中在编员工所维护的职等、职务族数据构建的。员工结构对比雷达图中，按"管理者分析数据设置－＞人事标准数据设置"中，职等/职务族标准设置的数据构建。

②离职分析主题。离职分析主题提供组织当前离职率与历史同期对比情况，员工离职结构分析，基于此员工离职原因的相关因素分析，探寻影响企业当前离职情况的相关性因素。

该主题主要提供两类分析功能：

a. 离职结构分析。提供按工龄、年龄、学历、性别维度的离职人员结构分析，包括各维度结构分布的饼图，以及每一维度下不同结构项同期对比的柱状图（图 8-165）。

图 8-165 离职分析主题—离职概况总览模型

b. 离职原因分析。提供本月离职人员按离职原因分布的饼图。通过呈现不同原因的离职人数在不同工作指数（薪酬水平、工作绩效、考勤工时）状态下的分布情况，提供当前员工离职原因与薪酬水平、考勤工时、工作绩效的相关分析（图8-166）。

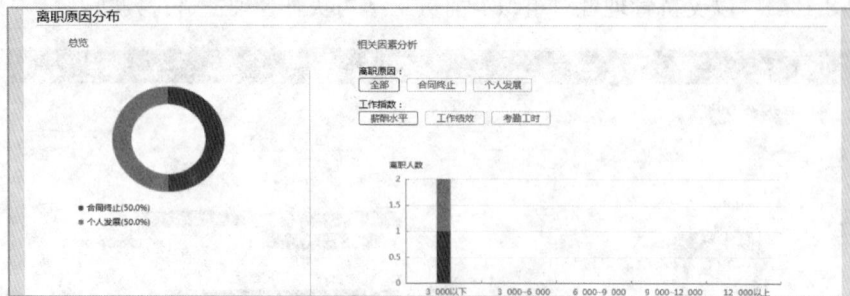

图8-166　离职分析主题—离职原因模型

③招聘效率主题。招聘效率分析主题提供招聘达成漏斗分析、组织内横向对比分析、招聘周期分析和招聘渠道分析。通过招聘效率的分析便于管理者对招聘业务进行决策。

a. 招聘漏斗分析。招聘漏斗分析基于两个维度：全部招聘和关键人才招聘。分析候选人的简历投递到最终入职的漏斗曲线变化及转化率，可查看招聘每个节点的招聘效果（图8-167）。

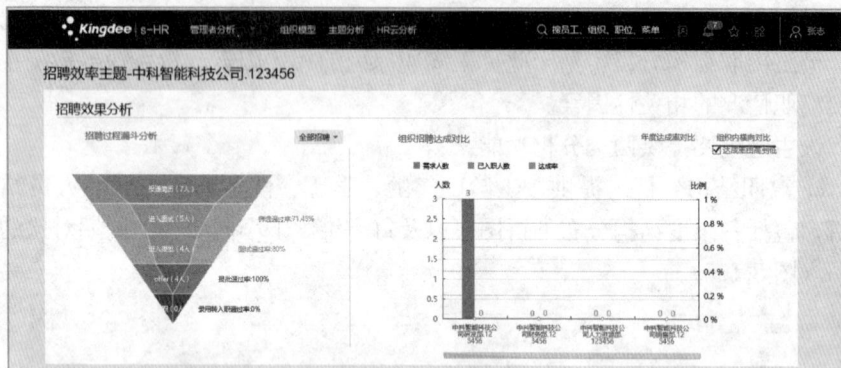

图8-167　招聘效果分析模型

当全部招聘和关键人才招聘两个维度切换时，右侧的年度达到分析和组织内横向对比分析随之联动变化。

b. 招聘录用周期。所选组织的入职人员平均录用周期，分别从年度和月度两个不同维度查看（图8-168）。

分析信息包括录用周期较长的前十职一览、录用周期在组织内横向对比分析。

c. 招聘渠道分析。分别从不同招聘渠道在应聘简历、进入面试简历、进

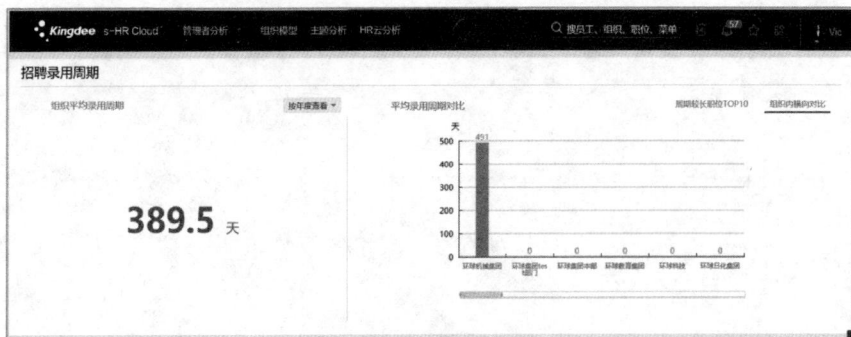

图 8-168　招聘录用周期模型

入报批简历、录用的简历以及最终入职的简历中的占比，分析各个渠道在招聘各个节点的转化。

分析信息包括组织内各个招聘渠道应聘简历数、入职人数对比分析，以及达成曲线的变化分析（图 8-169）。

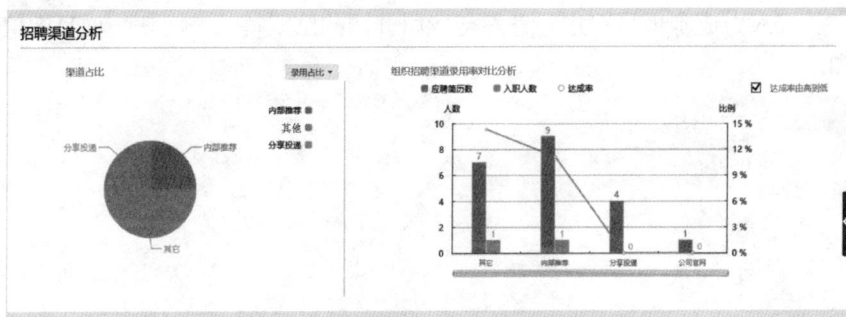

图 8-169　招聘渠道分析模型

（4）HR 云分析。基于云端外部薪酬水平数据获取，为企业高管提供基于客观视角从多个维度（地区、行业、企业性质等）以审视自身企业所处水平，为制定企业 HR 战略和业务管理策略提供决策支持。

操作路径："HR 云分析"—"薪酬云分析"。

提供当前组织近三年员工的平均薪酬水平与该公司所在城市、行业及与注册企业性质的标准薪酬水平的对比分析。

城市、行业、企业类型下拉菜单可切换至不同的城市、行业、企业类型，供管理者将组织当前薪酬水平与其进行对比，以支持相关管理决策分析，具体示例如图 8-170 所示。

注意：使用薪酬云分析服务，需要在 HR 系统进行云服务注册（如未开通云服务，则无法进入 HR 云分析）；薪酬云分析中所应用的系统薪酬总额数

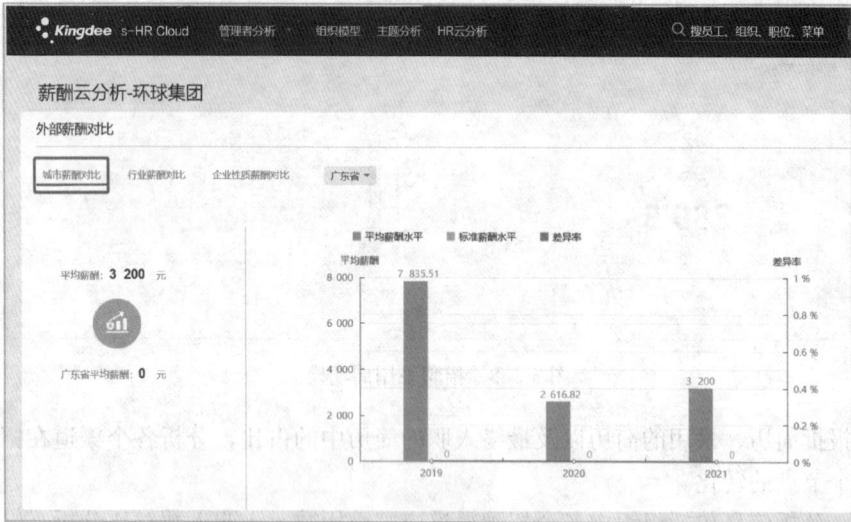

图 8-170 薪酬云分析（以城市薪酬对比模型为例）

据，是按人力成本项目归集，且参与费用分摊的已审核状态的薪酬项目数值的
总和。

第九章 基于 Python＋Matplotlib＋Pyecharts 的实践

本章首先介绍 Pandas 基础、数据获取与保存、数据预处理、数据可视化基础等技术；然后分析人力资源可视化业务需求；最后，基于企业累计的人力资源数据，利用数据分析和可视化的相关知识进行综合应用。

通过本章学习，应该达到如下目标：

【知识目标】

掌握 Pandas 的基础知识，实现对数据的获取与保存、数据预处理、Matplotlib 和 Pyecharts 数据可视化技术。

【技能目标】

根据不同的业务需求，能使用 Matplotlib 和 Pyecharts 控件，能采用合理的图像进行结果展示，实现简单的数据可视化分析。

【能力目标】

通过学习数据可视化技术，尝试基于现有的人力资源相关数据进行分析，为管理层决策提供依据。

1 Pandas 基础

Pandas 命名来源于面板数据 panel data 的英文组合。Pandas 是一个开源 BSD 许可的 Python 核心数据分析库。Pandas 基于 Numpy 构建，提供了一维数据结构、二维数据结构和大量用于数据处理分析的函数和方法，极大提升了 Python 数据分析和建模能力。使用 Pandas，能够方便用户在 Python 语言平台中进行金融、统计和学术等各领域的数据分析工作。

Pandas 包含 Series 和 DataFrame 两种主要数据结构，支持文本文件和 Excel 等文件的读写，提供数据的增加、删除、查询、修改、排序、分组和统计等方面大量的函数和方法。

本节从简介 Pandas 开始，分别对 Pandas 的安装、Series 和 DataFrame 两个主要数据结构、数据的访问和修改等操作进行介绍，为后续的数据处理分析工作打下基础。

1.1 Pandas 安装

（1）使用 Pandas 前一般需先在 Python 中安装 Pandas 库。两种典型的安装方式如下：

①通过 PyPI 的 pip 进行安装：

```
pip install pandas
```

②在 Anaconda 或 Miniconda 环境中安装 Pandas（高版本的 Anaconda 安装的 Python 自带 Pandas 库，不需单独安装）：

```
conda install pandas
```

（2）注意事项。

①Numpy 库是 Pandas 库的基础，Pandas 基于 Numpy 构建中无 Numpy 库，建议安装 Pandas 的时候先检查系统是否安装 Numpy 库，若没有安装可通过以下方式安装：

```
pip install numpy
conda install numpy
```

②Pandas 安装需要一些依赖库，如某些 Python 环境下由于没有安装必要的依赖库，可能会提示。如处理 Excel 的 xls 文件，提示安装支持 xls 文件读写的 xlrd 和 xlwt 库的时候，可按下面命令安装 xlrd 和 xlwt 库：

```
pip install xlrd
pip install xlwt
```

在程序中使用 Pandas 模块之前，要在程序中引入 Pandas 模块才能使用 Pandas 模块提供的函数和方法，程序中引入 Pandas 模块的常用形式如下：

```
import pandas as pd
```

其中 pd 是 Pandas 的别名（pd 是常见的别名命名方式，pd 也可由其他自定义别名代替），在程序中可直接用别名 pd 代替 Pandas。本章中出现的 pd 默认指的是 Pandas 的别名。同理本章中出现的 np 默认指 Numpy 的别名。

1.2　Series 数据结构

Series 数据结构是 Pandas 两种主要数据结构之一，它也可看作构成另外一种数据结构 DataFrame 的基础。Series 数据结构类似一个一维标签数组，即 Series 是由一组数据与一组标签组成的数据结构，数组的标签称为索引（行索引），索引可以是数字或字符串。Series 能够保存任何数据类型（整数、字符串、浮点数、Python 对象等）。

1.2.1　创建 Series 对象

Pandas 的 Serie 类的语法格式定义如下：

```
class pandas.Series (data= None, index= None, dtype= None, name= None, copy= False, fastpath= False)
```

参数 data 表示 Series 保存的数据，数据类型可以是 Python 的字典数据类型、Numpy 的 ndarray 数据类型和标量值。

参数 index 表示索引，该值必须可散列且与数据长度相同。允许使用非唯一索引值。如果未提供 index 参数，默认由 RangeIndex（0、1、2、…、n）设置从 0 开始的数字作为索引；如果数据是 Python 中字典类型的数据，无 index 参数或 index＝None，那么将使用字典数据中的键作为索引。

参数 name 表示设置 Series 列的名称，可选参数，创建对象时若无该参数，则默认 name＝None。

参数 copy 表示复制输入的数据，可选参数，创建对象时若无该参数，则默认 copy＝False。

根据类的定义，创建 Series 对象可通过调用 Pandas 的 Series 方法来实现，带常用参数的语法格式如下：

```
s= pd. Series (data, index, name)
```

变量 s 表示创建的 Series 对象名称。

参数 data 表示数据参数，必须给出，不可省略。

index 参数表示是否指定索引：无 index 参数表示不指定索引创建 Series，默认使用 0 开始的数字作为索引；有 index 参数表示使用指定索引创建 Series。

（1）使用 Numpy 一维数组创建 Series。Numpy 是 Python 中用于计算一个 Python 基础库，Numpy 提供多维数组对及矩阵等各种派生对象，以及用于数组快速操作的数学、逻辑、排序、选择、线性代数和基本统计运算等的 API。Numpy 库的核心是 ndarray 对象，它封装了 Python 的同数据类型的 n 维数组，数组和列表有点类似，如〔6，7，8〕是 Python 列表的表现形式，而〔6 7 8〕是 Numpy 数组的呈现形式。

创建 Numpy 数组可以有多种方式：如从 Python 列表和元组等转换创建 np. array（〔6，7，8〕），从 Numpy 的 arange、random、ones 和 zeros 等函数创建。注意不同函数的用法，例如通过 np. arange() 函数创建一维数组参数个数不同，效果不同：

np. arange(3) ♯输入 1 个参数，起点取默认值 0，步长取默认值 1，终点根据左闭右开原则和输入参数 3 确定为 2，最后数据输出〔0 1 2〕；

np. arange(0，3) ♯输入 2 个参数，起点取第一个参数 0，步长取默认值 1，终点根据左闭右开原则和第二个参数 3 确定为 2，最后数据输出〔0 1 2〕；

np. arange(0，8，2) ♯输入 3 个参数，起点取第一个参数 0，步长取第三个参数 2，终点根据左闭右开原则和第二个参数 8 确定为 6，最后数据输出〔0 2 4 6〕。

Series 通过 Numpy 数组的方式可创建不同的 Series 对象，与 Numpy 数组的区别是 Series 不仅包含值，还包含索引，例如：

```
import numpy as np
import pandas as pd
Narray= np.arange (3)
print (type (Narray))
s= pd.Series (Narray, index= ["row1","row2","row3"])
print (s)
```

输出结果如下：

```
< class 'numpy.ndarray'>
row1    0
row2    1
row3    2
dtype: int32
```

注意：Series 使用 Numpy、标量和列表创建 Series 对象时，若没有指定 index 参数会自动生成整数索引，索引默认值从 0 开始。除了使用默认索引，还可以通过 index 参数手动设置索引，如 index＝ ["row1","row2","row3"]。

（2）使用标量值创建 Series。

```
import pandas as pd
s= pd.Series (90, index= ["a","b","b"], name= 'score')
print (s)
```

输出结果如下：

```
a    90
b    90
b    90
Name: score, dtype: int64
```

（3）使用列表创建 Series。

```
import pandas as pd
data= ['四川', '云南', '贵州']
s= pd.Series (data)
print (s)
```

输出结果如下：

```
0    四川
1    云南
2    贵州
```

（4）使用字典创建 Series。

```
import pandas as pd
data= {'a': '四川', 'b': '云南', 'c': '贵州'}
s= pd.Series (data)
print (s)
```

输出结果如下：

```
a    四川
b    云南
c    贵州
```

1. 2. 2　获取修改 Series 索引和值

对于使用字典方式创建的 Series 对象，或者使用其他方式通过 index 参数设置了字符串索引创建的 Series 对象，对其访问都可用设置的索引进行访问。

若指定了字符串标签索引，在用字符串标签索引访问 Series 对象元素的时候，也可用默认 0 开始数字表示的位置索引访问 Series 对象的值。注意数字位置索引从 0 开始，如 s＝pd. Series（data，index＝［"x","y","z"］），s［0］和 s［"x"］表示 Series 第一个元素，也可以用切片的形式方法例如 s［0：2］，按左闭右开原则输出第一个和第二个元素。

修改 Series 的值可通过索引访问直接赋值修改，也可通过 iloc 或 loc 等属性进行赋值修改。Series 可以通过 append 方法增加数据，通过 drop 方法删除数据。

通过索引获取和修改 Seris 元素值访问代码如下：

```
import pandas as pd
data0= {'a': '四川', 'b': '云南', 'c': '贵州'}
data1= ['四川', '云南', '贵州']
s0= pd. Series（data0）
s1= pd. Series（data1, index= ["a","a","c"]）
print（s0 [0]）           # 输出：四川
print（s0 ['a']）         # 输出：四川
s1 [0] = "四川省成都市"   # 修改 Series 对象元素的值
print（s1 ['a']）         # 字符串索引'a'不唯一，将输出两行对应值四川省成都
                         #  市和云南
print（s1 [0]）           # 输出四川省成都市
print（s1. index）        # 利用 values 属性获取 Series 的索引
print（s1. values）       # 利用 values 属性获取 Series 的值
print（s1 [1: 3]）        # 切片输出元素
```

输出结果如下：

```
四川
四川
a    四川省成都市
a       云南
dtype: object
四川省成都市
Index（['a', 'a', 'c'], dtype= 'object'）
['四川省成都市''云南''贵州']
a    云南
c    贵州
dtype: object
```

1.3　DataFrame 数据结构

Pandas 库中 Series 数据结构可看作由一组数据与一组行索引组成的数据

结构，而 DataFrame 是 Pandas 库中的另一种数据结构，它是由一组数据与一对索引（行索引和列索引）构成的二维表格型数据结构。

类似于 Excel 也可把 DataFrame 看成行列构成的包括行索引和列索引的二维表，其中列是一组有序的列，每列可以是不同数据类型的值，字符型列索引可看作列名或列标签。

DataFrame 也可以看作由多个 Series 共用一个行索引组成的包括行、列和索引构成的二维表格型数据结构，每个 Series 都要有一个唯一标识 Seriesd 的表头。

1.3.1 创建 DataFrame 对象

DataFrame 类的语法格式如下：

```
class pandas.DataFrame (data= None, index= None, columns= None, dtype=
None, copy= None)
```

参数 data：表示数据，可以是 ndarray 数组、Series 对象、列表、字典等，其中字典可以包含系列、数组、常量、数据类或类似列表的对象。如果数据是一个字典，列顺序遵循插入顺序。若字典包含定义了索引的 Series，则按其索引对齐。

参数 index：创建的 DataFrame 的行索引，如果输入数据没有指明索引信息，则索引信息默认为 RangeIndex（0，1，2，…，n）。

参数 columns：列索引，当输入数据没有指明列标签的时候，默认为 RangeIndex（0，1，2，…，n）。如果数据包含列标签，将改为执行列选择。

参数 dtype：列的数据类型。

参数 copy：从输入复制数据。对于字典数据，copy＝None 默认类似于 copy＝True。对于 DataFrame 或 2d ndarray 输入，copy＝None 默认类似于 copy＝False。

根据类的定义，创建 DataFrame 对象可通过调用 Pandas 的 DataFrame 方法来实现，带常用参数的语法格式如下：

```
s= pd.DataFrame (data, index, columns)
```

创建 DataFrame 对象可通过调用 pd.DataFrame() 方法来实现。根据参数 data 的数据类型是什么可分为以下几种情况创建 DataFrame 对象：

（1）从列表或元组创建 DataFrame。从列表（或元组）创建 DataFrame，假设给定数据参数为二维嵌套列表：

```
datalist= [[100, 31, '女', '研究生', '离职'], [101, 41, '男', '研究生',
'在职']]
```

则根据行索引参数 index 和列索引参数 columns 的情况有以下几种主要形式：

①行索引和列索引都是 0 默认开始：

```
df= pd.DataFrame (datalist)
```

②行索引从默认 0 开始，通过 columns 参数指定列索引：

df1= pd. DataFrame（datalist, columns= ['员工编码', '年龄', '性别', '学历', '是否离职']）

③通过 index 参数指定行索引，通过 columns 参数指定列索引：

df2= pd. DataFrame（datalist, columns= ['员工编码', '年龄', '性别', '学历', '是否离职'], index= ["row1","row2"]）

上面关于索引可归纳为：

①若参数 data 仅是一个单一列表，则该列表的值会显示行和列索引都是默认开始的一列。

②若参数 data 仅是一个嵌套列表，则会根据嵌套列表的数量显示成多行多列数据，行、列索引同样是从 0 开始的默认索引。列表里面嵌套的列表也可以换成元组。

③上面两种情况都是 DataFrame() 方法参数 data 仅传入列表，行、列索引都是默认值，若要改变默认的行或列索引，则可以使用 columns 参数自定义列索引，使用 index 参数自定义行索引。

使用列表创建 DataFrame 示例如下：

```
import pandas as pd
datalist= [[100, 31, '女', '研究生', '离职'], [101, 41, '男', '研究生', '在职']] # 嵌套列表
datalist1= ((100, 31, '女', '研究生', '离职'), (101, 41, '男', '研究生', '在职')) # 元组
df= pd. DataFrame (datalist)
df1= pd. DataFrame (datalist1, columns= ('员工编码', '年龄', '性别', '学历', '是否离职'))
df2= pd. DataFrame (datalist, columns= ['员工编码', '年龄', '性别', '学历', '是否离职'], index= ["row1","row2"])
print (df)
print (df1)
print (df2)
```

输出结果如下：

```
      0    1   2    3      4
0   100   31   女  研究生  离职
1   101   41   男  研究生  在职
    员工编码  年龄  性别  学历  是否离职
0    100    31   女   研究生    离职
1    101    41   男   研究生    在职
        员工编码  年龄  性别  学历  是否离职
row1    100    31   女   研究生    离职
row2    101    41   男   研究生    在职
```

注意：下面列表元素为字典的形式，可以不通过指定 columns 参数创建由字典键转换而来的列索引标签。例如：

```
import pandas as pd
# 一维列表方式，字典作为列表元素，一个字典对应一行，
DataDict= [{'员工编码': 100, '年龄': 31, '性别': '女', '学历': '研究生', '是
否离职': '离职'}, {'员工编码': 101, '年龄': 41, '性别': '男', '学历': '研究
生', '是否离职': '在职'}]
df= pd.DataFrame（DataDict）
print（type（df））
print（df）
```

输出结果如下：

```
< class 'pandas.core.frame.DataFrame'>
    员工编码   年龄   性别   学历      是否离职
0    100    31   女    研究生     离职
1    101    41   男    研究生     在职
```

对于列表中字典元素不相同的情况，创建 DataFrame 的时候存在填充 NaN 的情况，即没有对应的部分数据为 NaN。示例代码如下：

```
import pandas as pd
DataDict= [{'员工编码': 100, '年龄': 31, '性别': '女'}, {'员工编码': 101,
'年龄': 41, '性别': '男', '学历': '研究生', '是否离职': '在职'}]
df= pd.DataFrame（DataDict）
print（type（df））
print（df）
```

输出结果如下：

```
< class 'pandas.core.frame.DataFrame'>
    员工编码   年龄   性别   学历      是否离职
0    100    31   女    NaN     NaN
1    101    41   男    研究生     在职
```

（2）使用 ndarrays 创建 DataFrame。Numpy 表示一维或多维数组的是 ndarray 数据类型，Numpy 的 numpy.arange 方法返回的 ndarray 类型的数组对象。在 Numpy 二维数组对象 ndarrays 基础上可以创建 DataFrame，例如：

①默认行列索引创建 DataFrame：

```
df1= pd.DataFrame（np.arange（4）.reshape（2, 2））
```

②指定行列索引创建 DataFrame：

```
df2= pd.DataFrame（np.arange（4）.reshape（2, 2）, index= ["row1","row2"],
columns= ['col1', 'col2']）
```

注意：使用 ndarrays 创建 DataFrame，ndarray 的长度必须相同，如果传递了 index，则索引的长度应等于数组的长度。如果没有传递索引，则默认情况下，索引将是 range（n），其中 n 是数组长度。使用 ndarrays 创建

DataFrame 示例如下：

```
import numpy as np
import pandas as pd
df1= pd. DataFrame (np. arange (4) . reshape (2, 2))
df2= pd. DataFrame (np. arange (4) . reshape (2, 2), index= ["row1","row2"],
columns= ['col1', 'col2'])
df3= pd. DataFrame (np. array( [[100, 31, '女', '研究生', '离职'], [101, 41,
'男', '研究生', '在职']]), columns= ['员工编码', '年龄', '性别', '学历', '是否
离职'], index= ["row1","row2"])
print (df1)
print (df2)
print (df3)
```

输出结果如下：

```
   0  1
0  0  1
1  2  3
      col1  col2
row1   0     1
row2   2     3
      员工编码  年龄  性别  学历    是否离职
row1  100   31  女   研究生   离职
row2  101   41  男   研究生   在职
```

（3）使用字典创建 DataFrame。从字典创建 DataFrame，假设给定数据参数为字典：

```
DataDict= {'员工编码': [100, 101], '年龄': [31, 41], '性别': ['女', '男'],
'学历': ['本科', '研究生'], '是否离职': ['离职', '在职']}
```

则 df＝pd. DataFrame（DataDict）创建 DataFrame 的列索引默认为字典的键。

即通过字典创建 DataFrame，可以通过字典的键自定义列索引，创建的 DataFrmae 默认以字典键为列索引。需要注意：字典中的 value 值只能是一维数组或单个的简单数据类型，如果是数组，则要求所有数组长度一致，如果是单个数据，则每行都添加相同数据。

注意：字典的 key 值就相当于列索引，若没有设置行索引，则行索引还是从 0 开始的默认索引，也可使用 index 参数自定义行索引，例如：

```
pd. DataFrame ({'c1': [1, 3, 5], 'c2': [2, 4, 6]}, index= ['r1', r2', 'r3'])
```

使用字典创建 DataFrame 示例如下：

```
import pandas as pd
DataDict= {'员工编码': [100, 101], '年龄': [31, 41], '性别': ['女', '男'],
'学历': ['本科', '研究生'], '是否离职': ['离职', '在职']}
print (type (DataDict))
```

```
df= pd.DataFrame（DataDict）
print（type（df））
print（df）
```

输出结果如下：

```
< class 'list'>
< class 'pandas.core.frame.DataFrame'>
     员工编号   年龄   性别   学历    是否离职
0    100    31   女    研究生    离职
1    101    41   男    研究生    在职
```

（4）调用其他方法创建。除了调用 Pandas 的 DataFrame（）方法创建 DataFrame 对象外，通过 pandas.read＿excel（）方法、pandas.read＿csv（）方法和 pandas.read＿table（）等方法也可创建 DataFrame 对象，这些方法将在后续内容里面详细介绍用法。

1.3.2　DataFrame 属性和方法

DataFrame 是 Pandas 的一个重要的类，它的属性很多，本节重点介绍 DataFrame 几个属性的含义和返回值。关于 shape、size、values、index、columns、loc、iloc、dtypes 和 T 属性的用法如下：

①属性 ndim：返回维度，若是 DataFrame，则返回数值 2，若是 Series，则返回 1。用法举例：df.ndim。

②属性 shape：返回表示 DataFrame 维度的元组，例如返回的（2，3）则表示 DataFrame 维度 2 行 3 列。用法举例：df.shape 表示返回行数和列数，df.shape［0］表示返回行数，df.shape［1］表示返回行数和列数。

③属性 size：返回 DataFrame 对象中元素的个数。用法举例：df.shape。

④属性 values：返回 Numpy 形式表示的 DataFrame 值，不包括轴标签。用法举例：df.values。

⑤属性 index：返回 DataFrame 中的索引。用法举例：df.index。

⑥属性 columns：返回 DataFrame 中的列标签。用法举例：df.columns。

⑦属性 loc：通过标签筛选 DataFrame 中的数据。详细用法举例在第三节中详细描述。

⑧属性 iloc：通过数字索引筛选 DataFrame 中的数据。

⑨属性 dtypes：返回 DataFrame 中每一列元素的数据类型。

⑩属性 T：返回行列转换后的 DataFrame，即 T 属性实现 DataFrame 的转置。

DataFrame 的方法也很多，本节对几个 DataFrame 类的部分常用方法实现的功能进行介绍。下面简介 info、describe、head、tail、isna、dropna、count、sum、mean、mix、max、groupby、filter 和 corr 方法功能：

①方法 info：实现对 DataFrame 的索引、数据类型（dtype）、列、非空值和内存使用情况等信息的查看。

②方法 describe：实现对 DataFrame 的描述性统计，包括总结数据集分布的集中趋势、分散情况和形状的统计，但不包括 NaN 值。

③方法 head：根据位置返回 DataFrame 对象的前 n 行。默认 n＝5，若 n 为负数，则表示返回除了最后 n 行外的所有行。

④方法 tail：根据位置返回 DataFrame 对象的后 n 行。默认 n＝5，若 n 为负数，则表示返回除了前 n 行外的所有行。

⑤方法 dropna：删除有 NA 值的行或列。参数 axis＝0 或 axis＝'index'表示删除行，参数 axis＝1 或 axis＝'columns'表示删除列。默认删除行。

⑥方法 count：统计行或列中非 NA 的元素的个数。参数 axis＝0 或 axis＝'index'表示按列统计，默认按列统计；参数 axis＝1 或 axis＝'columns'表示按行统计。

⑦方法 sum：按行或列求和；参数 axis＝1 表示按行，默认按列求和 axis＝0。

⑧方法 mean：求平均值；参数 axis＝1 表示按行，默认按列 axis＝0。

⑨方法 mix：求最小值；参数 axis＝1 表示按行，默认按列 axis＝0。

⑩方法 max：求最大值；参数 axis＝1 表示按行，默认按列 axis＝0。

⑪方法 groupby：对数据进行分组统计。

⑫方法 filter：按条件筛选出 DataFrame 的子集。

⑬方法 corr：计算列的两两相关性。

上面是部分属性和方法的简单介绍，详细用法在相关小节案例中说明。

1.3.3　DataFrame 索引修改

前面内容已经介绍过创建 DataFrame 对象的时候，若不指定行或列的索引，则行或列的索引序号是从 0 开始的默认的数字表示的位置索引。当然也可以在 pd.DataFrame（）创建 DataFrame 对象时通过 index 和 columns 参数自定义行和列索引的名称。如果我们创建下面默认行列索引的 DataFrame 对象后，如何修改索引？

```
datalist= [[100, 31, '女', '研究生', '离职'], [101, 41, '男', '研究生', '在职']]
```

```
df= pd.DataFrame (datalist)
```

①可以通过对 df.index 和 df.columns 赋值。

②可以使用 rename（）方法对索引进行重命名：df.rename（index＝{}, columns＝{}, inplace＝False/True）。其中 ♯inplace 参数默认 inplac＝False，不修改原数据；为 inplac＝True 时，会对原数据修改。

③可以用 reset＿index（）方法重置索引，将行索引转换为常规列。

具体代码如下：

```
import pandas as pd
datalist= [[100, 31, '女', '研究生', '离职'], [101, 41, '男', '研究生',
'在职']]
df= pd.DataFrame (datalist)
print (df)
print (df.index)  # 获取行索引
print (df.columns) # 获取列索引
df.columns= ['员工编码', '年龄', '性别', '学历', '是否离职'] # 修改列索引
df.index= ["row1","row2"] # 修改行索引
print (df)
df= df.rename (index= {"row1":"r1","row2":"r2"}, columns= {'是否离职': '
是否在职'})
print (df)
df= df.reset＿index ()
print (df)
```

输出结果如下：

```
     0    1    2     3       4
0   100   31   女   研究生   离职
1   101   41   男   研究生   在职
RangeIndex (start= 0, stop= 2, step= 1)
RangeIndex (start= 0, stop= 5, step= 1)
        员工编码  年龄  性别    学历    是否离职
row1    100    31   女   研究生    离职
row2    101    41   男   研究生    在职
        员工编码  年龄  性别    学历    是否在职
r1      100    31   女   研究生    离职
r2      101    41   男   研究生    在职
     index  员工编码  年龄  性别    学历     是否在职
0     r1    100    31   女   研究生    离职
1     r2    101    41   男   研究生    在职
```

1.3.4 DataFrame 数据访问

对于 DataFrame，可以通过 loc 属性、iloc 属性、head 方法、tail 方法和 take 方法等方式来实现对 DataFrame 数据的访问。

对于 iloc 来说，不管是否用 index 参数指定了行索引标签，iloc 都只能用默认数字表示的位置索引访问数据。下面是常见的几种情况举例：

①返回 Series 类型的单行访问，如 df.iloc [0]。

②返回 DataFrame 类型的单行访问，如 df.iloc [[0]]。

③注意切片方式 iloc 遵循左闭右开。如访问第 1 行到第 2 行：df.iloc [0：2]；访问第 1 行第 2 至 3 列的数据：df.iloc [0, 1：3]。

对于 loc 来说，与 iloc 的区别如下：

①如果 loc 没有指定行索引标签，则用默认位置索引方式访问数据与 iloc 相同。

②如果 loc 用 index 参数指定了行索引标签，则 loc 属性不能使用默认位置索引，只能用指定的索引标签名访问。

③切片索引 loc 为左闭右闭，而 iloc 为左闭右开。

对于 head 和 tail 方法来说，head(n) 方法用于读取前面的 n 行，tail(n) 方法用于读取尾部的 n 行，如果不填参数 n，默认返回 5 行，空行各个字段的值返回 NaN。

DataFrame. take 方法中无参数 axis，或 axis0 时可以对行进行访问。

DataFrame. take 方法中设置参数 axis＝1 时可以对列进行访问。

获取 DataFrame 的列可以采用以下几种方式：

①用属性方式获取单列，如 df. 员工编号。

②以字典访问 key 的值的方式用对应的列名获取单列，如 df（[['学历']]）。

将多列名称放入列表获取多列数据，如 df（[['员工编号', '学历']]）。

访问 DataFrame 中的单元格元素时，可以按列标签在前行标签或索引在后的访问方式，如 df ['学历'] ['row1']。

访问 DataFrame 还可以设定筛选条件对数据进行筛选，如筛选"年龄"列中大于 30 的行：df [df ["年龄"] ＞30]。

访问 DataFrame 数据的综合代码如下：

```
import pandas as pd
datalist= [[100, 31, '女', '研究生', '离职'], [101, 41, '男', '研究生',
'在职'], [102, 25, '女', '本科', '在职'], [103, 23, '男', '本科', '在职']]
df= pd. DataFrame (datalist, columns= ['员工编号', '年龄', '性别', '学历',
'是否离职'], index= ["row1","row2","row3","row4"])
print (" － － － － － 选择单列数据－ － － － － ")
print (df. 员工编号)    # 返回 Series 类型的列
print (df ['学历'])    # 返回 Series 类型的列
print (df [['学历']]) # 返回 Dataframe 类型的列
print (df.loc [:, ['学历']])
print (df.iloc [:, [2]])
print (" － － － － － 选择多列数据－ － － － － ")
print (df.loc [:, ['员工编号', '学历']])    # iloc 选择某几列
print (df.iloc [:, 0：3]) # iloc 选择连续的多列
print (df [['员工编号', '学历']])
print (df.take ([0], axis= 1))
print (df.take ([- 1, - 2], axis= 1))
print (" － － － － － 选择单行或多行数据－ － － － ")
print (df.loc [[" row1"]]) # 返回 Dataframe 类型的第 1 行数据
```

```
print (df.loc ['row1': 'row3']) # 返回连续的第 1 到 3 行数据
print (df.loc [['row1', 'row3']]) # 返回 Dataframe 类型第 1 和 3 行数据
print (df.iloc [[0]]) # 返回 Dataframe 类型的第 1 行数据
print (df.iloc [0: 3]) # 返回 Dataframe 类型的第 1 到 3 行数据
print (df.head (2)) # 返回 Dataframe 类型前 2 行数据
print (df.tail (2)) # 返回 Dataframe 类型后 2 行数据
print (df.take ([0])) #   返回 Dataframe 类型的第 1 行数据
print (df.take ([- 1, - 2))) # #   返回 Dataframe 倒数第 1 行和第 2 行数据
print (" - - - - - - - 选择 Dataframe 单个单元格- - - - - ")
print (df ['学历'] ['row1'])
print (type (df ['学历'] ['row1']))
print (df ['学历'] [3])
print (" - - - - - - - 通过属性 loc 和 iloc 选择 Dataframe 单元格值- - - - - ")
print (type (df.loc ["row1", '学历']))
print (df.loc ["row1","学历"]) # 返回 loc 属性行标签和列标签所选 Dataframe 单
元格值
print (type (df.iloc [1, 1]))
print (df.iloc [1, 1]) # # 返回 iloc 属性行索引位置和列索引位置所选 Dataframe
单元格值
print (" - - - - - - - 属性 loc 和 iloc 选择 Dataframe 类型数据- - - - ")
print (type (df.loc [["row1"], ['学历']]))
print (df.loc [["row1"], ["学历"]]) # 返回 loc 属性行标签和列标签选择的
Dataframe 类型数据
print (df.iloc [[1], [1]]) # # 返回 iloc 属性行索引位置和列索引位置选择的
Dataframe 类型数据
print (df [df ["年龄"] > 30] [['员工编码', '年龄', '性别']])
```

1.3.5 DataFrame 数据增删改

DataFrame 数据的增加、修改和删除等操作有多种方式，下面列出一些实现的方式。

DataFrame 插入新行的操作可通过 loc 属性或 append 方法等来实现，例如：

```
df.loc [len (df.index)] = [104, 25, '男', '研究生', '在职', 10000]
df.append ([104, 25, '女', '研究生', '在职', 20000])
```

DataFrame 插入新行的操作也可以把待插入的行当作一个新的 DataFrame，然后将两个 DataFrame 在纵轴方向上进行拼接。

DataFrame 插入行插入新列可调用 insert 方法，在参数中依次给出插入位置、插入新列的列名和插入的数据就可以，如 df.insert (df.shape [1],"薪水"，[12000，15000，8000，7000])。

DataFrame 添加新列，也可以新建一个列索引并为该索引数据赋值来实现，如增加薪水 df ["薪水"] =[12000，15000，8000，7000]。

修改 DataFrame，也可通过在列与列之间进行相应的运算，比如两列数值

型的列间可进行基本的加、减、乘、除的算术运算和比较运算等来修改列。

DataFrame 删除某列或某行数据可用 drop 方法。drop 方法的用法如下：

```
DataFrame.drop (labels= None, axis= 0, index= None, columns= None, level=
None, inplace= False, errors= 'raise')
```

部分参数说明：

①参数 labels：要删除的标签。

②参数 axis：代表要操作的轴向，axis＝0 表示删除行，默认为 axis＝0，axis＝1 表示删除列。

③参数 inplace：代表删除操作是否对原数据生效，inplace＝Fasle 表示不生效，inplace＝True 表示生效；如果设置 inplace＝True，则会直接在原表格中进行删除操作。

④参数 index：用于指定要删除的行。

⑤参数 columns：用于指定要删除的列。

DataFrame 数据的新增、修改和删除示例代码如下：

```
import pandas as pd
datalist= [[100, 31, '女', '研究生', '离职'], [101, 41, '男', '研究生',
'在职'], [102, 25, '女', '本科', '在职'], [103, 23, '男', '本科', '在职']]
df= pd.DataFrame (datalist, columns= ['员工编码', '年龄', '性别', '学历',
'是否离职'], index= ["row1","row2","row3","row4"])
print (" - - - - - - 添加和修改列- - - - - -")
# df ["薪水"] = [12000, 15000, 8000, 7000] # 增加"薪水"列
df.insert (df.shape [1],"薪水", [12000, 15000, 8000, 7000])   # 增加"薪
水"列
df ["薪水"] = df ["薪水"] + 1000  # # DataFrame 修改列
df.loc [:,"薪水"] = df ["薪水"] + 500
print (df)
print (" - - - - - - 修改 DataFrame 单元格值- - - - - -")
df ['学历'] [0] = '硕士研究生'
df ['学历'] ["row2"] = "博士研究生"
print (df)
df.loc ["row1", '学历'] = '研究生'
df.iloc [1, 3] = '研究生'
print (df)
print (" - - - - - - 添加行- - - - - -")
df.loc [len (df.index)] = [104, 25, '男', '研究生', '在职', 10000]
df.append ([104, 25, '女', '研究生', '在职', 20000])
print (df)
print (" - - - - - - 删除行或列- - - - - -")
df.drop (labels= "row1", axis= 0, inplace= True)
df.drop (labels= "薪水", axis= 1, inplace= True)
print (df)
```

1.3.6　DataFrame 数据排序和分组

使用 DataFrame 的 sort_values 方法可实现排序，语法格式如下：

DataFrame.sort_values (by, axis= 0, ascending= True, inplace= False, kind= 'quicksort', na_position= 'last', ignore_index= False, key= None)

主要参数说明：

①参数 by：代表要排序行或列的字符串或字符串列表。

②参数 axis：排序的轴，默认 axis＝0 代表指定列名排序，axis＝1 则代表指定行索引排序。

③参数 ascending：True 表示升序排序，设置为 False 则表示降序排序。

使用 DataFrame 的 groupby() 方法可实现对数据的分组，分组键是列名可直接列名作为参数，groupby() 方法就会按参数进行列分组，可直接在分组后的数据上对所有可以计算的列进行汇总计算。当不需要所有列进行计算时，可指定列通过索引的方式取出来进行汇总计算。

DataFrame 数据的排序和分组示例代码如下：

```
import pandas as pd
datalist= [[100, 31, '女', '研究生', '离职'], [101, 41, '男', '研究生', '在职'], [102, 25, '女', '本科', '在职'], [103, 23, '男', '本科', '在职']]
df= pd.DataFrame (datalist, columns= ['员工编码', '年龄', '性别', '学历', '是否离职'], index= ["row1","row2","row3","row4"])
print (df.sort_values (by= '年龄')) # 按年龄升序排序
# 按性别和年龄降序排序
print (df.sort_values (by= ['性别', '年龄'], axis= 0, ascending= False))
print (df.groupby ('性别') .count()) # 对所有列按性别分组后计数
print (df.groupby ('性别') ["年龄"] .mean()) # 按性别分组后求平均年龄
```

2　数据获取与保存

数据处理第一步是要获取数据，数据的来源和数据类型有多种，如数据源可以来自各种文件、各类数据库或者爬虫程序爬取等。

本节主要以 Excel 文件和 CSV 文本文件为例介绍如何从文件导入不同类型的外部数据。本节和后面节用到的源文件："./data/pandas_simple_data.xlsx"和"./data/pandas_simple_data.csv"（取市场部工作表生成的 csv 文件）的数据如图 9-1 所示。

本节和后面节代码中出现类似"./data/pandas_simple_data.xlsx"字符串含义说明：

①./表示目前文件夹（目录）。

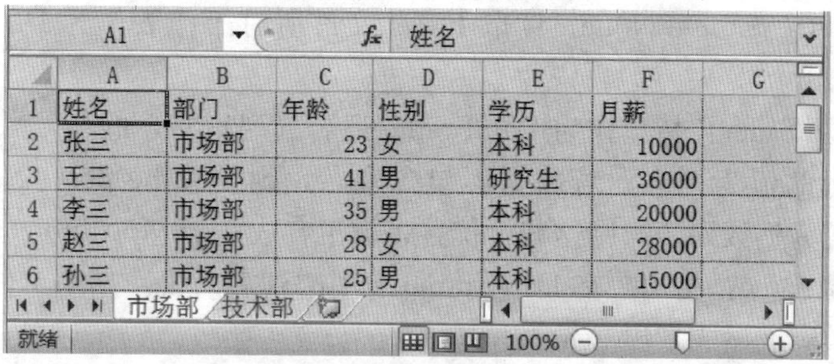

	A	B	C	D	E	F
1	姓名	部门	年龄	性别	学历	月薪
2	张三	市场部	23	女	本科	10000
3	王三	市场部	41	男	研究生	36000
4	李三	市场部	35	男	本科	20000
5	赵三	市场部	28	女	本科	28000
6	孙三	市场部	25	男	本科	15000

图 9-1 市场部工作表数据

②./data/表示当前代码文件所在文件夹下的数据源子文件夹 data，用于存放代码中要读取的已有的文件。

③pandas _ simple _ data. xlsx 表示子文件夹 data 下保存的文件。

④./output/表示代码文件所在文件夹下的 output，用于存放代码中生成的新文件。对于本章代码中输出的文件，若要作为输入使用则存到 data 子文件夹下。

2.1 Excel 文件的读取和保存

pandas. read _ excel() 函数可以读取 xls 和 xlsx 等文件格式的本地文件或指定 URL 的网络文件，支持读取单个工作表或多个工作表，语法格式如下：

```
pandas.read_excel(io, sheet_name=0, header=0, names=None, index_col=None, usecols=None, squeeze=None, dtype=None, engine=None, converters=None, true_values=None, false_values=None, skiprows=None, nrows=None, na_values=None, keep_default_na=True, na_filter=True, verbose=False, parse_dates=False, date_parser=None, thousands=None, decimal='.', comment=None, skipfooter=0, convert_float=None, mangle_dupe_cols=True, storage_options=None)
```

部分参数说明如下：

①参数 io：指出 Excel 文件路径或类文件对象的任何有效的字符串。

②参数 sheet _ name：指出读取 Excel 工作表名称的字符串或者整数表示的工作表位置的整数索引；默认为整数 0；指定 None 则表示读取所有工作表；若指定字符串或整数列表用于请求读取多张工作表。例如：当不指出 sheet _ name 参数则默认为 0，读取 Excel 文件的第一张工作表作为 DataFrame 的数据；当 sheet _ name=1，读取 Excel 文件的第二张工作表作为 DataFrame 的数据；当 sheet _ name="Sheet1"，读取 Excel 文件工作表名称为“Sheet1”的工作表作为 DataFrame 的数据；当 sheet _ name=[0，1,"Sheet5"]，读取

Excel 文件第一个、第二个和名为"Sheet5"的工作表作为 DataFrame 的数据；当 sheet_name＝None，读取 Excel 文件所有工作表作为 DataFrame 的数据。

③参数 header：指出作为 DataFrame 列名（列标签）的行，默认值为 0，即取第一行的值为列名；若数据不包含列名，则设置 header＝None；如果 header 给定为整数列表，则这些行位置将被组合成一个 MultiIndex。

④参数 name：指出要在 DataFrame 使用的列名列表。如果文件不包含标题行，那么应该显式指出 header＝None。

⑤参数 index_col：指出要在 DataFrame 用作行索引的列。默认为不指定。

pandas. DataFrame. to_excel() 方法把 Excel 文件读入 Pandas 的 DataFrame 供后续的数据处理和分析用。若把单个对象写入 Excel 文件，只需指定目标文件名就可以；若要写入多个工作表，需要创建一个具有目标文件名的 ExcelWriter 对象，并指定要写入的工作表；通过指定唯一的 sheet_name 可以写入多个工作表。注意，使用已存在的文件名创建 ExcelWriter 对象将导致现有文件的内容被删除。pandas. DataFrame. to_excel() 方法语法格式如下：

```
pandas. DataFrame. to_excel (excel_writer, sheet_name='Sheet1', na_
rep='', float_format=None, columns=None, header=True, index=True,
index_label=None, startrow=0, startcol=0, engine=None, merge_cells=
True, encoding=None, inf_rep='inf', verbose=True, freeze_panes=None,
storage_options=None)
```

部分参数说明如下：

①参数 excel_writer：指出保存包含 Excel 文件路径和文件名的字符串或 ExcelWriter 对象。

②参数 sheet_name：指出将保存 DataFrame 的工作表的名称，默认 Sheet1。

③参数 float_format：指出保存的浮点数的格式字符串。如 float_format＝"%.2f" 将 0.1234 格式化为 0.12 保存。

④参数 columns：可选参数，指出 DataFrame 的哪些列保存到 Excel 文件。

⑤参数 header：指出 DataFrame 中要保存到 Excel 文件的列；参数类型为布尔型或字符串列表，默认 True，若是字符串列表，则设定它是列名的别名。

⑥参数 index：参数类型为布尔型，默认为 True，指出 DataFrame 的行名（索引）保存到 Excel 文件。

⑦参数 startrow：保存数据的开始行。

⑧参数 startcol：保存数据的开始列。

读取和保存 Excel 文件读写基本用法举例：

```
import pandas as pd
df= pd. read_ excel (". /data/pandas_ simple_ data.xlsx")
df ['月薪'] = df ['月薪'] + 1000
df.to_ excel (". /output/pandas_ simple_ data_ write.xlsx", sheet_ name= '市
场部加薪')
print (df)
```

注意，上述代码中，对于 df＝pd. read_excel (". /data/pandas_ simple_ data. xlsx") 无 sheet_ name 参数，默认读第一张工作表，也可以指定数字序号或名称读写指定的工作表，例如：

```
df= pd. read_ excel (". /data/pandas_ simple_ data.xlsx", sheet_ name= 0)
df= pd. read_ excel (". /data/pandas_ simple_ data.xlsx", sheet_ name=
"市场部")
```

2.2 CSV 文件的读取和保存

文本文件是一种以 ASCII 码方式（也称文本方式）保存的顺序文件。而 CSV 是一种用分隔符分隔的文本文件格式，文件以纯文本形式保存数字和文本表格数据，分隔符常用逗号表示（不限于逗号分隔，也可用其他分隔符）。CSV 文件是一种跨语言的简单易用的文件程序之间进行数据交换的文件格式，可以用作大多数程序输入和输出文件格式。

Pandas 对 CSV 文件格式数据的采集和保存主要通过 Pandas 的 pandas. read_ csv () 函数、pandas. read_ table () 函数和 pandas. DataFrame. to_ csv () 方法。

read_ table 函数语法如下：

```
pandas. read_ table (filepath_ or_ buffer, sep= NoDefault.no_ default,
delimiter= None, header= 'infer', names= NoDefault.no_ default, index_ col=
None, usecols= None, squeeze= None, prefix= NoDefault.no_ default, mangle_
dupe_ cols= True, dtype= None, engine= None, converters= None, true_ values=
None, false_ values= None, skipinitialspace= False, skiprows= None, skipfooter=
0, nrows= None, na_ values= None, keep_ default_ na= True, na_ filter= True,
verbose= False, skip_ blank_ lines= True, parse_ dates= False, infer_ datetime_
format= False, keep_ date_ col= False, date_ parser= None, dayfirst= False,
cache_ dates= True, iterator= False, chunksize= None, compression= 'infer',
thousands= None, decimal= '.', lineterminator= None, quotechar= '"', quoting
= 0, doublequote= True, escapechar= None, comment= None, encoding= None,
encoding_ errors= 'strict', dialect= None, error_ bad_ lines= None, warn_
bad_ lines= None, on_ bad_ lines= None, delim_ whitespace= False, low_ memory=
True, memory_ map= False, float_ precision= None, storage_ options= None)
```

read_csv 函数语法如下：

pandas. read_ csv (filepath_ or_ buffer, sep= NoDefault.no_ default, delimiter= None, header= 'infer', names= NoDefault.no_ default, index_ col= None, usecols= None, squeeze= None, prefix= NoDefault.no_ default, mangle_ dupe_ cols= True, dtype= None, engine= None, converters= None, true_ values= None, false_ values= None, skipinitialspace= False, skiprows= None, skipfooter= 0, nrows= None, na_ values= None, keep_ default_ na= True, na_ filter= True, verbose= False, skip_ blank_ lines= True, parse_ dates= None, infer_ datetime_ format= False, keep_ date_ col= False, date_ parser= None, dayfirst= False, cache_ dates= True, iterator= False, chunksize= None, compression= 'infer', thousands= None, decimal= '.', lineterminator= None, quotechar= '"', quoting = 0, doublequote= True, escapechar= None, comment= None, encoding= None, encoding_ errors= 'strict', dialect= None, error_ bad_ lines= None, warn_ bad_ lines= None, on_ bad_ lines= None, delim_ whitespace= False, low_ memory= True, memory_ map= False, float_ precision= None, storage_ options= None)

read_table 函数和 read_csv 函数的参数大部分相同，因此本小节对它们的部分参数和使用一起说明。

read_table 函数和 read_csv 函数的部分参数说明如下：

①参数 filepath_or_buffer：指出 CSV 文件路径及文件名或类文件对象的任何有效的字符串。

②参数 sep：指出读取 CSV 文件中使用的分隔符，默认分隔符为','，即逗号分隔符。

③参数 delimiter：参数 sep 的别名。

④参数 header：指出读入 DataFrame 的列名和数据的开始：当不指出 header 参数则默认为 0，即 header＝0，读取 CSV 文件的第一行作为列名，其他作为 DataFrame 的数据。

⑤参数 name：指出要在 DataFrame 使用的列名列表，默认为 None。

⑥参数 index_col：指出要在 DataFrame 使用行索引的列。默认为不指定 CSV 数据保存。

⑦参数 encoding：指出读取/写入 CSV 文件时文件的编码格式，默认值为 None，常用编码为 UTF 编码，即 encoding="utf－8"；当读写包含汉字的文件时，可以指定 encoding＝"gb2312" 或 encoding='gbk'。读取包含汉字的 CSV 文件用法举例：

df= pd. read_ csv ('员工.csv', encoding= 'gbk')

或 df= pd. read_ table ('员工.csv', encoding= 'gbk')

或 df= pd. read_ table ('员工.csv', encoding= 'gbk')

Pandas 提供了 pandas. DataFrame. to_csv() 方法把 DataFrame 中的数据保存成 CSV 文件格式，to_csv() 方法语法格式：

DaFrame. to_ csv (path_ or_ buf= None, sep= ',', na_ rep= '', float_ format= None, columns= None, header= True, index= True, index_ label= None, mode= 'w', encoding= None, compression= 'infer', quoting= None, quotechar= '"', line_ terminator= None, chunksize= None, date_ format= None, doublequote= True, escapechar= None, decimal= '.', errors= 'strict', storage_ options= None)

部分参数说明如下：

①参数 path_ or_ buf：指出保存的 CSV 文件路径或类文件对象，默认 None；如果为 None，则结果以字符串形式返回。

②参数 sep：默认为 sep=','，即 CSV 文件中以逗号为分割符。

③参数 na_ rep：指出缺失数据表示形式，默认为 na_ rep=''，即保存。

④参数 float_ format：指出保存的浮点数的格式字符串。

⑤参数 columns：指出 DataFrame 的哪些列保存到 CSV 文件。

⑥参数 header：指出 DataFrame 中要保存到 CSV 文件的列；参数类型为布尔型或字符串列表，默认 True，若是字符串列表，则设定它是列名的别名。

⑦参数 index：参数类型为布尔型，默认为 True，指出 DataFrame 的哪行名（索引）保存到 CSV 文件。

部分参数用法举例：

①用指定分隔符分隔保存数据，例如：df. to_ csv ('1. csv', sep=';')。

②用 NA 替换空值把缺失值保存 NA，例如：df. to_ csv ('1. csv', na_ rep='NA')。

③指定保留小数位数，例如：df. to_ csv ('1. csv', float_ format='%. 3f')。

④保留某列数据的索引列和列名，例如：df. to_ csv ('1. csv', columns= ['name'])。

⑤不保留列名，例如：df. to_ csv ('1', header=False)。

⑥不保留行索引，例如：df. to_ csv ('1', index=False)。

读取和保存 Excel 文件读写基本用法举例：

```
import pandas as pd
df= pd. read_ csv (" ./data/pandas_ simple_ data. csv", encoding= "gbk")
df. to_ csv (" ./output/pandas_ simple_ data_ write. csv", encoding= "gbk")
```

注意：上述代码 read_ csv() 函数中若无 encoding="gbk" 参数，则一般会提示出错，即'utf−8' codec can't decode byte 0xd0 in position 0：invalid continuation byte。上述代码 to_ csv() 若无 encoding="gbk" 参数，则一般输出文件出现如图 9-2 所示的乱码。

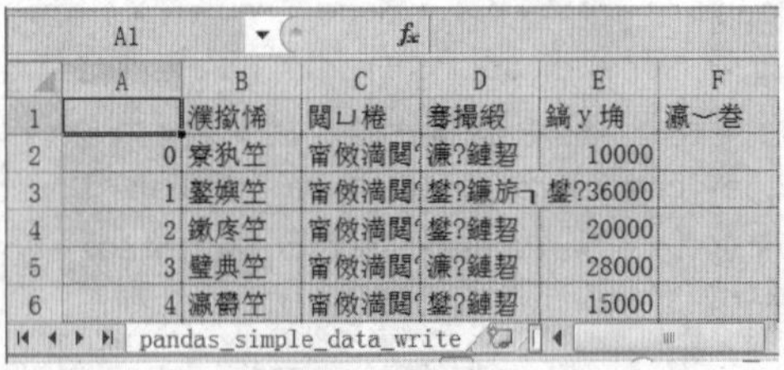

图 9-2　输出文件出现乱码

2.3　其他形式数据读取与保存

Pandas 通过 pandas. read _ json（）函数可以实现对 JSON 类型的数据采集，通过 pandas. DataFrame. to _ json（）方法可以实现 DataFrame 对象数据保存到 JSON 文件，语法格式如下：

pandas. read _ json（path_ or_ buf= None, orient= None, typ= 'frame', dtype= None, convert_ axes= None, convert_ dates= True, keep_ default_ dates= True, numpy= False, precise_ float= False, date_ unit= None, encoding= None, encoding_ errors= 'strict', lines= False, chunksize= None, compression= 'infer', nrows= None, storage_ options= None)

DataFrame. to_ json（path_ or_ buf= None, orient= None, date_ format= None, double_ precision= 10, force_ ascii= True, date_ unit= 'ms', default_ handler= None, lines= False, compression= 'infer', index= True, indent= None, storage_ options= None)

Pandas 对数据库数据的采集可以通过 pandas. read _ sql（）函数、pandas. read _ sql _ query（）函数和 pandas. read _ sql _ table 函数来实现。

三个采集数据库数据的函数 read _ sql、read _ sql _ table 和 read _ sql _ query 的主要区别在于：

①read _ sql _ table 不能进行查询操作，只能够读取数据库的一个表格。

②read _ sql _ query 能进行查询操作但不能直接读取数据库中的某个表。

③read _ sql 则综合了 read _ sql _ table 和 read _ sql _ query 的特点，既能够采集数据库中的某一个表的数据，又能够进行查询操作。

三个函数的语法如下：

pandas. read_ sql（sql, con, index_ col= None, coerce_ float= True, params= None, parse_ dates= None, columns= None, chunksize= None)

pandas. read_ sql_ query（sql, con, index_ col= None, coerce_ float= True, params= None, parse_ dates= None, chunksize= None, dtype= None)

pandas. read_ sql_ table（table_ name, con, schema= None, index_ col= None, coerce_ float= True, parse_ dates= None, columns= None, chunksize= None)

把 DataFrame 中的数据保存到数据库，可以通过 pandas. DataFrame. to _ sql() 方法实现。pandas. DataFrame. to _ sql() 方法将 DataFrame 写入数据库中，语法格式如下：

```
dataFrame.to_ sql (name, con, schema= None, if_ exists= 'fail', index=
True, index_ label= None, chunksize= None, dtype= None, method= None)
```

注意：Python 中导入 sql 文件之前需要先连接数据库，即与数据库连接后才能执行 sql 查询语句。一般情况下 Python 与数据库连接时用的是 pymysql 模块的 pymysql. connect() 方法，连接好数据库以后，才用 read _ sql、read _ sql _ table、read _ sql _ query 或 pandas. DataFrame. to _ sql() 执行相关的操作。

此外，Pandas 可以通过 pandas. read _ htm() 函数、pandas. read _ xml() 函数、pandas. DataFrame. to _ html() 方法、DataFrame. to _ xml() 方法实现对 html 和 xml 格式文件的采集与保存。

3 数据预处理

数据处理一般要先获取数据，获取数据后再对数据进行数据清洗、数据转换、数据提取、数据合并、数据标准化和数据保存等操作，以提高数据的质量，为后续的数据分析做准备。

3.1 数据清洗

数据清洗一般要对原始数据进行缺失数据、重复数据和异常数据的检查和处理，数据清洗的目的是把不符合要求的数据经过检查和处理后得到准确、完整、一致的满足数据质量要求的有效数据，为数据分析做准备。

3.1.1 缺失数据处理

由于数据在采集和存储过程中各环节的原因而出现数据为空的现象，即读入数据存在空值现象，如员工信息中，可能某种原因导致某员工的姓名、身份证号或月薪等信息缺失，因此需要对此类数据进行处理。常用的方法包括估算填充法、删除法和插值计算等方法。

若缺失值可以从已知数据源推导，则可以用平均值、最值、中位数、众数或更为复杂的概率估计代替缺失的估算填充法进行处理。估算填充法简单易用，但可能存在较大误差。删除法即删除包含存在缺失值的行或列的数据，这种方法可能导致样本量减少，影响数据分析。这两种方法的具体使用要看具体情况，比如样本量大可采用删除法。样本量小，比如月薪信息缺失，则可用均值估算填充法进行处理。

Pandas 中的 isnull() 方法可用于检测缺失值，notnull() 方法可检测非缺失值，使用的时候 df. isnull（）和 df. notnull（）两种方法返回都是布尔值 True 或 False。

Pandas 中的 dropna（）方法可用于删除缺失值，Pandas 中的 fillna（）方法可用于填充缺失值，Pandas 中的 interpolate（）方法可用于插值填充缺失值。

下面以一个简单例子演示缺失值用均值填充：

```
import pandas as pd
datalist= [[100, 31, '女', '研究生', '离职'], [101, 41, '男', '研究生',
'在职'], [102, 25, '女', '本科', '在职'], [103, 23, '男', '本科', '在职']]
df= pd. DataFrame (datalist, columns= ['员工编码', '年龄', '性别', '学历',
'是否离职'], index= ["row1","row2","row3","row4"])
df ["薪水"] = [12000, pd. NA, 8000, pd. NA]
# DataFrame 添加新列，NaN (Not-A-Number) 在 pandas 里用作空值 (NA)
print (df)
# 缺失值用平均值代替
ms= df ["薪水"] .mean ()
for i  in range (df. shape [0]):
   if  pd. isna (df ["薪水"] [i]):
       df ["薪水"] [i] = ms
print (df)
```

3.1.2　异常数据处理

读入 DataFrame 中的数据可能出现数据项要求是数字字符但输入变成非数字字符的现象，出现不需要的空格现象，出现数值不在正常范围内的现象，出现逻辑矛盾的数据现象。例如，年龄数据出现负数现象，百分制分数出现大于 100 现象，因此有必要根据具体业务的应用场景对数据的取值范围和逻辑合理性等进行一致性检查，发现异常数据并进行处理。对异常数据的检测和处理的方法包括根据数据业务范围检测、统计学的均方差、回归分析和箱形图统计图等方法对可能的错误值或异常值进行检查。其中均方差检测主要是根据统计的正态分布的标准差范围来进行检测。箱形图检测把数据进行四分位数形式图形化描述，把上限和下限作为数据分布边界，检测超出边界的任意数据，这种部分数值明显偏离其他值的异常值也称为离群点。

下面是简单的基于聚类的离群点检测步骤：

第一，选择 K-Means 等聚类算法进行聚类，将样本集聚为 K 个簇，并得出每个簇的质心。

第二，计算各检测点到最近的质心距离。

第三，计算各检测点到最近质心的相对距离。

第四，与给定的阈值进行比较，若某点距离大于阈值，则可判为离群点。

常用字符类的异常处理 Python 方法：

①Python 移除字符串头尾指定的字符的 strip 方法。默认移除头尾空格或

换行符：str. strip（）；移除字符串头尾指定的字符：str. strip（[chars]），chars 为指定字符。

②Python 指定分隔符对字符串进行切片的 split() 方法。

str. split（str= "", num= string. count（str）).

参数 str 表示指定的分隔符，默认为所有的空字符，包括空格、换行（\n）、制表符（\t）等。参数 num 表示分割次数。默认为-1，即分隔所有。返回值为分割后的字符串列表。

③Python 字符串替换 replace() 方法。

str. replace（old，new [，max]）

功能说明：把字符串 str 中的子串替换成新字符串。

参数说明：参数 old 表示将被替换的子字符串；参数 new 表示新字符串，用于替换 old 子字符串；参数 max 表示可选字符串，替换不超过 max 次。

对于异常值处理方式常用的有填充法（类似缺失值填充）和删除法，使用 DataFrame 对象的 drop_ duplicates() 方法可删除值重复行或列。例如，对数据表重复数据进行删除，保留第一次重复出现的行：

df. drop_ duplicates（inplace= True）
inplace= True：直接在原数据进行删除

3.2 数据转换

数据预处理中可以对数据的类型和格式等进行处理，本小节简介 Python 和 Pandas 中的部分相关函数及方法，例如：

Python 包括数值（Number）、字符串（String）、列表（List）、元组（Tuple）、集合（Set）和字典（Dictionary）六个标准数据类型。其中数值分为 int、float、bool 和 complex。Python 数据类型转换可以分为自动完成的隐式类型转换和使用类型函数转换的显式类型转换两类，其中显示数据类型转换函数有 int()、float() 和 str() 函数。Python 常用 type() 函数判断变量的数据类型。

Pandas 提供 DataFrame. astype（）方法把 Pandas 对象转换为指定的 dtype。

Pandas 提供 Series. to_ dict() 和 DataFrame. to_ dict() 方法把 Series 或 DataFrame 转换为字典，同样提供 DataFrame. from_ dict() 方法从字典转 DataFrame。

Pandas 提供 Series. tolist() 方法把 Series 数据转为列表。

Pandas 提供 stack() 方法、unstack() 方法和 pivot() 方法对数据进行列转换或重排。

Pandas 提供 DataFrame. to ＿ json 方法把 DataFrame 数据转为 json 格式数据。

Pandas 提供 to ＿ datetime（）函数进行批量处理日期数据格式转换。

除了对数据的类型和格式进行处理之外，有时还可能对数据进行归一化，如通过最值归一化对原始数据进行线性变换，将数值映射到 [0，1] 区间，通过标准差标准化进行数据处理，使得处理后的数据均值为 0，标准差为 1。

4 数据可视化基础

数据分析后以图表方式呈现数据分析结果，是广泛使用的直观易懂的数据分析呈现方式，本节对常用的两种数据可视化方式 Matplotlib 和 Pyecharts 作简介，然后以可视化案例形式呈现分析结果。

4.1 Matplotlib 简介

Matplotlib 是一款函数设计以 MATLAB 为参考的 Python 第三方绘图库。使用 Matplotlib 用简单的代码就可以生产直方图、散点图、等高线图、误差图、柱状图甚至图形动画等。目前，Matplotlib 在科学计算领域应用十分广泛，已经成了 Python 中使用较多的绘图库之一。本节先对 Matplotlib 的安装和简单使用方法作简介。

采用以下命令可安装 Matplotlib：

```
pip install matplotlib
```

建议安装 Matplotlib 前先检查系统是否安装 Numpy 库，若没有安装则先安装 Numpy 库，通过以下方式安装：

```
pip install numpy
```

Matplotlib 中绘图使用最多的是 matplotlib. pyplot 模块，pyplot 模块导入方式如下：

```
import matplotlib. pyplot as plt
```

其中 plt 是 pyplot 模块的常用别名，本章在程序中默认用别名 plt 代替 pyplot。

下面以一个最简单代码演示某部门一周出差人数如何通过饼图来表示：

```
import matplotlib. pyplot as plt
plt. rcParams ['font. sans-serif'] = ['SimHei'] # 显示中文字符
plt. pie ([20, 30, 50, 20, 5], explode＝（0.1, 0.1, 0.1, 0.1, 0), autopct＝
"%. 1f% % ", labels= ['星期一', '星期二', '星期三', '星期四', '星期五'])
plt. title ("一周出差人数占比")
plt. show ()
```

效果图如图 9-3 所示。

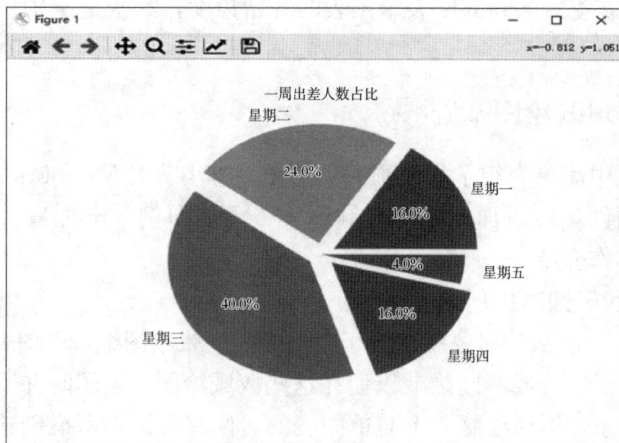

图 9-3　效果图 1

上面画饼图主要步骤可概括为五步：

（1）导入 Matplotlib 的模块 pyplot。

```
import matplotlib.pyplot as plt
```

（2）使用 rcParams 设置字体配置项为中文字体黑体 SimHei。

```
plt.rcParams ['font.sans-serif'] = ['SimHei']
```

注意，若图表中包括中文字符，必须设置中文字体，否则图表上的汉字不能正确显示。其他中文字体包括：宋体 SimSun、新宋体 NsimSun、楷体 KaiTi 和仿宋 FangSong 等。

（3）调用模块 pyplot 中的 pie() 函数创建饼图。

```
plt.pie()
```

（4）调用模块 pyplot 中的 title() 函数设置标题。

```
plt.title()
```

（5）调用模块 pyplot 中的 show() 函数显示图表。

```
plt.show()
```

通过以上五行代码我们就可以画出一个最简单饼图，关于函数 pie 的更多用法可参考下面的 pie 函数的说明。pie 函数及主要参数说明如下：

```
matplotlib.pyplot.pie（x, explode= None, labels= None, colors= None,
autopct= None, pctdistance= 0.6, shadow= False, labeldistance= 1.1, startangle=
0, radius= 1, counterclock= True, wedgeprops= None, textprops= None, center=
(0, 0), frame= False, rotatelabels= False, * , normalize= True, data= None)
```

参数 x 表示统计项的数值；参数 explode 表示饼图中各块扇形间的间隔；参数 labels 表示饼图中各块图形的文字说明；参数 radius 表示半径，默认取 1；参数 colors 表示饼图中各块图形的颜色；参数 autopct 设置饼图内各个扇形百分比显示格式；参数 startangle 表示图表的开始角度，默认是 x 轴正向逆时针开始画图。

4.2 Matplotlib 绘图基础

上一小节中简单介绍了如何画一个饼图，本小节对 Matplotlib 绘图中常用的画布和子图创建、添加标签、绘制图表、添加图例、rc 配置、图表显示和保存相关内容作介绍。

4.2.1 画布和子图对象创建

一个画布（figure）对象就相当于生活中的一张绘图纸，子图（subplot）就相当于把绘图纸划分成不同区域以便在这些区域绘图。绘图时并不是都要创建画布和子图对象，例如绘制一个简单图表的时候就可以不考虑创建画布和创建子图。下面常见的两种情况需要创建画布或子图对象后才绘图：在不同的画布上绘图的时候则需要创建画布，同时在一张画布绘制多个子图并创建子图。

创建画布函数为 pyplot 模块的 figure() 函数，创建子图函数为 figure 模块的 add_subplot() 函数。

figure() 函数原型如下：

```
matplotlib.pyplot.figure (num= None, figsize= None, dpi= None, facecolor=
None, edgecolor= None, frameon= True, FigureClass= < class 'matplotlib. figure.
Figure'> , clear= False, * * kwargs)
    data= None)
```

figure() 函数常见参数说明：参数 num 指定创建画布的编号；参数 figsize 指定画布的大小，默认单位为英寸，以［width，height］形式表示，默认表示为［6.4，4.8］；参数 dpi 指定画布分辨率，即每英寸多少像素；参数 facecolor 用于指定画布背景颜色；参数 edgecolor 用于指定边框颜色，而 frameon 用于设置是否显示边框。

add_subplot() 函数的作用是把画布划分为由行数和列数决定的多个网格的子绘图区域，然后从左到右、从上到下对每个子区域进行编号指定索引号。函数说明如下：

```
add_subplot (* args, * * kwargs)
```

参数 * args 表示子图区域网格的划分方式，常用的有以下几种：

①add_subplot（nrows，ncols，index）。指定网格区域行数、列数、索引号的 3 个位置参数表示形式，即当前绘图区划分成 N 个子图（N＝nrows * ncols），index 代表 N 个子图中的第 index 个子图。例如 fig. add_subplot（2，2，2），表示当前绘图区分成 4 个（2 * 2）子图，在子图 2 * 2 第 2 个位置绘制子图。

②add_subplot（pos）。用一个 3 位数整数表示行、列和索引的位置参数

形式。例如 fig.add _ subplot（222），也表示当前绘图区分成 4 个（2 * 2）子图，在子图 2 * 2 第 2 个位置绘制子图。

③add _ subplot()。不提供参数默认表示形式，默认表示值 111。

通过创建两张画布并把画布分成 4 个子图区域绘制散点图的示例代码注释和效果图如下：

```
import matplotlib.pyplot as plt
x= [3, 9, 1, 10, 6, 8]
y= [2, 13, 9, 16, 13, 7]
fig= plt.figure()
# 默认方式创建第一个画布
fig.add_ subplot (2, 2, 1)
# 当前画布划分成4个子图区，准备在第一个子图区画图
plt.scatter (x, y)
# 在第一个子图区画图
fig.add_ subplot (2, 2, 4)
# 当前画布划分成4个子图区，准备在第4个子图区画图
plt.scatter (x, x)
# 在第4个子图区画图
fig= plt.figure (2, [3, 3])
# 创建编号为2，宽度和高度都为3英寸的第2个画布
fig.add_ subplot (222)
# 第2个画布划分成4个子图区，准备在第2个子图区画图
plt.scatter (x, x)
fig.add_ subplot (223)
# 第2个画布划分成4个子图区，准备在第3个子图区画图
plt.scatter (x, y)
plt.show()
```

效果图如图 9-4 所示（Figure 2 是为截图方便人为调整拖到 Figure 1 的效果）。

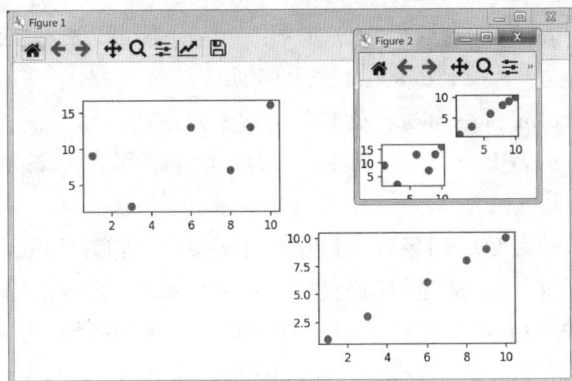

图 9-4　效果图 2

4.2.2　添加标签、绘制图表和添加图例

绘图参数设置和图表创建是绘图的主要部分，包括添加标题、添加坐标轴名称、绘制图表、添加图例等操作。需要注意的是操作步骤中除了添加图例一定要在绘制图表之后操作，其他的先后顺序可根据情况安排。pyplot 模块这部分中关于标签和图例的部分函数介绍如下：

函数 plt.title：添加当前图表的标题，可设置位置、颜色和字号等参数；

函数 plt.xlabel：添加当前图表的 x 轴名称，可设置位置、颜色和字号等参数；

函数 plt.ylabel：添加当前图表的 y 轴名称，可设置位置、颜色和字号等参数；

函数 plt.xlim：设置当前图表的 x 轴数值区间范围；

函数 plt.ylim：设置当前图表的 y 轴数值区间范围；

函数 plt.xticks：设置当前图表的 x 轴的刻度的数量和取值；

函数 plt.yticks：设置当前图表的 y 轴的刻度的数量和取值；

函数 plt.legend：设置图例位置。

4.2.3　rc 配置、图表显示和保存

Matplotlib 的 pyplot 模块使用 rc 配置文件自定义图表默认属性，绘制各种图表的默认属性都是由 rc 配置文件中预定义的参数配置来决定。若要改变默认属性，如视图窗口大小、每英寸的像素点数、线宽、线条颜色、线条样式、字体和字号等属性，可以通过修改默认 rc 参数来实现。rc 参数存储在字典变量中，通过字典的方式进行访问修改 rc 参数。部分参数修改举例：

修改默认字体：

```
plt.rcParams ['font.sans-serif'] = ['SimHei']   # 显示中文字符
```

修改线宽、线条样式和线条颜色：

```
plt.rcParams ['lines.linewidth'] = 2
plt.rcParams ['lines.linestyle'] = '-.'
plt.rcParams ['lines.color'] = 'r'
```

其中 lines.linestyle 的取值含义如下：'—' or 'solid'表示实线，'——' or 'dashed'表示虚线，'—.' or 'dashdot'表示点划线。

其中 lines.color 可用简写、英文单词或十六进制表示，例如：'b'、'blue'和'#0000FF'都表示蓝色，'k'、'black'和' # 000000'都表示黑色，'c'、'cyan'和'#00FFFF'都表示青色。

其中属性名称有专用别名，代码中可用别名，例如：'linewidth'属性的简写别名为'lw'，'linestyle'属性的简写别名为'ls'，'color'属性的简写别名为'c'，'facecolor'属性的简写别名为'fc'，'edgecolor'属性的简写别名为'ec'，'linewidth'属性的简写别名为 'lw'，'markeredgewidth' 属性的简写别名为 'mew'，'antialiased'属性的简写别名为'aa'。

修改坐标轴字号和刻度：

```
plt.rcParams ['xtick.labelsize'] = 10          # 修改 x 轴字体大小；
plt.rcParams ['xtick.major.size'] = 100        # 修改 x 轴最大刻度；
```

修改画布设置：

```
plt.rcParams ['figure.figsize'] = (18.0, 12.0)  # 修改图表最大尺寸
plt.rcParams ['figure.dpi'] = 200               # 每英寸像素点数
```

图表绘制和相关属性设置完成后就可直接使用 plt.show() 函数显示图表。若要把图表保存成图表文件，则调用 plt.savefig() 函数，savefig 函数说明也简单，常用用法就是给出保存路径和文件名，如 plt.savefig ("test.jpg") 或 plt.savefig (". /output/Employee _ age _ analysis _ bar.jpg") 等。

4.3 Matplotlib 绘图应用

本小节以圆环图为例演示如何在实践中绘制圆环图。圆环图又称为嵌套饼图，绘制圆环图以构建基本饼图方法为基础，通过嵌套多个饼图来实现绘制。下面以绘制某公司离职员工占比圆环图为例说明如何绘制圆环图。某公司各部门历年累计离职人数和效果图如图 9-5、图 9-6 所示。

	A	B	C	D
1	部门	男	女	总数
2	全公司	128	96	224
3	行政部	4	8	12
4	市场部	34	51	85
5	研发部	24	13	37
6	制造部	66	24	90

图 9-5　离职人数

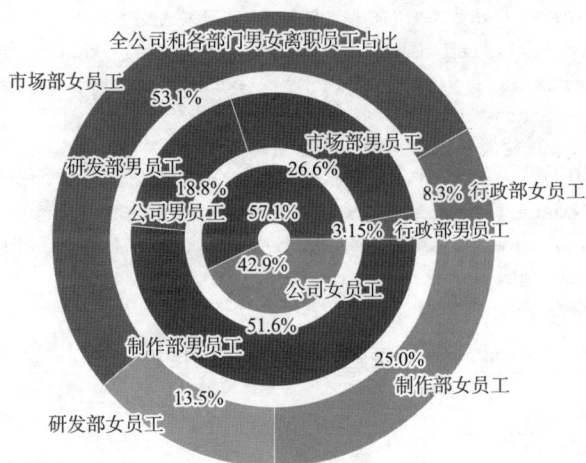

图 9-6　效果图 3

绘制全公司和各部门男女离职员工占比的圆环图步骤如下：

步骤一：数据获取。要用数据可以从 Excel 文件中读取，或者直接以列表或字典等方式创建，例如：

```
import pandas as pd
import matplotlib.pyplot as plt
# df= pd. read_ excel ("XXXX. xlsx") # 读 excel 文件
emp_ dict= {'部门': {0: '全公司', 1: '行政部', 2: '市场部', 3: '研发部',
4: '制造部'}, '男': {0: 128, 1: 4, 2: 34, 3: 24, 4: 66}, '女': {0: 96, 1: 8, 2:
51, 3: 13, 4: 24}, '总数': {0: 224, 1: 12, 2: 85, 3: 37, 4: 90}}
df= pd. DataFrame (emp_ dict)
```

步骤二：绘图数据准备。

```
# 获取全公司男女离职人数
piedata1= df. iloc [0, 1: 3] .tolist()
# 获取各部门男员工离职人数
piedata2= df. iloc [1:, 1] .tolist()
# 获取各部门女员工离职人数
piedata3= df. iloc [1:, 2] .tolist()
```

步骤三：绘图 rc 等参数设置。

```
plt. rcParams ['font. sans-serif'] = ['SimHei']    # 显示中文字符
plt. title ("全公司和各部门男女离职员工占比")    # 设置标题
```

步骤四：设置参数调用 pie() 函数绘图。

```
# 用 pie 函数绘制内圆环, 表示全公司男女离职占比
pielable= ["公司男员工","公司女员工"]
plt. pie (piedata1, radius= 0. 5, labels= pielable, autopct= "% .1f% ",
pctdistance= 0. 3, labeldistance= 0. 5, textprops= {"fontsize": 8,"color": 'k'},
wedgeprops= dict (width= 0. 4, edgecolor= 'w'))
# 用 pie 函数绘制中间圆环, 表示各部门男员工离职占比
pielable1= ["行政部男员工","市场部男员工","研发部男员工","制造部男员工"]
plt. pie (piedata2, radius= 1, labels= pielable1, autopct= "% .1f% ",
textprops= {"fontsize": 9,"color": 'b'}, pctdistance= 0. 6, labeldistance=
0. 7, wedgeprops= dict (width= 0. 4, edgecolor= 'w'))
# 用 pie 函数绘制外圆环, 表示各部门女员工离职占比
pielable2= ["行政部女员工","市场部女员工","研发部女员工","制造部女员工"]
plt. pie (piedata3, radius= 1. 5, labels= pielable2, autopct= "% .1f% ",
pctdistance= 0. 8, labeldistance= 0. 9, textprops= {"fontsize": 10,"color":
'r'}, wedgeprops= dict (width= 0. 4, edgecolor= 'w'))
```

步骤五：保存和显示图表。

```
plt. savefig (" ./output/9- 5. 3_ matplotlib. jpg")
plt. show()
```

4.4 Pyecharts 简介

Echarts 是一款由百度开源的基于 JavaScript 数据可视化图表库，具有良

好的交互性并提供个性化定制实现图表功能。针对 Python 适合用于数据处理和数据分析的特点，就诞生了 Echarts 的 Python 版本 Pyecharts。Pyecharts 提供了简洁的 API 设计，使用方便，支持链式，涵盖了 30 多个常见图表和 400 多个地图文件以及原生的百度地图，支持 Python 的开发环境并可集成到 Flask 和 Django 等 Web 开发框架，分为互不兼容的 V0.5.X 和 V1 两大类版本，V0.5.X 版已经停止维护，目前主流版本是 V1 系列版本。

使用 Pyecharts 需要先安装：

```
pip install pyecharts
```

Pyecharts V1.0 以上的版本支持"对象.方法"方式单独调用和链式调用，下面以一个例子演示 Pyecharts 两种调用方式如何来绘制一个简单柱状图。效果图如图 9-7 所示。

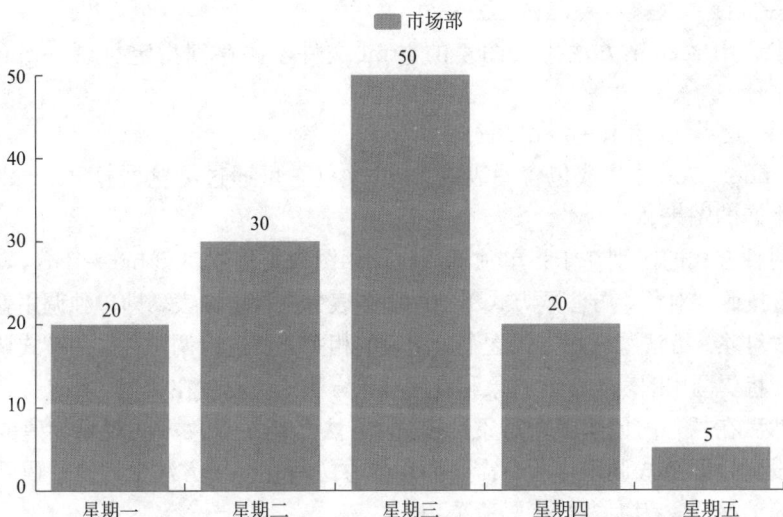

图 9-7 效果图 4

单独调用代码如下：

```
from pyecharts.charts import Bar
# "对象.方法"单独调用方式创建市场部一周出差人次汇总
bar= Bar()
bar.add_xaxis(['星期一','星期二','星期三','星期四','星期五'])
bar.add_yaxis('市场部', [20, 30, 50, 20, 5])
bar.render('.\ output\ pyechart- 01.html')
```

链式调用代码如下：

```
from pyecharts.charts import Bar
# 链式调用方式创建市场部一周出差人次汇总
bar1= (
```

```
Bar()
.add_xaxis(['星期一', '星期二', '星期三', '星期四', '星期五'])
.add_yaxis('市场部', [20, 30, 50, 20, 5])
)
bar1.render(".\output\pyechart-01-1.html")
```

上面代码中两种调用方式的主要步骤可概括为：

①导入相关图表模块，例如：

```
from pyecharts.charts import Bar
```

②创建图表对象，例如：

```
bar= Bar() 或 bar1=(Bar()……)
```

③调用图表对象的方法对图表进行设置，这里对 Bar 图表的 x 轴和 y 轴数据进行了设置，例如：

```
bar.add_xaxis() 或 .add_xaxis()
```

④调用 render 方法生成图表的 html 文件，保存到指定目录 output 中，例如：

```
bar.render() 或 bar1.render()
```

render() 方法生成包含图表的 html 文件，可通过浏览器打开 html 文件查看生产的图表。

两种方式的区别在于：单独调用先调用图表类创建对象 bar＝Bar()，然后再逐行按照"对象.方法"方式单独调用图表方法设置图表，即单独调用就是按常规"对象.方法"调用方式逐个对图表的相关方法进行调用；采用链式调用方法时，将要调用图表类创建对象和调用对象方法的代码放在类似"bar1＝()"之内，然后在括号内创建图表对象、按".方法"调用对象方法对要创建的图表进行设置，即链式调用将所有需要调用的方法写在一个方法里，使代码看上去更加简洁易懂，为大多数代码所采用。

4.4.1 Pyecharts 图表类型

Pyecharts 的图表类型分为基本图表、直角坐标系图表、树型图表、地理图表和组合图表，每个类型具体的图表名称如下。

(1) 基本图表包括：

Calendar：日历图

Funnel：漏斗图

Gauge：仪表盘

Graph：关系图

Liquid：水球图

Parallel：平行坐标系

Pie：饼图

Polar：极坐标系

Radar：雷达图

Sankey：桑基图

Sunburst：旭日图

ThemeRiver：主题河流图

WordCloud：词云图

（2）直角坐标系图表包括：

Bar：柱状图/条形图

Boxplot：箱形图

EffectScatter：涟漪特效散点图

HeatMap：热力图

Kline/Candlestick：K 线图

Line：折线/面积图

PictorialBar：象形柱状图

Scatter：散点图

Overlap：层叠多图

（3）树型图表包括：

Tree：树图

TreeMap：矩形树图

（4）地理图表包括：

Geo：地理坐标系

Map：地图

BMap：百度地图

（5）组合图表包括：

Grid：并行多图

Page：顺序多图

Tab：选项卡多图

Timeline：时间线轮播多图

（6）关于配置项的更多图表说明请查阅官网：https：//pyecharts.org/ ♯/zh-cn/intro。

4.4.2　Pyecharts 配置项

Pyecharts 的配置项分为全局配置项和系列配置项，通过配置项可以对生成图表的参数进行设置，对图表中呈现的内容进行自定义。若要使用配置项设置图表，程序中引入 Pyecharts 模块的 options 函数。常用形式如下：

```
from pyecharts import options as opts
```

其中 opts 是 options 的别名，本章中出现的 opts 默认指的是 options 的别名。

全局配置项可通过 set _ global _ opts 方法设置，主要包括以下类别：

AnimationOpts：Echarts 画图动画配置项

InitOpts：初始化配置项

ToolBoxFeatureSaveAsImagesOpts：工具箱保存图片配置项

ToolBoxFeatureRestoreOpts：工具箱还原配置项

ToolBoxFeatureDataViewOpts：工具箱数据视图工具

ToolBoxFeatureDataZoomOpts：工具箱区域缩放配置项

ToolBoxFeatureMagicTypeOpts：工具箱动态类型切换配置项

ToolBoxFeatureBrushOpts：工具箱选框组件配置项

ToolBoxFeatureOpts：工具箱工具配置项

ToolboxOpts：工具箱配置项

BrushOpts：区域选择组件配置项

TitleOpts：标题配置项

DataZoomOpts：区域缩放配置项

LegendOpts：图例配置项

VisualMapOpts：视觉映射配置项

TooltipOpts：提示框配置项

AxisLineOpts：坐标轴轴线配置项

AxisTickOpts：坐标轴刻度配置项

AxisPointerOpts：坐标轴指示器配置项

AxisOpts：坐标轴配置项

SingleAxisOpts：单轴配置项

上述全局配置项类在创建图表的时候可根据需求自定义设置。常用全局配置项示例如 pyecharts. org 官网中的示例图（图 9-8）所示，根据需要可对图表的标题配置项、图例配置项、视觉映射配置项、提示框配置项和工具箱配置项等呈现内容进行自定义配置，具体用法在后续内容结合具体图表进行说明。

系列配置项主要包括以下类别：

ItemStyleOpts：图元样式配置项

TextStyleOpts：文字样式配置项

LabelOpts：标签配置项

LineStyleOpts：线样式配置项

Lines3DEffectOpts：3D 线样式配置项

SplitLineOpts：分割线配置项

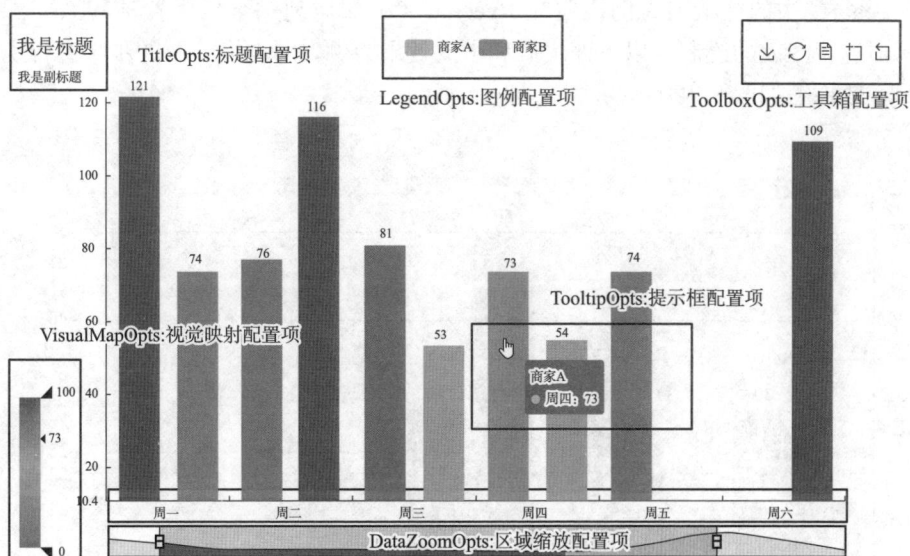

图 9-8   pyecharts.org官网中的示例

MarkPointItem：标记点数据项

MarkPointOpts：标记点配置项

MarkLineItem：标记线数据项

MarkLineOpts：标记线配置项

MarkAreaItem：标记区域数据项

MarkAreaOpts：标记区域配置项

EffectOpts：涟漪特效配置项

AreaStyleOpts：区域填充样式配置项

SplitAreaOpts：分隔区域配置项

MinorTickOpts：次级刻度配置项

MinorSplitLineOpts：次级分割线配置项

GraphicGroup：原生图形元素组件

关于配置项的更多详细说明请查阅官网：https：//pyecharts.org/♯/zh-cn/intro。

4.5 Pyecharts绘图应用

柱状图又称柱形图、长条图、条状图或棒形图，是一种以长方形的长度为变量的统计图。柱状图由一系列长度不等的条形表示数据分布情况。柱状图一般情况下横轴表示数据分类的类别，纵轴表示各类别数量。本小节以

Pyecharts 中的柱状图为例说明在 Pyecharts 中如何利用全局配置项和系列配置项进行图表的绘制。以下面代码和生成效果为例，对图表绘制的步骤进行说明，效果图如图 9-9 所示。

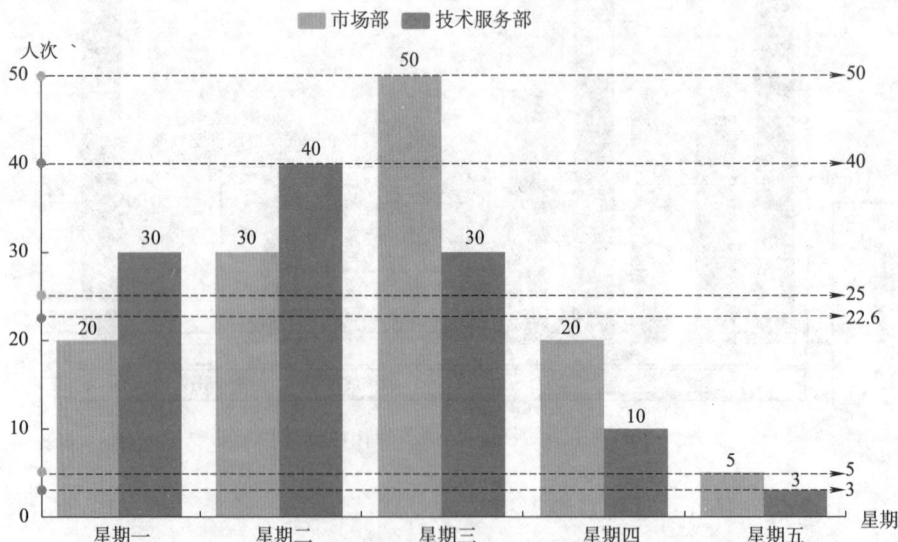

图 9-9　效果图 5

要实现上图，按照链式调用方法，步骤可概括为：

（1）导入相关图表模块，这里导入了 options 和 Bar。

```
from pyecharts import options as opts
from pyecharts.charts import Bar
```

（2）链式调用创建图表对象。

```
bar=（Bar（）…….）
```

（3）链式调用图表对象的方法对图表进行设置。

①调用对象的 add_xaxis 和 .add_yaxis 对坐标轴的类别标签和数据标签进行了设置，其中对设置了 add_yaxis 中的 gap="0％" 参数值越小表明不同系列之间的柱间距离越小：

```
.add_xaxis（['星期一', '星期二', '星期三', '星期四', '星期五']）
.add_yaxis（"市场部", [20, 30, 50, 20, 5], gap="0%"）
.add_yaxis（"技术服务部", [30, 40, 30, 10, 3], gap="0%"）
```

②使用全局坐标轴配置项 AxisOpts 类的 name 属性配置坐标轴名称：

```
yaxis_opts= opts.AxisOpts（name="人次"）
xaxis_opts= opts.AxisOpts（name="星期"）
```

③使用全局坐标轴配置项 TooltipOpts 类配置鼠标放在柱状图上显示柱状名称、类别名称和数量：

```
.set_ global_ opts (tooltip_ opts= opts.TooltipOpts ())
```

④使用柱状图系列配置项的标记线配置项 TMarkLineOpts 配置鼠标放在柱状图上显示最大值、最小值和平均值：

```
opts.MarkLineOpts (
data= [opts.MarkLineItem (type_ = "min", name= "最小值"),
opts.MarkLineItem (type_ = "max", name= "最大值"),
opts.MarkLineItem (type_ = "average", name= "平均值"),]),))
```

⑤调用 render 方法生成图表文件：

```
bar.render (".\ output\ pyechart-bar-1.html")
```

完整实现代码如下：

```
from pyecharts import options as opts
from pyecharts.charts import Bar
bar= (
    Bar ()
    .add_ xaxis (['星期一', '星期二', '星期三', '星期四', '星期五'])
    .add_ yaxis ("市场部", [20, 30, 50, 20, 5], gap= "0%")
    .add_ yaxis ("技术服务部", [30, 40, 30, 10, 3], gap= "0%")
    .set_ global_ opts (
        yaxis_ opts= opts.AxisOpts (name= "人次"),
        xaxis_ opts= opts.AxisOpts (name= "星期"),
        )
    .set_ global_ opts (tooltip_ opts= opts.TooltipOpts ())
    .set_ series_ opts (
        markline_ opts= opts.MarkLineOpts (
            data= [
                opts.MarkLineItem (type_ = "min", name= "最小值"),
                opts.MarkLineItem (type_ = "max", name= "最大值"),
                opts.MarkLineItem (type_ = "average", name= "平均值"),]),))
bar.render (".\ output\ pyechart-bar-1.html")
```

5 大数据人力资源管理综合案例

本节虚拟的公司是一家以产品研发、制造和销售为一体的公司。本节用到的源数据文件（Employee_ raw_ dataset.xlsx）和数据清洗后得到的数据文件（Employee_ data_ cleaning.xlsx）是描述该公司人力资源相关业务的数据源，数据信息包括员工工号、年龄、离职状态、部门、员工的专业领域、性别、工作满意度评价、年薪和员工所在工作地等相关信息。本节以此数据为背景对前面章节中的数据获取、数据预处理、数据分析和可视化的相关知识进行综合应用。

说明：本节中的数据分析方法和可视化代码并非最优化代码，仅供参考，可再对代码进行最优化设计。

5.1 数据获取和预览

本小节通过 Pandas 的 read_excel() 函数读取 data 文件夹下的源文件，数据读取后使用 DataFrame 的 info() 方法预览数据集各列的数据类型、是否为空值和内存占用情况，使用 DataFrame 的 describe() 查看数据集的描述性统计情况，使用 DataFrame 的其他属性或方法预览数据。对数据基本情况进行预览，以便决定采用何种方式对数据进行清洗。

```
import pandas as pd
df= pd. read_ excel ("./data/Employee_ raw_ dataset.xlsx")
print (df.info ())
print (df.describe ())
```

DataFrame 的 info() 方法输出结果如下：

```
< class 'pandas. core. frame. DataFrame'>
RangeIndex: 1532 entries, 0 to 1531
Data columns (total 9 columns):
 #   Column   Non-Null Count   Dtype
---  ------   --------------   -----
 0   工号        1532 non-null    int64
 1   年龄        1509 non-null    float64
 2   在离职       1499 non-null    object
 3   部门        1524 non-null    object
 4   专业领域      1497 non-null    object
 5   性别        1517 non-null    object
 6   工作满意度     1502 non-null    float64
 7   年薪        1507 non-null    float64
 8   工作地       1532 non-null    object
dtypes: float64 (3), int64 (1), object (5)
memory usage: 107.8+ KB
```

从以上 df. info() 结果可知数据集包含 1 532 行数据，行索引类型为默认的位置索引类型"RangeIndex：1532 entries，0 to 1531"；列包含工号、年龄、在离职等 9 列，存在非空行数小于 1 532 行的列，即存在缺失值，例如年龄非空有 1 509 行，年薪非空有 1 507 行，明显存在缺失数值，需要进行处理。

DataFrame 的 describe() 方法输出结果如下：

	工号	年龄	工作满意度	年薪
count	1532.000000	1509.000000	1502.000000	1.507000e+03
mean	1395.315274	34.573227	2.729028	3.184731e+05
std	1002.789559	7.652133	1.106794	2.482721e+05
min	13.000000	8.000000	1.000000	7.264800e+04
25%	679.750000	29.000000	2.000000	1.614960e+05
50%	1125.000000	34.000000	3.000000	2.357640e+05
75%	1846.500000	39.000000	4.000000	3.863160e+05
max	3310.000000	99.000000	4.000000	1.617724e+06

从以上 describe（）信息结果可知，数据包含异常值，如年龄最大值 99、最小值 8 等信息。

进一步预览数据集信息，可用 df.isnull（）.any（axis＝0）预览存在缺失值的列，用 df.isnull（）.any（axis＝1）预览存在缺失值的行；用 df.ndim 属性获取数据集的维度为 2，用 df.shape 属性获取数据集的维度为（1532，9）；用 df.size 属性获取元素个数为 13 788。

此外，还可以用 df［'年龄'］.mean（），df［'年龄'］.max（），df［'年龄'］.min（)和 df［'年龄'］.median（）等 DataFrame 统计方法查看数值型列的统计值。

完整代码如下：

```
from statistics import median
import pandas as pd
df= pd.read_ excel (" ./data/Employee_ raw_ dataset.xlsx")
print (" - - - - info () 信息- - - - ")
print (df.info ())
print (" - - - describe () 信息- - - - ")
print (df.describe ())
print (" - - - 检查每一列是否有缺失值- - - - ")
total_ na_ cols= df.isnull () .any (axis= 0)
print ("存在缺失值的列数:", total_ na_ cols.sum ())
print (total_ na_ cols)
print (" - - - 检查每一行是否有缺失值- - - - ")
total_ na_ lines= df.isnull () .any (axis= 1)
print ("存在缺失值的行数:", total_ na_ lines.sum ())
print (df [total_ na_ lines] .head (2))
print (df [total_ na_ lines] .tail (2))
print (" - - - - ndim- shape- size 信息- - - - ")
print (df.ndim)
print (df.shape)
print (df.size)
print (" - - - - dataframe 统计方法- - - - ")
print (df ['年龄'] .mean (), df ['年龄'] .max (), df ['年龄'] .min (), df ['年龄'] .median ())
```

5.2 数据清洗

从上一小节数据集预览中得出年龄等字段包含异常值和缺失值，需要对数据集进行数据清洗。因给定的初始数据集样本量不小，本小节采用删除法删除存在缺失值的所有行、年龄存在异常值的所有行、完全相同的行（只保留一行）和工号重复的行（只保留一行）。代码如下：

```
import pandas as pd
df= pd. read_ excel (" ./data/Employee_ raw_ dataset. xlsx")
print ("清洗前数据维度:", df. shape)
total_ na_ lines= df. isnull (). any (axis= 1)    # 检查缺失值获取行数
print ("存在缺失值的行数:", total_ na_ lines. sum ())
df. dropna (inplace= True)    # 删除有缺失数值的行
print ("删除缺失数值后的维度:", df. shape)
df. drop_ duplicates (inplace= True) # 删除有重复的行
print ("删除重复行后的维度:", df. shape)
df= df [df ["工号"]. duplicated (keep= 'first') = = False] # 删除工号重复
的行
print ("删除工号重复行后的维度:", df. shape)
df= df [df ["年龄"] < = 60]
df= df [df ["年龄"] > = 18]
print ("删除年龄小于18或年龄大于60的异常值的行后的数据维度", df. shape)
df. to_ excel (" ./data/Employee_ data_ cleaning. xlsx", index= False)
```

输出结果如下：

```
清洗前数据维度：(1532，9)
存在缺失值的行数：125
删除缺失数值后的维度：(1407，9)
删除重复行后的维度：(1394，9)
删除工号重复行后的维度：(1372，9)
删除年龄小于18或年龄大于60的异常值的行后的数据维度(1356，9)
```

从以上结果可知数据集删除存在缺失值的行，删除完全重复的行（只保留一行），删除工号重复的行（只保留一行）和删除年龄异常的行后包含 1 356 行数据。经过数据清洗后生成的数据保存在文件 Employee _ data _ cleaning. xlsx 中，供后面的数据分析用。

5.3 数据分析与可视化

经过数据清洗后的数据，就可以用来进行分析，本小节分别对公司员工年龄情况、男员工和女员工离职及在职情况等进行分析与可视化。

5.3.1 离职人数分析可视化

本部分基于数据清洗后的文件 Employee _ data _ cleaning. xlsx，对全公

司、各部门离职男员工和女员工数量进行分析与可视化。主要用到了 DataFrame 的 groupby（）方法和 count（）方法进行分组统计，用到了 Matplotlib 的圆环图和 Pyecharts 的玫瑰图进行可视化。

（1）离职人数分析。离职人数分析主要用到了 DataFrame 的按列条件过滤方法、groupby() 方法和 count() 方法。即先用过滤条件 df＝df0［df0［'在离职'］＝＝'离职'］筛选出离职人员，然后用 DataFrame 的分组条件 df.groupby（'性别'）进行分组，再用过滤条件 df［df［"性别"］＝＝'男'］等条件过滤筛选男女数据，之后用 groupby（部门'）等条件进行按部门分组统计。

用 dft. to _ excel（"./output/data _ resign _ employee _ numbers. xlsx", index＝False）方法把分析结果保存成文件供后面可视化用。代码和结果如下：

```
import pandas as pd
df0= pd. read_ excel ("./data/Employee_ data_ cleaning.xlsx")
df= df0 [df0 ['在离职'] = = '离职']
resign_ employee= [["全公司", df.groupby ('性别') ['工号'] .count() ['男'],
df.groupby ('性别') ['工号'] .count() ['女'], df ['工号'] .count()]]
rd_ m= df [df ["性别"] = = '男']
rd_ mf= df [df ["性别"] = = '女']
resign_ employee. append (['行政部', rd_ m.groupby ('部门') ['工号'] .count()
['行政部'], rd_ mf. groupby ('部门') ['工号'] .count() ['行政部'], df.groupby
('部门') ['工号'] .count() ['行政部']])
resign_ employee. append (['市场部', rd_ m.groupby ('部门') ['工号'] .count()
['市场部'], rd_ mf. groupby ('部门') ['工号'] .count() ['市场部'], df.groupby
('部门') ['工号'] .count() ['市场部']])
resign_ employee. append (['研发部', rd_ m.groupby ('部门') ['工号'] .count()
['研发部'], rd_ mf. groupby ('部门') ['工号'] .count() ['研发部'], df.groupby
('部门') ['工号'] .count() ['研发部']])
resign_ employee. append (['制造部', rd_ m.groupby ('部门') ['工号'] .count()
['制造部'], rd_ mf. groupby ('部门') ['工号'] .count() ['制造部'], df.groupby
('部门') ['工号'] .count() ['制造部']])
dft= pd. DataFrame (resign_ employee, columns= ['部门', '男', '女', '总数'])
dft. to_ excel ("./output/data_ resign_ employee_ numbers.xlsx", index=
False)
print (dft)
```

输出结果如下：

	部门	男	女	总数
0	全公司	128	98	226
1	行政部	4	8	12
2	市场部	35	51	86
3	研发部	24	13	37
4	制造部	65	26	91

（2）离职人数 Matplotlib 圆环图可视化。离职人数分析 Matplotlib 绘制圆

环图主要用到了 pie() 函数进行绘制图表，通过三个 pie() 函数，把 radius 参数设置成 0.5、1 和 1.5 绘制圆环，分别代表全公司、各部门男员工和女员工的离职人数。效果图如图 9-10 所示。

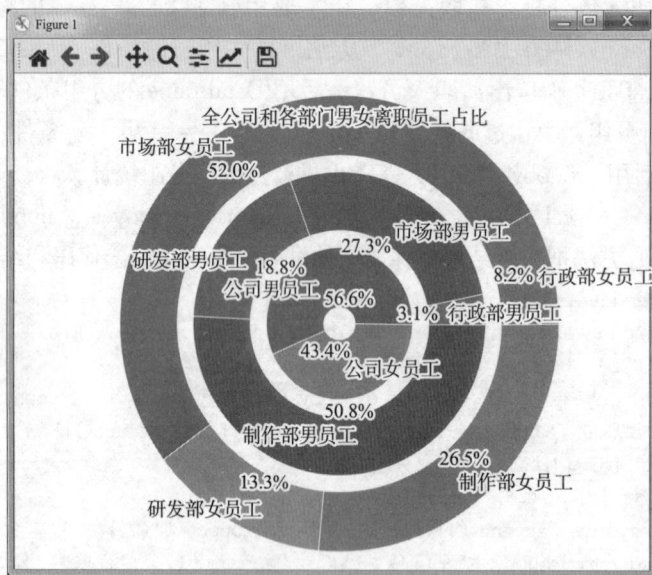

图 9-10　效果图 6

实现上图的代码如下：

```
import pandas as pd
import matplotlib.pyplot as plt
# 读取各部门离职员工分析数据
dft= pd.read_excel(". /output/data_resign_employee_numbers.xlsx")
data_all= dft.iloc[0, 1: 3].tolist()    # 公司离职男女员工
data_rm= dft.iloc[1:, 1].tolist()    # 各部门离职男员工
data_rfm= dft.iloc[1:, 2].tolist()    # 各部门离职女员工
# 绘制全公司和各部门男女离职员工占比的圆环图
plt.rcParams['font.sans-serif'] = ['SimHei']
plt.title("全公司和各部门男女离职员工占比", loc= 'center')
pielable= ["公司男员工","公司女员工"]
plt.pie(data_all, radius= 0.5, labels= pielable, autopct= "% .1f% ",
pctdistance= 0.3, labeldistance= 0.5, textprops= {"fontsize": 8,"color": 'k'},
wedgeprops= dict(width= 0.4, edgecolor= 'w'))
    pielable1= ["行政部男员工","市场部男员工","研发部男员工","制造部男员工"]
    plt.pie(data_rm, radius= 1, labels= pielable1, autopct= "% .1f% ",
textprops= {"fontsize": 9,"color": 'b'}, pctdistance= 0.6, labeldistance=
0.7, wedgeprops= dict(width= 0.4, edgecolor= 'w'))
    pielablem= ["行政部女员工","市场部女员工","研发部女员工","制造部女员工"]
```

```
plt.pie（data_ rfm, radius= 1.5, labels= pielablem, autopct= "% .1f% % ",
pctdistance= 0.8, labeldistance= 0.9, textprops= {"fontsize": 10,"color":
'r'}, wedgeprops= dict (width= 0.4, edgecolor= 'w'))
    plt.savefig (" ./output/9- 6.3.1resign_ employee_ numbers_ NetedPie.jpg")
    plt.show()
```

（3）离职人数 Pyecharts 玫瑰图可视化。离职人数分析 Pyecharts 玫瑰图主要用到了 Pie（）方法，通过设置 radius＝［"30％","75％"］、center＝［"25％","50％"］和 rosetype＝" radius" 等主要参数来实现效果控制，效果通过打开生成的 html 文件来查看。效果图如图 9-11 所示。

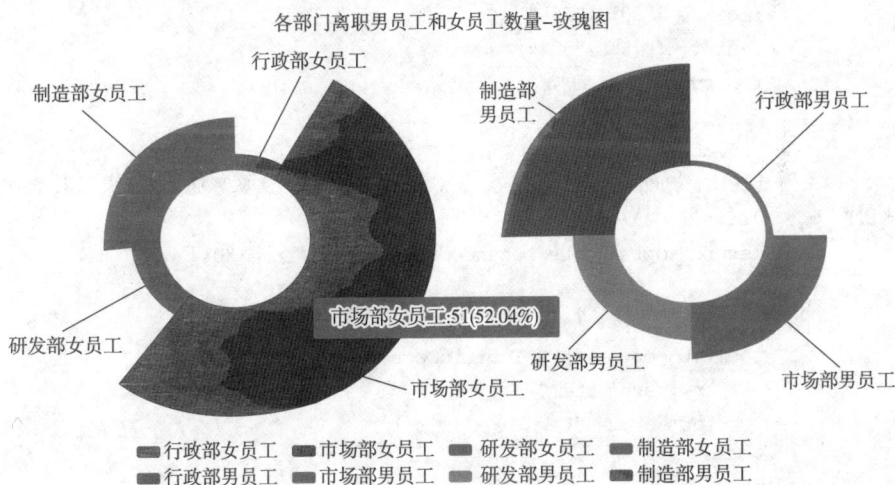

图 9-11　效果图 7

实现上图的代码如下：

```
import pyecharts.options as opts
import pandas as pd
from tkinter import BOTTOM, CENTER
from pyecharts import options as opts
from pyecharts.charts import Pie
dft= pd.read_ excel (" ./output/data_ resign_ employee_ numbers.xlsx")
data_ all= dft.iloc [0, 1: 3].tolist()    # 公司离职男女员工
data_ rm= dft.iloc [1:, 1].tolist()     # 各部门离职男员工
data_ rfm= dft.iloc [1:, 2].tolist()    # 各部门离职女员工
lable= dft ["部门"]
lablem= ["行政部男员工","市场部男员工","研发部男员工","制造部男员工"]
lablefm= ["行政部女员工","市场部女员工","研发部女员工","制造部女员工"]
rspie= (
    Pie()
    .add (
```

```
        "",
        [list (z) for z in zip (lablefm, data_ rfm)],
        radius= ["30%","75%"],
        center= ["25%","50%"],
        rosetype= " radius",
        label_ opts= opts. LabelOpts (is_ show= True),
    )
    . add (
        "",
        [list (z) for z in zip (lablem, data_ rm)],
        radius= ["30%","75%"],
        center= ["75%","50%"],
        rosetype= " area",
    )
    . set_ global_ opts (
        title_ opts= opts. TitleOpts (title= "各部门离职男员工和女员工数量-玫
瑰图", pos_ left= '30%'),
        legend_ opts= opts. LegendOpts (pos_ bottom= "0%"),
    )
    . set_ series_ opts (
        tooltip_ opts= opts. TooltipOpts (
            trigger= "item",
            formatter= "{b}: {c} ({d}% )"
        )
    )
)
```

rspie. render (" ./output/9- 6. 3. 1resign_ employee_ numbers_ pie_ rosetype. html")

5.3.2 在职人员年龄分析可视化

本部分基于数据清洗后的文件 Employee _ data _ cleaning. xlsx，对全公司、各部门、男员工和女员工年龄情况进行分析与可视化。主要用到了 DataFrame 的 groupby()、min()、max() 和 mean() 等方法进行分组统计，用到了 Matplotlib 和 Pyecharts 的柱状图进行可视化。

（1）在职人员年龄分析。在职人员年龄分析先用过滤条件 df=df0 [df0 ['在离职'] =='在职'] 筛选出在职人员，然后用 DataFrame 的 df ['年龄'] . max() 等方法计算全公司年龄情况，接着用分组条件 df. groupby ('部门') ['年龄'] . max() ['行政部'] 等方法计算各部门在职人员、全公司男员工、全公司女员工年龄的最大值、最小值、平均值和中位数等情况。

用 df. to _ excel (" ./output/Employee _ age _ analysis. xlsx", index= False 方法把分析结果保存成文件供后面可视化用。代码和结果如下：

```
import pandas as pd
df= pd.read_ excel (" ./data/Employee_ data_ cleaning.xlsx")
df= df [df ['在离职'] = = '在职']
age_ list= []
age_ list.append (['全部', df ['年龄'] .max(), df ['年龄'] .min(), df ['年龄'] .mean() .round (1), df ['年龄'] .median()])
age_ list.append (['行政部', df.groupby ('部门') ['年龄'] .max() ['行政部'], df.groupby ('部门') ['年龄'] .min() ['行政部'], df.groupby ('部门') ['年龄'] .mean() ['行政部'] .round (1), df.groupby ('部门') ['年龄'] .median() ['行政部']])
age_ list.append (['市场部', df.groupby ('部门') ['年龄'] .max() ['市场部'], df.groupby ('部门') ['年龄'] .min() ['市场部'], df.groupby ('部门') ['年龄'] .mean() ['市场部'] .round (1), df.groupby ('部门') ['年龄'] .median() ['市场部']])
age_ list.append (['研发部', df.groupby ('部门') ['年龄'] .max() ['研发部'], df.groupby ('部门') ['年龄'] .min() ['研发部'], df.groupby ('部门') ['年龄'] .mean() ['研发部'] .round (1), df.groupby ('部门') ['年龄'] .median() ['研发部']])
age_ list.append (['制造部', df.groupby ('部门') ['年龄'] .max() ['制造部'], df.groupby ('部门') ['年龄'] .min() ['制造部'], df.groupby ('部门') ['年龄'] .mean() ['制造部'] .round (1), df.groupby ('部门') ['年龄'] .median() ['制造部']])
age_ list.append (['男员工', df.groupby ('性别') ['年龄'] .max() ['男'], df.groupby ('性别') ['年龄'] .min() ['男'], df.groupby ('性别') ['年龄'] .mean() ['男'] .round (1), df.groupby ('性别') ['年龄'] .median() ['男']])
age_ list.append (['女员工', df.groupby ('性别') ['年龄'] .max() ['女'], df.groupby ('性别') ['年龄'] .min() ['女'], df.groupby ('性别') ['年龄'] .mean() ['女'] .round (1), df.groupby ('性别') ['年龄'] .median() ['女']])
df= pd.DataFrame (age_ list, columns= ['部门', '最大年龄', '最小年龄', '平均年龄', '中位数'])
df.to_ excel (" ./output/Employee_ age_ analysis.xlsx", index= False)
print (df)
```

输出结果如下：

	部门	最大年龄	最小年龄	平均年龄	中位数
0	全部	54	18	34.8	35.0
1	行政部	54	24	36.8	37.0
2	市场部	51	18	35.1	35.0
3	研发部	49	26	34.7	35.0
4	制造部	46	18	34.4	34.0
5	男员工	51	18	35.5	35.0
6	女员工	54	19	33.6	33.0

（2）在职人员年龄 Matplotlib 柱状图可视化。根据在职人员年龄情况的统计分析结果，采用 Matplotlib 柱状图对年龄情况进行可视化，主要用到了 fig，

ax＝plt. subplots（） 和 ax. bar（） 等函数进行绘制图表和参数设置。用
Matplotlib绘制年龄情况的效果图如图9-12所示。

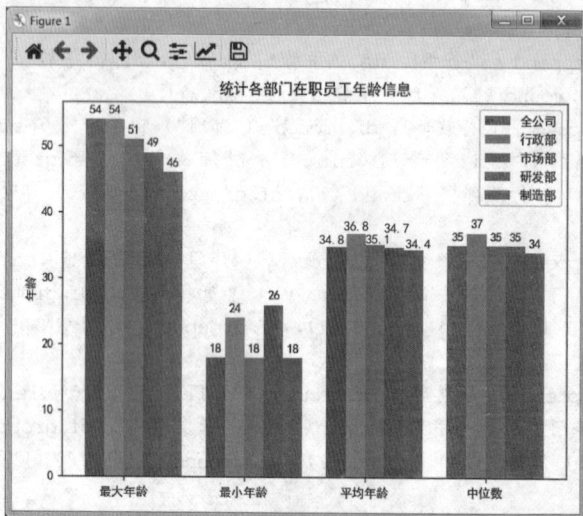

图9-12　效果图8

实现上图的代码如下：

```
import pandas as pd
import matplotlib.pyplot as plt
import numpy as np
dft= pd.read_excel（"./output/Employee_age_analysis.xlsx"）
all_pesron= dft.iloc[0][1:].tolist()
admin_dep= dft.iloc[1][1:].tolist()
market_dep= dft.iloc[2][1:].tolist()
research_dep= dft.iloc[3][1:].tolist()
manufacturing_dep= dft.iloc[4][1:].tolist()
plt.rcParams['font.sans-serif'] = ['SimHei']
labels= ['最大年龄', '最小年龄', '平均年龄', '中位数']
x= np.arange（len（labels））
total_width= 0.8
n= 5
width= total_width/n
x= x-（total_width-width）/2
fig, ax= plt.subplots()
rects1= ax.bar（x- 1.5* width, all_pesron, width, label= '全公司'）
rects2= ax.bar（x-width/2, admin_dep, width, label= '行政部'）
rects3= ax.bar（x+ width/2, market_dep, width, label= '市场部'）
rects4= ax.bar（x+ width/2+ width, research_dep, width, label= '研发部'）
rects5= ax.bar（x+ width/2+ 2* width, manufacturing_dep, width, label=
```

```
'制造部')
    ax.set_ylabel ('年龄')
    ax.set_title ('统计各部门在职员工年龄信息')
    ax.set_xticks (x, labels)
    ax.legend()
    ax.bar_label (rects1, padding= 3)
    ax.bar_label (rects2, padding= 3)
    ax.bar_label (rects3, padding= 3)
    ax.bar_label (rects4, padding= 3)
    ax.bar_label (rects5, padding= 3)
    fig.tight_layout()
    plt.savefig (" ./output/9- 6.3.2Employee_ age_ analysis_ bar_ matplotlib.
jpg")
    plt.show()
```

（3）在职人员年龄 Pyecharts 柱状图可视化。根据在职人员年龄情况的统计分析结果，采用 Pyecharts 的 Bar() 方法对全公司、各部门和男女员工的年龄情况进行了可视化，制柱状图，效果图如图 9-13 所示。

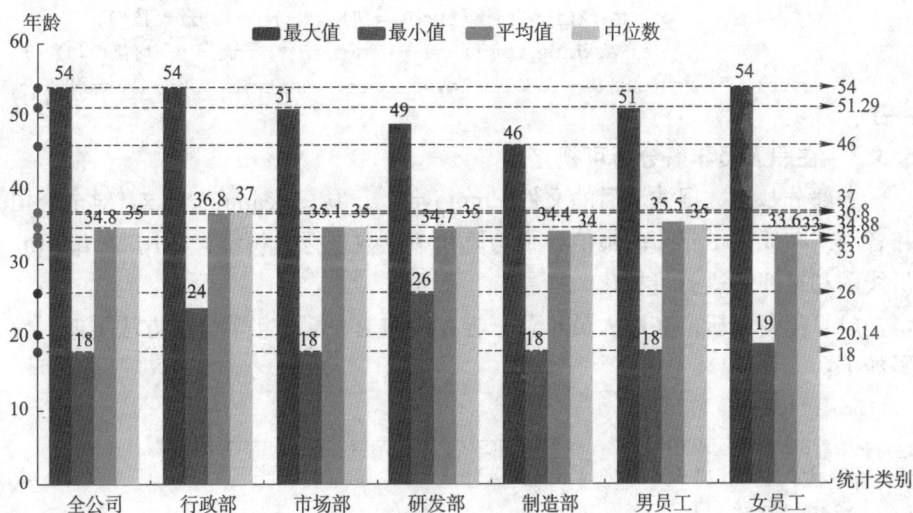

图 9-13 效果图 9

实现上图的代码如下：

```
import pandas as pd
from pyecharts import options as opts
from pyecharts.charts import Bar
dft= pd.read_ excel (" ./output/Employee_ age_ analysis.xlsx")
dmax= dft.loc [:] ["最大年龄"] .tolist()
dmin= dft.loc [:] ["最小年龄"] .tolist()
dmean= dft.loc [:] ["平均年龄"] .tolist()
```

```
dmedian= dft.loc [:] ["中位数"] .tolist()
labels= ['全公司', '行政部', '市场部', '研发部',"制造部","男员工","女员工"]
bar= (
    Bar()
    .add_ xaxis (labels)
    .add_ yaxis ("最大值", dmax, gap= "0%")
    .add_ yaxis ("最小值", dmin, gap= "0%")
    .add_ yaxis ("平均值", dmean, gap= "0%")
    .add_ yaxis ("中位数", dmedian, gap= "0%")
.set_ global_ opts (
        yaxis_ opts= opts.AxisOpts (name= "年龄"),
        xaxis_ opts= opts.AxisOpts (name= "统计类别"),
        )
    .set_ global_ opts (tooltip_ opts= opts.TooltipOpts())
    .set_ series_ opts (
        markline_ opts= opts.MarkLineOpts (
            data= [
                opts.MarkLineItem (type_ = "min", name= "最小值"),
                opts.MarkLineItem (type_ = "max", name= "最大值"),
                opts.MarkLineItem (type_ = "average", name= "平均值"),]),))
bar.render (" ./output/9- 6. 3.2Employee_ age_ analysis_ bar_ pyecharts.
html")
```

5.3.3　在职人员年薪分析可视化

本部分基于数据清洗后的文件 Employee_ data_ cleaning. xlsx，对全公司和各部门在职人员年薪的最值、平均值和中位数进行分析统计，用 Matplotlib 折线图和箱线图进行可视化。

（1）年薪分析。在职人员年薪分析方法和上一部分年龄分析方法类似，代码如下：

```
import pandas as pd
df0= pd. read_ excel (" ./data/Employee_ data_ cleaning. xlsx")
df= df0 [df0 ['在离职'] == '在职']
salary_ dep= []
salary_ dep. append (['全部', df ['年薪'] .max(), df ['年薪'] .min(), df
['年薪'] .mean() .round (1), df ['年薪'] .median()])
salary_ dep. append (['行政部', df. groupby ('部门') ['年薪'] .max() ['行政
部'], df. groupby ('部门') ['年薪'] .min() ['行政部'], df. groupby ('部门')
['年薪'] .mean() ['行政部'] .round (1), df. groupby ('部门') ['年薪'] .median()
['行政部']])
salary_ dep. append (['市场部', df. groupby ('部门') ['年薪'] .max() ['市场
部'], df. groupby ('部门') ['年薪'] .min() ['市场部'], df. groupby ('部门')
['年薪'].mean() ['市场部'] .round (1), df. groupby ('部门') ['年薪'] .median()
['市场部']])
```

```
salary_ dep.append (['研发部', df.groupby ('部门') ['年薪'] .max() ['研发
部'], df.groupby ('部门') ['年薪'] .min() ['研发部'], df.groupby ('部门')
['年薪'].mean() ['研发部'] .round (1), df.groupby ('部门') ['年薪'] .median()
['研发部']])
    salary_ dep.append (['制造部', df.groupby ('部门') ['年薪'] .max() ['制造
部'], df.groupby ('部门') ['年薪'] .min() ['制造部'], df.groupby ('部门')
['年薪'].mean() ['制造部'] .round (1), df.groupby ('部门') ['年薪'] .median()
['制造部']])
    salary_ dep.append (['男员工', df.groupby ('性别') ['年薪'] .max() ['男'],
df.groupby ('性别') ['年薪'] .min() ['男'], df.groupby ('性别') ['年薪'] .mean()
['男'] .round (1), df.groupby ('性别') ['年薪'] .median() ['男']])
    salary_ dep.append (['女员工', df.groupby ('性别') ['年薪'] .max() ['女'],
df.groupby ('性别') ['年薪'] .min() ['女'], df.groupby ('性别') ['年薪'] .mean()
['女'] .round (1), df.groupby ('性别') ['年薪'] .median() ['女']])
    dft= pd.DataFrame (salary_ dep, columns= ['部门', '最高年薪', '最低年薪',
'平均年薪', '中位数'])
    dft ['最高年薪'] = round ((dft ['最高年薪'] /10000), 0)
    dft ['最低年薪'] = round ((dft ['最低年薪'] /10000), 0)
    dft ['平均年薪'] = round ((dft ['平均年薪'] /10000), 0)
    dft ['中位数'] = round ((dft ['中位数'] /10000), 0)
    dft.to_ excel (" ./output/data_ salary_ analysis.xlsx", index= False)
    print (dft)
```

输出结果如下（单位为"万元"）：

	部门	最高年薪	最低年薪	平均年薪	中位数
0	全部	197.0	8.0	34.0	25.0
1	行政部	85.0	11.0	32.0	21.0
2	市场部	197.0	8.0	49.0	37.0
3	研发部	162.0	20.0	48.0	49.0
4	制造部	56.0	9.0	16.0	13.0
5	男员工	197.0	8.0	31.0	22.0
6	女员工	176.0	9.0	40.0	32.0

（2）年薪 Matplotlib 折线图可视化。根据在职人员部门和男女员工年薪情况的统计分析结果，采用 Matplotlib 折线图对年薪情况进行可视化，主要用到了 plt.plot() 等函数进行绘制图表和参数设置。用 Matplotlib 绘制年薪情况的效果图如图 9-14 所示。

实现上图的代码如下：

```
import matplotlib.pyplot as plt
import pandas as pd
dft= pd.read_ excel (" ./output/data_ salary_ analysis.xlsx")
all_ pesron= dft.iloc [0] [1:] .tolist()
admin_ dep= dft.iloc [1] [1:] .tolist()
market_ dep= dft.iloc [2] [1:] .tolist()
```

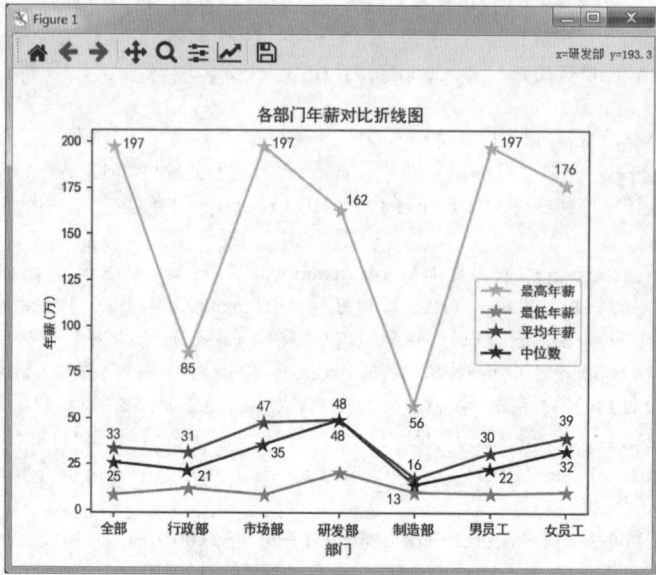

图 9-14　效果图 10

```
research_dep= dft.iloc [3] [1:] .tolist()
manufacturing_dep= dft.iloc [4] [1:] .tolist()
plt.rcParams ['font.sans-serif'] = ['SimHei']
labels= ['最高年薪', '最低年薪', '平均年薪', '中位数']
plt.plot (dft ['部门'], dft ['最高年薪'], 'r', marker= '*', markersize= 10)
plt.plot (dft ['部门'], dft ['最低年薪'], 'b', marker= '*', markersize= 10)
plt.plot (dft ['部门'], dft ['平均年薪'], 'g', marker= '*', markersize= 10)
plt.plot (dft ['部门'], dft ['中位数'], 'k', marker= '*', markersize= 10)
plt.title ('各部门年薪对比折线图')    # 折线图标题
plt.xlabel ('部门')   # x轴标题
plt.ylabel ('年薪（万）')   # y轴标题
# 给图像添加注释，并设置样式
for a, b in zip (dft ['部门'], dft ['最高年薪']):
    plt.text (a, b, b, ha= 'center', va= 'bottom', fontsize= 10)
for a, b in zip (dft ['部门'], dft ['平均年薪']):
    plt.text (a, b, b, ha= 'center', va= 'bottom', fontsize= 10)
for a, b in zip (dft ['部门'], dft ['平均年薪']):
    plt.text (a, b, b, ha= 'center', va= 'bottom', fontsize= 10)
for a, b in zip (dft ['部门'], dft ['中位数']):
    plt.text (a, b, b, ha= 'center', va= 'bottom', fontsize= 10)
plt.legend (labels) # 绘制图例
plt.savefig (" ./output/9- 6.3.3salary_ department_ line_ matplotlib.
jpg")
plt.show()
```

（3）年薪 Matplotlib 箱线图可视化。基于数据清洗后的文件 Employee _ data _ cleaning. xlsx 的全公司在职员工数据，采用 Matplotlib 箱线图对各部门和市场部年薪情况进行可视化，主要用到了 fig，（ax1，ax2）＝plt. subplots（nrows＝1，ncols＝2，figsize＝（9，4））和 bplot1＝ax1. boxplot() 等函数进行绘制图表和参数设置。用 Matplotlib 绘制年薪箱线图的效果图如图 9-15 所示。

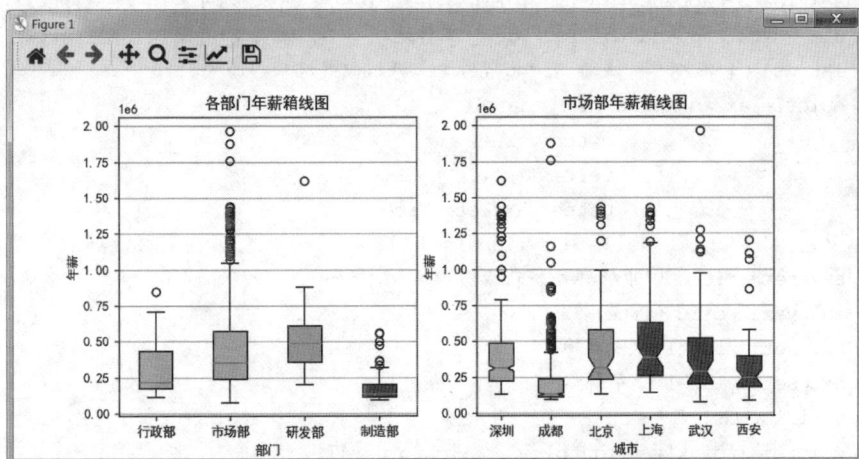

图 9-15　效果图 11

实现上图的代码如下：

```
import matplotlib. pyplot as plt
import pandas as pd
df0= pd. read_ excel ("./data/Employee_ data_ cleaning. xlsx")
df= df0 [df0 ['在离职'] = = '在职']
all_ data= []
all_ data. append (df. loc [df ['部门'] = = '行政部',"年薪"] .tolist())
all_ data. append (df. loc [df ['部门'] = = '市场部',"年薪"] .tolist())
all_ data. append (df. loc [df ['部门'] = = '研发部',"年薪"] .tolist())
all_ data. append (df. loc [df ['部门'] = = '制造部',"年薪"] .tolist())
labels= ['行政部', '市场部', '研发部', '制造部']
plt. rcParams ['font. sans-serif'] = ['SimHei']
fig, (ax1, ax2) = plt. subplots (nrows= 1, ncols= 2, figsize= (9, 4))
bplot1= ax1. boxplot (all_ data,
                     vert= True,
                     patch_ artist= True,
                     labels= labels)
ax1. set_ title ('各部门年薪箱线图')
ax1. yaxis. grid (True)
```

```
ax1.set_ xlabel ('部门')
ax1.set_ ylabel ('年薪')
all_ data1= []
all_ data1.append (df.loc [df ["工作地"] == '深圳',"年薪"] .tolist())
all_ data1.append (df.loc [df ["工作地"] == '成都',"年薪"] .tolist())
all_ data1.append (df.loc [df ["工作地"] == '北京',"年薪"] .tolist())
all_ data1.append (df.loc [df ["工作地"] == '上海',"年薪"] .tolist())
all_ data1.append (df.loc [df ["工作地"] == '武汉',"年薪"] .tolist())
all_ data1.append (df.loc [df ["工作地"] == '西安',"年薪"] .tolist())
labels1= ['深圳', '成都', '北京', '上海', '武汉', '西安']
bplot2= ax2.boxplot (all_ data1,
                     notch= True,
                     vert= True,
                     patch_ artist= True,
                     labels= labels1)
ax2.set_ title ('市场部年薪箱线图')
ax2.yaxis.grid (True)
ax2.set_ xlabel ('城市')
ax2.set_ ylabel ('年薪')
# fill with colors
colors= ['pink', 'lightblue', 'lightgreen']
for bplot in (bplot1, bplot2):
    for patch, color in zip (bplot ['boxes'], colors):
        patch.set_ facecolor (color)
plt.savefig (" ./output/9- 6.3.3salary_ city_ box_ matplotlib.jpg")
plt.show()
```

5.3.4 城市员工数量分析地图可视化

本部分基于数据清洗后的文件 Employee_ data_ cleaning.xlsx，对全公司在各城市人数进行统计，并通过 Pyecharts 地理图表中的 Geo() 方法创建地理图表，通过 maptype＝"china" 和 type_ ＝ChartType.EFFECT_ SCATTER 等参数设置效果，对有分支机构的员工数量进行统计分析和可视化。

代码如下：

```
import pandas as pd
from pyecharts import options as opts
from pyecharts.globals import ChartType
from pyecharts.charts import Geo
df0= pd.read_ excel (" ./data/Employee_ data_ cleaning.xlsx")
df= df0 [df0 ['在离职'] == '在职']
city_ list= []
city_ list.append (['深圳', df.groupby ('工作地') ['工号'] .count() ['深圳'], df.groupby ('工作地') ['年薪'] .min() ['深圳'], df.groupby ('工作地')
```

```
['年薪'].mean()['深圳'].round(0), df.groupby('工作地')['年薪'].max()
['深圳']])
    city_list.append(['成都', df.groupby('工作地')['工号'].count()['成
都'], df.groupby('工作地')['年薪'].min()['成都'], df.groupby('工作地')
['年薪'].mean()['成都'].round(0), df.groupby('工作地')['年薪'].max()
['成都']])
    city_list.append(['上海', df.groupby('工作地')['工号'].count()['上
海'], df.groupby('工作地')['年薪'].min()['上海'], df.groupby('工作地')
['年薪'].mean()['上海'].round(0), df.groupby('工作地')['年薪'].max()
['上海']])
    city_list.append(['北京', df.groupby('工作地')['工号'].count()['北
京'], df.groupby('工作地')['年薪'].min()['北京'], df.groupby('工作地')
['年薪'].mean()['北京'].round(0), df.groupby('工作地')['年薪'].max()
['北京']])
    city_list.append(['武汉', df.groupby('工作地')['工号'].count()['武
汉'], df.groupby('工作地')['年薪'].min()['武汉'], df.groupby('工作地')
['年薪'].mean()['武汉'].round(0), df.groupby('工作地')['年薪'].max()
['武汉']])
    city_list.append(['西安', df.groupby('工作地')['工号'].count()['西
安'], df.groupby('工作地')['年薪'].min()['西安'], df.groupby('工作地')
['年薪'].mean()['西安'].round(0), df.groupby('工作地')['年薪'].max()
['西安']])
    dft= pd.DataFrame(city_list, columns=['城市', '员工数', '最低年薪',
'平均年薪', '最高年薪'])
    label_city= dft["城市"]
    data= [list(z) for z in zip(dft["城市"], dft["员工数"])]
    map_city= (
        Geo()
        .add_schema(
            maptype= "china",
            itemstyle_opts= opts.ItemStyleOpts())
        .add(
            "geo",
            [list(z) for z in zip(dft["城市"], dft["员工数"])],
            type_ = ChartType.EFFECT_SCATTER,
                )
        .set_series_opts(label_opts= opts.LabelOpts(is_show= False))
        .set_global_opts(
            title_opts= opts.TitleOpts(title= "城市员工分布图"),
            visualmap_opts= opts.VisualMapOpts(max_ = 600),)
        )
    map_city.render("./output/9- 6.3.4employee-city-geo-pyecharts.html")
```

5.3.5 Pyecharts 的可视化大屏

本部分基于 Pyecharts 组合图表中 Page() 方法，集成了下列图表：各部

门离职男女员工柱状图、各部门在职员工专业领域人数分析雷达图、各部门在职员工人数分析玫瑰图、各部门在职员工年薪情况折线图、各城市员工情况散点地图。

集成函数代码如下：

```python
def page_draggable_layout():
    page= Page (layout= Page.DraggablePageLayout)
    page.add (
        RosePieEmployee(),
        map_city(),
        Rbar(),
        SepNumRadar(),
        Employee_salary_line(),
    )
    page.render ("./output/9- 6.3.5data-view-PageDraggableLayout-pyecharts.html")
```

在 生 成 html 网 页 9-6.3.5data-view-PageDraggableLayout-pyecharts.html 后利用 Python 文件读写方法和 BeautifulSoup 中的 find 方法查找网页文件中的 CSS 标签，进行布局设置修改，从而实现大屏布局。

注意，此处需安装 bs4 模块：pip install bs4。浏览生成的可视大屏网页文件的显示器推荐设置成 1920×1080 分辨率。

效果图如图 9-16 所示（其中城市员工分布图略）。

实现上图的代码如下：

```python
# 本代码并非最优化代码，仅供参考，请自行优化。
from tkinter import BOTTOM, CENTER
import pandas as pd
from pyecharts import options as opts
from pyecharts.globals import ChartType
from pyecharts.charts import Radar, Bar, Line, Page, Pie, Geo
from bs4 import BeautifulSoup
df0= pd.read_excel ("./data/Employee_data_cleaning.xlsx")
# （一）.1部门离职员工各人数分析-
df= df0 [df0 ['在离职'] == '离职']
resign_employee= [["全公司", df.groupby ('性别') ['工号'].count() ['男'],
df.groupby ('性别') ['工号'].count() ['女'], df ['工号'].count()]]
rd_m= df [df ["性别"] == '男']
rd_mf= df [df ["性别"] == '女']
resign_employee.append (['行政部', rd_m.groupby ('部门') ['工号'].count()
['行政部'], rd_mf.groupby ('部门') ['工号'].count() ['行政部'], df.groupby ('部
门') ['工号'].count() ['行政部']])
resign_employee.append (['市场部', rd_m.groupby ('部门') ['工号'].count()
```

各部门年薪折线图

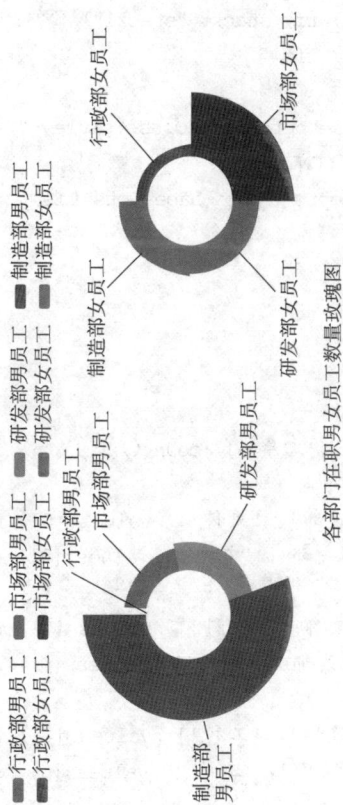

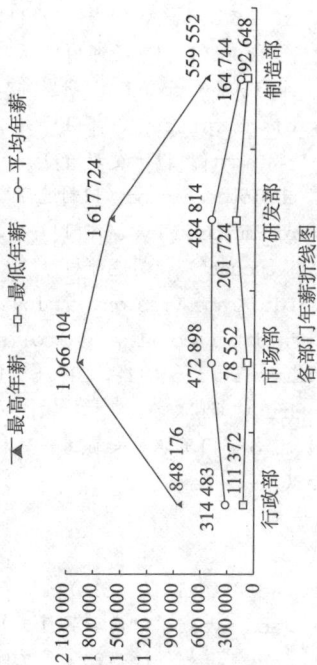

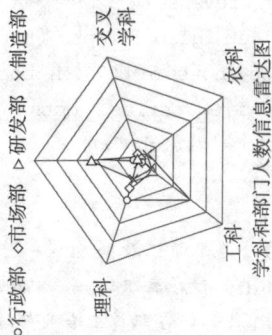

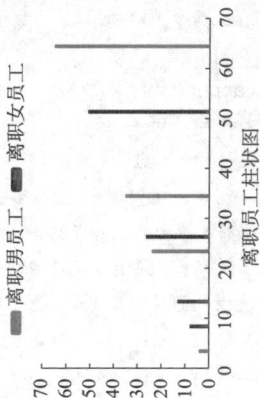

图 9-16 效果图12

```
['市场部'], rd_mf.groupby ('部门') ['工号'] .count() ['市场部'], df.groupby ('部
门') ['工号'] .count() ['市场部']])
    resign_employee.append (['研发部', rd_m.groupby ('部门') ['工号'] .count()
['研发部'], rd_mf.groupby ('部门') ['工号'] .count() ['研发部'], df.groupby ('部
门') ['工号'] .count() ['研发部']])
    resign_employee.append (['制造部', rd_m.groupby ('部门') ['工号'] .count()
['制造部'], rd_mf.groupby ('部门') ['工号'] .count() ['制造部'], df.groupby ('部
门') ['工号'] .count() ['制造部']])
    dft= pd.DataFrame (resign_employee, columns= ['部门', '男', '女', '总数'])
    data_rf= dft.iloc [1:, 1] .tolist()
    data_rfm= dft.iloc [1:, 2] .tolist()
    lable= dft ["部门"]
    # (一).2各部门离职男女员工——柱状图
    def Rbar() - > Bar:
        bar= (
            Bar()
            .add_xaxis (lable)
            .add_yaxis ("离职男员工", data_rf, stack= "stack1")
            .add_yaxis ("离职女员工", data_rfm)
            # .reversal_axis()
            .set_global_opts (title_opts= opts.TitleOpts (title= " 离职员
工柱状图", pos_bottom= BOTTOM, pos_left= CENTER))
            .set_series_opts (label_opts = opts.LabelOpts (is_show=
False, position= " right"))
            )
        return bar
    # - (二). 在职员工数据
    df= df0 [df0 ['在离职'] = = '在职']
    # (二).1各部门在职员工专业领域人数分析
    rs= df0.groupby (['部门', '专业领域']) [['工号']] .count()
    mj_list= []
    mj_list.append (['文科', rs.loc ['行政部', '文科'] .values [0], rs.loc
['市场部', '文科'] .values [0], rs.loc ['研发部', '文科'] .values [0], rs.loc
['制造部', '文科'] .values [0]])
    mj_list.append (['理科', rs.loc ['行政部', '理科'] .values [0], rs.loc
['市场部', '理科'] .values [0], rs.loc ['研发部', '理科'] .values [0], rs.loc
['制造部', '理科'] .values [0]])
    mj_list.append (['工科', rs.loc ['行政部', '工科'] .values [0], rs.loc
['市场部', '工科'] .values [0], rs.loc ['研发部', '工科'] .values [0], rs.loc
['制造部', '工科'] .values [0]])
    mj_list.append (['农科', 0, rs.loc ['市场部', '农科'] .values [0], rs.loc
```

```
['研发部', '农科'] .values [0], rs.loc ['制造部', '农科'] .values [0]])
    mj_ list.append (['交叉学科', rs.loc ['行政部', '交叉学科'] .values [0],
rs.loc ['市场部', '交叉学科'] .values [0], rs.loc ['研发部', '交叉学科'] .values
[0], rs.loc ['制造部', '交叉学科'] .values [0]])
    dft= pd.DataFrame (mj_ list, columns= ['学科领域', '行政部', '市场部', '研发
部', '制造部'])
    data1= [dft ['行政部'] .tolist()]
    data2= [dft ['市场部'] .tolist()]
    data3= [dft ['研发部'] .tolist()]
    data4= [dft ['制造部'] .tolist()]
## - (二) .1各部门在职员工专业领域人数分析雷达图表
def SepNumRadar() - > Radar:
    c= (
        Radar()
        .add_ schema (
        schema= [
            opts.RadarIndicatorItem (name= "文科", max_ = 500),
            opts.RadarIndicatorItem (name= "理科", max_ = 500),
            opts.RadarIndicatorItem (name= "工科", max_ = 500),
            opts.RadarIndicatorItem (name= "农科", max_ = 500),
            opts.RadarIndicatorItem (name= "交叉学科", max_ = 500),
            ]
            )
        .add ("行政部", data1)
        .add ("市场部", data2)
        .add ("研发部", data3)
        .add ("制造部", data4)
        .set_ series_ opts (label_ opts= opts.LabelOpts (is_ show= False))
        .set_ global_ opts (
            legend _ opts = opts.LegendOpts ( selected _ mode =
opts.LegendOpts()),
            title_ opts= opts.TitleOpts (title= "学科和部门人数信息雷达
图", pos_ bottom= BOTTOM, pos_ left= CENTER),
            )
        )
    return c
# (二) .2各部门在职员工人数分析
emplyee_ list= [["全公司", df.groupby ('性别') ['工号'] .count() ['男'],
df.groupby ('性别') ['工号'] .count() ['女'], df ['工号'] .count()]]
df_ m= df [df ["性别"] = = '男']
df_ mf= df [df ["性别"] = = '女']
```

```
    emplyee_ list. append (['行政部', df_ m. groupby ('部门') ['工号'] .count() ['
行政部'], df_ mf. groupby ('部门')  ['工号'] .count()  ['行政部'], df. groupby
('部门') ['工号'] .count() ['行政部']])
    emplyee_ list. append (['市场部', df_ m. groupby ('部门') ['工号'] .count()
['市场部'], df_ mf. groupby ('部门')  ['工号'] .count()  ['市场部'], df. groupby
('部门') ['工号'] .count() ['市场部']])
    emplyee_ list. append (['研发部', df_ m. groupby ('部门') ['工号'] .count()
['研发部'], df_ mf. groupby ('部门')  ['工号'] .count()  ['研发部'], df. groupby
('部门') ['工号'] .count() ['研发部']])
    emplyee_ list. append (['制造部', df_ m. groupby ('部门') ['工号'] .count()
['制造部'], df_ mf. groupby ('部门')  ['工号'] .count()  ['制造部'], df. groupby
('部门') ['工号'] .count() ['制造部']])
    dft= pd. DataFrame (emplyee_ list, columns= ['部门', '男', '女', '总数'])
    lable= dft ["部门"]
    dataf= dft. iloc [1:, 1] .tolist()
    datafm= dft. iloc [1:, 2] .tolist()
    lable2= ["行政部男员工","市场部男员工","研发部男员工","制造部男员工"]
    lable3= ["行政部女员工","市场部女员工","研发部女员工","制造部女员工"]
# # （二）.2各部门在职员工人数分析玫瑰图表
def RosePieEmployee() - > Pie:
  c= (
    Pie()
    .add (
        "",
        [list (z) for z in zip (lable2, dataf)],
        radius= ["30%","75%"],
        center= ["25%","50%"],
        rosetype= "radius",
        label_ opts= opts. LabelOpts (is_ show= True),
    )
    . add (
        "",
        [list (z) for z in zip (lable3, datafm)],
        radius= ["30%","75%"],
        center= ["75%","50%"],
        rosetype= "area",
    )
    .set_ global_ opts (
        title_ opts= opts. TitleOpts (title= "各部门在职男女员工数量玫瑰
图", pos_ bottom= BOTTOM, pos_ left= CENTER),
        legend_ opts= opts. LegendOpts (),
```

```
    )
    .set_series_opts (
        tooltip_opts= opts.TooltipOpts (
            trigger= "item",
            formatter= "{a} < br/>  {b}: {c} ( {d}% )"
        )
    )
    )
    return c
## （二）.3各部门在职员工年薪情况分析
salay_dep_all= []
salay_dep_all.append (df.loc [df ['部门'] == '行政部',"年薪"] .tolist())
salay_dep_all.append (df.loc [df ['部门'] == '市场部',"年薪"] .tolist())
salay_dep_all.append (df.loc [df ['部门'] == '研发部',"年薪"] .tolist())
salay_dep_all.append (df.loc [df ['部门'] == '制造部',"年薪"] .tolist())
salay_dep_analysis= []
salay_dep_analysis.append (['行政部', df.loc [df ['部门'] == '行政部',
"年薪"] .min(), df.loc [df ['部门'] == '行政部',"年薪"] .mean() .round (0),
df.loc [df ['部门'] == '行政部',"年薪"] .max()])
    salay_dep_analysis.append (['市场部', df.loc [df ['部门'] == '市场部',
"年薪"] .min(), df.loc [df ['部门'] == '市场部',"年薪"] .mean() .round (0),
df.loc [df ['部门'] == '市场部',"年薪"] .max()])
    salay_dep_analysis.append (['研发部', df.loc [df ['部门'] == '研发部',
"年薪"] .min(), df.loc [df ['部门'] == '研发部',"年薪"] .mean() .round (0),
df.loc [df ['部门'] == '研发部',"年薪"] .max()])
    salay_dep_analysis.append (['制造部', df.loc [df ['部门'] == '制造部',
"年薪"] .min(), df.loc [df ['部门'] == '制造部',"年薪"] .mean() .round (0),
df.loc [df ['部门'] == '制造部',"年薪"] .max()])
    dft= pd.DataFrame (salay_dep_analysis, columns= ['部门', '最低年薪', '平均
年薪', '最高年薪'])
    lable_dep= dft ["部门"] .tolist()
    smax= dft ['最高年薪'] .tolist()
    smin= dft ['最低年薪'] .tolist()
    smean= dft ['平均年薪'] .tolist()
## - （二）.3各部门在职员工年薪情况折线图
def Employee_salary_line() - > Line:
    line1= (
        Line()
        .add_xaxis (xaxis_data= lable_dep)
        .add_yaxis (series_name= "最高年薪", y_axis= smax, symbol=
" arrow", is_symbol_show= True)
```

```
        .add_yaxis (series_name= "最低年薪", y_axis= smin)
        .add_yaxis (series_name= "平均年薪", y_axis= smean)
        .set_global_opts (
                title_opts= opts.TitleOpts (title= "各部门年薪折线图",
pos_bottom= BOTTOM, pos_left= CENTER))
        )
        return line1
# - (二) .4各城市员工情况分析- # #
city_list= []
city_list.append (['深圳', df.groupby ('工作地') ['工号'] .count() ['深
圳'], df.groupby ('工作地') ['年薪'] .min() ['深圳'], df.groupby ('工作地')
['年薪'] .mean() ['深圳'] .round (0), df.groupby ('工作地') ['年薪'] .max()
['深圳']])
city_list.append (['成都', df.groupby ('工作地') ['工号'] .count() ['成
都'], df.groupby ('工作地') ['年薪'] .min() ['成都'], df.groupby ('工作地')
['年薪'] .mean() ['成都'] .round (0), df.groupby ('工作地') ['年薪'] .max()
['成都']])
city_list.append (['上海', df.groupby ('工作地') ['工号'] .count() ['上
海'], df.groupby ('工作地') ['年薪'] .min() ['上海'], df.groupby ('工作地')
['年薪'] .mean() ['上海'] .round (0), df.groupby ('工作地') ['年薪'] .max()
['上海']])
city_list.append (['北京', df.groupby ('工作地') ['工号'] .count() ['北
京'], df.groupby ('工作地') ['年薪'] .min() ['北京'], df.groupby ('工作地')
['年薪'] .mean() ['北京'] .round (0), df.groupby ('工作地') ['年薪'] .max()
['北京']])
city_list.append (['武汉', df.groupby ('工作地') ['工号'] .count() ['武
汉'], df.groupby ('工作地') ['年薪'] .min() ['武汉'], df.groupby ('工作地')
['年薪'] .mean() ['武汉'] .round (0), df.groupby ('工作地') ['年薪'] .max()
['武汉']])
city_list.append (['西安', df.groupby ('工作地') ['工号'] .count() ['西
安'], df.groupby ('工作地') ['年薪'] .min() ['西安'], df.groupby ('工作地')
['年薪'] .mean() ['西安'] .round (0), df.groupby ('工作地') ['年薪'] .max()
['西安']])
dft= pd.DataFrame (city_list, columns= ['城市', '员工数', '最低年薪', '
平均年薪', '最高年薪'])
label_city= dft ["城市"]
data= [list (z) for z in zip (dft ["城市"], dft ["员工数"])]
# # - (二) .4各城市员工情况散点地图
def map_city() - > Geo:
    c= (
        Geo()
```

```
        . add_ schema (
            maptype= "china",
            itemstyle_ opts = opts. ItemStyleOpts (color= "# 006666",
border_ color= "# 111"))
        . add (
            "geo",
            [list (z) for z in zip (dft ["城市"], dft ["员工数"])],
            type_ = ChartType. EFFECT_ SCATTER,
            )
        . set_ series_ opts (label_ opts= opts. LabelOpts (is_ show= False))
        . set_ global_ opts (
            title_ opts= opts. TitleOpts (title= " 城市员工分布图",
pos_ bottom= BOTTOM, pos_ left= CENTER),
            visualmap_ opts= opts. VisualMapOpts (max_ = 600),)
            )
        return c
    # （三）.page_ draggable_ layout（大屏面板集成各图表）
    def page_ draggable_ layout():
        page= Page (layout= Page. DraggablePageLayout)
        page. add (
            RosePieEmployee(), #
            map_ city(),
            Rbar(),
            SepNumRadar(),
            Employee_ salary_ line(),
            )
        page. render (" ./output/9- 6. 3. 5data-view-PageDraggableLayout-pyecharts.
html")
    page= page_ draggable_ layout()
    # - （四）修改 page_ draggable_ layout（大屏面板集成各图表）-生成的网页文件
    with open (" ./output/9 - 6. 3. 5data-view-PageDraggableLayout-pyecharts.
html","r+ ", encoding= 'utf- 8') as html:
        html_ bf= BeautifulSoup (html, 'lxml')
        Ustyle= html_ bf. select ('.chart-container')
        Ustyle [0] ['style'] = "width: 850px; height: 300px; position: absolute;
top: 50px; left: 50px; border-style: solid; border-color: # 9be4a8; border-
width: 2px;"
        Ustyle [1] ['style'] = "width: 650px; height: 300px; position: absolute;
top: 50px; left: 900px; border-style: solid; border-color: # 9be4a8; border-
width: 2px;"
        Ustyle [2] ['style'] = "width: 450px; height: 300px; position: absolute;
```

```
top: 350px; left: 50px; border-style: solid; border-color: # 9be4a8; border-
width: 2px;"
        Ustyle [3] ['style'] = "width: 400px; height: 300px; position: absolute;
top: 350px; left: 500px; border-style: solid; border-color: # 9be4a8; border-
width: 2px;"
        Ustyle [4] ['style'] = "width: 650px; height: 300px; position: absolute;
top: 350px; left: 900px; border-style: solid; border-color: # 9be4a8; border-
width: 2px;"
        body= html_ bf. find ("body")
        body ["style"] = "background-color: # ccffff;"
        html_ new= str (html_ bf)
        html. seek (0, 0)
        html. truncate()
        html. write (html_ new)
        html. close()
    print (" 程序已经执行完毕，请用浏览器打开 [output/page_ draggable. html]
```
中的 html 文件看效果，推荐显示器分辨率 1920×1080")
    # 本代码并非最优化代码，仅供参考，请自行优化。

习题：

根据本章所学内容，利用 Matplotlib 的子图（subplot）技术，参考相关内容，设计一个模拟集成多个图表的 Matplotlib 方式的可视化大屏。

参 考 文 献

阿尔文·托勒夫，2006. 第三次浪潮［M］. 黄明坚，译. 北京：中信出版社.

艾瑞斯，2014. 数据思维与决策［M］. 北京：人民邮电出版社.

蔡治，2016. 大数据时代的人力资源管理［M］. 北京：清华大学出版社.

陈海滢，2016. 大数据应用启示录［M］. 北京：机械工业出版社.

陈明，2015. 大数据概论［M］. 北京：科学出版社.

陈谊，谭桂龙，2008. 多维数据的信息可视化方法及应用研究［J］. 系统仿真学报（S1）：4.

陈志泊，韩慧，王建新，等，2017. 数据仓库与数据挖掘［M］. 北京：清华大学出版社.

崔根桦，2020. 大数据在物流管理中的应用与前景［J］. 中国储运（7）：127-129.

董晓宏，郭爱英，2014. 大数据技术在网络招聘中的应用研究：以K企业为例［J］. 中国人力资源开发（18）：37-41.

段虹，徐苗苗，2016. 论大数据分析与认知模式的重构［J］. 哲学研究（2）：15-19.

EMC信息优势领导委员会，2011. 大数据：创造商业价值的大机遇［R］. EMC：68.

范明，孟小峰，2012. 数据挖掘概念与技术［M］. 北京：机械工业出版社.

方巍，郑玉，徐江，2014. 大数据：概念、技术及应用研究综述［J］. 南京信息工程大学学报（自然科学版），6（5）：405-419.

冯登国，张敏，李昊，2014. 大数据安全与隐私保护［J］. 计算机学报（10）.

何猛，2020. 大数据技术在金融行业的应用探析［J］. 金融科技时代，28（8）：42-44.

何勤，2019. 大数据驱动的平台型组织灵活就业人员绩效管理创新研究［J］. 北京联合大学学报（人文社会科学版），17（1）：78-84.

洪铖，2020. 大数据技术在教育行业中的应用［J］. 电子技术与软件工程（14）：178-180.

胡坤，刘镝，刘明辉，2014. 大数据的安全理解及应对策略研究［J］. 中国学术期刊电子杂志（2）.

胡沛，韩璞，2018. 大数据技术及应用探究［M］. 成都：电子科技大学出版社.

胡书敏，2020. 基于股票大数据分析的Python入门实战：视频教学版［M］. 北京：清华大学出版社.

黄恒秋，莫洁安，谢东津，等，2020. Python大数据分析与挖掘实践［M］. 北京：人民邮电出版社.

黄红梅，张良均，2018. Python数据分析与应用［M］. 北京：人民邮电出版社.

黄理灿，2019. 深度学习原理与TensorFlow实践［M］. 北京：人民邮电出版社.

雷婉婧，2017. 数据可视化发展历程研究［J］. 电子技术与软件工程（12）：195-196.

李川，等，2015. 数据库系统：数据库与数据仓库导论［M］. 北京：机械工业出版社.

李文彬，2019. 中国地方政府大数据运用［M］. 北京：新华出版社.

李欣然，杨杉，2021. 大数据分析在保险行业中的应用浅析［J］. 全国流通经济（12）：141－143.

李喆，2021. 智慧城市大数据应用展望［J］. 通信企业管理（5）：68－71.

栗锲，2020. 大数据技术在金融行业的应用及未来展望［J］. 财富时代（11）：18－19.

林子雨，2017. 大数据原理与应用［M］. 2版. 北京：人民邮电出版社.

林子雨，2020. 大数据导论：数据思维、数据能力和数据伦理［M］. 北京：高等教育出版社.

刘富成，刘玉凤，2016. 大数据背景下企业员工培训模式探讨［J］. 长春大学学报，26（11）：25－28.

刘鹏，2017. 大数据［M］. 北京：电子工业出版社.

刘智慧，张泉灵，2014. 大数据技术研究综述［J］. 浙江大学学报（工学版），48（6）：957－972.

娄岩，徐东雨，2017. 大数据技术应用导论［M］. 沈阳：沈阳科学技术出版社.

罗念，2021. 基于大数据的移动考勤管理系统设计［J］. 信息与电脑（理论版），33（21）：106－108.

骆正林，2022. 网络生活与"大数据"概念的四层内涵［J］. 新闻爱好者（1）：8－11.

迈尔，2003. 大数据时代：生活、工作与思维的大变革［M］. 周涛，译. 杭州：浙江人民出版社.

孟小峰，慈祥，2013. 大数据管理：概念、技术与挑战［J］. 计算机研究与发展：146－169.

Michael，W. Berry，Jacob，等，2019. 文本挖掘［M］. 北京：机械工业出版社.

潘明，2021. 大数据在医疗行业的应用［J］. 中国新通信，23（4）：90－91.

彭宇，庞景月，刘大同，等，2015. 大数据：内涵、技术体系与展望［J］. 电子测量与仪器学报，29（4）：469－482.

祁俊琴，2019. 大数据在教育行业中的应用研究［J］. 经营与管理（7）：41－43.

秦丹，陈进，2015. 大数据当道，招聘难题怎么破：以谷歌公司为例［J］. 企业管理（9）：75－77.

秦雪薇，李贵卿，苏衡，2019. 网络招聘平台精准岗位匹配的大数据支持体系探析［J］. 现代管理，9（5）：702－711.

秦志光，刘峤，刘瑶，等，2015. 智慧城市中的大数据分析技术［M］. 北京：人民邮电出版社.

宋利利，2020. 大数据在医疗行业中的应用及挑战［J］. 现代营销（下旬刊）（9）：176－177.

孙联喜，张俊玲，刘书阁，2016. 大数据背景下新员工培训行为分析［J］. 国网技术学院学报，19（2）：60－63.

孙向杰，2015. 领跑大数据时代［M］. 沈阳：辽海出版社.

陶皖，2017. 云计算与大数据［M］. 西安：电子科技大学出版社.

王艾敏，王崇良，黄秋钧，2017. 人力资源大数据应用实践［M］. 北京：清华大学出版社.

王红明，张鸿斌，2021. Python＋Tableau 数据可视化之美 ［M］. 北京：机器工业出版社.

王侃，蒋延云，张毅，2017. 工业互联网环境下的大数据行业应用 ［J］. 信息通信技术，11 (4)：15-20，33.

王鹏，李俊杰，谢志明，等，2016. 云计算和大数据技术 ［M］. 北京：人民邮电出版社.

王珊，李翠平，李盛恩，等，2012. 数据仓库与数据分析教程 ［M］. 北京：高等教育出版社.

王通讯，2016. 大数据人力资源管理 ［M］. 北京：中国人事出版社.

王晓燕，2020. 大数据在我国地方政府治理中的应用问题分析 ［J］. 公关世界 (20)：84-85.

王宇韬，房宇亮，肖金鑫，等，2019. Python 金融大数据挖掘与分析全流程详解 ［M］. 北京：机器工业出版社.

王玥雯，2021. 新时代大数据的概念及应用研究 ［J］. 江苏科技信息，38 (8)：21-24.

王志海，等，2019. 数据仓库 ［M］. 北京：机械工业出版社.

魏慧新，2020. 著作权纠纷中大数据图表的独创性认定研究 ［D］. 兰州：兰州大学.

谢美娥，2020. 大数据在物流管理中的应用研究 ［J］. 物流工程与管理，42 (3)：49-51.

徐子沛，2012. 大数据 ［M］. 桂林：广西师范大学出版社.

杨建，2019. 大数据对科学研究的影响 ［D］. 徐州：中国矿业大学.

叶碧，2017. 基于大数据的企业培训需求分析方法探索 ［J］. 企业管理 (S1)：14-15.

余本国，刘宁，李春报，2021. Python 大数据分析与应用实战 ［M］. 北京：电子工业出版社.

袁汉宁，王树良，程永，等，2015. 数据仓库与数据挖掘 ［M］. 北京：人民邮电出版社.

袁纪辉，2019. 大数据发展研究综述及启示 ［J］. 网络空间安全，10 (12)：54-61.

张锋军，2014. 大数据技术研究综述 ［J］. 通信技术，47 (11)：1240-1248.

张付慧，2022. 大数据在人力资源绩效管理中的应用 ［J］. 人才资源开发 (6)：16-17.

张俊红，2019. 对比 Excel，轻松学习 Python 数据分析 ［M］. 北京：电子工业出版社.

张良均，谭立云，刘名军，等，2019. Python 数据分析与挖掘实践 ［M］. 北京：机械工业出版社.

张梅，文静华，刘振，2019. 贵州大数据发展与建议 ［M］. 北京：科学出版社.

张娓，2020. 大数据时代下保险公司的创新之路 ［M］. 重庆：重庆大学出版社.

周建民，燕佳静，2019. 浅析大数据在政府管理服务中的应用 ［J］. 信息系统工程 (6)：18-19.

朱建平，章贵军，刘晓葳，2014. 大数据时代下数据分析理念的辨析 ［J］. 统计研究 (2)：10.

朱峻，周勇，余晖，等，2019. 卷烟营销大数据智能分析应用体系研究 ［J］. 现代营销（经营版）(9)：90-91.

宗成庆，夏睿，张家俊，等，2019. 文本数据挖掘 ［M］. 北京：清华大学出版社.

KAUFMAN L M, 2009. Data security in the world of cloud computing ［J］. IEEE security & privacy magazine, 7 (4)：61-64.

MCKKINSEY GLOBAL INSTITUTE, 2011. Big data: the next frontier for innovation, competition and productivity [R]. 55 - 58.

NAISBITT J, 1982. Megatrends: ten new directions transforming our live [M]. New York: Warner Books.

REDLICH R M, 2009. Data security system and method [J]. Digital data security system.